U0889064

突破八阵图

——直效期货

郑浪涛　著

地震出版社
Seismological Press

图书在版编目（CIP）数据
突破八阵图：直效期货／郑浪涛著. —北京：地震出版社，2015.5
ISBN 978-7-5028-4549-0
Ⅰ. ①突…　Ⅱ. ①郑…　Ⅲ. ①股票交易—基本知识　Ⅳ. ①F830.9
中国版本图书馆CIP数据核字(2015)第002952号

地震版　XM3410

突破八阵图——直效期货
郑浪涛　著
责任编辑：朱　叶
责任校对：孔景宽

出版发行：地震出版社
北京市海淀区民族大学南路9号　　邮编：100081
发行部：68423031　68467993　　传真：88421706
门市部：68467991　　传真：68467991
总编室：68462709　68423029　　传真：68455221
证券图书事业部：68426052　68470332
http://www.dzpress.com.cn
E-mail:zqbj68426052@163.com
经销：全国各地新华书店
印刷：三河市嵩川印刷有限公司

版(印)次：2015年5月第一版　2015年5月第一次印刷
开本：787×1092　1/16
字数：388千字
印张：23
书号：ISBN 978-7-5028-4549-0/F(5241)
定价：58.00元
版权所有　翻印必究
(图书出现印装问题，本社负责调换)

五十上下不悖，天地之间双缠。

直效五步曲：顺六二；数三五；抢开仓；抢止损；抢止盈。

抢三根开仓：抢色标变轨；抢金针归顺；抢双夹加速。

抢三根平仓：大量天量变色平；中大K线金针平；色标顶底必须平。

顺大避小，两点必缠；顺大逆小，归顺回补；顺大顺小，共振必抢；顺小逆大，翻多翻空。

盲区不入，见信而入；雷区不逆，破势可逆；共振必抢，首线开仓；背驰必防，次第减仓。

多级多位，低级必多；多级空位，低级避险；空级空位，低级必空；空级多位，低级避险。

前　言

直效交易系统是笔者创立的一套简明实用的交易系统，具备直观性、客观性、复制性、纠错性、稳定性、完整性、可行性等特征，是直效交易理论的具体应用。直效交易理论包括直效交易理念、直效交易法则、直效交易策略和直效交易技术，构架清晰，实战对接灵活，实战效果可控。

第一章《系统为诊　信手为评》主要论述了顺势而为四分法则，截断亏损三预案，放足盈利三条件，底线策略、信手交易，三向风控、一线定心等。顺势而为空谈的多，实盘的少，绝大多数交易者根本不知道怎样才能做到顺势而为。投资者的投资理念和投资法则，决定了投资者所能达到的境界。

第二章《三大法则　四维定律》强调资金管理法则必须在保障资金安全和发挥资金效能之间保持相对平衡；以大统小法则强调以均线定向、K 线定位的同时，必须解决好均线迷失、拐点对接的问题；三七交易法则强调赔率定区间、概率定拐点。倍数步数定量，时刻感受风险大小；级别均线定向，跟随大趋势；形态 K 线定位，把握准确入场出场点；信号次数定心，强调以概率赔率思维看问题。

第三章《持仓空仓　定线定心》分类讲解了做多操盘线、做空操盘线的运用方法以及操盘线转换。

第四章《级别境界　通道智慧》重在交易级别的选择和交易通道的应用。

第五章《定位形态　拐点 K 线》分类讲解了二组 K 线和两类拐点，最 K 线和星 K 线、破位线和顺位线、发散线和收敛线、拐点五阳和拐点三线，以及如何利用顺势抢点法则开仓和平仓。

第六章《四区决策　四级定向》四区决策法则和四级定向法则是顺势而为法则的具体应用，是实盘交易的重要法则，是每次开仓、平仓的法理根据。

第七章《三步变区　三区转换》三区划分将繁琐复杂的分析推理简明化，三区转换步点清晰，节奏感强。

第八章《三线定势　三势突破》将分时波形与K线对应，通过三种基本波与复合波的合成分解，能更准确更及时的把握机会。

第九章《止损止盈　翻多翻空》从生存角度看待止损止盈，从战略层面看待翻多翻空，从规避短期风险到保障长期安全。

第十章《顶底级别　中继结构》只有确认顶底级别，才能更好的处理中继走势，捕捉大机会，把握大趋势。

第十一章《多区多点　做多缠多》创立三重多区和三重多点，并确立五暂不多，构建了一个相对完整的做多体系。

第十二章《空区空点　做空缠空》创立三重空区和三重空点，并确立五暂不空，构建了一个相对完整的做空体系。

第十三章《战略为本　战术为缠》通过确定战略区间，提升总体交易价值。通过制定战术组合，多层次捕捉大行情。

第十四章《沙盘推演　实盘应变》通过制订交易计划，使交易有章可循，通过应急手段，弥补交易计划的不足。

第十五章《品种习性　交易格局》由日内交易、短线交易到中长线交易的过渡，是交易技术、交易策略的改变，更是交易理念，交易格局的提升。

第十六章《从心所欲　而不逾矩》理论指导实盘，实盘完善理论。策略技术万变，理念法则不变，而从心所欲不逾矩。

传统理论不少沦为空谈，与实盘对接难以成功；或者失于偏颇，应用效果相去甚远。直效交易理论从实战中来，到实战中去，这样日积月累，潜移默化，逐渐完善自己的操盘体系。唯其如此，本书的交易理念、交易法则和投资技巧才会有大量创新，并具有很强的实战性。

期货直效交易软件，是根据直效交易理论编写而成的，为本书的配套教材。软件直观，心诀通俗，策略简明，此三者融合使本软件应用效果更理想。读者在阅读、使用的过程中有什么意见和建议，可以通过以下联系方式与笔者进行沟通交流。

电子邮箱：xt696@163.com，QQ:619719090。

郑浪涛

2014年10月

目　　录

第一章　系统为诊　信手为评

顺势而为四分法则，截断亏损三预案，放足盈利三条件；底线策略，信手交易；三向风控，一线定心；不悖人性，不求极致。

第一节 顺势而为 摸顶抄底

顺势而为：是顺应大势做交易，不在涨势中抢回调做空，不在跌势中抢反弹做多，这是期货交易的不二法门。交易多空双方既相互制约，又相互依存。有多少资金顺势而为，就有多少资金逆势而动，只是交易级别不同而已。

必亏一波：顺势而为直到趋势反转确认，从整个交易过程来说，无论是持仓不动还是波段操作，从顶底拐点到趋势反转确认，理论上必有某一波段亏损。

摸顶抄底：一般是在涨势中摸顶做空，在跌势中抄底做多。很显然，摸顶抄底完全凭预测交易，理论上只要预测正确，次次可赚，而实际上经常亏损。因为趋势一旦形成，一般会持续较长时间，其间会出现大大小小的假顶和假底，让摸顶抄底者难辨真假，反复受挫。

为此，交易者可选择的道路基本有两条：

其一，坚持顺势而为，坦然地接受理论上的必亏一波，稳定地赚取多次盈利。顺势而为只要明确趋势转化的量化标准，就可安心的跟势交易，如顺应某根均线交易，直到本趋势结束。

其二，坚持摸顶抄底，以预测为依据，追求理论上的每次盈利，而承受多次甚至次次亏损的风险。摸顶抄底难度大，成功率低。

交易者心理上不能接受必亏一波，基本不可能做到顺势而为，而很可能转变为风险更大而成功率更低的摸顶抄底。

顺势而为四分法则：顺大避小，两点必缠；顺大逆小，归顺回补；顺大顺小，共振必抢；顺小逆大，翻多翻空。

顺大避小，两点必缠：顺应大趋势，避开破位调整。当出现反向破位调整时，可先减仓或者清仓，之后见信号回补。

顺大逆小，归顺回补：交易方向与多空通道相同，与短期调整方向相反。当调整结束、走势与大趋势一致时，见信号回补。

顺大顺小，共振必抢：交易方向与多空通道相同，与短期运行方向相同。当大势、小势共振，见启动、加速信号抢点开仓，临盘不可迟疑。

顺小逆大，翻多翻空：当出现翻多线或者翻空线后，交易方向与多空通道相反。多头行情见翻空线后，可伺机做空；空头行情，见翻多线后，可伺机做多。

一、顺大避小，两点必缠

顺大避小、两点必缠是滚动操作或波段操作的重要法则。

顺大避小：顺应大趋势，避开破位调整。大，这里指大趋势；小，这里指反向破位调整，一般可能导致较大的亏损或者盈利大幅缩水。

两点必缠：见反向破位信号，可先减仓或者清仓，以避免较大损失，再伺机回补。回补的方式是守“必由点”、抢“或由点”。两点：这里指必由点与或由点。缠，这里指抓住不放，波段操作（见第十三章《战略为本　战术为缠》）。

顺大避小、两点必缠的交易程序：

首先确定交易方向。

根据大趋势确定交易方向。交易方向一般由中期均线，或者多空通道伸展方向决定，也可由中期均线是压顶还是托底决定。比如，若 20 日、60 日均线多头排列，则交易方向为做多；若 20 日、60 日均线空头排列，则交易方向为做空。

其次确定信号指令。

根据 K 线均线等确定开仓或者平仓信号。

下面我们通过实战图谱，探论一下顺大避小、两点必缠。

图 1-1　伦镍电 3（LMNDE）主力合约 2014.1.30 ~ 2014.3.20 日 K 线图。

关于 G 点交易策略，一种观点认为均线多头排列，G 点回调至 10 日均线附近，支撑力强，正是逢低做多的好时机；另一种观点认为高位大阴线破位下跌，做空动能强劲，应看空做空。

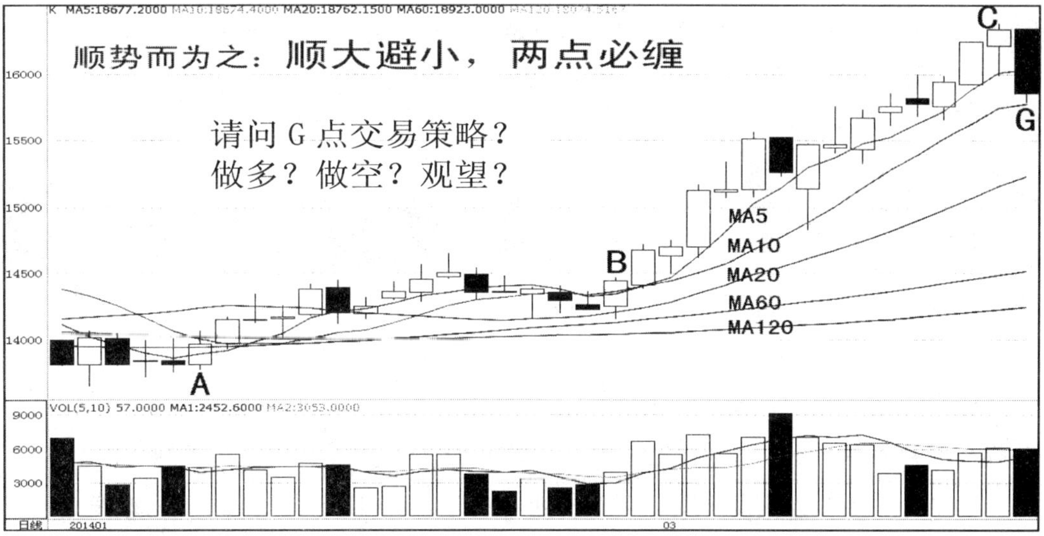

图 1-1　（后续走势见图 1-2）

图 1–1 解析：

1. 确定交易方向

价格由 A 点开始上攻，形成短黏长翘形态。B 点加速上涨，均线形成多头排列。交易方向为做多。

2. 确定交易指令

既可选短期均线作操盘线，如 5 日、10 日均线，也可选 K 线作交易指令，如五阳三线（见第三章《持仓空仓　定线定心》、第五章《定位形态　拐点 K 线》）。

3. G 点交易策略

价格由 B 点开始沿 5 日均线快速上涨，5 日均线可作操盘线。G 点大阴线下破 5 日均线，为破势阴线，多单可先平仓再伺机回补。

回补策略：当价格上破 C 点再回补多单，或者当价格回调时出现典型上攻 K 线可提前回补多单。

G 点不可抢回调做空，若做空则为逆势交易。

图 1–2　伦镍电 3(LMNDE)主力合约 2014.2.17～2014.4.15 日 K 线图

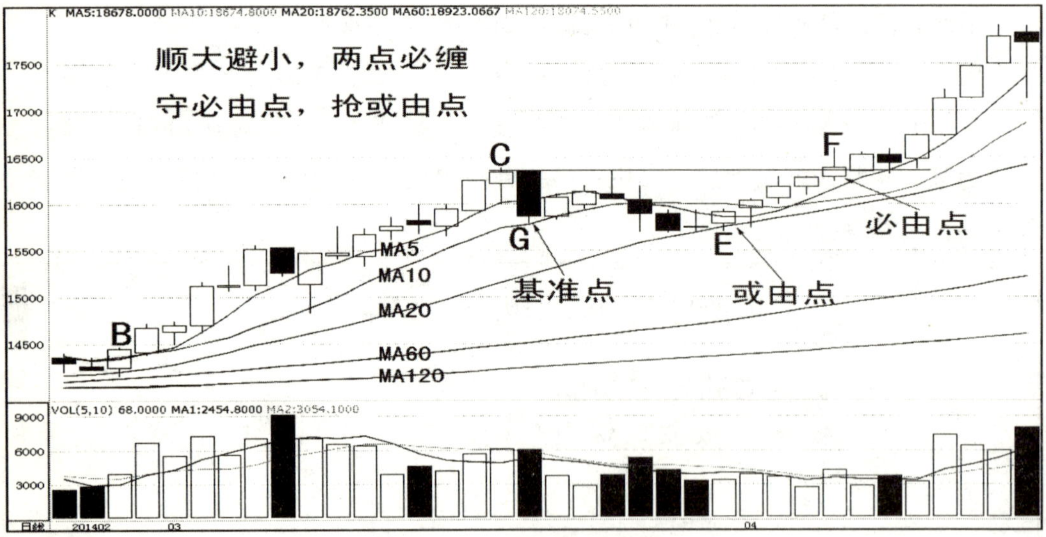

图 1–2 （图 1–1 后续走势图）

图 1–2 解析：

G 点为破势阴线，多单可先平仓。E 点既是连阴阳，又是 C 浪阳，为或由点，可提前回补多单，不必等到必由点 F 点（见第十三章《战略为本　战术为缠》）。

如果价格由 G 点震荡下跌，下破中期均线，如 60 日均线，且形成均线黏合向下发散，则趋势很可能发生改变，不可轻易回补多单。

二、顺大逆小，归顺回补

顺大逆小、归顺回补，是指当价格出现反向波动并突破重要技术位时平仓、当价格反向波动结束时重新开仓，是顺势而为、头寸回补的重要法则。

顺大逆小：当价格反向波动时，交易方向必须坚持与大趋势相同，与小趋势相反。小，这里指反向波动。

归顺回补：当价格反向波动时，平仓之后不要急于回补头寸。只有当调整结束，出现典型拐点 K 线，如五阳三线、发散线等，走势与大趋势一致时，再回补不迟（见第五章《定位形态　拐点 K 线》）。

顺大逆小、归顺回补的交易程序：

首先确定交易方向。

根据大趋势确定交易方向。交易方向一般由中期均线或者多空通道伸展方向决定，也可由中期均线是压顶还是托底决定。比如，当 40 日、60 日均线压顶，则做空；当 40 日、60 日均线托底，则做多。

其次确定信号指令。

根据 K 线、均线等确定开仓或者平仓信号。

图 1-3　棕榈主力合约 2010.12.13～2011.3.7 日 K 线图。

关于 G 点交易策略，甲认为应做多，理由是 40 日、60 日均线多头排列，5 日均线与 10 日均线金叉助涨；乙认为应做空，理由是 C 点下破颈线位和 60 日均线，见顶可能性大，G 点明显走弱，应伺机做空。

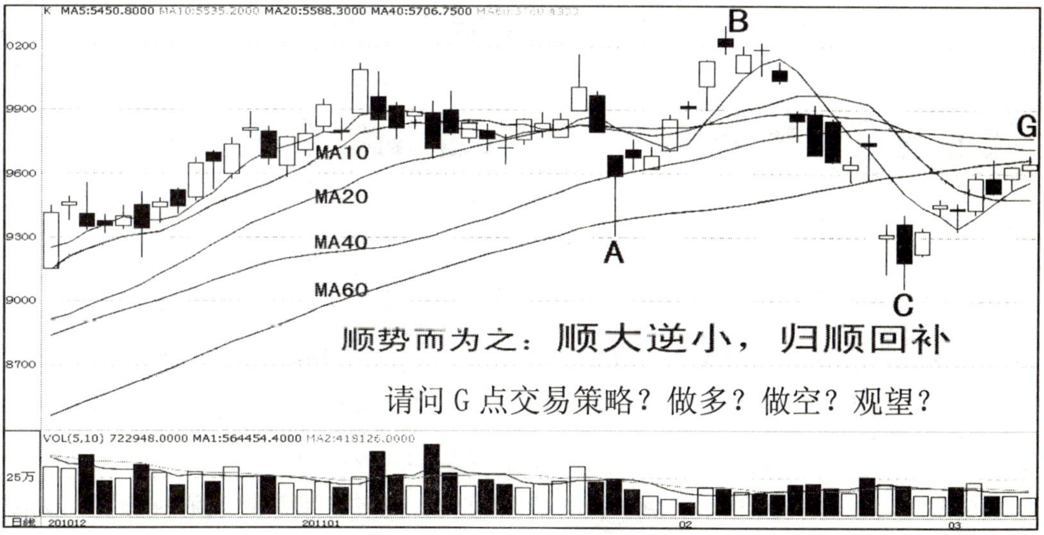

图 1-3（后续走势见图 1-4）

图 1-3 解析：

1. 确定交易方向

价格由 B 点开始快速下跌，至 C 点下破颈线位 A 点和 60 日均线。由 C 点沿 5 日均线反弹至 G 点，受 20 日、40 日、60 日均线压制，明显波段背驰，确定交易方向为做空。

2. 确定交易指令

既可选短期均线作操盘线，如 5 日、10 日均线，也可选 K 线作交易指令，如五阳三线、发散线（见第三章《持仓空仓　定线定心》、第五章《定位形态　拐点 K 线》）。

3. G 点交易策略

G 点仍可空仓观望，之后见归顺阴线或者发散线，可开仓做空。

若 G 点之后继续上攻突破 60 日、40 日均线，观望待机。

图 1-4　棕榈主力合约 2010.12.22~2011.3.16 日 K 线图

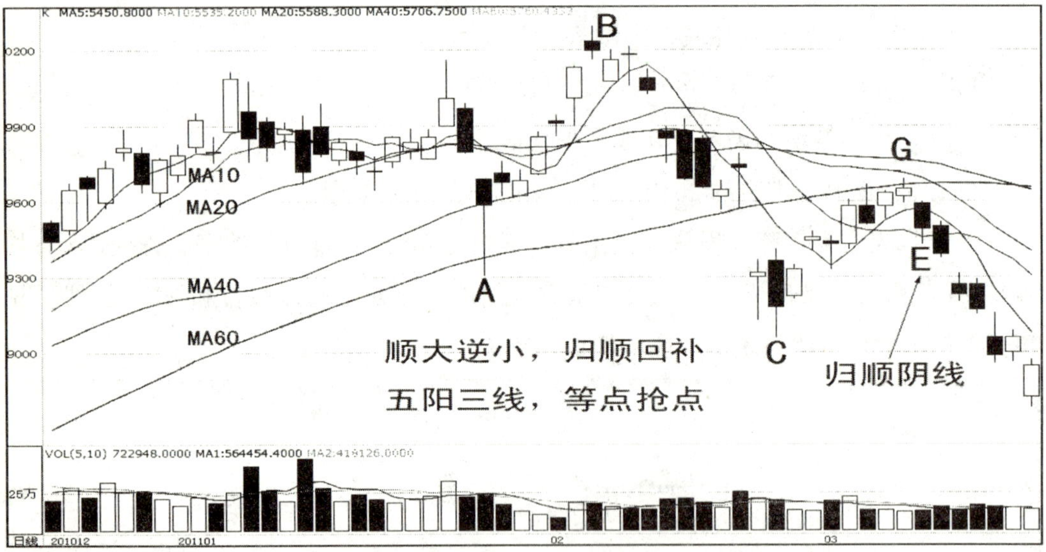

图 1-4（图 1-3 后续走势图）

图 1-4 解析：

C 点下破颈线位和 60 日均线，多空转换。C 点之后不可抢反弹做多，必须空仓等待。G 点为星 K 线，明显波段背驰。G 点不必急于开仓做空，等反弹结束后再开仓不迟。E 点既是星值下破，也是归顺阴线，带动均线向下发散，是不可错过的做空机会。

C 点之后反弹，如果过早做空，必然出现较大浮亏，承受较大心理压力。如果止损设置不对，容易被震荡出局，打乱操作节奏。

三、顺大顺小，共振必抢

顺大顺小、共振必抢，是指大趋势与小趋势同时走多或者走空时，必须顺势开仓，是顺势而为，捕捉大行情的重要法则。

顺大顺小：指寻找大趋势与小趋势同时走多或者走空的交易机会。大，指中期均线的伸展方向。小，指K形组合形态的伸展方向和拐点。

共振必抢：指当大趋势与小趋势同时走多或走空时，是不可错过的开仓机会，临盘绝不可犹豫。共振一般指同级同位，即空级空位或者多级多位（见第六章《四区决策　四级定向》）。

顺大顺小、共振必抢的交易程序：

首先确定交易方向。

一山更比一山低，或者一山更比一山高，可直观确定价格运行方向。一把直尺走天下，即通过典型的波段顶底画切线即可有效确定价格运行趋势。确定大趋势的方法越直观，实战效果越好。

其次确定信号指令。

根据K线形态结构、均线排列方式等确定开仓或者平仓信号。

图1-5　橡胶主力合约2008.6.20～2008.9.16日K线图。

关于G点交易策略，一种观点认为，中长期均线空头排列，短期均线向下发散，G点跳空下跌，应及时跟进做空；另一种观点认为，整体跌幅大，下跌时间长，G点与C点构成双底可能性较大，应伺机做多。

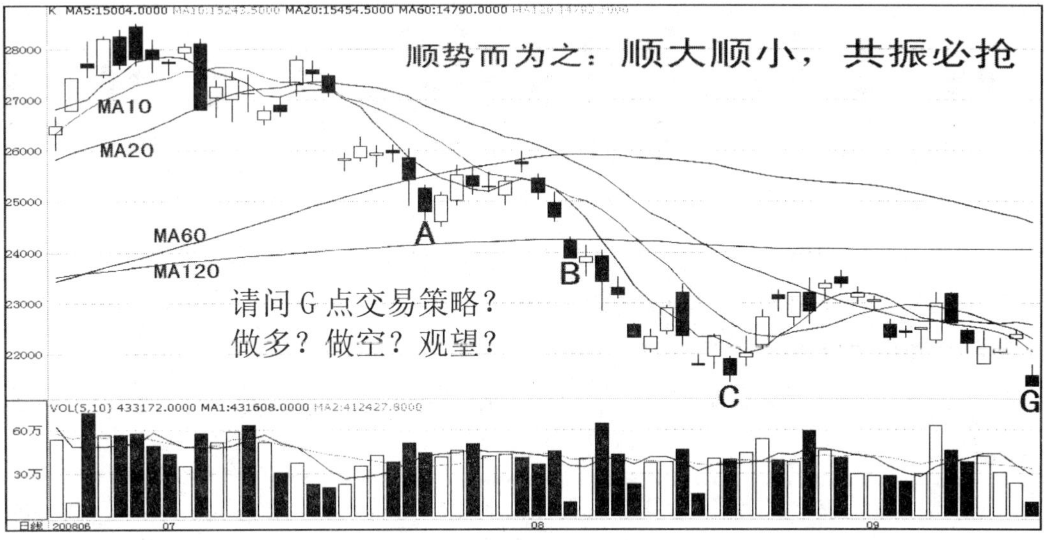

图1-5（后续走势见图1-6）

图 1–5 解析：

1. 确定交易方向

A 点下破多空线 60 日均线，交易方向确定为做空。B 点下破牛熊线 120 日均线，空方明显强势。C 点之后不可抢反弹做多，必须空仓等待。

2. 确定交易指令

均线短黏长压，一旦破位下跌，一般下跌时间较长，下跌幅度较大，只要不出现拐点五阳或者收敛线等，都是较好的做空机会。

3. G 点交易策略

G 点跳空下砸，必须开仓做空，可守 5 日或者 10 日均线放足盈利。

若 G 点之后大幅反弹，突破黏合点可止损。

图 1–6 橡胶主力合约 2008.7.10~2008.10.14 日 K 线图

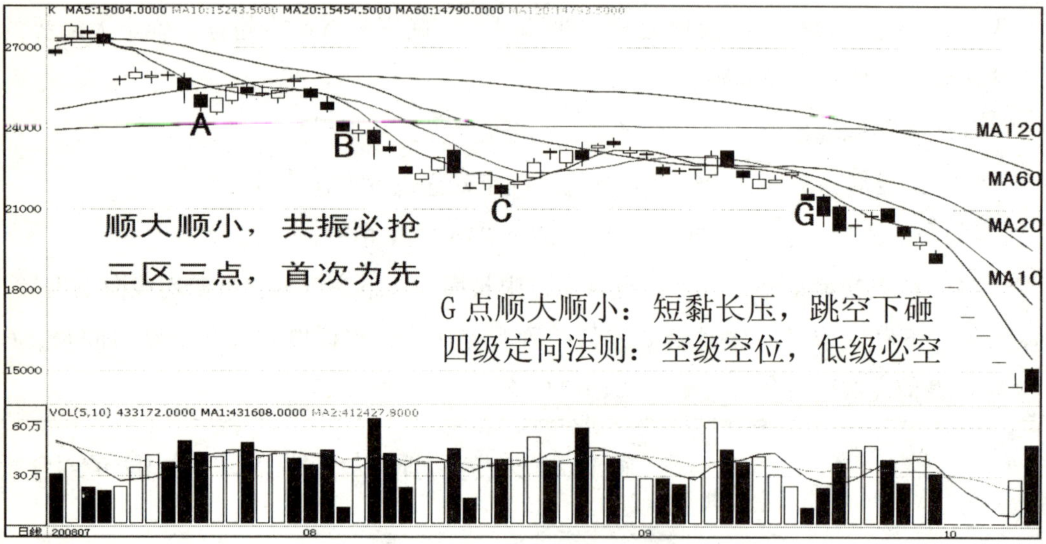

图 1–6 （图 1–5 后续走势图）

图 1–6 解析：

跌势不抢反弹做多：C 点之后反弹，并上破 20 日均线，且横盘时间较长，中阳线迷惑交易者开仓做多，中继小阳线使不少做多者没及时平仓。

短黏长压，跳空下砸：G 点跳空下跌，稍作抵抗之后即快速下跌。

G 点之后，以均线做操盘线，或者以五阳三线滚动操盘，或者以发散线、收敛线操作。

短黏长翘、逼空抢跳形态，短黏长压、跳空下砸形态，都是顺大顺小、共振必抢的经典形态。

四、顺小逆大，翻多翻空

顺小逆大、翻多翻空，指空头行情出现翻多线后可伺机做多、多头行情出现翻空线后可伺机做空，是顺势而为、拐点转向的重要法则。

价格中线超跌、短线急跌之后，均线仍然空头排列或者压顶，见翻多线，可开仓做多或者于翻多区内做多；价格中线超涨、短线急涨之后，均线仍然多头排列，见翻空线，可开仓做空或者于翻空区内做空。小，这里指小周期均线，如5日、10日均线。大，这里指大周期均线，如60日、120日均线（见第九章《止损止盈　翻多翻空》）。

顺小逆大、翻多翻空的交易程序：

首先确定交易方向。

见翻多线，交易方向转为做多；见翻空线，交易方向转为做空。

其次确定信号指令。

见翻多线做多，或者在翻多区内见拐点五阳做多；见翻空线做空，或者在翻空区内，见拐点三线做空。

图1-7　IF当月连续2012.8.2～2012.12.5日K线图。

关于G点交易策略，甲认为应做多，理由是之前中大阳线反复冲击30日和60日均线，围绕60日均线整理时间长，蓄势充分，之后快速下跌，为空头陷阱，G点一阳穿四线，多方强势反击；乙认为G点应做空，理由是均线空头排列，且G点大阳线，做多能量释放过快，回调可能性大。

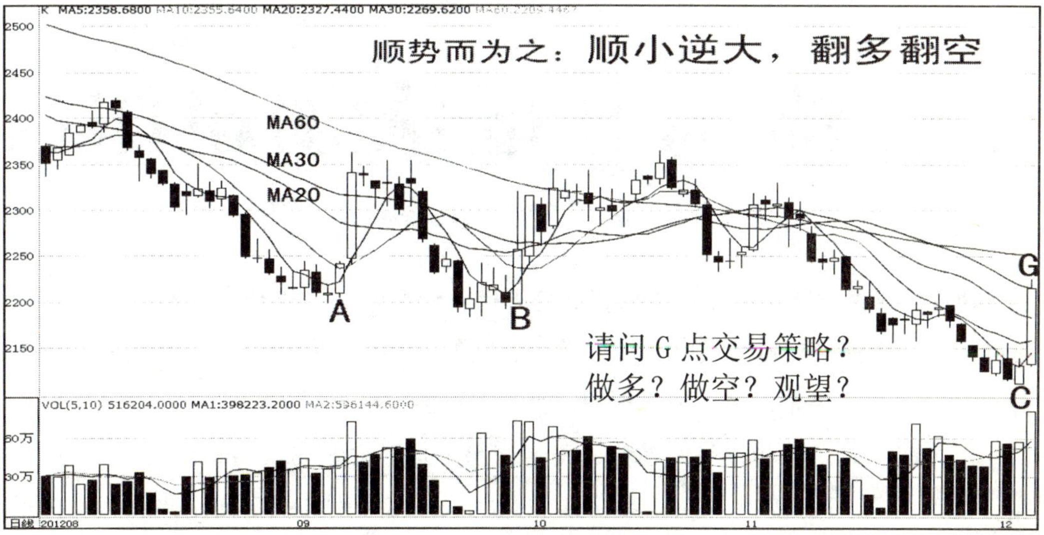

图1-7　(后续走势见图1-8)

图 1–7 解析：

1. 确定交易方向

中线超跌：之前 30 日、60 日均线空头排列，明显下行，乖离率较大。

突破 60 日均线：A 处大阳线上破 30 日均线，B 处中大阳线上攻，突破 60 日均线。有效突破 60 日均线，是反弹转为反转的必要条件。

短线急跌：C 点之前出现快速下跌。

见翻多线转向：G 点一阳穿四线，为翻多线，可开仓做多。

2. 确定交易指令

见翻多线可开仓做多。若回调到翻多区内，见拐点五阳做多。

3. G 点交易策略

G 点可开仓做多。以 5 日均线作操盘线，下破 5 日均线止损。

图 1–8 IF 当月连续 2012.8.22～2012.12.25 日 K 线图

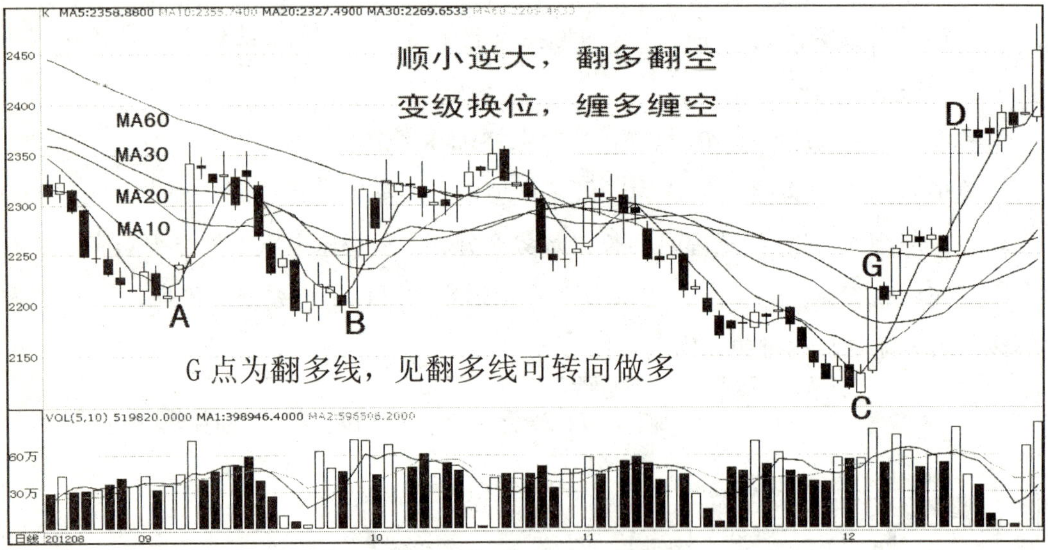

图 1–8 （图 1–7 后续走势图）

图 1–8 解析：

C 点之前，均线完全空头排列，交易方向为做空。G 点和 C 点共同构成翻多线，交易方向由之前做空转为做多。之前看空做空的，必须果断清仓，以避免重大损失，并且必须以 G 点为始，修正主观预期，否则很可能一错再错。

以中期均线研判和跟踪大趋势，确定交易方向，必须防范行情的突然反转，否则会措手不及，遭受较大损失。翻多线和翻空线是对级别均线定向定律的有效补充，是实盘快速应变的有效手段。

第二节 截断亏损 放足盈利

截断亏损、放足盈利，是期货交易的基本原则。截断亏损并不表示之前的交易是错误的，必须具备底线策略；放足盈利也绝不能违反交易指令，必须信手交易。

一、底线策略，信手交易

交易盈利依靠决策力、执行力和风控力等。以是否顺势而为评估决策力，以是否信手交易评估执行力，以是否具备和执行底线策略评估风控力。

（一）风控力——底线策略

风控力指控制风险的能力，系统、量化的风控措施是成功的基本条件。

底线是指不可逾越的红线、警戒线、限制范围、约束框架。底线一旦被突破，很可能出现交易者无法接受的坏结果，甚至导致彻底溃败。

底线策略是使交易者不遭受重大亏损和不错失重大机会的保底方案，是交易策略的必然组成部分。交易者必须认真评估风险，估算可能出现的最坏情况，并且坦然接受这种情况，从最坏处准备，制定相应防范措施，努力争取最好结果，这样才能有备无患，遇事不慌，牢牢把握主动权。

底线策略一般包括五个方面，也叫“五大底线”。

其一，最大仓位。

仓位控制是控制风险的最有效手段。最大仓位包括单个品种持仓的最大仓位和所有持仓的总仓位。只有保证持仓不超过最大仓位，遇极端情况才有回旋余地。若持仓超过最大仓位，直接爆仓或压力过大，再好的策略和技术，都是纸上谈兵。

其二，最大亏损。

最大亏损是指某个阶段或者某次交易所能承受的最大损失。如果某阶段进行多次交易，每次交易亏损的总和不能超过本阶段最大亏损。如果亏损超过某个阈值，会造成交易者严重的心理挫败，或者因本金损失过大，继续交易也难有作为。

其三，绝对不可错过的做多机会。

日 K 级别和周 K 级别，均线黏合向上发散的做多机会，短黏长翘、逼空抢跳的做多机会，均线乖离率小、启动、加速的做多机会……这样的机会一旦错过，可能几个月，甚至几年都难以再次碰到。

其四，绝对不可错过的做空机会。

日K级别和周K级别，均线黏合向下发散的做空机会，短黏长压、跳空下砸的做空机会，均线乖离率小、启动、加速的做空机会……这样的机会一旦抓住，可能几个月，甚至几年的收入就有了保证。

其五，绝对不可错过的退出机会。

绝对不可错过的退出机会，包括多单清仓和空单清仓。一般是指日K、周K级别出现明显转势信号，如不及时退出，可能遭受重大损失。对于头寸规模较小的，典型拐点K线为退出指令，对于头寸规模较大的，某个典型区间为退出指令。

下面我们通过一幅实例图简述一下底线策略。

图 1–9　PTA 主力合约 2011.1.14~2011.5.5 日 K 线图

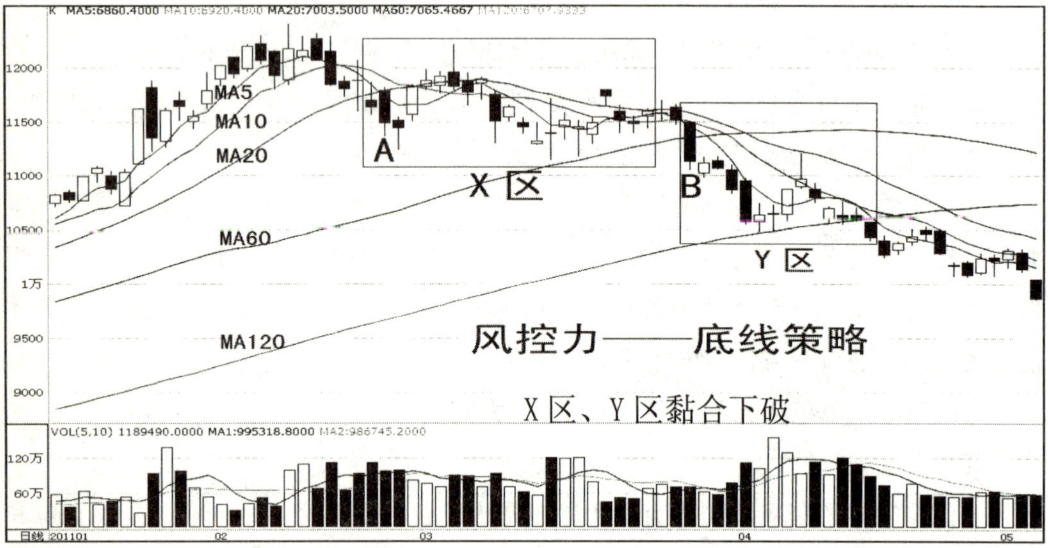

图 1–9

图 1–9 解析：

X 区：头寸规模较大的多单退出区间。

A 点：头寸规模较小的多单平仓 K 线。

Y 区：头寸规模较大的，不可错过的做空区间。

B 点：头寸规模较小的，不可错过的做空 K 线。

做事没有底线，终难成事。做期货没底线策略，最终不可能成功。

（二）执行力——信手交易

对交易来说，说到做到，就是执行力。这里的"说"，是指交易系统、交易策略或者交易模型所确认的指令，且具有正希望值。

信手交易就是指见交易信号即动手执行，强调的是执行力。只有具备了良好的执行力，才能有效发挥交易系统的作用。必须养成按信号交易的良好习惯，否则任何有效的交易系统或者交易模型都不可能稳定地转化成盈利。

赚钱的操作不一定是正确的，比如在多头行情里抢回调做空，在空头行情里抢反弹做多，即便是赚钱了，也只是暂时的。如果制定的交易策略本身如此，则交易策略有问题，执行力没问题。如果操作违反交易策略，则执行力有问题。亏损的操作不一定是错误的，如顺大势交易，即使亏损了，也只是暂时的。

图 1-10　美黄豆连(SBCC)2012.3.20～2012.5.14 日 K 线图

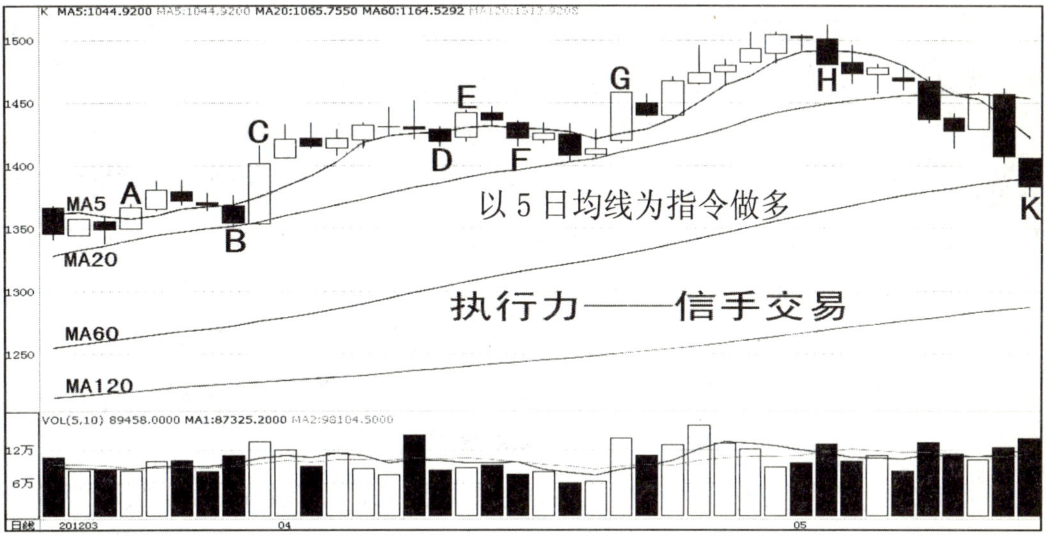

图 1-10

图 1-10 解析：

制定简易交易策略：

确定交易方向：20 日、60 日、120 日均线多头排列，确定交易方向为做多。

开仓指令：5 日、10 日均线多头排列，价格上破 5 日均线开仓。

平仓指令：价格下破 5 日均线即平仓。

根据交易指令：A 点开仓～B 点平仓，略亏；C 点开仓～D 点平仓，盈利；E 点开仓～F 点平仓，略亏；G 点开仓～H 点平仓，盈利。整体盈利。

A 点、E 点两处开仓造成亏损，B 点、F 点两处平仓之后又以更高的价格回补，但并不能因此认为此四处操作是错误的。

执行交易指令，从提高执行力来讲，都是正确的。

没有执行力的军队，是乌合之众。没有执行力的交易者，总以怀疑的眼光看待交易指令，最终只能是期货市场里的匆匆过客。

二、三向风控，一线定心

三向风控：总有三种走向，总有三种对策。

总有三种走向：当下之后的走向，总是存在三种可能，即向上、向下、横盘，只是每种走向出现的概率大小不同。交易者必须坦然地接受三种走向，把握大概率机会，防范小概率风险。

风控即风险控制，风险包括三种，即亏损、踏空、久盘。亏损是直接损失，踏空是隐性损失，久盘损失机会成本，指交易者因介入过早而陷入长期盘整。

总有三种对策：对当下之后的每种走向，交易者都必须预先制定明确的应对策略，做好充分的心理准备，这样实战时才可能做到等点抢点。

一线定心：以某根均线或者某根K线作为捕捉机会和规避风险的直观指令，只要价格不反向突破该均线或者K线，就安心地持仓不动或者空仓观望，不可因短期的价格波动或者捕风捉影的消息解读违背交易法则和信号指令。

均线定心线：一般为操盘线，如5日、10日、20日均线。

K线定心线：指距当下最近的中大K线，多为启动和突破强阻力位K线。涨势定心线一般为地桩、上破线和顶大阳，跌势定心线一般为天棍、下破线和底大阴。

图1-11　IF当月连续2014.7.10～2014.8.28日K线图。

关于G点交易策略，甲认为应做多，理由是快速下跌至前期平台，止跌反攻概率大；乙认为应做空，理由是之前M、N构成双头，连续杀跌破60日均线，中线走空；丙认为短线超跌，中期趋势仍没走坏，应观望待机。

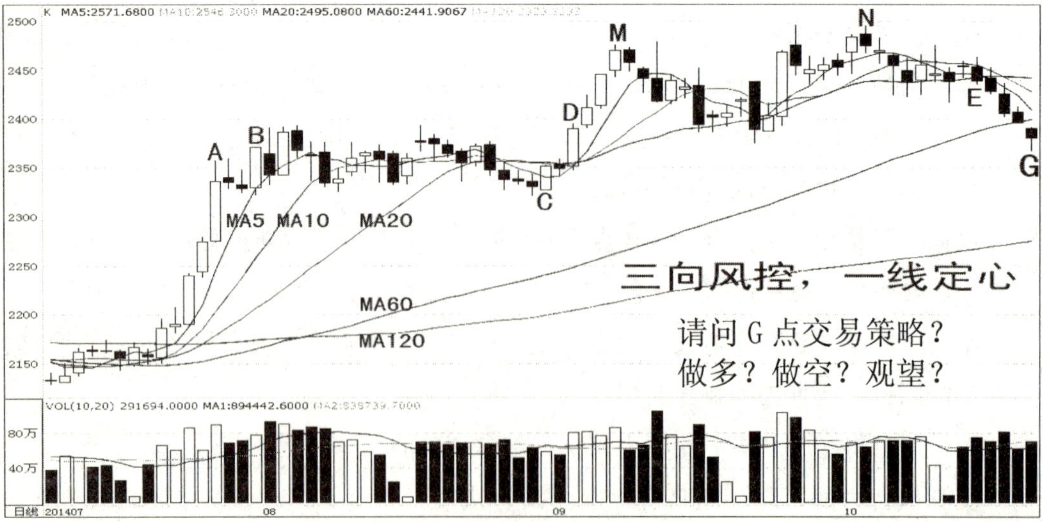

图1-11　（后续走势见图1-12）

图 1–11 解析：

1. 确定交易方向

价格由 N 点下跌，E 点为黏合下破破势阴线，至 G 点形成伍底。之前 A 点顶大阳、B 点定位，C 点连阴阳，D 点上破线，构成支撑平台。G 点之后既可能止跌反攻，也可能继续下跌，必须等突破方向确认后再入场。

2. G 点交易策略

G 点之后的三种走向，三种对策。

（1）若是中大阳线上攻，且上破 5 日均线，可开仓做多，上破 10 日均线更好。

（2）若是中大阴线下跌，可开仓做空。

（3）若是横盘整理，等突破方向确认后再入场。

图 1–12　IF 当月连续 2014.7.28～2014.11.12 日 K 线图

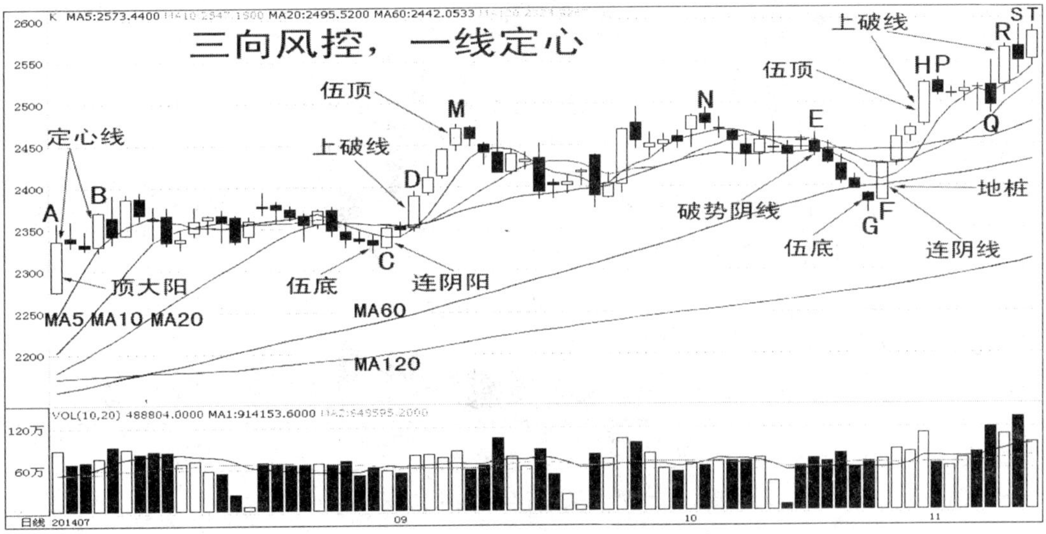

图 1–12　（图 1–11 后续走势图）

图 1–12 解析：

G 点为伍底，F 点为连阴阳，也是地桩，可选择 F 和 5 日均线为定心线做多。只要不破定心线，在设好止损的前提下，可安心持有多单。

H 点为中阳线，也是上破线，也是伍顶，之后陷入整理的可能性大。

P～Q 连续 5 日整理，为定心线顶底上下搓。

R 点为中阳线，也是上破线，可于 5 日均线之上做多。

S～T 震荡上攻，回调不破定心线。

无论是缠多、缠空还是双缠，做好三向风控、一线定心，则不会迷失。

三、截断亏损，归顺回补

截断亏损是期货交易的生存法则。亏损有两类原因：其一是逆势交易，交易方向错误；其二是顺势交易，介入点位错误。

截断亏损不能截断机会，必须执行止损三预案：

其一，观望待机。之前交易方向正确，介入位置错误，止损之后伺机介入。

其二，归顺回补。当再次出现入市信号，必须果断回补。

其三，转势转向。大趋势发生改变，交易方向也随之改变。

下面我们通过一幅实战图谱简述止损三预案。

图 1-13　豆粕 1501 合约 2012.4.5～2012.6.5 日 K 线图

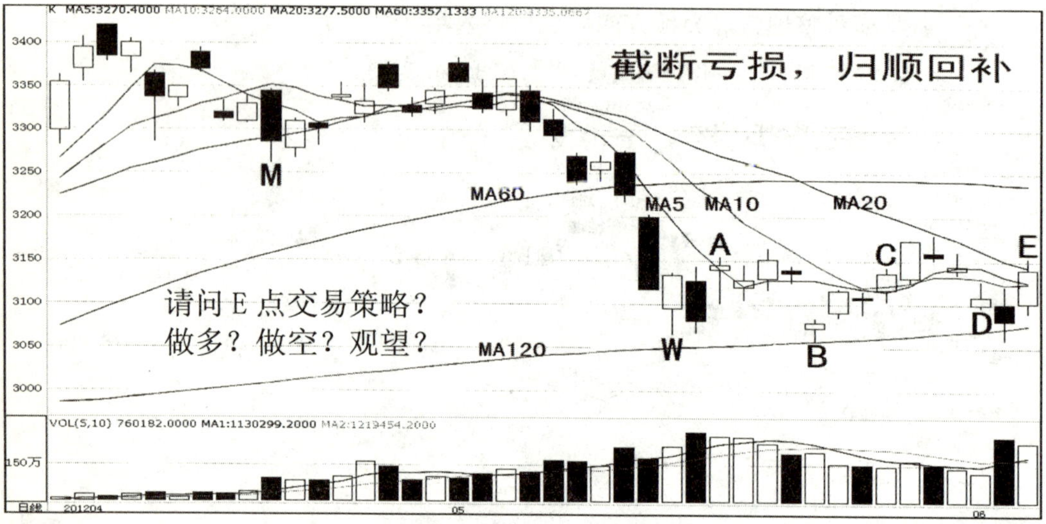

图 1-13 （后续走势见图 1-14）

客户老何一直做多豆粕，于 M 点之后全部清仓退出。此后近一个月，豆粕价格跌至半年线附近 W 点，老何预计豆粕价格会依托半年线止跌反攻，便制定了做多豆粕 1501 合约的简明策略：

买入开仓指令：价格上破 5 日均线。

持仓守线指令：只要价格位于 5 日均线之上，就持仓不动。

卖出平仓指令：只要价格下破 5 日均线，就止损或止盈。

下面是老何做多豆粕的执行情况：

A 点开仓买入：按交易指令，于 A 点价格上破 5 日均线时开仓买入。

B 点平仓卖出：价格下破 5 日均线，按交易指令止损。

C 点开仓买入：价格再次上破 5 日均线，按交易指令开仓买入。

D 点平仓卖出：价格下破 5 日均线，按交易指令于 D 点止损。

连续两次止损，老何心情烦躁，信心动摇。E 点上破 5 日均线，此时 20 日均线仍下压，老何放弃做多。您如何评价老何的此次操作呢？

我们来剖析一下老何的操作，下面几个方面值得商榷：

1. 交易策略是否适当

通常情况下，以均线作为交易指令，必须具有明显的趋势。以 5 日均线做多，10 日均线托底助涨为宜，20 日、60 日均线上翘助涨更好。

2. 做多是否介入过早

10 日、20 日均线空头排列，明显压制价格上攻，价格区间震荡可能性较大，老何没等均线修复就入场做多，结果因价格上下搓而遭受损失。

3. 对交易策略不自信，没能坚守

老何依托半年线做多，具备可行性，价格回探半年线后，阳多阴少，阳大阴小，但两次亏损之后，违背信手交易原则，错失之后的大机会。

图 1-14 豆粕 1501 合约 2012.4.17～2012.6.25 日 K 线图

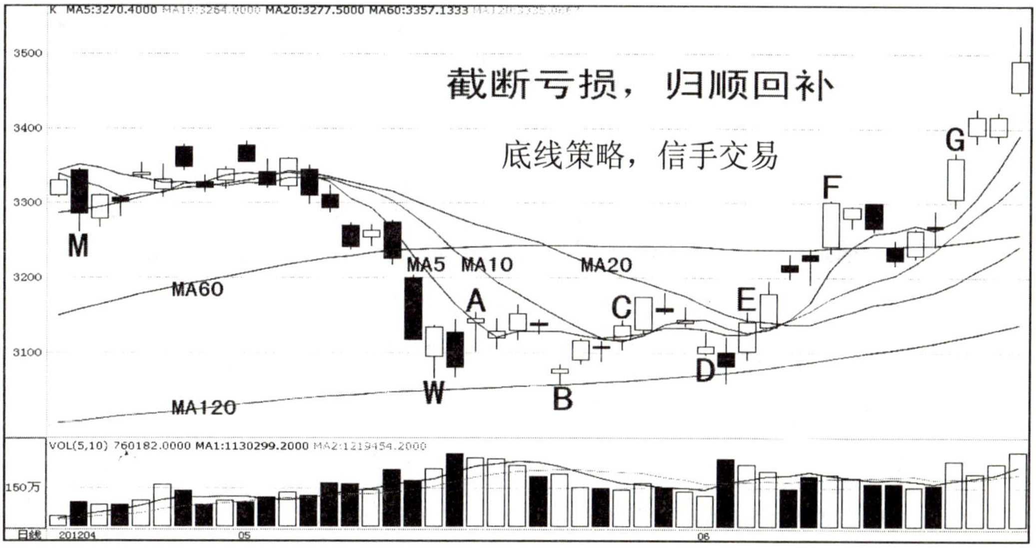

图 1-14 （图 1-13 后续走势图）

图 1-14 解析：

E 点之后继续上攻，F 点突破颈线位，G 点符合短黏长翘、逼空抢跳形态，是不可错过的做多机会。老何于 E 点没能再次开仓做多，乱了节奏，长时间调整不过来。老何在形态走好之后没有再次做多，不具备明确的底线策略。

截断亏损，不能截断机会，归顺回补，势在必行。

四、放足盈利，破势止盈

放足盈利、破势止盈，就是持仓不动，让利润快速增长，直到趋势走坏。放足盈利至少包括以下三个条件：

其一，放足盈利必须是顺势交易，顺的是中长期趋势，且短期内没有反转迹象，盈利大幅回撤的可能性较小。

其二，价格已经脱离了风险区，基本不会由盈利变为亏损。

其三，放足盈利不是放任自流，持仓、止盈必须以交易信号为依据。

下面我们通过一幅实战图谱简述一下放足盈利必须注意的问题。

图 1-15　棉花 1409 合约 2011.2.14～2011.4.11 日 K 线图

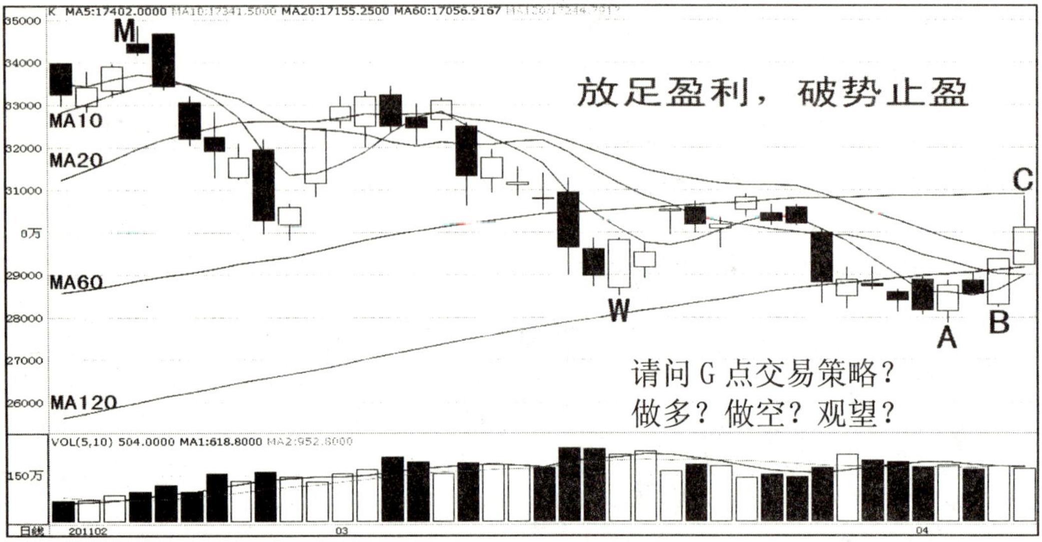

图 1-15 （后续走势见图 1-16）

棉花经销商老王此前一直做多棉花期货，且收获不小。在价格下破 20 日均线之后，老王基本是空仓。一个多月之后，价格回落至半年线附近。老王结合棉花现货价格的走势，准备依托半年线再次入场做多，其理由如下：

（1）之前下跌时间较长，跌幅较大，形成中线超跌。

（2）价格于半年线上方附近 W 点曾试探性反攻。

（3）价格下破半年线之后跌势明显趋缓，A 点再次展开反攻。

老王判断半年线支撑作用较强。B 点一阳穿三线，上破 5 日、10 日、120 日均线，于是果断抢点做多，并准备价格下破 A 点开盘价止损、价格上攻至前期高点 M 点附近止盈。

C 点大阳线上破 20 日均线，老王有了一定盈利，仍然持仓不动。您如何看待老王此次的操作？

我们来剖析一下老王此次的操作，下面几个方面值得商榷：

1. 行情研判

价格由 M 点下跌，为逐浪下跌形，且大阴线较多。价格回探半年线后，仍见连续阴线和大阴线，空方仍强势，绝不能因某根大阳线一阳穿三线就认定行情反转。因此回调至半年线附近止跌反攻，只能试探性做多，且必须轻仓。

2. 交易策略

止损设置值得商榷：其一是止损设置过大，如果仓位较重，仅单次止损就会造成较大损失；其二没有设置动态止损。

止盈设置：不能仅根据一两根中大 K 线的反弹，就设立较大的预期止盈，合理的止盈应是跟踪止盈，而且一旦赚了，尽量不让它变成亏损。

3. 放足盈利

放足盈利，必须是顺大势做单，且必须有相当盈利，由盈转亏的可能性较小。

图 1-16　棉花 1409 合约 2011.3.3～2011.4.28 日 K 线图

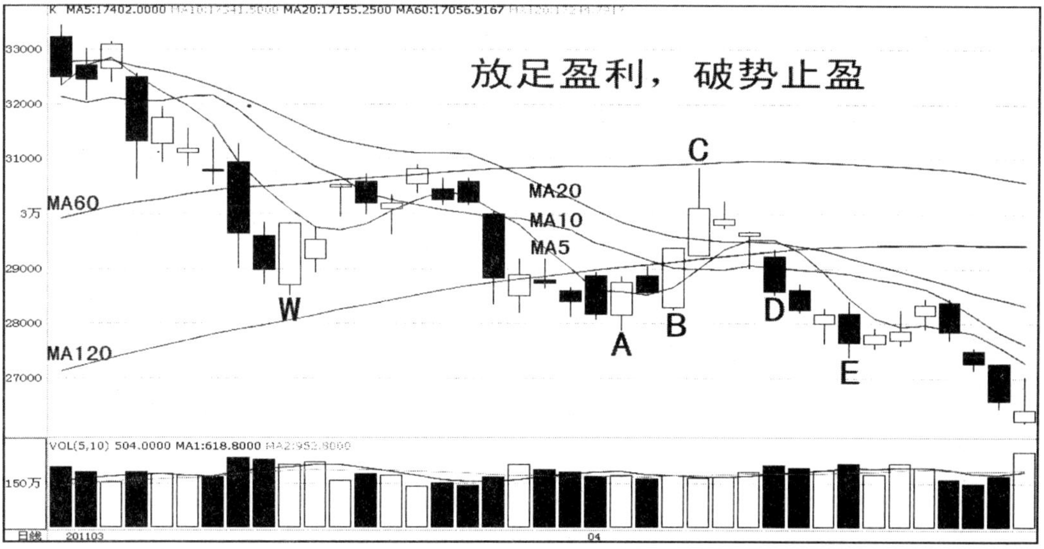

图 1-16　（图 1-15 后续走势图）

D 点下破 5 日均线，老王没有止损。E 点下破 A 点开盘价，老王止损退出。

空头行情，老王在 10 日、20 日均线明显下行时开仓做多，持仓待涨，交易策略明显有误。但老王能按预定方案止损退场，有底线策略，能信手交易，不患得患失，不为些小盈亏改变预定方案，是值得肯定的。

顺势交易，放足盈利。持仓守线，破势止盈。

第三节　直效法则　直效交易

把复杂的事情简单化，是大智慧；把简单的事情重复做，是执行力。

创立直效交易理论，构建直效交易体系，是把复杂的事情简单化。

按信号交易，做次数赚钱，是把简单的事情重复做。

直效：直，简明直观；效，大数有效。构建直效交易系统，必须以直效交易理论为依据。直效交易理论包括直效交易理念、直效交易法则、直效交易策略和直效交易技术，至少具备以下七个特征：

直观性：指理论必须至简至朴，易于描述、推导和形成表象。

客观性：指某种形态或走势不受主观思想或意识影响而独立存在的性质。

复制性：指某种策略或者技术在不同时段能够得到重复应用。

纠错性：指通过测试或者实际的应用可以进行纠正和优化。

稳定性：指收益曲线相对平滑，不会出现太大的回撤。

完整性：指对交易的各个方面均有明确的论述。

可行性：指操作难度合适，容易被理解和执行。

构成具有正期望值的直效交易体系，至少必须满足以下几个方面的要求：

一、简明定向，直观抢点

期货交易技术分析最重要的两点：一是确定交易方向，是做多还是做空；二是确定开仓、平仓的具体位置。

简明定向：用简单明确的方法确定交易方向，是做多还是做空。交易方向必须符合顺势而为法则。一般来说，以日 K 线中长期均线确定交易方向相对容易，而且准确性较高。

直观抢点：确定开仓或者平仓的位置必须具体直观，便于实盘执行。开仓、平仓位置一般以 K 线形态结构为依据，辅以均线和成交量作为参考。

二、确定必定，不定设定

期货市场最大的特点是不确定性，从不确定性中寻找确定性，是市场分析和技术交易的价值所在。

确定必定：能够确定的事情，必须确定。如品种的选择、仓位大小等。在一定阶段里，可以将它们固定下来，没有必要总是变来变去，这样在保持相对稳定性的同时，也避免了精力的过多分散。

不定设定：不能完全确定的，必须通过参数设置进行设定。如多空转换、开仓平仓位置，可以通过参数设定条件，当走势满足条件时即可确定。

三、等效替换，保利避险

等效替换：不同波段应用不同交易模型，若账户盈亏状态变化则风控模型更换，如动态模型与静态模型互相替换，两点控制与一线控制相互替换等，但两者必须具有同等的捕捉大机会和规避大风险的效力，只是风控级别不同而已。比如，以两点必缠取代操盘线，以空平空补取代预定模式，切不可抱残守缺。

保利避险：保住盈利，规避风险。一旦赚了，绝不让它变成亏损；一旦亏了，绝不让它超过止损。避险包括不错过大行情、不参与回调和盘整。如多级别共振开仓，以小级别保利避险；当盈利增大，则相应提升保利避险级别；若冲顶探底，则相应降低保利避险级别，防止盈利大幅回撤。

四、不悖人性，不求极致

交易是一种生活，不悖人性，不求极致。

不悖人性，是指不过分强调克服贪婪和恐惧等人性的弱点。人性的弱点很难被克服，只能进行疏导。

不求极致，是指不违背人性、片面强调行情研判的准确性和执行的精确性。不求极致必须确定合理的交易目标和合适的操作难度。交易目标过高，交易者压力过大，会影响交易策略的制定。操作难度过大，会使交易者长期处于紧张状态。

通过大智慧、大趋势，捕捉大行情，满足人性的贪婪。通过较大的止损、较大的止盈，降低操作难度，减轻交易者的压力。

长期重仓满仓的人，自信能躲过每一次逼仓。重仓有时来不及减仓或者平仓，重仓有时熬不过长久的宽幅震荡。多一份仓位，就多一份贪婪，就多一份恐惧，就多一份风险，就增加一份操作难度……

热衷超级短线的人，致精致微，微利必得，微患必去。降低几级操作级别，就增加几级操作难度，就增加几倍贪婪，就增加几倍慌乱，就增加几倍风险……

任何违背人性，追求极致的交易技术，必然违背交易法则，只不过是骗人的伎俩。有多少神话，就有多少欺骗，有多少传奇，就有多少误导。

第二章　三大法则　四维定律

资金管理法则、以大统小法则、三七交易法则是构建直效交易系统的三大基本法则；倍数步数定量、级别均线定向、形态K线定位、信号次数定心是制定交易策略的四大基本定律。

第一节　三大法则

资金管理法则、以大统小法则、三七交易法则是期货交易的三大法则。

一、资金管理法则

同样的市场选择，同样的交易策略，同样的交易手法，资金管理的方法不同，有时会导致完全不同的交易结果。

资金管理包括单个品种的仓位管理和多个品种的仓位管理。

单个品种的仓位管理，包括以下几个方面：

初始仓位：仓位大小与占总资金的百分比。

加仓、减仓：加仓、减仓的幅度和位置。

清仓退出：清仓退出的位置必须符合底线策略。

多个品种的仓位管理，包括总仓位大小和各个品种仓位大小。

下面我们通过一幅实战图谱，简析资金管理对交易过程和交易结果的影响。

图 2-1　橡胶主力合约 2010.9.13～2010.11.17 日 K 线图

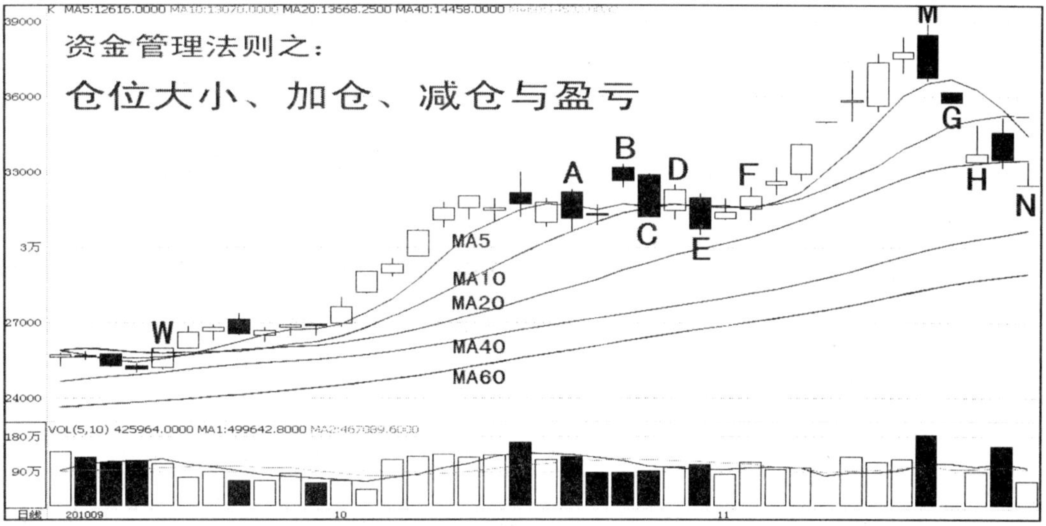

图 2-1

图 2-1 解析：

由 W 点到 N 点整体涨幅 =（32500−25985）÷25985×100%≈25%

由 M 点到 H 点 3 天跌幅 =（37795−33750）÷37795×100%≈10%

由 W 到 N 点整体涨幅高达 25%，20 日、40 日、60 日均线上行，多头强势。如果仓位管理合理，此阶段看多做多，收益将很可观。如果违反资金管理法则，即使做多看多，仍很有可能亏损甚至爆仓。

1. 以5日均线做多

开仓指令：价格上破5日均线。平仓指令：价格下破5日均线。

若每次开仓，都保持固定头寸，即浮盈不加仓，也不减仓，完全按指令交易：

W点开仓～A点平仓，盈利；B点开仓～C点平仓，亏损；D点开仓～E点平仓，亏损；F点开仓～H点平仓，盈利。共交易4次，其中盈利2次，亏损2次，即使只用3倍杠杆，整体盈利约75%。

若头寸不固定，浮盈加仓，不但没盈利，反而可能亏损严重。其中，B点开仓～C点平仓，D点开仓～E点平仓，因之前浮盈加仓，亏损加重。

F点开仓，由于G点下破5日均线直接跌停，根本无法平仓，只能于H点平仓，3天跌幅约10%。若之前浮盈加仓，6倍杠杆，3天亏损60%，爆仓。

2. 以20日均线做多

开仓指令：价格上破20日均线。平仓指令：价格下破20日均线。

若每次开仓，都保持固定头寸，即浮盈不加仓，也不减仓，完全按指令交易：

W点开仓～N点平仓，若使用3倍杠杆，整体盈利75%。

若头寸不固定，浮盈加仓，6倍杠杆，躲不过M点至H点3天暴跌，亏损60%，爆仓。

无论是以5日均线做多，还是以20日均线做多，如果在短期暴涨之后分步减仓，破位再清仓，则盈利非常可观。

做多，不在短期暴涨之后加仓，而是分步减仓，破位清仓。

做空，不在短期暴跌之后加仓，而是分步减仓，破位清仓。

仓位的大小，首先必须能抵抗剧烈的反向波动，其次是提高资金的使用效率。在两者之间保持相对平衡，是资金管理的目的。

(一) 资金管理法则

资金管理法则，就是合理配置资金，即在量化市场风险、保障资金安全和量化市场机遇、发挥资金效能之间保持相对平衡。

量化市场风险：即市场风险的大小必须与可能的资金损失多少相对应，这样风险可能造成的损失是可控的。

量化市场机遇：即市场机会的大小必须与投入资金的多少相对应，这样资金的效能才能得到有效发挥。

（二）资金管理指标

1. 控制亏损极限

亏损极限：指交易者能够承受的最大整体亏损百分比。

控制亏损极限，就是使资金总亏损在某一阶段不超过某一极限值。

2. 匹配风险限额

风险限额：指单次或者某段交易能承受的最大亏损额度。

交易者对每一次具体的交易，都必须从总体出发，确定允许亏损的最大额度，绝不能因单次交易的亏损造成整体风险失控。

（三）资金管理历程

期货交易可分为四个阶段：摸索期、生存期、成熟期、落伍期。

1. 摸索期

主要特点：花钱换经验阶段。以日内交易为主，频繁交易，重仓交易，凭感觉交易，赚小钱亏大钱，俗称“菜鸟”。

管理策略：菜鸟很难通过控制单笔交易亏损来控制风险，必须通过控制总资金量大小和控制单笔开仓手数以控制风险，确保交易半年以上本金仍超过一半。

2. 生存期

主要特点：交易模式相对固定，以短线为主，日内交易为辅，止损比较坚决。虽能实现阶段性的盈利，但交易业绩不稳定，资金曲线波动较大。

管理策略：加强纪律意识，提高执行能力，避免因过度自信或者情绪失控所引发的重仓搏杀、频繁交易或者死扛到底。

3. 成熟期

主要特点：交易理念成熟，系统完整，经验丰富，执行力强，平和淡定，内敛谦逊，资金曲线相对平滑，能持续稳定盈利。

管理策略：交易品种相对固定，资金配置平衡，底线策略明确，遇大行情也敢于重仓搏杀。

4. 落伍期

主要特点：墨守成规，固步自封，交易理念落后，交易手法老套。

管理策略：逐渐减少交易资金和交易次数，只做典型形态的介入，更多的是空仓等待，捕捉级别共振和级位共振行情。

二、以大统小法则

(一)以大统小概述

1. 以大统小法则

以大统小法则:K线大级别统御小级别,均线大周期统御小周期。根据大趋势确定交易方向,根据小趋势确定开仓、平仓位置。

当K线大级别趋势强烈,无论小级别趋势是否顺逆,交易方向均由大级别确定。只有当大级别陷入盘整时,才适合以小缠大。

当均线大周期趋势强烈,无论小周期趋势是强是弱,交易方向均由大周期确定。只有当大周期失去方向感时,才适合以小缠大。

2. 以大统小方法

以大统小的一般方法:以线定向,以形定位。

以线定向:通过均线、趋势线等确定交易方向,是做多还是做空。

以形定位:通过均线形态确定区间,通过K线形态确定拐点。

因此以大统小可简述为:均线定向,K线定位。

均线定向:通过中长期均线确定交易方向。所选中长期均线,可以是一根,如60日均线;也可以是两根均线组成多空通道,如40日、60日均线组合,20日、60日均线组合。

K线定位:通过K线组合形态确定开仓、平仓区间和位置。

(二)拐点转向策略

拐点转向即反向突破使多空趋势转换。

必错一次:遇震荡筑顶或者震荡筑底,通过多空通道确定交易方向,总有一次是错误的,即拐点转向那一次。实盘常见两类矛盾:

其一,当40日、60日均线多头排列,10日、20日均线空头排列,有时却形成一波大的下跌,甚至行情反转,由多头行情转为空头行情。

其二,当40日、60日均线空头排列,10日、20日均线多头排列,有时却形成一波大的上涨,甚至行情反转,由空头行情转为多头行情。

没有背驰就没有转向,拐点转向之前,必然发生背驰。大势背驰越强烈、波段背驰越明显,点背驰形成拐点转向可能性越大。通过背驰预警转向,处理好均线定向与拐点转向之间的对接。

均线、趋势、拐点三者之间的关系简析:

1. 均线迷失，拐点对接

均线跟踪的是趋势，但均线并不是趋势本身。当趋势发生改变时，周期越长的均线，滞后性越明显，于趋势突变时，必然发生迷失。均线迷失是由均线自身的属性决定的，是必然会发生的，均线并不能解决自身的缺陷。K 线及 K 线组合形态构成拐点，灵敏性高，均线迷失只能由拐点转向对接。

2. 以大统小，以小缠大

K 线具有很强的时效性，可以与均线形成互补，减少因均线迷失可能带来的损失。以大统小是通过大趋势确定交易方向，是不可违背的交易法则，中期均线走向并不等于大趋势，当均线迷失时，可以通过 K 线组合形态的指向进行拐点对接。

以小缠大，当均线迷失时，可以通过小级别或者 K 线组合缠趋势。

以大统小，只为简明定向；以小缠大，必须直观抢点。

均线与 K 线，稳定性与灵敏性，交易方向与开仓、平仓，相生相克。

（三）以大统小实例

下面我们通过一幅实战图谱探讨一下以大统小法则的应用。

图 2-2　沪锌主力合约 2008.3.4 ~ 2008.5.22 日 K 线图。

关于 G 点交易策略，甲认为应做多，理由是整体跌幅大，A 点、B 点构成明显支撑，C 点突破 40 日均线，G 点收阳反攻，是做多的好时机；乙认为应伺机做空，理由是 40 日、60 日均线空头排列，均线短黏长压，一旦向下破位，很可能快速下跌，跌破 G 点开盘价是做空好时机。

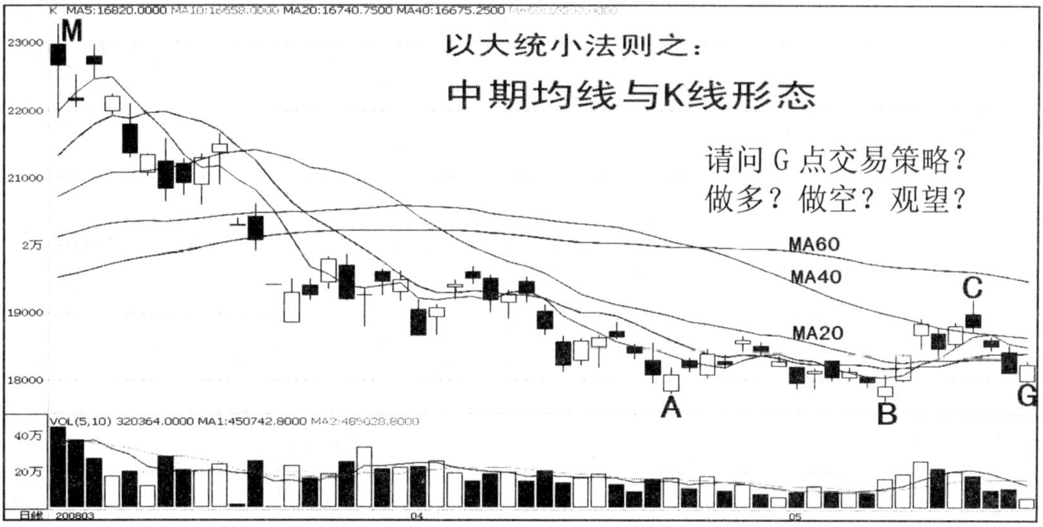

图 2-2 （后续走势见图 2-3）

图 2–2 交易策略：

1．以大统小解盘

（1）行情研判：是多头行情还是空头行情？

40 日、60 日均线空头排列，且明显下压，空头强势。

（2）交易方向：是做多还是做空？

根据以大统小法则，此阶段应以做空为主。

2．攻防兼备策略

（1）G 点之后可能走势。

根据三向风控，G 点既可能成为反弹起点，也可能成为下跌中继，也可能陷于盘整，因此必须做好三种应对策略。

（2）通过什么 K 线做空。

方法一：若直接下跌，则下破 B 点开盘价或者最低价做空。

方法二：若反弹，不上破 60 日均线，再次下破 10 日均线做空。

图 2–3 沪锌主力合约 2008.4.14～2008.6.13 日 K 线图

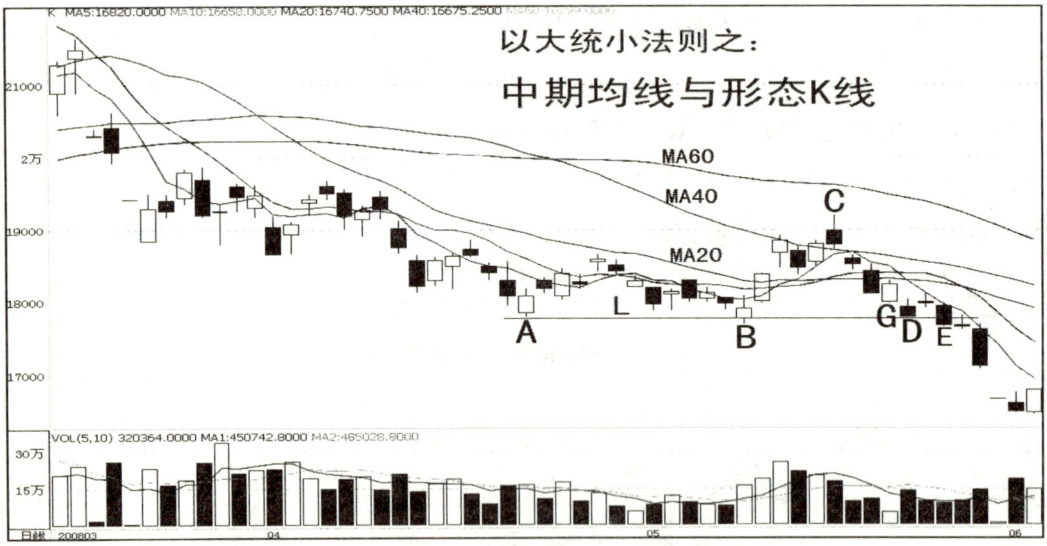

图 2–3 （图 2–2 后续走势图）

图 2–3 解析：

（1）G 点之后，D 点低开，冲高回落，但没有下破 B 点开盘价，暂不做空。E 点平开低走，下破 B 点开盘价，可开仓做空。价格上破 G 点收盘价止损。

（2）以 10 日均线做空，即价格下破 10 日均线做空，价格位于 10 日均线之下持仓不动，价格上破 10 日均线平仓。

三、三七交易法则

交易模式必须符合概率有利原则和赔率有利原则，所做的交易越多，结果就越接近交易策略的预期表现。

（一）概率有利原则

若赔率相当，当某种情况出现时，如果上涨的概率明显大于下跌的概率，就做多，反之，就做空。获胜概率越大，做的次数越多，赚钱的可能性越大，这就是概率有利原则。

根据概率有利原则设计交易模式，必须至少满足以下三条：

其一，获胜概率必须大于50%，接近70%更好。

其二，不出现单次重大亏损，平均每次亏损与平均每次盈利相当。

其三，交易次数满足概率要求，但不是越多越好。

在多头行情顺势做多，在空头行情顺势做空，成功的概率较大，符合概率有利原则。

（二）赔率有利原则

上涨的概率与下跌的概率大致相当，当某种情况出现时，根据统计数据分析，如果做对一次的收益远远超过做错多次的亏损，那么交易的次数越多，赚钱的概率越大，这就是赔率有利原则。

根据赔率有利原则设计交易模式，必须至少满足以下三条：

其一，盈亏比至少大于1∶1，一般以接近或超过3∶1为好。

其二，必须严格止损，不出现单次重大亏损。

其三，交易次数满足概率要求，但不是越多越好。

均线黏合向上发散做多和均线黏合向下发散做空，盈利一般远远大于平均止损，符合赔率有利原则。

（三）三七交易法则

没有三倍的风险回报不做，没有七成的成功把握不做。

1. 没有三倍的风险回报不做

预期涨跌的空间必须远大于可能承受的损失。如果承担亏损1元的风险，预期收益必须有3元，否则不做。也就是每交易3次，只要有1次做对，就净赚1元，如果有2次做对，就净赚5元。

我们用三七交易法则推算止损大小的设置。

例如，某位交易者预期某波段涨跌为15%，且成功概率接近50%。根据没有三倍的风险回报不做倒推止损大小：15%÷3=5%。该交易者止损可设为5%。而老练的交易者一般不会将5%亏损一次用尽，而是分配到多次交易之中。

2. 没有七成的成功把握不做

假定每次交易的盈亏相当，则成功的概率必须较大，否则不做。例如，每次盈亏均为5%，10次交易7次正确，3次错误，那么获利为20%。

这要求我们必须保证资金的安全，才能继续做下去，才有赚钱的机会。

如果交易模式符合三七交易法则，我们就可以把每一笔交易结果看作是一系列交易结果之一，交易的次数越多，结果越接近预期。我们所要做的，就是按信号交易，做次数赚钱，而不必对单笔交易盈亏过于担心，从而影响执行力。

3. 赔率定区间，概率定拐点

通过提高盈亏比远比提高赚钱次数更容易取得成功。

赔率定区间：通过日K、周K级别，寻找或者等待盈亏比超过3∶1的开仓区间，赔率越大越好。如短黏长翘，中大阳线上攻做多；短黏长压，中大阴线下跌做空，其盈亏比有时高达几十倍。

概率定拐点：在根据赔率确定的区间里，再通过日K、分时级别典型K线确定开仓、平仓的具体点位。

3倍回报，3打1胜：3倍回报，假设每次做错亏3%，做对赚9%；3打1胜，即做3次赚1次，亏2次；3次总共赚3%。可见，提高盈亏比，成功更容易。

4. 按三七交易法则解析投资现象

一亏毁所有：

(1) 满仓操作，爆仓出局。满仓操作赚十次、百次，爆仓一次，前功尽弃。

(2) 小赚即跑，亏损死扛。一旦扛不住，亏损巨大，爆仓出局。

(3) 小亏摊平，大亏必然。小亏加仓摊平，有时侥幸扭亏为盈，一旦行情恶化就亏损巨大，甚至爆仓。

一战定乾坤：

(1) 按指令交易。总是按指令执行，气定神闲，淡定地等待大机会。

(2) 缠住大行情。周线、月线级别的均线黏合发散，通过日K级别牢牢缠住。

(3) 让利润奔跑。较大的止损止盈，明确的持仓依据。风吹浪打，不动如山。贪图小利，落袋不安。

第二节　四维定律

根据确定必定、不定设定交易原则，确定每笔交易资金量大小、交易方向、开仓、平仓点位等，是期货交易必须解决的入门难题。

定量、定向、定位、定心是期货交易必定四维。四维定律即倍数步数定量、级别均线定向、形态K线定位、信号次数定心。

一、倍数步数定量

仓位大小可以按使用杆杠倍数和距爆仓停板个数确定。

1. 倍数定量

倍数定量警示交易者时刻牢记自己将风险和收益同时放大了多少倍。

倍数：指实际应用的杠杆倍数，即期货每手合约价值与每手实际保证金的比值。

每手实际保证金是初始保证金、维持保证金、追加保证金三者之和。实际保证金必须根据资金管理法则，在把握机遇与控制风险之间保持均衡。每手实际保证金一般不低于初始保证金的两倍，特定时期甚至可以大于每手期货合约价值。

倍数(N)= 每手合约价值 ÷ 每手实际保证金

杠杆倍数，可看作风险系数。杠杆倍数越高，风险系数越大，反向波动亏损比例越大。

手数(M)指以实际杠杆倍数确定的开仓手数，其计算公式：

手数(M)= 配置资金 ÷ 每手实际保证金

描述：N倍仓，M手，仓位(重、轻)，风险(大、小)。

例如：假设沪深300指数期货为2000点，初始保证金为10%，某交易者配置资金90万，以低风险2倍仓做多，最多可开仓手数为：

每手实际保证金 =300 × 2000 ÷ 2=30万

M手数 = 配置资金 ÷ 每手实际保证金 =90 ÷ 30=3

描述：2倍仓，3手，仓位轻，风险小。

杠杆是一柄双刃剑，使用倍数越高，操作正确盈利越大，反之亏损越严重。另外，杠杆倍数过高，即使交易方向和入市点位正确，交易者也会因为心理压力过大，承受不了短期的波动而信心动摇，从而使交易策略得不到有效执行。

多一倍杆杠，多一倍风险，多一倍焦虑……

2. 步数定量

步数定量警示交易者时刻牢记距爆仓有几步，直观地感受风险大小。

步数：指期货每手实际保证金减去初始保证金之后（等于维持保证金与追加保证金之和），与一个停板价值大小的比值。停板价值等于一个涨停板或者一个跌停板引起的合约价值变动大小。其计算公式：

步数（N）=（每手实际保证资金 - 初始保证金）÷ 停板价值

手数（M）指以步数计算出来的可开仓数量。其计算公式为：

手数（M）= 配置资金 ÷（每手初始保证金 + 停板价值 × 步数 N）

描述：N 步仓，M 手，仓位（重、轻），风险（大、小）。

例如：假设沪铜期货合约价为 50000 点，初始保证金为 10%，涨跌停板为 5%，某交易者配置资金 50 万，以高风险 3 步仓做空，则最多可开手数：

每手初始保证金 =50000 × 5 × 10%=2.5 万

停板价值≈50000 × 5 × 5%=1.25 万

M 手数 =50 ÷（2.5+1.25 × 3）=8

描述：3 步仓，8 手，仓位重，风险大。50 万本金，亏损一个停板，就亏损 10 万。只要亏损 3 个多停板，爆仓。

步数越小，距爆仓点越近，反向波动亏损比例越大。

根据单个停板发生的频率和连续停板的概率，确定有效步数，既不能离爆仓点太近，同时也要有效提高资金使用效率。

根据仓位的杠杆倍数和距爆仓点的步数，合理平衡风险和效率。

二、级别均线定向

通过 K 线级别和均线周期，根据顺势而为法则和以大统小法则，确定交易方向。某阶段交易方向一旦确定，一般不会轻易更改，直到趋势出现逆转。

交易方向的确定，一般分为两步：首先选择某级别作为研判大趋势的依据，其次是选择周期适当的均线作为确认交易方向的标准。

1. 级别定向

作为定向级别，一般不小于日 K 级别，也可用周 K 级别，月 K 级别应用较少。

当 K 线大级别趋势强烈，无论小级别趋势是否顺逆，交易方向由大级别确定。只有当大级别陷入盘整时，才适用以小缠大。

有些日内交易者经常一天之内既做多又做空，总想把握每一次波动，必然违背顺势而为法则。

2. 均线定向

作为定向均线，日 K 级别一般选 60 日均线作为主控定向，40 日均线作为辅助定向，或者以 20 日、60 日均线多空排列方式定向。周 K 线一般选 10 周均线作为主控定向，5 周均线作为辅助定向。月 K 线一般以 5 月均线作为主控定向。

当均线大周期趋势强烈，无论小周期趋势是否强烈，交易方向由大周期确定。只有当大周期均线迷失时，才适用以小缠大。

下面我们通过一幅实战图谱讲解级别均线定向定律。

图 2-4　美精铜连(CHCC)2009.3.11～2009.8.4 日 K 线图

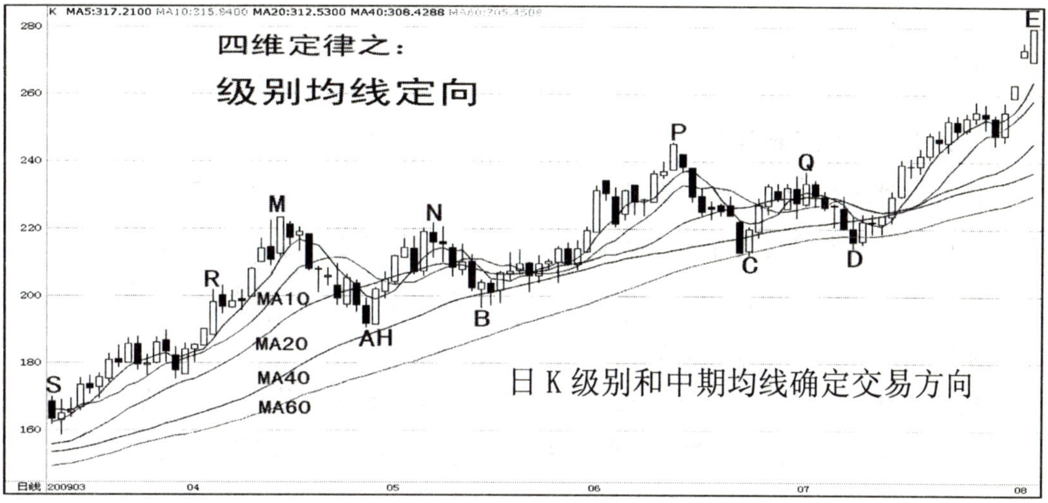

图 2-4

图 2-4 解析：

S 点：均线多头排列，K 线位于 60 日均线之上，且 60 日均线上行，量价没有明显异动，做多符合顺势而为法则。

S 点～M 点：短期涨幅较大，走势相对平稳，没有大阴线破位回调。

M 点～A 点：M 点之后，价格下破 20 日均线，回调幅度较大，是见顶还是中继呢？不少交易者会多翻空，翻空之后是否会再翻多呢？

H 点～N 点：R 点一线定心，H 点反攻，至 N 点形成小双头，不少人坚信头部确立，从而固执地逢高做空。

N 点～B 点：由 N 点向下下跌，B 点并没有下破前期回调低点。

B 点～P 点：H 点一线定心，B 点开始反攻，突破前期高点。

P点～C点：七连阴快速下跌，下破40日均线。不少人以为见大顶了。

C点～Q点：没能创新高。

Q点～D点：五连阴下跌。

D点～E点：快速突破前期高点，呈加速上涨趋势，之前认为见顶的，很难在短期内改变主观预期，一般会逢高做空，遭受较大损失。其次是区间整理阶段习惯做高抛低吸的，很难躲过暴涨的打击。

S点～E点：40日、60日均线多头排列，且60日均线上翘，K线位于60日均线之上，明显上升趋势，多头行情，做多才符合顺势而为法则。

一线定心：由M点开始回调，陷入长时间震荡整理，价格没有下破60日均线之前，不要轻易认为多空转向。R点、H点为启动中大阳线，之后回调不下破其开盘价，不必担心见顶。

三、形态K线定位

形态K线定位指通过结构形态和拐点K线确定开仓、平仓的大致区间和具体位置。正确的交易方向与精确的交易位置相辅相成，密不可分。

结构形态定区间：根据K线组合形态确定开仓或者平仓区间。开仓区间必须符合赔率定区间法则，一般以盈亏比超过3：1为宜。

拐点K线定位置：确定好区间之后，以拐点K线确定具体的开仓、平仓位置。

下面我们通过一幅实战图谱讲解形态K线定位定律。

图2-5 日胶连续(RBTC)2011.9.12～2011.11.17日K线

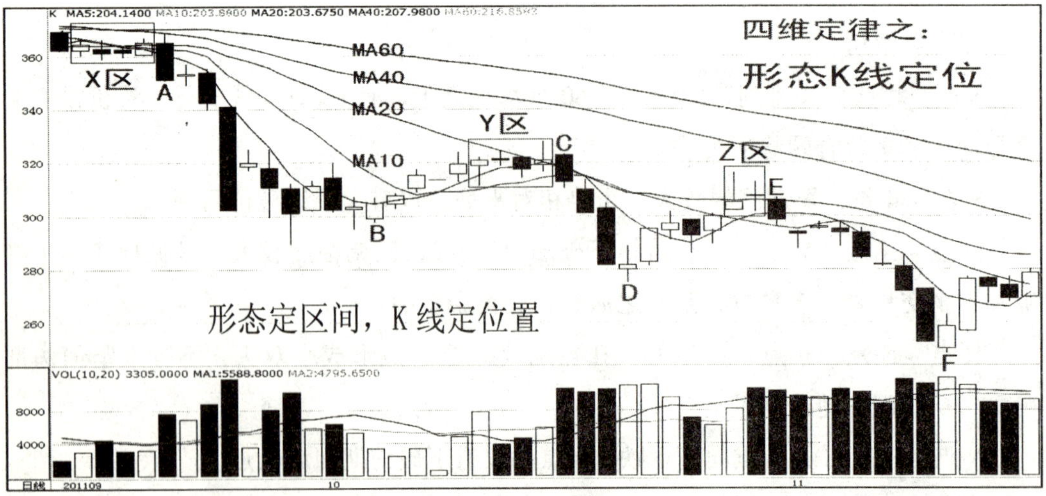

图2-5

图 2–5 解析：

1. 确定交易方向

根据级别均线定向法则，日 K 级别以 60 日均线主控定向，以 40 日均线辅助定向。40 日、60 日均线空头排列，且 K 线位于 60 日均线之下，交易方向以做空为主。

2. 确定开仓、平仓位置

X 区：小阴小阳横盘整理，可空仓等待，突破方向确定之后再开仓不迟。

A 点：中阴线破位下跌，带动均线向下发散，是不可错过的做空机会。

B 点：前根 K 线为螺旋桨，B 点向上突破，空单可先平仓，但不可反手做多。

Y 区：小阳小阴横盘整理，可空仓等待，突破方向确定之后再开仓不迟。

C 点：中阴线破位下跌，一阴破三线，可开仓做空。

D 点：螺旋桨。之前三连阴下跌，且有大阴线，短期超跌，螺旋桨之后调整可能性大，空单可先平仓，但不可反手做多。

Z 区：长上影加十字星，空仓等待。

E 点：中阴线破位下跌，可开仓做空。

F 点：之前六连阴形成超跌，F 点收阳有止跌反弹迹象，空单可先平仓。

交易方向正确，还必须开仓、平仓位置合适。不见典型拐点 K 线，不要随意开仓或者平仓，以免陷入短期反向波动而亏损。

四、信号次数定心

信号次数定心，指按信号交易，做次数赚钱。

(一) 按信号交易

按信号交易，就是要做到图手合一。

1. 交易系统具备正希望值

交易系统具备正期望值，是交易系统应用的必要条件。同时，交易系统必须是简明的、直观的，符合大数法则。

2. 交易者对交易系统高度认同

不同的交易系统适合不同的交易者。交易系统必须适用交易者本人性格特征和交易风格，这样执行起来才相对容易，否则其应用效果可能与预期相去甚远。

交易者对交易系统必须有源自内心深处的自信，执行交易信号才会坚决果断。

3. 交易系统运用熟练，得心应手

交易系统得到长期的、充分的实盘验证，交易理念、交易法则、交易策略和交易技术融会贯通，才能做到开仓、加仓、减仓、平仓信手交易。

（二）做次数赚钱

1. 追求的是战略成功

做次数赚钱，指按信号交易的次数越多，盈利的可能性越大，强调的是整体策略的成功，追求的是总体收益，不斤斤计较局部得失，不会因某一两次较大的亏损或者较大的收益而影响交易策略的执行。

2. 注重的是操作正确

做次数赚钱，强调的是操作正确，而不是每次盈利。只有符合交易法则和信号指令的操作才是正确的操作。操作正确并不一定每次盈利，但只要长期地操作正确，总体一定盈利。盈利的操作不一定正确，比如，利用回调做空，利用反弹做多，即使盈利，也是侥幸，若长期这样逆势而为，总体必定亏损。

3. 享受的是淡定从容

做次数赚钱，没有患得患失，没有急功近利，多了几分自信，多了几分平和，交易不再是与他人的残酷博弈，而是与自己内心的交流；交易不再是紧张刺激的追涨杀跌，而是日出而作，日落而息的生活……

第三章　持仓空仓　定线定心

做多线、做空线“一必须三最好”，操盘线转换，操盘线心诀。坚守一条线，直到趋势变；定线就定心，过线就兑现。

第一节 直效操盘线

价格的涨跌是多空双方博弈的必然结果。价格在某一阶段必然符合某种规则或者位于某个区间内的运行特征，是交易策略的制定依据。

一、混沌与直效

价格的涨跌，凌乱中有规律，规律中有凌乱，是为混沌。混沌是确定性与不确定性、规则性与不规则性、有序性与无序性融为一体的现象。

直效指按某种设定条件或者参数观察某种看似凌乱无序的走势，却会发现这类走势其实具有较强的规律性，而且简明直观。

1. 换一个角度看问题

图 3-1 美原油连(CONC)2009.4.27～2009.6.15 日 K 线图

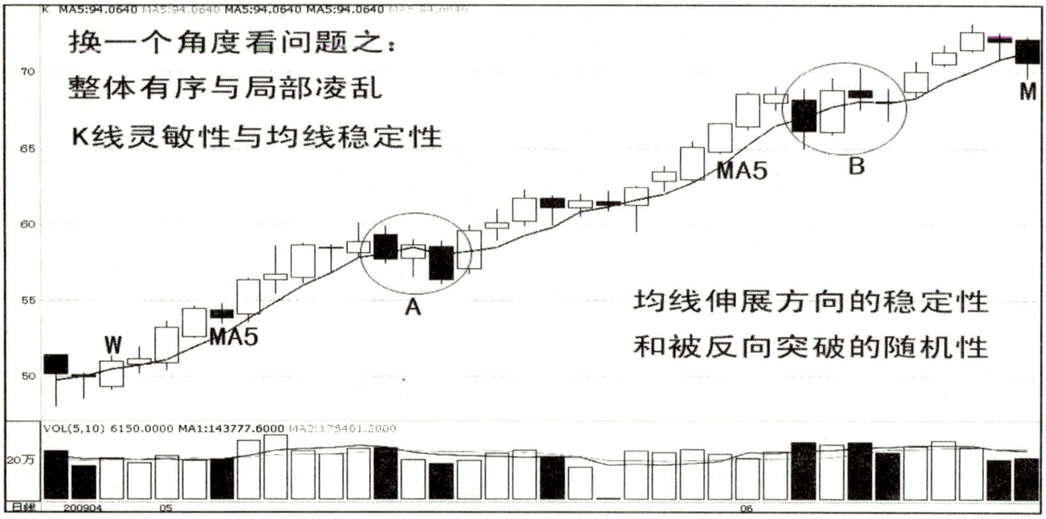

图 3-1

图 3-1 解析：

混沌 K 线：包括 K 线走势的不确定性和确定性。

K 线走势的不确定性：K 线阴阳变化和 K 线实体大小变化的不确定性。

K 线走势的确定性：后根 K 线收盘价不低于前根 K 线的开盘价的次数多。

混沌均线：包括均线伸展方向的确定性和被反向突破的不确定性。

均线伸展方向的确定性：从 W 点开始，5 日均线上行趋势较明显。

均线被反向突破的随机性：价格于 A 处、B 处下破 5 日均线。

显而易见，价格波动呈现整体有序与局部凌乱现象。如果交易的周期越短，则越容易陷入局部的混沌而无所适从。比如，做日内交易时会纠结于每分钟随机性的忽涨忽跌。

抛开 K 线形成过程的细枝末节，将注意力转移到均线是否破位，虽然只是分析角度有所变化，却使交易策略的制定更加简明科学。

2. 换一个高度看问题

图 3-2 螺纹主力合约 2013.2.20～2013.6.28 日 K 线图

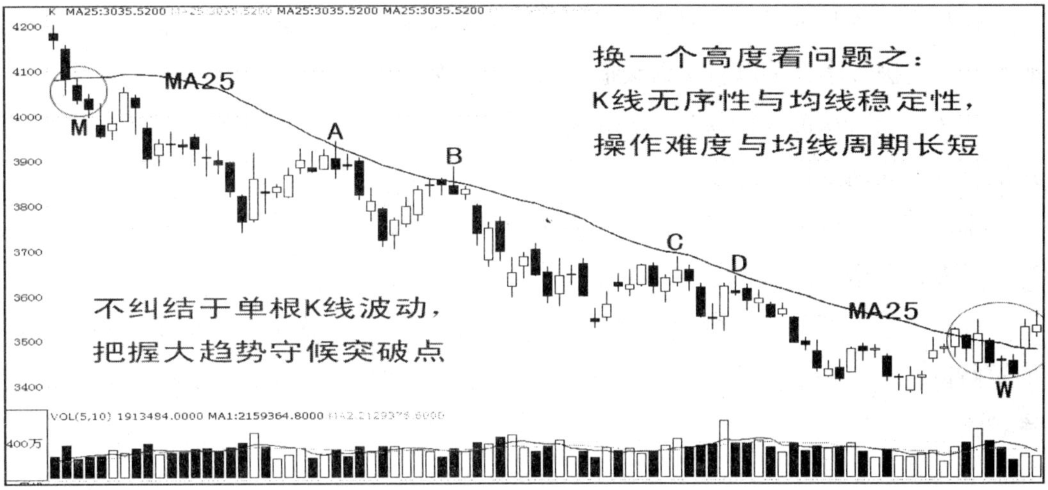

图 3-2

图 3-2 解析：

从 M 处开始到 W 处结束，有 A、B、C、D 四处向上攻击 25 日均线，但都无功而返，随后继续下跌。如果以 25 日均线作为交易指令线，操作难度小。

但 25 日均线并非默认均线，只是贪欲在技术上的直观表现。从 K 线看价格波动，就像站在岸边看海，总觉得波浪滔天。如果以常见的 30 日均线作为交易指令，再看价格波动，就像站在高山看海，会觉得风平浪静。

看问题的高度不同，结论很可能不一样，心态也可能完全不同。通过预测单根 K 线的波动进行交易，或者选择周期过小的均线作为交易指令，追求精确与极致，都是贪念所致，只是程度不同而已。

二、操盘线概述

操盘线就是作为确认交易指令的某根均线。

操盘线，一般是价格突破盘整区后，沿某方向运行，其中某根均线对走势形成明显的支撑或者压制，起着助涨助跌的作用。

操盘线按趋势分，可分为做多操盘线和做空操盘线；按显隐分，可分为常用操盘线和隐形操盘线。

均线作为操盘线，按显隐性可分为两种，一种是常用均线，如 5 日、10 日、20 日均线等，为默认均线；另一种是隐形均线，如 4 日、6 日、12 日、15 日、25 日均线等，可调试确定。

价格运行的不同阶段，选择不同均线作为操盘线。

操盘线选用是否适当，对操作的过程和结果影响甚大。通过“三率”，即速率、乖离率、突破频率，可以对操盘线适当性进行检验。

速率：指价格波动的快慢。速率越大，选用的操盘线周期越短；速率越小，选用的操盘线周期越长。速率越稳定，操盘线越有效。

乖离率：指价格与操盘线之间的相对距离。乖离率过小，操盘线被反向突破的次数过多，会增加操作难度。

盘整频率：指某运行阶段价格跨越操盘线进行盘整的次数。不同的品种，不同的运行阶段，不同的均线，盘整频率各不相同。盘整频率越大，错误信号越多，效率越低。

三、操盘线心诀

坚守一条线，直到趋势变。定线就定心，过线就兑现。

1. 坚守一条线，直到趋势变

选定一条操盘线，按信号指令执行，直到趋势发生改变为止。

直到原有趋势改变：要么加速原有趋势，要么扭转原有趋势。

加速原有趋势：若出现加速运行，则可以根据实际情况变更操盘线。比如，当价格小阳小阴上攻时，以 10 日均线作为操盘线，若价格出现加速上涨，连拉大阳线，加速冲顶，则改为 5 日均线作为操盘线。

扭转原有趋势：原来上涨转为下跌，均线由上翘转为下行，或者原来下跌转为上涨，均线由下行转为上翘。

2. 定线就定心，过线就兑现

定线就定心：操盘线一旦确定，在趋势改变之前，不要变更操盘线，不要三心二意，做到一线定心。

过线就兑现：如果价格越过操盘线，必须坚决清仓，落袋为安。

第二节 做多操盘线

做多操盘线也叫做多线，交易方向必须通过日 K 或者周 K 级别确定，开仓、平仓位置通过做多线确定，简明直观，操作难度小。

一、做多线“一必须三最好”

一必须：必须是一根上翘的均线。

三最好：

(1) 顶托上攻：最好是之前回调到该线上方附近就开始上攻，乖离率小。

(2) 上翘助涨：最好是与其相邻的更长周期均线上翘助涨。

(3) 操作难度：最好是与交易者的交易风格相适应，执行难度不大。

做多线交易指令：

一般以某根 K 线收盘价是否上破或下破操盘线作为开仓、平仓的信号。

临收盘前，只要价格不上破操盘线，就继续空仓等待；

临收盘前，只要价格上破操盘线，就开仓；

临收盘前，只要价格不下破操盘线，就持仓；

临收盘前，只要价格下破操盘线，就平仓。

二、日 K 线做多操盘线实例图解

图 3-3 橡胶主力合约 2012.1.4～2012.3.15 日 K 线图

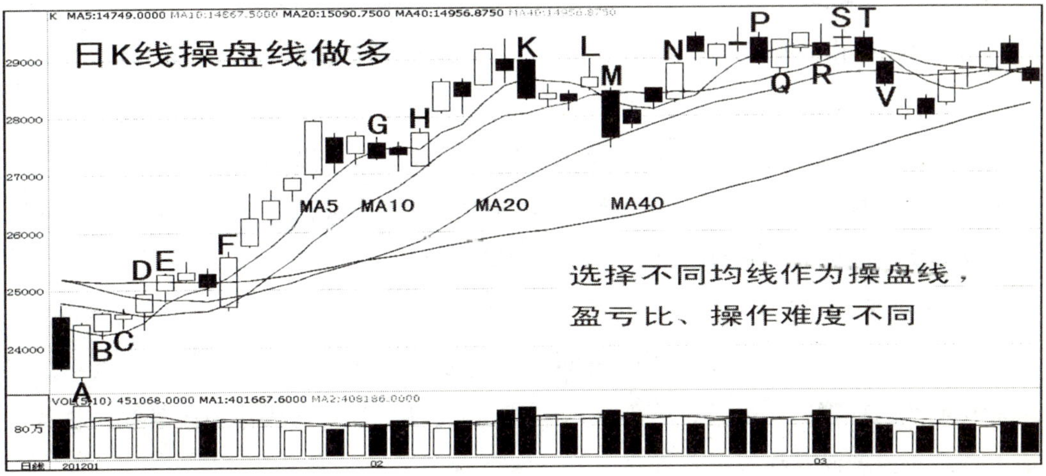

图 3-3

图 3-3 解析：

重点讨论由 A 点开始至 V 点结束，操盘线不同对交易过程与结果的影响。

我们先看 5 日均线是否满足作为操盘线的“一必须三最好”。

(1) A 点向上突破 5 日均线，至 C 点 5 日均线明显上翘，满足“一必须”。

(2) 每次下探到 5 日均线附近，受 5 日均线顶托上攻。

(3) 至 E 点 10 日均线开始上翘，满足“上翘助涨”。

以 5 日均线作为操盘线，交易次数为 5 次：C 点开仓 ~ G 点平仓；H 点开仓 ~ K 点平仓；N 点开仓 ~ P 点平仓；Q 点开仓 ~ R 点平仓；S 点开仓 ~ T 点平仓。

我们再看 10 日均线是否满足作为操盘线的“一必须三最好”。

(1) D 点突破 10 日均线，至 E 点 10 日均线开始上翘，满足“一必须”。

(2) 价格上攻时基本没有下探 10 日均线。

(3) 至 F 点 20 日均线开始上翘，满足“上翘助涨”。

以 10 日均线作为操盘线，交易 2 次：E 点开仓 ~ M 点平仓；N 点开仓 ~ T 点平仓。价格下破 10 日均线次数较少。

那么，20 日均线是否满足“一必须三最好”呢？

(1) D 点突破 20 日均线，至 F 点 20 日均线明显上翘，满足“一必须”。

(2) 上涨过程中价格回调至 20 日均线就止跌回升。

(3) 价格与 20 日均线乖离率较大，回调时盈利回撤较大。

以 20 日均线作为操盘线，共交易 1 次：F 点开仓 ~ V 点平仓。

5 日、10 日、20 日均线作为操盘线的差异：

1. 操作难度差别

以 5 日均线作为操盘线，操作难度最大，以 20 日均线作为操盘线，操作难度最小。

2. 交易次数差别

以 5 日均线作为操盘线，开平仓次数最多，共 5 次。以 20 日均线作为操盘线，开平仓次数最少，只有 1 次。很显然，以 5 日均线作为操盘线必须花更多的时间盯盘，承受更大的煎熬，并且有被震荡出局的风险。

3. 交易收益差别

以 5 日均线作为操盘线，买点更低，卖点更高，收益相对大一些，这是不是对风险和煎熬的补偿呢？而且，若整体涨幅较小时，以 20 日均线作为操盘线，收益可能大幅减少或者操盘线根本不成立。

三、分时图做多线实例图解

以分时图做多，日 K 线至少满足下列条件之一：

第一，日 K 线止跌企稳。

第二，日 K 线由弱走强。

第三，日 K 线强势上攻。

下面我们通过 15 分 K 线图简述做多操盘线。

图 3-4　沪铝主力合约 2014.7.19～2014.7.22 日(15 分钟)K 线图

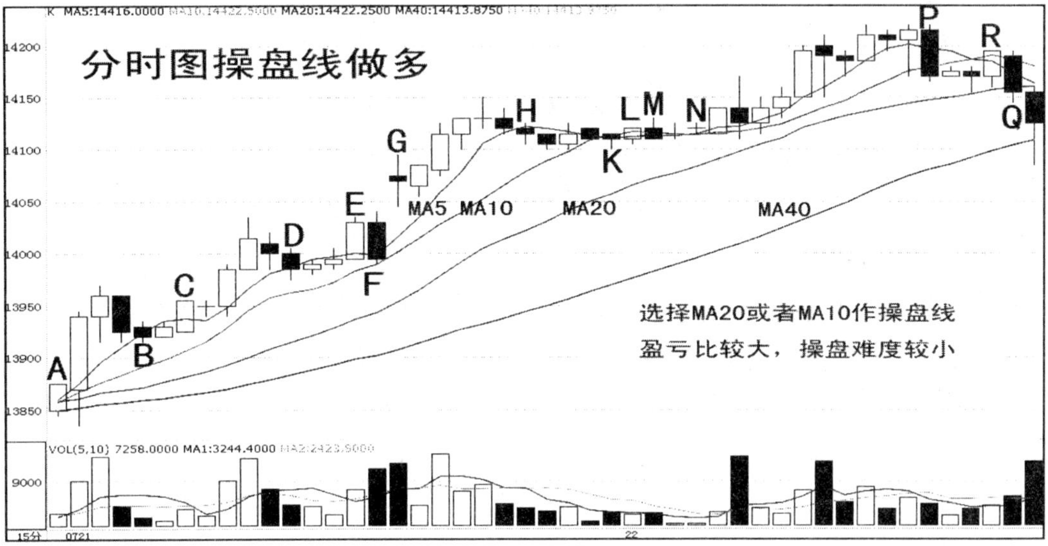

图 3-4

图 3-4 解析：

重点讨论由 A 点开始至 Q 点结束，操盘线不同对交易过程与结果的影响。

若以 MA5 做多，共交易 6 次：A 点开仓～B 平仓；C 点开仓～D 点平仓；E 点开仓～F 点平仓；G 点开仓～H 点平仓；L 点开仓～M 点平仓；N 点开仓～P 点平仓。

若以 MA10 做多，共交易 4 次：A 点开仓～K 点开仓；L 点开仓～M 点平仓；N 点开仓～P 点平仓；R 点开仓～Q 点平仓。

若以 MA20 做多，只交易 1 次：A 点开仓～Q 点平仓。

15 分 K 级别操盘线比较：

很显然，以 MA5 作操盘线，交易过于频繁，操作难度大。以 MA10 作操盘线，操作难度较小，而以 MA20 作操盘线，更加简明直观，易于执行。

根据三七交易法则，以盈亏比超过 3：1 为好。分时图操盘线，选 MA20 和 MA10 较合适，一般不选 MA5。

第三节 做空操盘线

做空操盘线也叫做空线。交易方向必须通过日 K 或者周 K 级别确定，开仓、平仓位置通过做空线确定，简明直观，操作难度小。

一、做空线“一必须三最好”

一必须：必须是一根下压的均线。

三最好：

(1) 冲顶回落：最好是之前涨到该线下方附近就开始回落。

(2) 下压助跌：最好是其相邻的更长周期均线下压助跌。

(3) 操作难度：最好是与操盘者的交易风格相适应，执行难度不大。

做空线交易指令：

一般以某根 K 线收盘价是否上破或下破操盘线作为开仓、平仓的信号。

临收盘前，只要价格不下破操盘线，就继续空仓等待；

临收盘前，只要价格下破操盘线，就开仓；

临收盘前，只要价格不上破操盘线，就持仓不动；

临收盘前，只要价格上破操盘线，就平仓。

二、日 K 线做空线实例图解

图 3-5 沪铝主力合约 2010.4.13～2010.6.21 日 K 线图

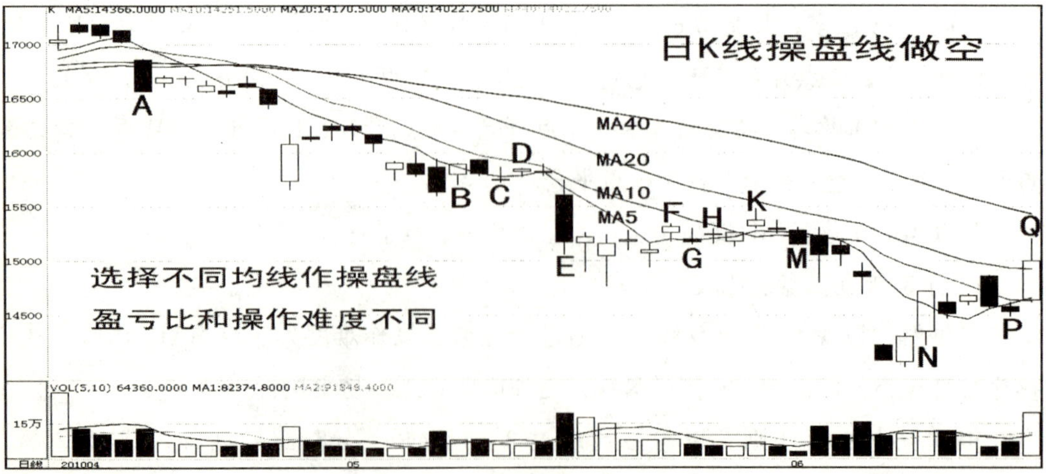

图 3-5

图3–5解析：

重点讨论由A点开始至Q点结束，操盘线不同对交易过程与结果的影响。

我们先看5日均线是否满足作为操盘线的“一必须三最好”。

(1) A点下破5日均线，且5日均线明显下压，满足“一必须”。

(2) A点10日均线明显下行，满足“下压助跌”。

(3) 多次反弹到5日均线附近，受5日均线压制继续下跌。

以5日均线为操盘线，交易共6次：A点开仓～B点平仓；C点开仓～D点平仓；E点开仓～F点平仓；G点开仓～H点平仓；M点开仓～N点平仓；P点开仓～Q点平仓。其中3次盈利3次亏损，总体盈利。

我们再看10日均线是否满足作为操盘线的“一必须三最好”。

(1) A点下破10日均线，且10日均线明显下压，满足“一必须”。

(2) A点20日均线下行，满足“下压助跌”。

(3) 反弹至10日均线下方附近，受10日均线压制继续下跌。

以10日均线为操盘线，交易2次：A点开仓～K点平仓，盈利较大；M点开仓～Q点平仓，略有盈利。2次均盈利。

那么，20日均线是否满足“一必须三最好”呢？

(1) A点下破20日均线，至F点20日均线明显下压，满足“一必须”。

(2) A点下破40日均线，40日均线由支撑位变成阻力位。

(3) 价格与20日均线乖离率较大，反弹时盈利回撤较大。

以20日均线为操盘线，共交易1次：A点开仓～Q点平仓。

通过比较5日、10日、20日均线作操盘线可知：

1. 操作难度差别

以5日均线做空，操作难度最大，以20日均线作操盘线，操作难度最小。

2. 交易次数差别

以5日均线做空，交易共6次；以10日均线做空，交易共2次；以20日均线做空，交易只有1次。很显然，以5日均线作操盘线，信号过杂，操作难度大。

3. 跳空影响交易

当走势频繁出现跳空，且跳空强度较大，以5日均线为操盘线，交易次数过多，价格跳空对盈亏比影响较大。

对于经常跳空且跳空强度较大的品种，一般选周期较长的均线作操盘线。

三、分时图做空线实例图解

图 3-6 菜油主力合约 2014.3.13～2014.3.21 日(15 分钟)K 线图

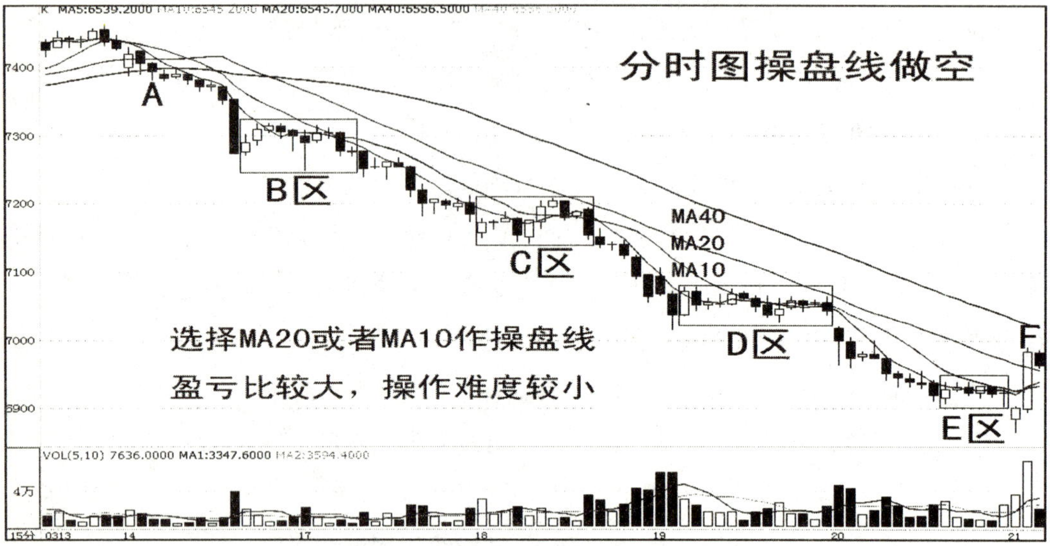

图 3-6

图 3-6 解析：

重点讨论由 A 点开始至 F 点结束，操盘线不同对交易过程与结果的影响。

很显然，分别选 MA5、MA10、MA20 作操盘线，其盈亏比、交易次数和操作难度差别很大。

若选 MA5 作操盘线，乖离率过小，盘整频率大，盘整区 B、C、D、E 频繁地发出交易信号，让交易者手忙脚乱，心烦气躁。

若选 MA10 作操盘线，价格受 MA10 压制下行，上破 MA10 次数较少，交易次数减少，操作相对简单。

若选 MA20 作操盘线，乖离率合适，盘整频率小，操作次数少，仅 A 点开仓做空，F 点平仓，盈亏比大，操作难度小，操作简明直观。

15 分钟 K 级别操盘线做空要点：

(1) 必须日 K 级别走空，才可利用 15 分钟 K 级别更精确地把握进出点位。

(2) 15 分钟 K 级别一般选 MA20 作操盘线比较好，盈亏比大，操作难度小，成功概率较大。有时也可选择 MA10 作操盘线。

(3) 对于捕捉大行情来说，利用 15 分钟 K 级别做空，主要目的是选择比较有利位置开仓，一旦有了比较大的盈利，可转入日 K 级别交易，利用较大的止损止盈，达到放足盈利的目的。

第四节 操盘线转换

不同的运行阶段，价格波动的速度不同。不同的波动速率，一般选择不同均线作操盘线。

一、操盘线转换必要条件

价格波动的速率越大，选用操盘线周期越短，价格波动速率越小，选用操盘线周期越大。

根据价格波动速率的相对变动，可以将价格的运行阶段分为三个阶段：

慢速运行阶段：指价格向某个方向运行的速率较小。如K线小阴小阳、进三退二等。慢速运行阶段，一般选MA10、MA20作操盘线。

快速运行阶段：指价格向某个方向运行的速率较大。如连续中大K线，进三退一等。快速运行阶段，一般选MA5、MA10作操盘线。

零速运行阶段：指价格长时间横向窄幅整理。如上涨中继、下跌中继、盘顶阶段、盘底阶段。盘整阶段，不适合利用操盘线交易。

价格运行由慢速运行阶段转变为快速运行阶段，操盘线可以做相应调整，由周期长的转为周期短的，如由MA20转为MA10或者MA5。

二、做多操盘线转换图解

图 3-7 白糖主力合约 2010.8.25～2010.12.1 日K线图

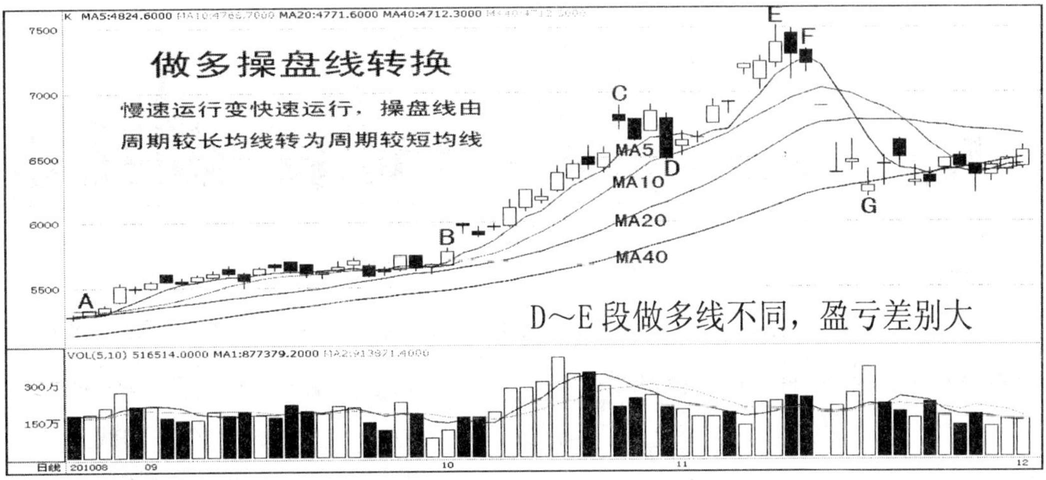

图 3-7

图 3-7 解析：

A～B 段：10 日、20 日、40 日均线多头排列，K 线小阳小阴，为慢速运行阶段，可选 20 日均线作操盘线做多。

B～C 段：5 日、10 日、20 日、40 日均线全多头排列，连续大阳线、跳空涨上攻，为快速运行阶段，可选 5 日均线作操盘线做多。

D～E 段：5 日、10 日、20 日、40 日均线多头排列，连续中大阳线上攻，为快速运行阶段，可选 5 日均线作操盘线做多，F 点下破 5 日均线即平仓。

暴涨之后防暴跌：D～E 段快速上涨，随后 F～G 段快速下跌，若 D～E 段不是选择 5 日均线作操盘线，而是选择 10 日均线作操盘线，由于下破 10 日均线为一字跌停，多单根本无法平仓，之后再遭跌停，损失惨重。

三、做空操盘线转换图解

图 3-8 沪铝主力合约 2013.12.30～2014.4.2 日 K 线图

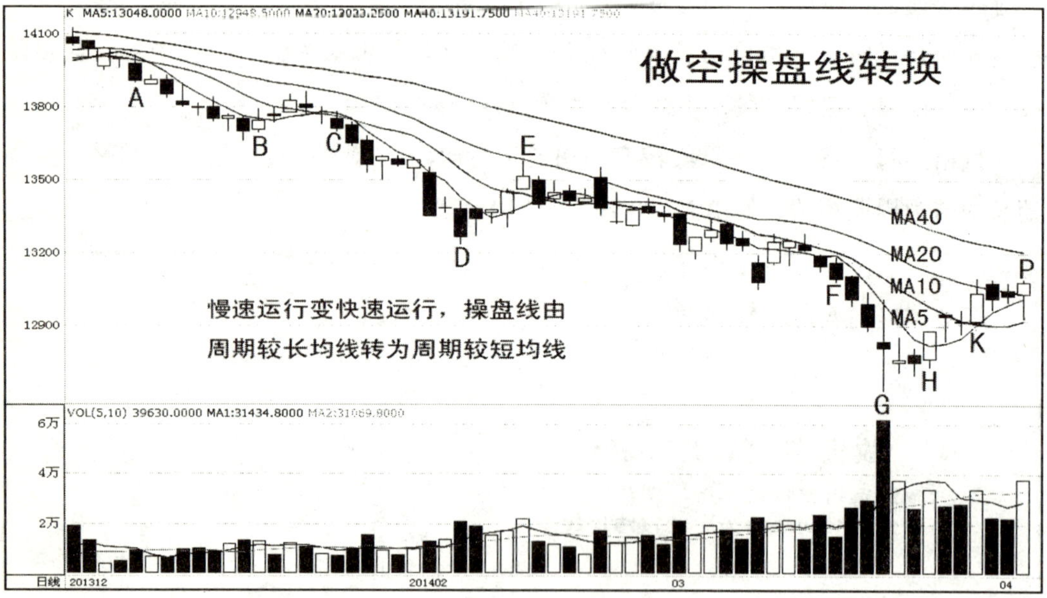

图 3-8

图 3-8 解析：

A～B 段、E～F 段：10 日、20 日、40 日均线空头排列，K 线小阳小阴，为慢速运行阶段，可选 20 日均线作操盘线做空。

暴跌之后防暴涨：C～D 段、F～H 段：5 日、10 日、20 日、40 日均线空头排列，大阴线下跌、连续阴线下跌，为快速运行阶段，可选 5 日均线作操盘线做空。

第四章　级别境界　通道智慧

交易级别，双向定级；通道法则，通道交易。守趋势线，缠信号线；打开必开，关闭必走。

第一节　级别多空与交易级别

级别是按某种规律或规则生成的具有共同结构特征的 K 线组合，是对趋势强弱和拐点性质进行多方位研判的必要手段，不同级别具有不同的稳定性与灵敏性，是确定交易方向和开仓、平仓位置的首要依据。

一、多级空级与级别法则

（一）多级与空级

按级别大小，可分为大级别（高级别）和小级别（低级别）；按多空性质，可分为多级和空级。

多级：本级别当下价格位于 MA60 均线之上。若 MA60 均线由明显下行转为走平，或由走平转为上翘更好。

空级：本级别当下价格位于 MA60 均线之下。若 MA60 均线由明显上翘转为走平，或由走平转为下行更好。

变级：即本级别由多级转为空级或者由空级转为多级。级别越大，变级所需时间越长，级别越小，变级所需时间越短。这样必然会形成同一走势，级别不同，多空性质可能不同。

图 4-1　棕榈主力合约 2014.3.21 日 K 线图

图 4-1

图 4-1 解析：

A 部为日 K，多级；B 部为 60 分钟 K，空级。级别不同，多空性质不同。

（二）级别法则

级别定向法则：根据以大统小法则，由大级别确定交易方向，是做多还是做空。

级别定位法则：根据以大统小法则，由小级别确定开仓或者平仓位置。

级别共振法则：同向走强，共振必抢。级别共振指小级别与大级别同为多级或者同为空级。共振级别越多，趋势越强。

级别背驰法则：背驰必防，突破入场。级别背驰指小级别走势与大级别走势出现背驰。小级别背驰的时间越长，背驰的次数越多，行情发生反转的可能性越大。

二、交易级别与双向定级

（一）交易级别

交易级别是交易者进行交易所依据信号的级别，对交易成败至关重要。

交易级别的重要性：

（1）不同的交易级别趋势稳定性、拐点灵敏性不同。

（2）不同的交易级别具有不同的盈亏比。一般级别越大，盈亏比越大，级别越小，盈亏比越小。

（3）不同的交易级别交易指令信号可能不同。如级别越大，选择的操盘线周期一般越短，级别越小，一般操作难度越大。

（二）双向定级

双向定级：比本级别高的和比本级别低的相邻两种级别满足相应条件即可确定本级别为交易级别。

双向定级包括做多级别的选择和做空级别的选择。

1. 做多级别的选择

（1）相邻高级别 K 线支撑：K 线明显止跌回升，或者 K 线走多。

（2）相邻低级别必为多级：均线短黏长翘，或者均线多头排列。

2. 做空级别的选择

（1）相邻高级别 K 线压制：K 线明显冲顶回落，或者 K 线走空。

（2）相邻低级别必为空级：均线短黏长压，或者均线空头排列。

一般来说，级别太小或太大，都不适合作交易级别。比如 1 分钟 K 级别、3 分钟 K 级别等，变化太快，稳定性太差，操作难度太大，且不符合三七交易法则。月 K 级别，变化太慢，灵敏性太低，一般只作趋势和区间的辅助研判。

第二节　常见通道与实际应用

根据通道伸展方向，确定交易区间和交易方向。根据价格突破某根均线或某区间，确定开仓、平仓点位。

一、通道概述与通道法则

(一)通道概述

1. 通道构成

由周期长短不同的两根均线构成，如 40 日、60 日均线或者 20 日、60 日均线构成的多空通道，120 日、250 日均线构成的牛熊通道。

2. 通道分类

通道按周期可分为三类：短期通道、中期通道、长期通道。

通道按功能可分为三类：定向通道、定位通道、复合通道。

定向通道：确定多空方向的通道。一般由中期均线构成，如 40 日、60 日均线构成的多空通道等。

定位通道：确定具体开仓、平仓位置的通道。一般由短期均线构成，如 5 日、10 日、20 日均线中的两者构成的定位通道等。

复合通道：同时具备定向和定位两种功能的通道。一般由周期长短差别较大的两根均线组成，长期均线为定向均线，短期均线为定位均线，如 10 日、60 日均线构成的通道，由 MA20、MA120 构成的通道。

3. 通道演变

一个通道从生成到消失，一般可分为四个阶段：通道打开、通道走强，通道走弱和通道关闭。行情的发展，就是通道的不断生成和消失。

通道打开：指短期均线穿过长期均线。新通道生成，旧通道必然消失。

通道走强：指通道伸展角变大。伸展角：指通道中心线与水平线构成的夹角。

通道收窄：指通道两根均线之间的距离变小。走势与通道伸展方向发生背驰。

通道关闭：指构成通道的两根均线交叉。新通道形成，本通道关闭。

(二)通道法则

通道区间法则：从通道打开至通道关闭之间，作为按信号交易的区间。

通道定向法则：根据以大统小法则，由中长期均线或者多空通道确定交易方向，是做多还是做空。

通道定位法则：根据以大统小法则，由短期均线或者短期通道确定开仓或者平仓的具体位置。

通道共振法则：即同向走强，共振必抢，指短期通道和中期通道伸展方向相同，且同时走强。

通道背驰法则：即背驰必防，突破入场，指反向波动加剧，短期通道和中期通道伸展方向相反，陷入盘整可能性大，必须等突破方向确定后再进场。

二、通道类别与实例简析

我们根据均线在实际操盘中所起的作用，可将其分为三组：短线、多空线、牛熊线。由三组均线分别构成三通道：短线通道、多空通道和牛熊通道。

（一）短线通道

由 10 日、20 日均线多头或空头排列构成的通道为短线通道，可分为短多通道和短空通道。

短多通道：10 日、20 日均线多头排列，20 日均线上翘更好。

短空通道：10 日、20 日均线空头排列，20 日均线下压更好。

下面我们通过一幅实例图直观讲解短线通道。

图 4-2　沪铜主力合约 2012.8.6～2012.12.7 日 K 线图

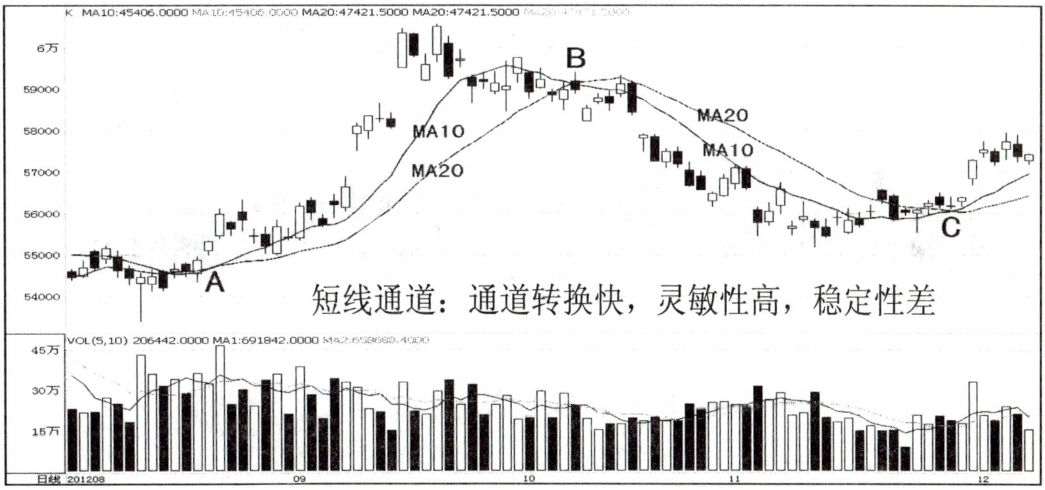

图 4-2

图 4-2 解析：

（1）A～B 段：10 日、20 日均线多头排列，则 AB 通道为短多通道。

(2) B～C段：10日、20日均线空头排列，则BC通道为短空通道。

(3) 短线通道主要研判短期多空力量的强弱，作为开仓、平仓的信号，一般不单独作为确定交易方向的依据。

(4) 转换节点：A、B、C为通道多空转换节点。节点前震荡整理加大，通道收窄。价格反向突破，旧通道关闭新通道打开。

(二) 多空通道

由40日、60日均线多头或者空头排列构成的通道为多空通道，可分为多头通道和空头通道。

多头通道：40日、60日均线多头排列，60日均线走平或上翘更好。

空头通道：40日、60日均线空头排列，60日均线走平或下压更好。

顺势而为顺的是中期趋势，一般与多头通道或者空头通道的伸展方向相同。

下面我们通过一幅实例图直观讲解多空通道。

图4-3 橡胶主力合约2011.9.2～2012.5.2日K线图

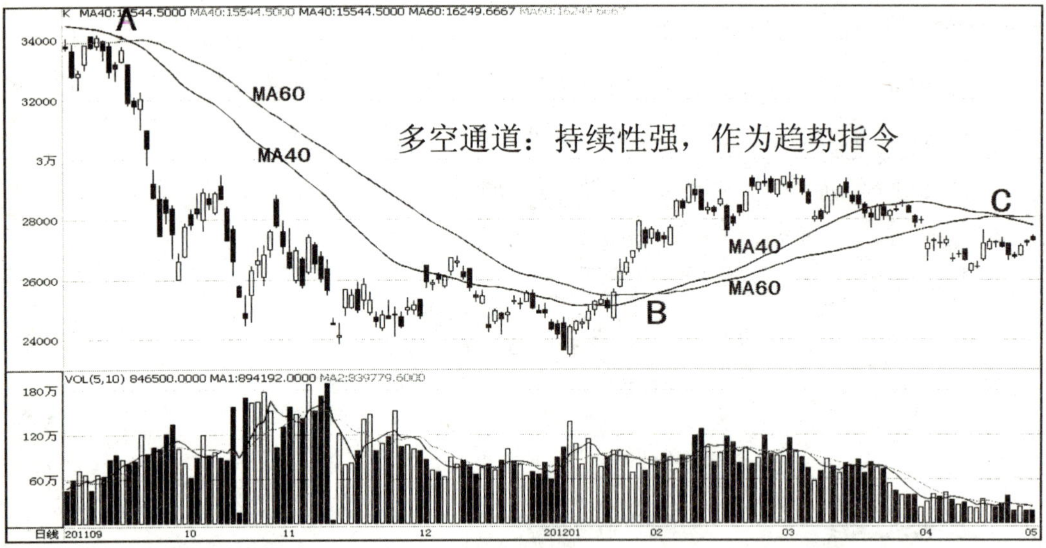

图4-3

图4-3解析：

(1) A～B段：40日、60日均线空头排列，则AB通道为空头通道。

(2) B～C段：40日、60日均线多头排列，则BC通道为多头通道。

(3) 通道定向：根据顺势而为法则，AB通道做空为主，BC通道做多为主。

很显然，由40日、60日均线构成的多空通道，只能确定某阶段交易方向是做空还是做多，不能作为具体的开仓、平仓依据。

（三）牛熊通道

由 120 日、250 日均线多头或者空头排列构成的通道为牛熊通道，可分为牛市通道和熊市通道。

牛市通道：120 日、250 日均线多头排列，120 日均线明显上翘更好。

熊市通道：120 日、250 日均线空头排列，120 日均线明显下压更好。

下面我们通过一幅实例图直观讲解牛熊通道。

图 4-4　沪铜主力合约 2008.6.30～2011.11.16 日 K 线图

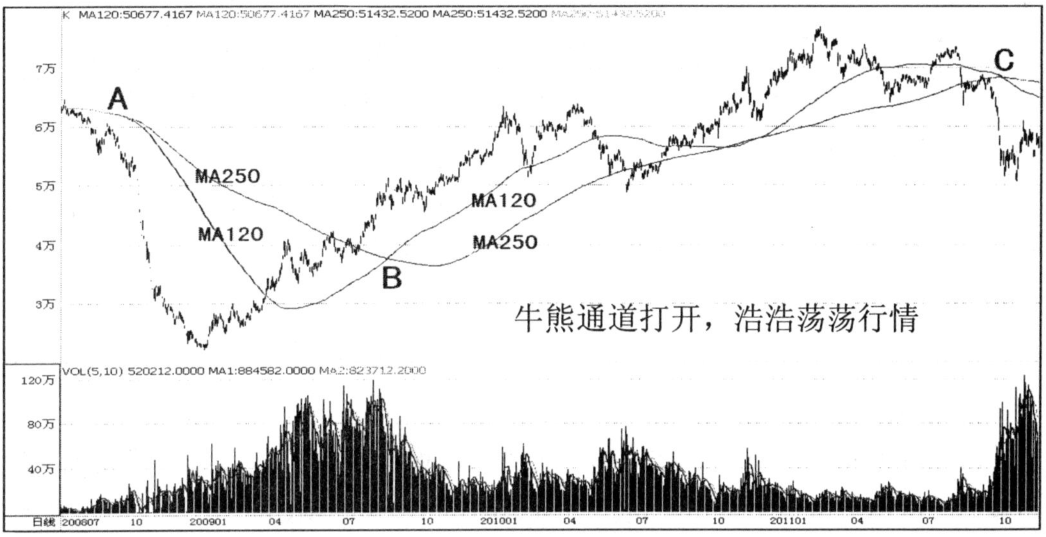

图 4-4

图 4-4 解析：

（1）A～B 段：120 日、250 日均线空头排列，则 AB 通道为熊市通道。

（2）B～C 段：120 日、250 日均线多头排列，则 BC 通道为牛市通道。

牛熊通道一般用来分析大方向、大趋势，由基本面及供求关系决定，受宏观经济大势影响。

无论牛市还是熊市，有时反向波动幅度大、时间长，因此，对于中短线交易，牛熊通道不能作为确定交易方向和开仓、平仓位置的依据，只能作为我们直观感受大势的参考指标。

三通道次第打开：趋势由空转多，由熊转牛，先是短线通道由短空转为短多，一般经过多次转换之后，推动多空通道由空头通道转为多头通道，再推动熊市通道转为牛市通道。反之亦然。

要快速有效地把握趋势和拐点，必须对三通道运用自如。

第三节　通道设计程序与应用

通道由两条周期不同的均线构成，利用两条均线的差异可构成交易指令，简明直观，实战性强。

一、交易指令设计原则

其一，交易指令必须能捕捉到大行情。交易指令不可过度优化或者过于简略，过度优化必然对一些走势无法包容，过于简略执行起来有时会无所适从。

其二，交易指令必须能及时规避大幅度的调整。通过快速反应参数确定止盈止损指令，确保风险可控。

其三，确定多空方向和开平仓的指令必须简明直观。交易指令符合大数法则，而且必须量化、直观化，操作难度合适，否则实战中难以执行。

二、通道交易指令构成

1. 两条均线的选取

通道由两条周期不同的均线构成。周期长的均线，稳定性更好，可作为趋势跟踪线，一般可选 60 日、120 日均线。周期短的均线，灵敏性更高，作为交易信号线，一般可选 5 日、10 日、20 日均线。

级别不同，走势不同，选择组成通道的均线差别较大。

2. 多空指令的确定

做多指令：趋势跟踪线由空走多，或者交易信号线、趋势跟踪线多头排列。

做空指令：趋势跟踪线由多走空，或者交易信号线、趋势跟踪线空头排列。

3. 开仓、平仓信号

开仓信号：价格正向突破交易信号线。

平仓信号：价格反向突破交易信号线。

三、交易指令设计图解

(一)605 交易通道设计

605 代码解释：605=60+5，其中 60 指 60 日均线，5 指 5 日均线。

1. 两条均线的选取

选择 5 日、60 日两条均线构成交易通道，其中，60 日均线作为趋势跟踪线，5 日均线作为交易信号线，相当于操盘线。

2. 做多交易信号

交易区间：通道打开至通道关闭。60 日均线由明显下压转为走平，或由走平转为上翘，5 日均线上穿 60 日均线开始，以中大阳线打开交易通道更好。5 日均线下穿 60 日均线结束，以中大阴线关闭通道更好。

开仓信号：价格上破 5 日均线，且位于 60 日均线之上。

平仓信号：价格下破 5 日均线。

3. 做空交易信号

交易区间：通道打开至通道关闭。60 日均线由明显上翘转为走平，或由走平转为下行，5 日均线下穿 60 日均线开始，以大中阴线打开交易通道更好。5 日均线上穿 60 日均线结束，以中大阳线关闭通道更好。

开仓信号：价格下破 5 日均线，且位于 60 日均线之下

平仓信号：价格上破 5 日均线。

4. 适用范围

适用周 K 级别、日 K 级别、60 分钟 K 级别、15 分钟 K 级别等。

（二）605 交易通道实例

1. 605 交易通道做多实例

图 4-5　PTA 主力合约 2012.11.26～2013.3.1 日 K 线图

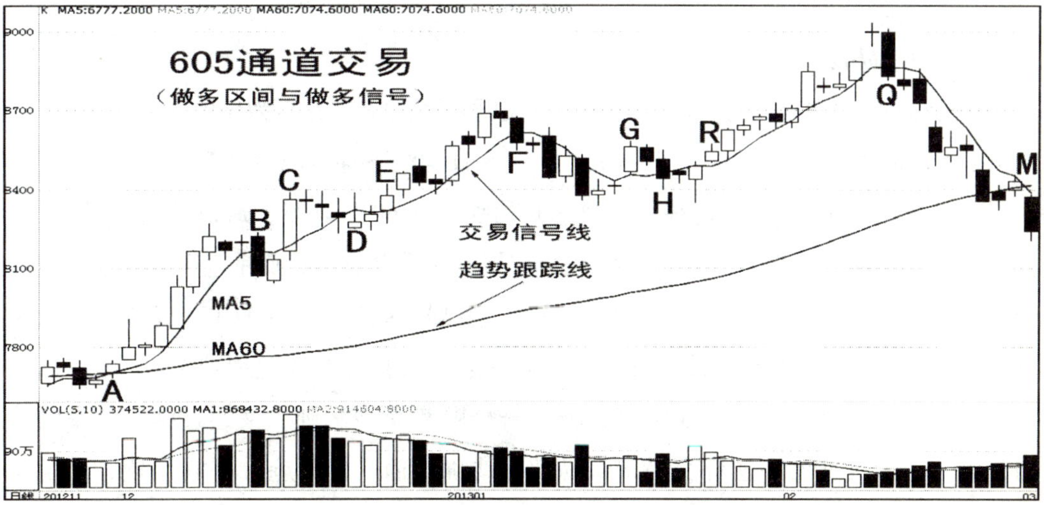

图 4-5

图 4-5 解析：

交易区间：A 点通道打开至 M 点通道关闭，其间交易方向为做多。

A 点同时上破 60 日和 5 日均线，5 日均线上穿 60 日均线，且 60 日均线明显上行，交易通道打开。

M 点大阴线下破 60 日均线，导致 5 日均线下穿 60 日均线，通道关闭。

本区间交易共 5 次（一开一平为一次交易）：A 点开仓～B 点平仓，盈利；C 点开仓～D 点平仓，亏损；E 点开仓～F 点平仓，盈利；G 点开仓～H 点平仓，亏损；R 点开仓～Q 点平仓，盈利。总体盈利丰厚。

2. 605 交易通道做空实例

图 4-6 螺纹主力合约 2010.5.3～2010.7.30 日 K 线图

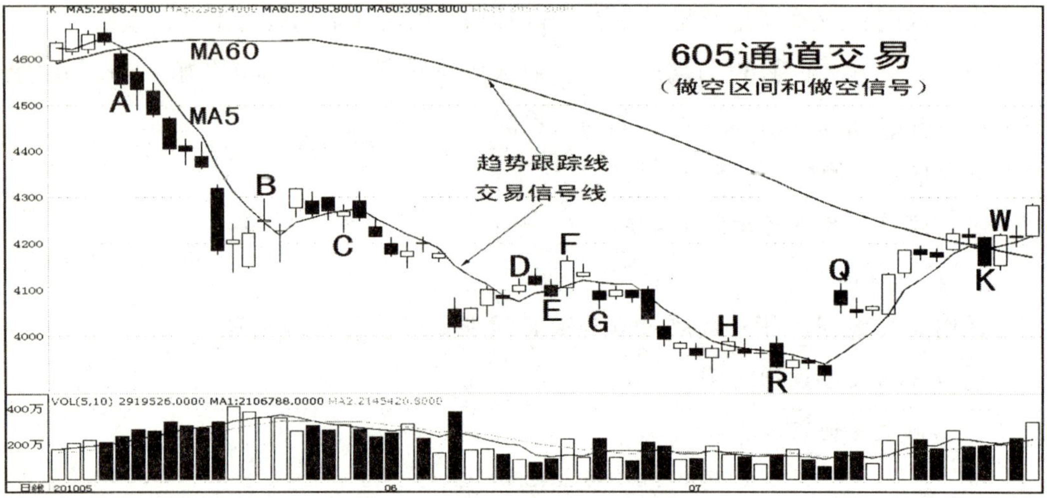

图 4-6

图 4-6 解析：

交易区间：A 点通道打开至 W 点通道关闭，其间交易方向为做空。

A 点大阴线同时下破 60 日和 5 日均线，5 日均线下穿 60 日均线，通道打开。

W 点大阳线上破 60 日均线，导致 5 日均线上穿 60 日均线，通道关闭。

本区间交易共 6 次（一开一平为一次交易）：A 点开仓～B 点平仓，盈利；C 点开仓～D 点平仓，盈利；E 点开仓～F 点平仓，亏损；G 点开仓～H 点平仓，盈利；R 点开仓～Q 点平仓，亏损；K 点开仓～W 点平仓，亏损。总体盈利较大。

通道交易通过中长期均线跟踪趋势，符合顺势而为法则，又通过确定的交易区间，避免了过度交易和逆势交易，交易信号线确定简明的开仓、平仓位置，避免了复杂的研判，操作难度小。

第四节　通道交易心诀与实例

通道交易是把复杂的事情简单化，把简单的事情重复做。交易级别定格境界，交易通道彰显智慧。

一、通道交易心诀

守趋势线，缠信号线。打开必开，关闭必走。

守趋势线：即守趋势跟踪线，强调把握大势的启动、延伸和结束。趋势跟踪线一般指 60 日和 120 日均线，作为多空双方力量对比的分界线，价格越过多空线或者牛熊线，催生大行情的概率大。

缠信号线：即缠交易信号线。交易信号线一般指 5 日、10 日和 20 日均线，作为开仓、平仓的指令线。缠，即抓住不放，但不是持仓不动，而是始终按信号交易，见开仓信号即开仓，见平仓信号即平仓。

打开必开：通道打开时能不能果断开仓，是通道交易成功与否的关键，临盘绝不可犹豫。特别是通道由大阳线或者大阴线、甚至跳空 K 线打开，带动均线由之前黏合形态开始发散，一般短期内会有一波较大行情，绝不可错过。

关闭必走：本通道关闭，必须无条件清仓。通道关闭，陷入盘整和反向波动的可能性大。必须特别注意，本通道关闭，新通道生成，但新通道不一定具备操作价值，至少当短期均线首次越过趋势线，趋势线伸展方向必然没有转向。

实用通道交易一般有 605、6010、12020 通道交易等，通道交易原理相同，应用技术大同小异，执行力和持久性是通道交易实际应用效果的最重要保证。

二、6010 通道交易

（一）6010 通道设计

6010 代码解释：6010=60+10，其中 60 指 60 日均线，10 指 10 日均线。

1. 两条均线的选取

选择 10 日、60 日两条均线构成交易通道，其中，60 日均线作为趋势跟踪线，10 日均线作为交易信号线。

2. 做多交易信号

交易区间：通道打开至通道关闭。60 日均线由明显下压转为走平，或由走平转为上翘，10 日均线上穿 60 日均线开始，10 日均线下穿 60 日均线结束。

开仓信号：价格上破 10 日均线，且位于 60 日均线之上。

平仓信号：价格下破 10 日均线。

3. 做空交易信号

交易区间：通道打开至通道关闭。60 日均线由明显上翘转为走平，或由走平转为下行，10 日均线下穿 60 日均线开始，10 日均线上穿 60 日均线结束。

开仓信号：价格下破 10 日均线，且位于 60 日均线之下。

平仓信号：价格上破 10 日均线。

4. 适用范围

适用周 K 级别、日 K 级别、60 分种 K 级别，15 分钟 K 级别。

有时行情启动与通道打开几乎同步，主要是之前整理时间较长。有时行情启动领先，通道打开滞后。滞后时间长短与交易信号线周期大小有关，周期越小，滞后性越小，反之越大。

（二）6010 交易通道实例

1. 6010 交易通道做多实例图解

（1）6010 交易通道日 K 级别做多图解。

图 4-7 IF 当月连续 2012.11.28～2013.4.9 日 K 线图

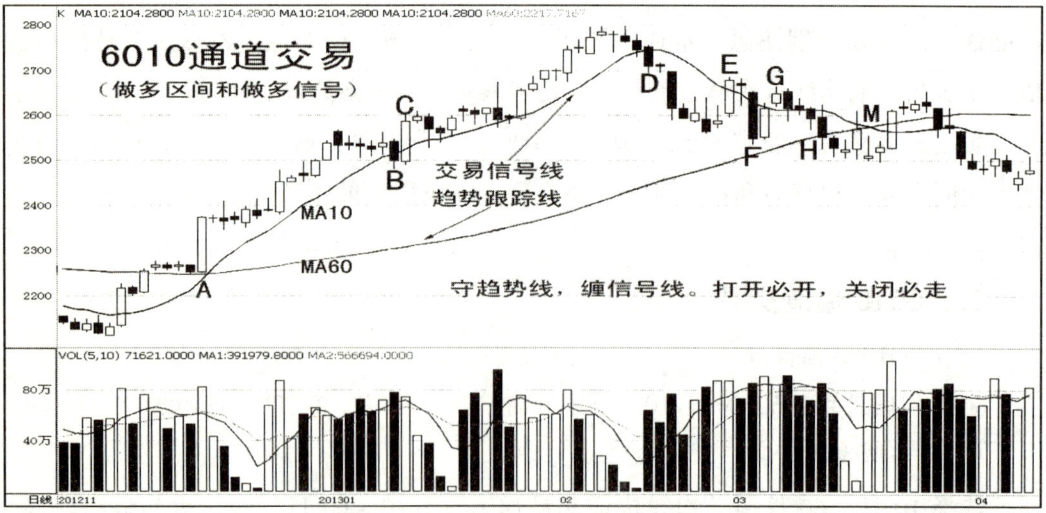

图 4-7

图 4-7 解析：

做多指令：60 日均线由下行到逐渐走平，中线做多。

符合开仓信号：A 点、C 点、E 点、G 点。

符合平仓信号：B 点、D 点、F 点、H 点。

盈利交易 2 次（一开一平为一次交易）：A 点开仓～B 点平仓；C 点开仓～D 点平仓。2 次盈利较大。

亏损交易 2 次：E 点开仓～F 点平仓，G 点开仓～H 点平仓。亏损发生在 10 日均线明显下行阶段。

做多通道 A 点打开，M 点关闭，构成完整的通道交易。共计交易 4 次，操作难度不大，总体盈利可观。

本波做多行情的起涨点与做多通道的打开不同步。

（2）6010 做多通道 15 分钟 K 级别做多图解。

图 4-8　美黄金连(GLNC)2014.8.26～2014.8.27 日(15 分钟)K 线图

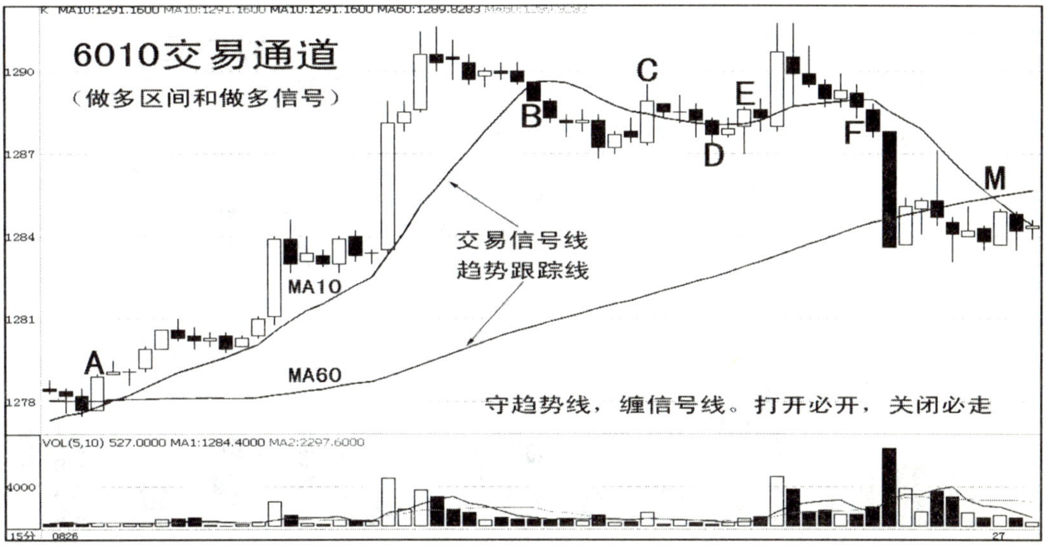

图 4-8

图 4-8 解析：

做多指令：MA60 均线由下行到逐渐走平，交易方向为做多。

符合开仓信号：A 点、C 点、E 点。

符合平仓信号：B 点、D 点、F 点。

盈利交易 1 次：A 点开仓～B 点平仓，盈利较大，MA10 明显上行。

亏损交易 1 次：C 点开仓～D 点平仓，小亏，MA10 明显下行。

保本交易 1 次：E 点开仓～F 点平仓。

做多通道 A 点打开，M 点关闭，构成完整的通道交易。

合计交易 3 次，操作难度不大，总体盈利。

本次交易起涨点与通道打开同步，交易指令明确，一般不易错过。

通道交易做多，盈利最大、最可靠的往往是中大阳线打开通道的首次交易，是等点抢点的好机会。

如果错过了首次交易，而且出现了短期暴涨，则可暂不入场。

2. 6010 交易通道做空图解

6010 交易通道做空，行情启动与通道打开同步的少。一般大阴线下破 60 日均线，是行情由多转空的重要标志，也是很好的做空机会。随后几天下跌带动 10 日均线下穿 60 日均线，通道打开。

（1）6010 做空通道日 K 级别做空图解。

图 4-9 IF 当月连续 2013.6.4～2013.8.23 日 K 线图

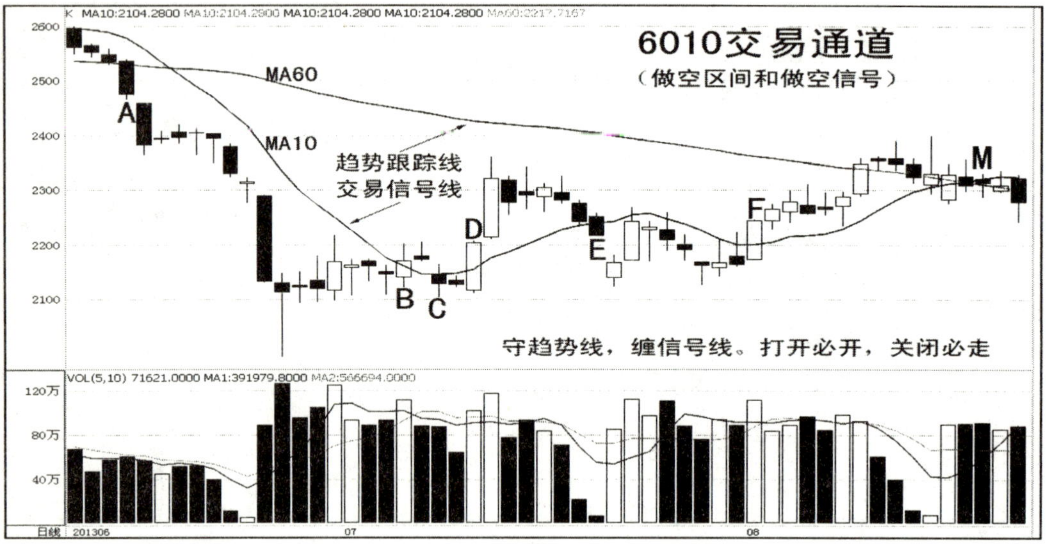

图 4-9

图 4-9 解析：

做空指令：60 日均线明显下行，中线做空。

符合开仓信号：A 点、C 点、E 点。

符合平仓信号：B 点、D 点、F 点。

盈利交易 1 次（一开一平为一次交易）：A 点开仓～B 点平仓。

亏损交易 2 次：C 点开仓～D 点平仓；E 点开仓～F 点平仓。

合计交易 3 次，总体盈利较大。

6010 通道交易日 K 级别，一般交易周期较长，要保证执行需做到：其一是必须轻仓；其二是不为日内波动所迷惑，不为暂时的浮动盈亏而提前平仓等。

(2) 6010 做空通道 15 分钟 K 级别做空图解。

图 4-10　菜粕主力合约 2014.3.11～2014.3.19 日(15 分钟)K 线图

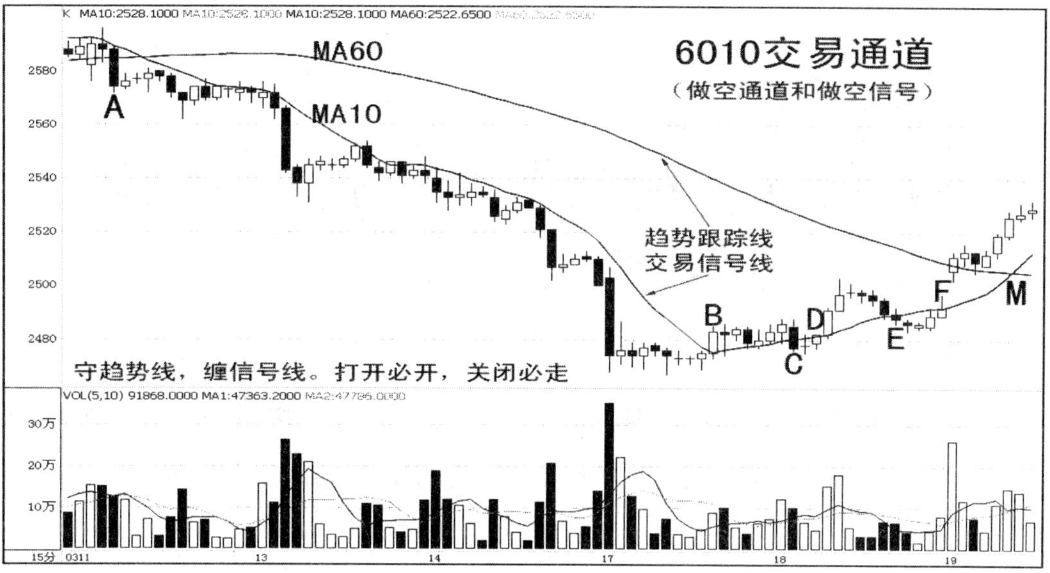

图 4-10

图 4-10 解析：

做空指令：MA60 均线由明显上翘到逐渐走平，中线做空。

符合开仓信号：A 点、C 点、E 点。

符合平仓信号：B 点、D 点、F 点。

盈利交易 1 次(一开一平为一次交易)：A 点开仓～B 点平仓。

亏损交易 2 次：C 点开仓～D 点平仓；E 点开仓～F 点平仓。

合计交易 3 次，总体盈利较大。

第五章　定位形态　拐点K线

最K线和星K线，破位线和顺位线，发散线和收敛线，相反相成；五阳三线开仓与平仓，必须符合顺势抢点法则。

第一节　最 K 线与星 K 线

最 K 线与星 K 线是价格运行变速继而变向的结果，是走势循环的必然规律。

一、最 K 线——物极必反

1. 最 K 线概述

最 K 线是某循环周期或某区间内的最值 K 线，一般具有突然放大或者快速缩小的特征，包括成交量最大的 K 线，实体最大、影线最长的 K 线等。最 K 线分为阳线最 K 线和阴线最 K 线。

最 K 线通过随后的实体和成交量明显缩小的次 K 线确认。次 K 线即某根 K 线之后的相邻 K 线。

最 K 线含物极必反之意，常常构成拐点 K 线。冲顶 K 线和探底 K 线是最 K 线的典型形态，而启动阳线和跳水 K 线是最 K 线对拐点的确认。

最值阳线是一波跌势中见阴线最 K 线之后出现的第一根阳线。最值阳线可以是最 K 线的次 K 线，也可以是最 K 线之后、几根小阴线之后的第一根阳线。最值阳线既可为下跌中继，也可为超跌反弹，或者见大底。最值阴线与之相对。

最 K 线级别不同，对后期走势影响不同。级别越大，影响越大，反之亦然。级别越小，出现最 K 线越频繁，最 K 线也越明显。

图 5-1　沪铜主力合约 2014.4.9～2014.4.12 日(15 分钟)K 线图

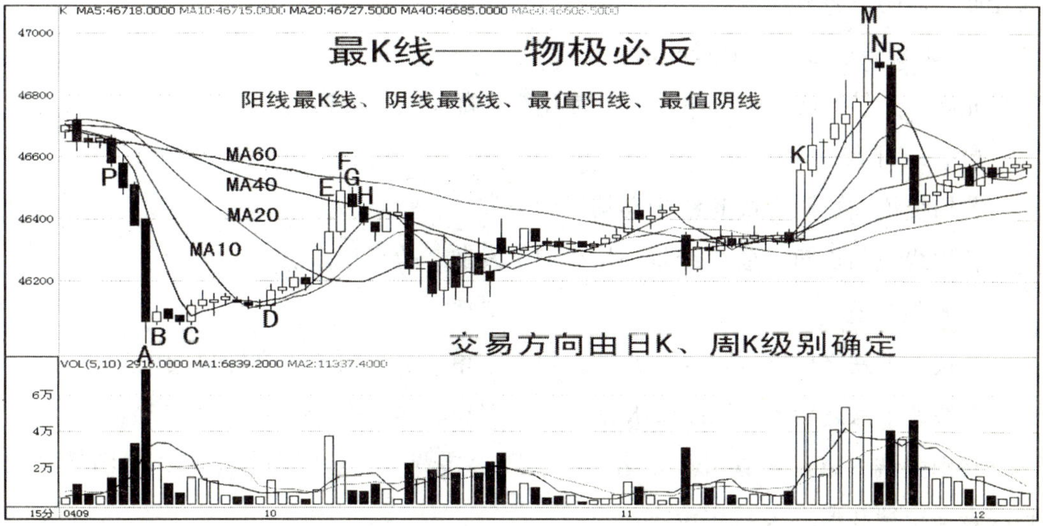

图 5-1

图 5-1 解析：

P 点：均线黏合向下发散，加速下跌的可能性大。

A 点：最 K 线。实体快速放大，成交量放大几倍，做空能量释放过快。下跌速度的改变，往往是方向改变的先兆。A 点之后也有可能出现成交量或者实体更大的 K 线，则形成新的最 K 线，也是对前根最 K 线的否认。

B 点：最值阳线，也是对 A 点最 K 线的确认，有止跌企稳或反攻之意，也可能是下跌中继。

C 点：上破 MA5。加速下跌之后若反弹突破 MA5，空单可先平仓。反弹依次突破 MA5、MA10、MA20，是对最 K 线探底强度的量化。

D 点：上破 MA5，且 MA10 上翘托底，多方力量增强。

E 点：成交量迅速放大，有可能构成最 K 线。

F 点：成交量明显缩小，确认 E 点为最 K 线，F 点受长均线 MA60、MA40 压制，上攻阻力大。

G 点：缩量阴线，上攻动能明显不足。

H 点：下破 MA5，一波新的下跌开始。

K 点：均线短黏长翘，逼空迹象明显。

M 点：最 K 线，加速上涨，做多能量释放过快，冲顶迹象明显。

N 点：缩量阴线，也是对 M 点最 K 线的确认，上攻动能不足。

R 点：下破 MA5，开始一波新的下跌和盘整。此时 MA10 明显上翘，且中长均线托底，需防范多方反攻。

2. 最 K 线开仓、平仓经验法则

先确定交易方向：一般由日 K、周 K 级别确定交易方向。

最 K 线开仓：

若均线短黏长压，最 K 线带动均线向下发散，抢点做空。

若均线短黏长翘，最 K 线带动均线向上发散，抢点做多。

最 K 线平仓：

若快速下跌之后出现阴线最 K 线，可平空单，但一般不可立即反向做多。

若快速上涨之后出现阳线最 K 线，可平多单，但一般不可立即反向做空。

特别强调，以最 K 线开仓或者平仓，不得违背三大法则四维定律，特别是级别均线定向定律和形态 K 线定位定律。

二、星K线——静极生动

1. 星K线概述

星K线是某循环周期或某区间内的星值K线，一般K线实体较小或者成十字星。星K线按涨跌，可分为阳线星K线和阴线星K线。星K线按成交量，可分为星继线和星空线。星K线一般发生在探底、冲顶、中继过程中。

星继线：指与前根K线保持同种趋势和运行节奏的星K线。星继线分为阳线星继线和阴线星继线。

阳线星继线：一波上涨过程中的星K线。成交量没明显变化或者放大不明显，做多动能没有完全释放，此后继续上涨可能性较大。

阴线星继线：一波下跌过程中的星K线。成交量明显缩小，但仍大于之前成交量的一半。做空动能没有完全释放，此后继续下跌可能性较大。

星空线：指成交量大幅缩小，至少小于之前成交量一半，同时小于5日或10日均量线。星空线至少由两根或两根以上星K线组合而成。星空线之后变盘的可能性较大。星K线之后按突破方向，可分为星值上破和星值下破。星值是某阶段的极小值，是实体和成交量两者都较小的K线。

星值上破：指星空线之后价格向上突破。

星值下破：指星空线之后价格向下突破。

一般震荡整理至均线黏合，多见星空线，是突破临界点。

图5-2　白糖主力合约2014.4.8～2014.4.11日(15分钟)K线图

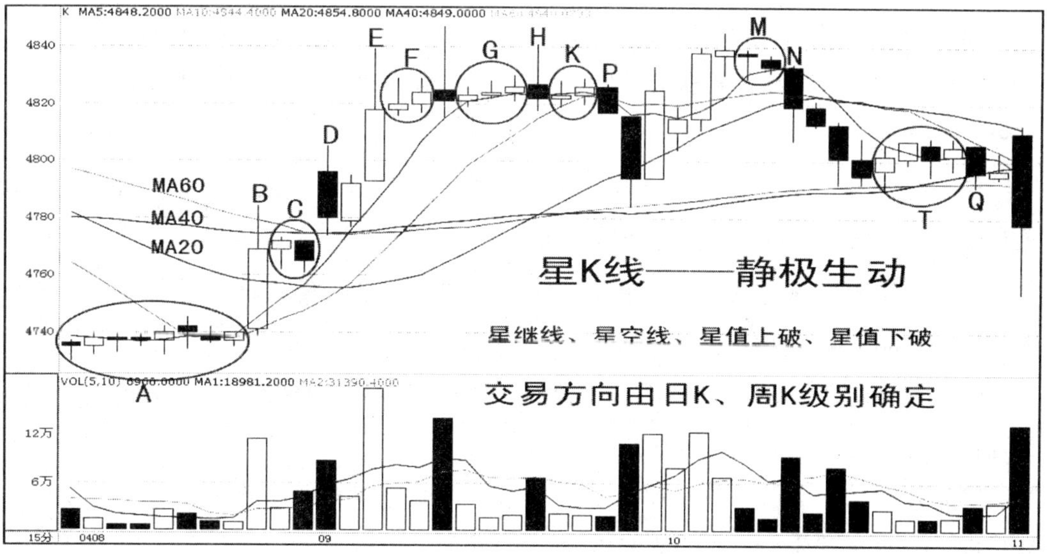

图5-2

图 5-2 解析：

A 段：星 K 线，也是星空线。星空线之后变盘的可能性大，必须特别关注。

B 点：星值上破，也是最 K 线启动。A 段至 B 点突破，是静极生动。

C 段：最 K 线之后的短暂调整，中继星 K 线。

D 点：星值上破。

E 点：最 K 线，冲顶。

F 段、G 段、K 段：星空线，此后变盘可能性大。

P 点：星值下破，之后下跌可能性大。

M 段：星空线，变盘临界点。

N 点：星值下破。

T 段：星空线，也是下跌中继。

Q 点：星值下破，之后下跌可能性大。

2. 星 K 线开仓、平仓经验法则

先确定交易方向：交易方向由日 K、周 K 级别确定。

星 K 线开仓：

上涨行情中出现回调，见星空线之后，做好开仓准备，见星值上破，可开多单。

均线黏合：见星空线，做好入场准备。见星值上破，抢点做多。

下跌行情中出现反弹，见星空线之后，做好开仓准备，见星值下破，可开空单。

均线黏合：见星空线，做好入场准备。见星值下破，抢点做空。

星 K 线平仓：

上涨行情中出现冲顶背驰，见星空线之后，做好平仓准备，见星值下破，可平多单，一般不能立即反向做空。

均线黏合向上发散，一般不破操盘线不平仓。见星空线之后，做好平仓准备，见星值下破，可平多单，并做好回补准备。

下跌行情中出现探底背驰，见星空线之后做好平仓准备，见星值上破，可平空单，一般不能立即反向做多。

均线黏合向下发散，一般不破操盘线不平仓，见星空线之后，做好平仓准备，见星值上破，可平空单，并做好回补准备。

特别强调，星 K 线开仓、平仓，不得违背四维定律，即倍数步数定量，级别均线定向，形态 K 线定位，信号次数定心。

三、最值星值，变速变向

价格变化速度的改变，是运行方向发生改变的先行条件。最 K 线、星 K 线一般构成拐点 K 线，特别是最 K 线、星 K 线的组合形态，是变速变向的典型形态。

(一)多头行情最 K 线、星 K 线

图 5-3　沪铜主力合约 2009.10.24～2010.2.1 日 K 线图

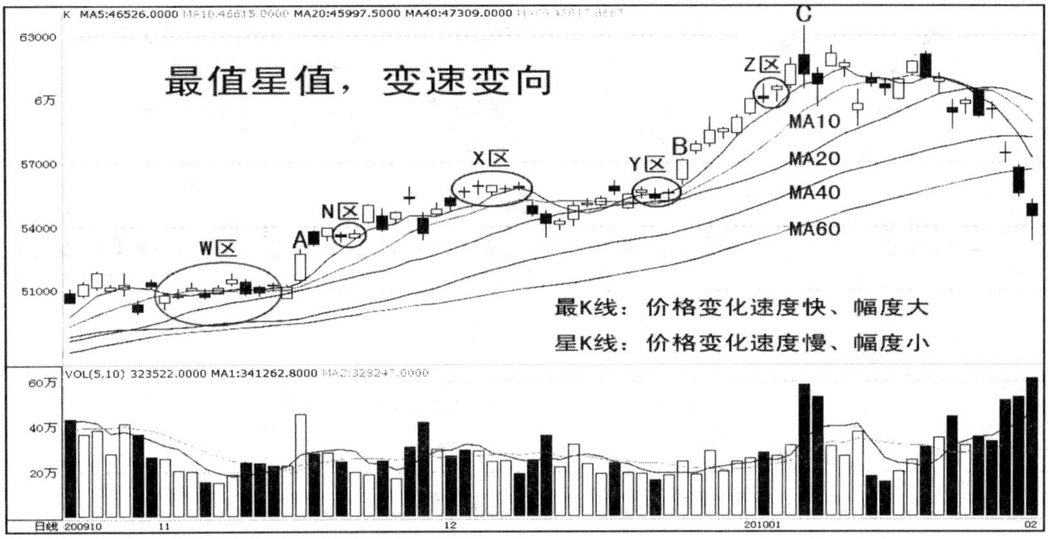

图 5-3

图 5-3 解析：

本级别为日 K 级别，由 D～C，40 日、60 日均线多头排列，且价格位于 60 日均线之上，本级别为多级。

W 区：星 K 线，也是星空线，变盘可能性大，必须特别关注。

A 点：星值上破，最 K 线，符合短黏长翘逼空抢跳形态。

N 区：星空线，之后再次跳空上涨。

X 区：星 K 线盘顶，直到出现星空线。

Y 区：星空线，之后变盘的可能性大。

B 点：星值上破，也是最 K 线，符合短黏长翘逼空抢跳形态。

Z 区：星继线，即中继星 K 线。

C 点：最 K 线，也是最值阴线，见顶可能性大。

很显然，最 K 线构成拐点，只一根即可，星 K 线构成拐点，必须多根才有效。星 K 线，一般不可做日内和短线交易，最 K 线，短期暴涨暴跌，稍有犹豫，很可能踏空和亏损，临盘必须坚决果断。

图 5-4　沪铝主力合约 2014.4.9～2014.4.12 日(15 分钟)K 线图

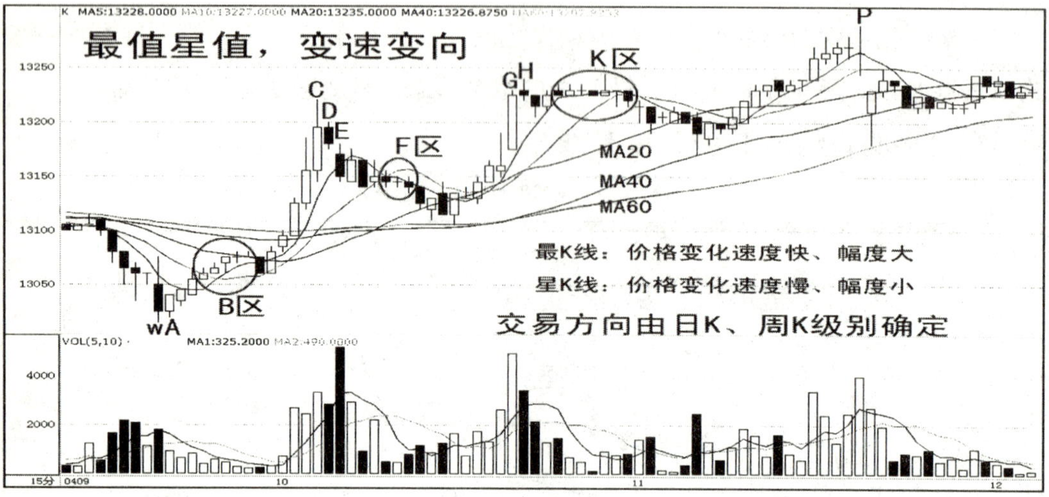

图 5-4

图 5-4 解析：

W 点～A 点：W 点为最 K 线，A 点最值阳线，触底反弹的可能性较大。

B 区：星空线，变盘可能性大。

C 点：最 K 线，连续三根大阳线，有加速冲顶迹象。

D 点：最值阴线，星 K 线，之后下跌的可能性较大。

E 点：最 K 线，破 MA5，之后陷入盘整和下跌可能性大。

F 区：星空线，探底的可能性大。

G 点：最 K 线，K 线实体和成交量迅速放大，做多力量快速释放。

H 点：最值阴线，星 K 线，阶段见顶的可能性大。

K 区：星空线，变盘的可能性大，见星值上破或者星值下破可定方向。

P 点：最 K 线，短期见顶的可能性较大。

多头行情捕捉大阳线：

捕捉大波段、大阳线、最 K 线，是快速获利的有效手段。

捕捉大阳线技法：均线短黏长翘，见星值上破，必须果断抢点做多。

捕捉大阳线心法：不见最 K 线，必守操盘线。若见最 K 线，平仓可提前。

捕捉大阳线手法：短黏长翘，逼空抢跳，在起涨点抢点做多，或者开始加速上涨时做多；坚守操盘线，不见最 K 线、不破操盘线不可平仓；见最值阴线可提前平仓，也可下破操盘线再平仓。

（二）空头行情最K线、星K线

最K线、星K线是研判空头走势的直效K线，其组合应用，对于捕捉空头大波段行情，成功概率较大。

图 5-5 沪铅主力合约 2011.7.27～2011.11.11 日K线图

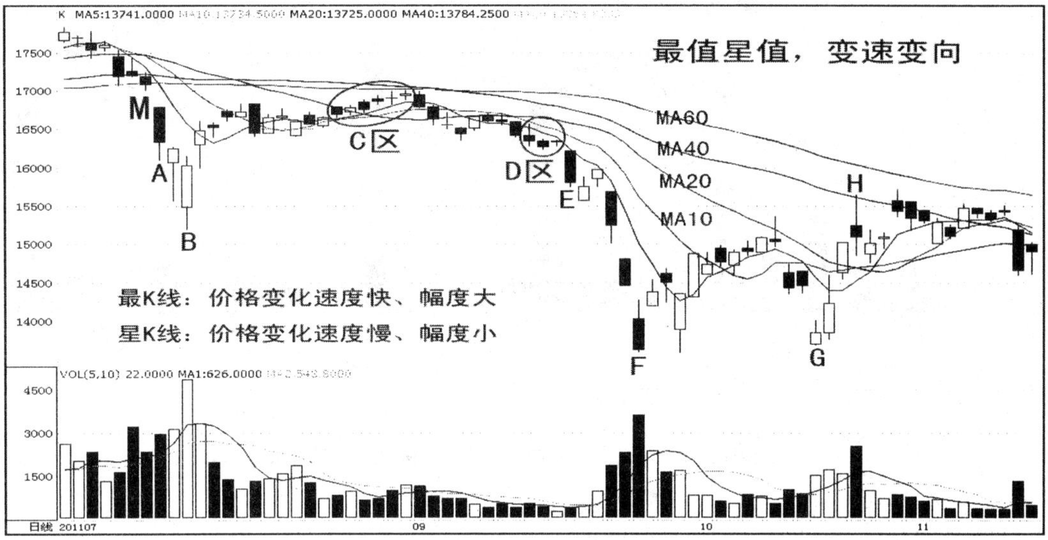

图 5-5

图 5-5 解析：

本级别为日K级别，空级。由M～H，40日、60日均线空头排列，且价格位于60日均线之下。日K级空级，决定了做单方向。

M点：短期均线黏合向下发散，下破中期均线，是不可错过的做空机会。

A点：跳空下跌，符合短黏长压跳空下砸形态。

B点：阳线最K线，也是最值阳线，可平空单，但不可立即反向做多。

C区：星空线，反弹冲顶，见星值下破可做空。

D区：星空线，且构成短黏长压的典型形态，是不可错过的做空机会。

E点：跳空下跌，符合短黏长压跳空下砸形态。

F点：最K线，做好平仓准备，见最值阳线可平仓。

G点：受F点影响，反弹可能性较大，见星值上破可平空单。

H点：最K线，短期陷入盘整或者回调的可能性大。

星K线或星空线，有时会让我们失去方向感，很可能市场本身没有方向，此时最好是空仓等待，见星值下破或者星值上破再果断介入。星空星光闪烁，会让人头晕目眩，一旦方向做错，短期内损失较大。

图 5-6 PVC 主力合约 2014.3.7～2014.3.12 日(15 分钟)K 线图

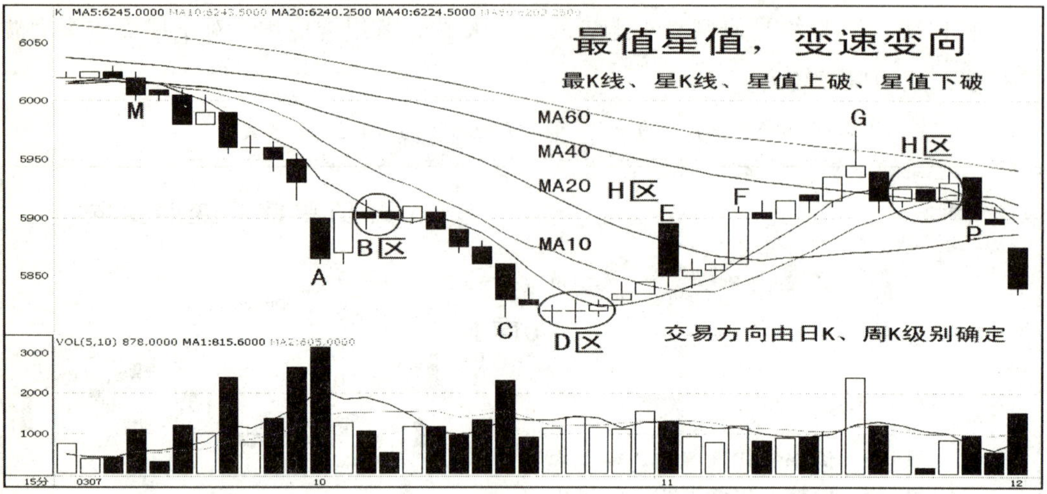

图 5-6

图 5-6 解析：

本级别为空级：MA40、MA60 空头行情，且价格位于 MA60 之下。

M 点：破位下跌，是不可错过的做空机会。

A 点：最 K 线，见反弹阳线可平仓。

B 区：星空线，变盘临界点。

C 点：最 K 线，之后见阳线可平仓。

D 区：星 K 线，变盘临界点。

E 点、F 点：反弹实体较大，但成交量较小，做多动能较强。

G 点：最 K 线，长上影，且成交量明显放大，做多能量快速释放。

H 区：星空线，变盘临界点。

P 点：大阴线，星值下破，且均线短黏长压，是不可错过的做空机会。

空头行情捕捉大阴线：

捕捉大波段、大阴线和最 K 线，是快速获利的有效手段。

捕捉大阴线技法：均线短黏长压，见星值下破，必须果断抢点做空。

捕捉大阴线心法：不见最 K 线，必守操盘线。若见最 K 线，平仓可提前。

捕捉大阴线手法：短黏长压，跳空下砸。于星值下破抢点做空，或者开始加速下跌时抢点做空；坚守操盘线，不见最 K 线、不破操盘线不可平仓；见最值阳线可提前平仓，也可上破操盘线再平仓。

第二节　破位线与顺位线

破位线与顺位线是拐点与趋势的对立统一。

一、破位线——不破不立

破位线：突破阻力位或者下破支撑位、形成新的运行趋势的K线。

不破不立：旧的运行趋势不打破，新的运行趋势不可能产生。

破位分为上破和下破两种，上破即上破阻力位，下破即下破支撑位。

上破：很可能形成一波涨势。

前根K线为阴线，收盘价突破前根K线开盘价或者最高价。收盘价上破下降趋势线、上破中期整理平台、上破前期高点等。

下破：很可能形成一波跌势。

前根K线为阳线，收盘价下破前根K线开盘价或者最低价。收盘价下破上升趋势线、下破颈线位、下破中期整理平台等。

图5-7　橡胶主力合约2013.7.12～2013.9.3日K线图

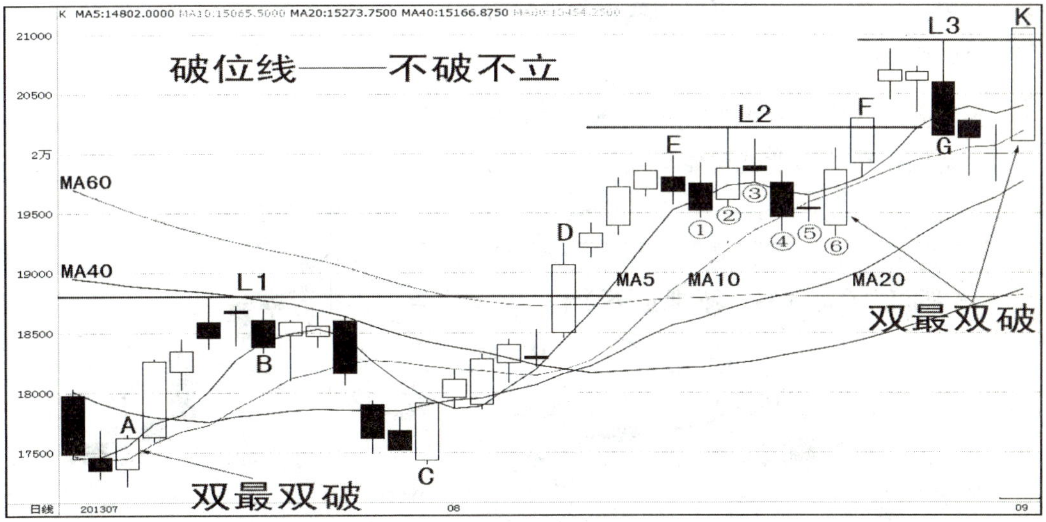

图5-7

图5-7解析：

A点：破位线，上破前根K线开盘价，形成一波涨势。

B点：破位线，下破前根K线最低价，形成一波跌势。

C点：破位线，且为大阳线，上破前根K线最高价，形成一波涨势。

D 点：破位线，且为大阳线，上破前期重要平台 L1，短期内涨势难以逆转。

E 点：破位线，下破前根 K 线开盘价，小阴线，陷入盘整可能性大。

①～⑥：②小阳线破位线，④小阴线破位线，⑥中阳线破位线。6 根 K 线，3 根破位线，不断破来破去，只能窄幅震荡，盘整不前。

F 点：破位线，为中阳线，上破前期重要阻力位 L2。

G 点：破位线，为中阴线，下破前两根 K 线最低价。

K 点：破位线，为大阳线，上破前期重要阻力位 L3。

二、顺位线——不顺不行

顺位线：顺应原趋势运行的 K 线，包括 K 线顺位线和趋势顺位线。

不顺不行：没有数量较多的顺位线，趋势无法推进与保持，只可能陷入盘整。

三五成行：一般至少 3～5 根顺位线才能形成一波比较稳定的波段行情，必须做好“伍顶伍底”攻防。三五成行满足三七交易法则，是日常狙击的主要目标。

（1）涨势顺位线：

K 线顺位线：不下破前根 K 线开盘价或者最低价。

趋势顺位线：不下破重要均线、颈线位等。

（2）跌势顺位线：

K 线顺位线：不上破前根 K 开盘价或者最高价。

趋势顺位线：不上破重要均线、颈线位等。

图 5-8　IF 当月连续 2013.1.8～2013.2.28 日 K 线图

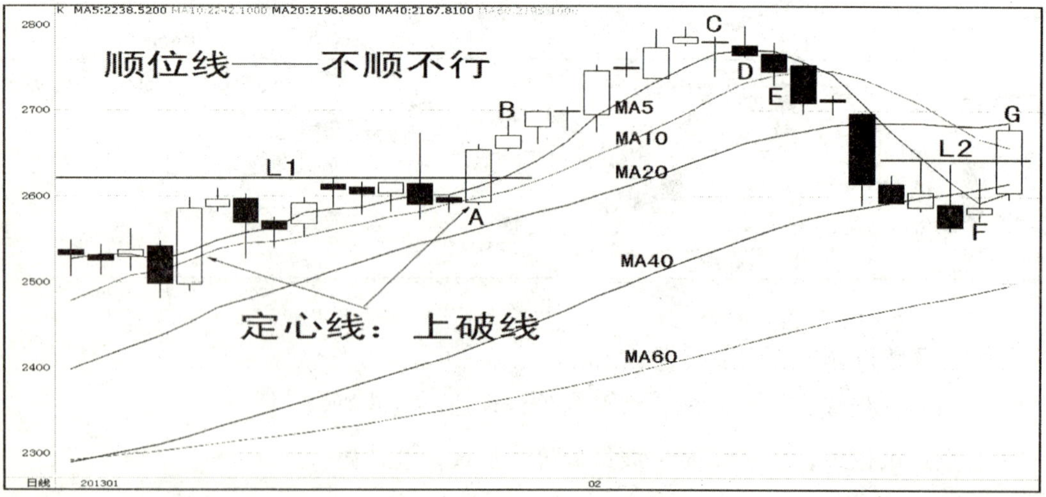

图 5-8

图5-8解析：

A点：破位线，且为大阳线，突破前期重要平台L1。突破的平台阻力越大，突破的越干脆果断，后期涨势越可观。

B点～C点：顺位线，后根K线均没有下破前根K线开盘价，且三五成行。

D点：破位线，为小阴线，下破C点收盘价，开启一波新的跌势。

E点～F点：顺位线，后根K线均没有突破前根K线开盘价，且三五成行。

G点：破位线，且为大阳线，突破平台L2。

三、破位顺位，大破大立

大破：大级别、大阻力、大K线。大K线突破大级别的大阻力位，打开上升或者下降通道。大，指大阳线或者大阴线，大阻力指中长期均线或者重要高低点。大级别：一般指日K、周K和月K级别。

大立：大K线、大发散、大趋势，即大K线带动之前的黏合均线大发散，形成大趋势。之前均线黏合程度越高，突破的阻力位越大，确立的趋势越强。

（一）做多大破大立

图5-9　美原油连(CONC)2005.2.28～2008.7.31月K线图

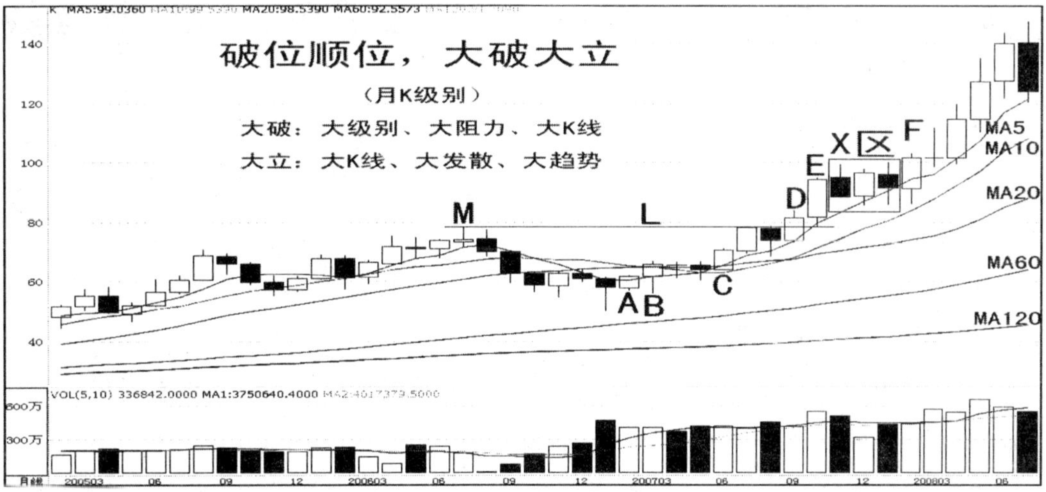

图5-9

图5—9解析：

A点：破位线，上破5月均线。

B点：顺位线，上破5月、10月、20月均线。

C点：中阳线，一波涨势确立，三五成行。

D 点：顺位线，大阳线上破前期高点。

E 点：大阳线，确立一波涨势。

X 区：震荡整理不破。

F 点：顺位线，开始加速上涨。

（二）做空大破大立

图 5-10 伦镍电 3(LMNDE)2008.1.25～2008.10.17 周 K 线图

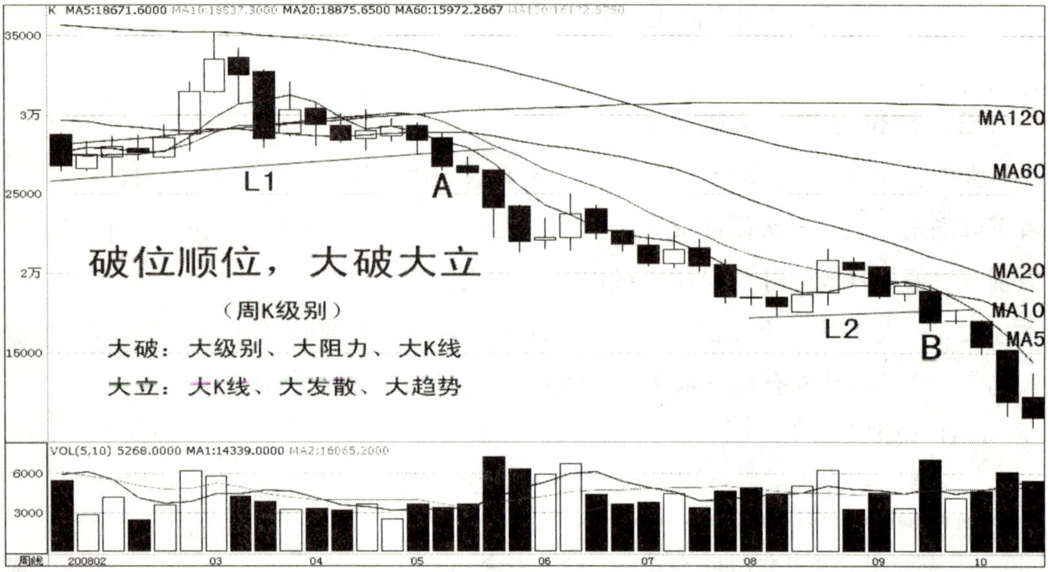

图 5-10

图 5-10 解析：

A 点：破位线，中阴线，下破重要支撑线，带动之前黏合的均线向下发散，是不可错过的做空机会。

B 点：破位线，中阴线，下破重要抵抗平台，带动均线向下发散，出现加速下跌，是不可错过的做空机会。

由 A 点开始的均线向下大发散，一波下跌大行情，虽然其间出现不同程度的反弹，但大势不可阻挡。

当一轮浩浩荡荡的日 K、周 K 甚至月 K 级别的行情展开后，单根日 K 线的反向破位，难改大趋势，反而提供了更好的入场做空机会。

破位线，不破不立。必须更多的关注大级别、大阻力、大 K 线，捕捉大机会。

顺位线，不顺不行。必须更好地把握大 K 线、大发散、大趋势，坐收大行情。

破位顺位，大破大立，是行情产生发展的必然规律。

第三节 发散线与收敛线

发散线与收敛线是价格运行速度或者运行方向发生改变的基准 K 线。

一、发散线——见则必开

(一)发散线概述

发散线是使之前黏合的均线开始向上或者向下发散的中大 K 线。发散线一般是价格脱离盘整、开始加速或者快速运行的启动 K 线。

发散线产生条件：

其一，之前 3 条或者 3 条以上均线黏合。均线黏合数量越大，爆发力越强。

其二，中大 K 线形成突破。若之前的 K 线为星 K 线或者星空线更好。

其三，本级别至少 MA10、MA20 没有反压或者高级别 K 线没有反压。

发散线强，必须大级别、大黏合、大 K 线。大级别，一般必须日 K、周 K 甚至月 K 级别。大黏合，短均线黏合，中长期均线助推。大 K 线，涨幅和实体较大。

发散线见则必开：

见发散线，必须抢点开仓。若发散线向上，则抢点做多，如短黏长翘，逼空抢跳；若发散线向下，则抢点做空，如短黏长压，跳空下砸。

(二)发散线做多实例图解

图 5-11 橡胶主力合约 2010.7.9～2010.10.14 日 K 线图

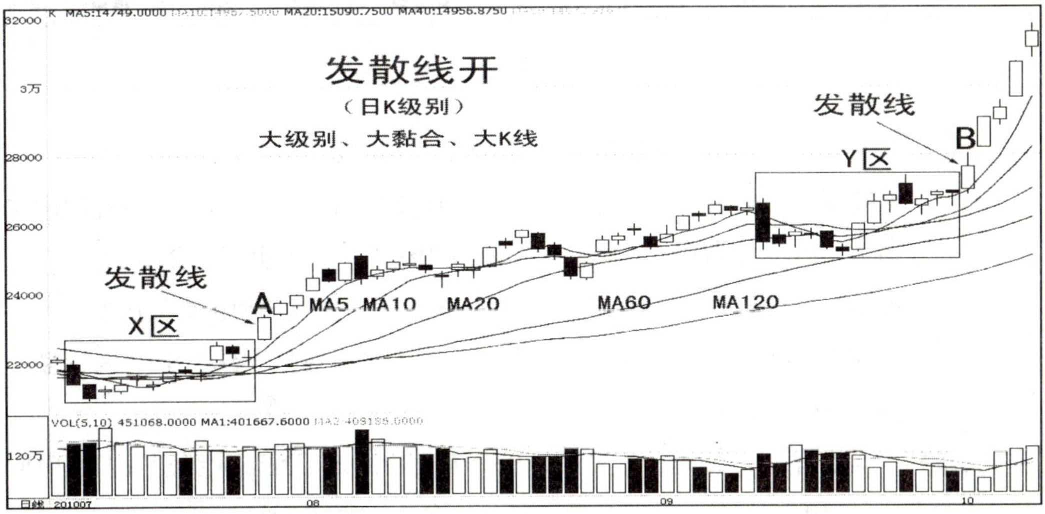

图 5-11

图 5-11 解析：

X 区：震荡整理至多条均线黏合，见星空线，120 日均线仍有反压。

A 点：发散线，跳空大阳线上攻，带动均线向上发散，是不可错过的做多机会。于 X 区做高抛低吸的，很可能于 A 点被逼空。

Y 区：震荡整理至多条均线黏合，见星空线，60 日、120 日均线上翘顶托，形成典型短黏长翘形态。

B 点：发散线，大阳线上攻，带动均线向上发散，之后出现跳空上涨，是不可错过的做多机会。于 Y 区做高抛低吸的，很可能于 B 点被逼空。

（三）发散线做空实例图解

图 5-12 白糖主力合约 2013.10.31～2014.1.6 日 K 线图

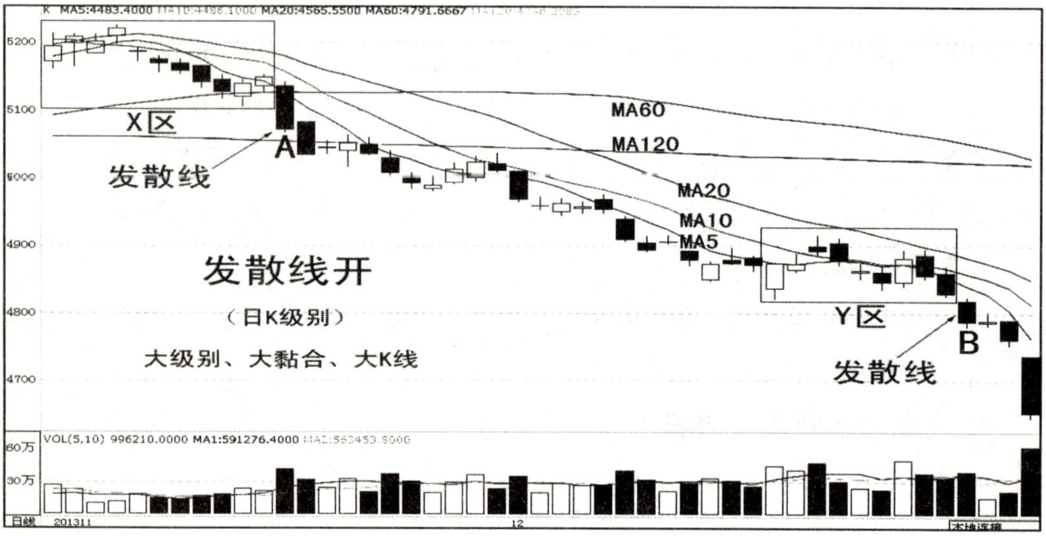

图 5-12

图 5-12 解析：

X 区：震荡整理至多条均线黏合，60 日均线上行，120 日均线下行。

A 点：发散线，大阴线下破 60 日均线，带动均线向下发散，是不可错过的做空机会。短线通道 10 日、20 日均线下压，于 60 日均线做多的理由不充分。

Y 区：短期均线基本黏合，60 日、120 日均线下压，形成典型短黏长压形态。

B 点：发散线，跳空下跌，带动均线向下发散，之后快速下跌。于 Y 区盘整时开仓做多，违背顺势而为法则。

大级别、大黏合、大 K 线，是发散线价值大小的测评标准。大级别短期、中期均线大黏合，一根大 K 线带动均线发散，是一战定乾坤的好机会。

二、收敛线——见则必平

(一) 收敛线概述

收敛线是使之前分散的均线开始收敛的中大K线。收敛线一般是价格由涨势或者跌势转为盘整或者反向运行的信号。

收敛线产生条件：

其一，之前涨幅或者跌幅大，短期、中期均线发散过大。

其二，中大K线反向突破重要均线，一般为MA5、MA10、MA20。

其三，无明显抵抗平台，为启动或者加速K线，非冲顶探底K线。

大发散、大K线、大拐点运行过程是以收敛线为拐点。大发散即之前黏合的均线充分发散开，大K线即超跌或超涨之后出现反向破位大K线，大拐点即由之前的涨势或者跌势转为长时间震荡整理或者反向运行。

收敛线见则必平：

见收敛线，必须抢点平仓。

若之前为涨势，且整体涨幅大，其间多次回调，短期暴涨之后，中大阴线下破重要均线，如MA10或者MA20，多单必须果断平仓。

若之前为跌势，且整体跌幅大，其间多次反弹。短期暴跌之后，中大阳线上破重要均线，如MA10或者MA20，空单必须果断平仓。

(二) 收敛线多单平仓图解

图5-13　PTA主力合约2014.5.27～2014.7.24日K线图

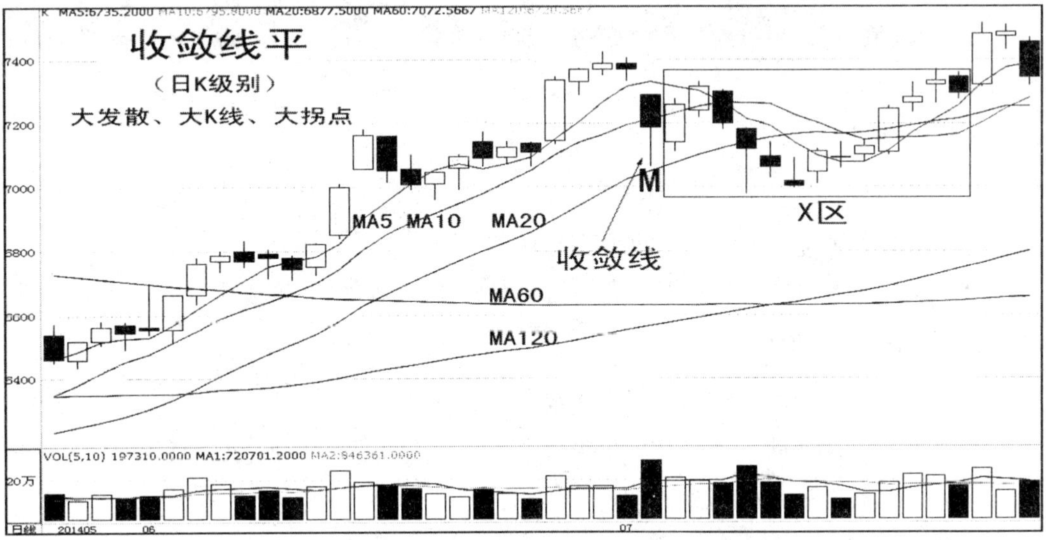

图5-13

图 5-13 解析：

M 点之前：

（1）大发散：整体涨幅较大，均线之间乖离率较大。

（2）价格基本沿 5 日均线上攻，下破 5 日均线次数较少，仅为小阴线下破，没有下破 10 日均线。

（3）M 点前几根 K 线，出现明显滞涨。

M 点大阴线下破 10 日均线，为收敛线，必须果断平仓。

X 区：M 点之后重新陷入盘整。

（三）收敛线空单平仓图解

图 5-14 IF 当月连续 2011.11.14～2012.2.7 日 K 线图

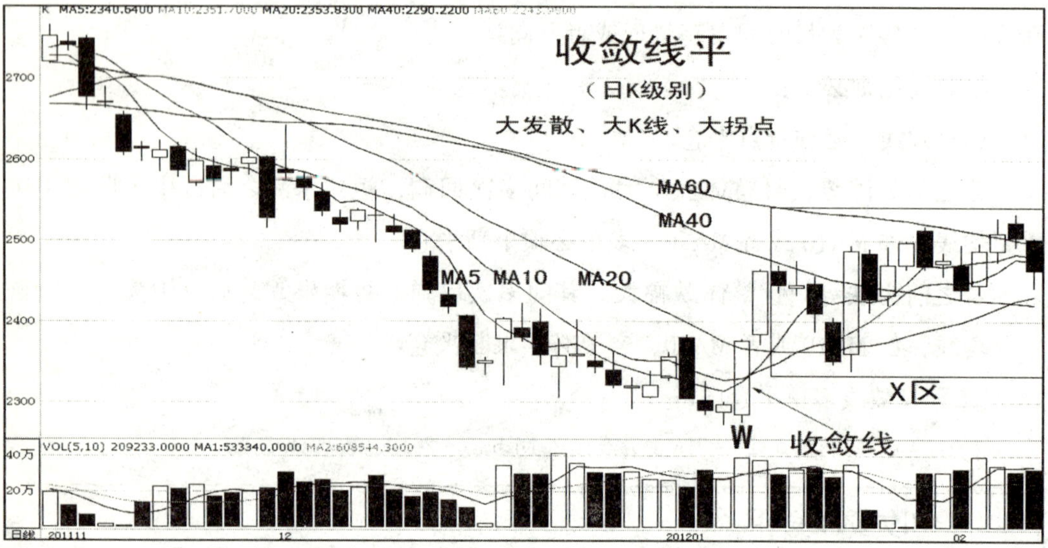

图 5-14

图 5-14 解析：

W 点之前：

（1）整体跌幅较大，均线之间乖离率较大。

（2）价格基本沿 10 日均线下跌，反弹突破 10 日均线次数较少，仅为小阳线上破，没有上破 20 日均线。

（3）W 点前几根 K 线，出现高开下跌，异动明显。

W 点：一阳穿三线，上破 20 日均线，为收敛线，空单必须果断平仓。

X 区：W 点之后开始震荡整理。

大发散、大 K 线产生的收敛线，趋势转换的可能性大。

三、发散收敛，大开大合

（一）大开大合做多

均线黏合，大阳线上破，发散线开；均线乖离率大，大阴线下破，收敛线平。

图 5-15　螺纹主力合约 2009.6.24～2009.8.7 日 K 线图

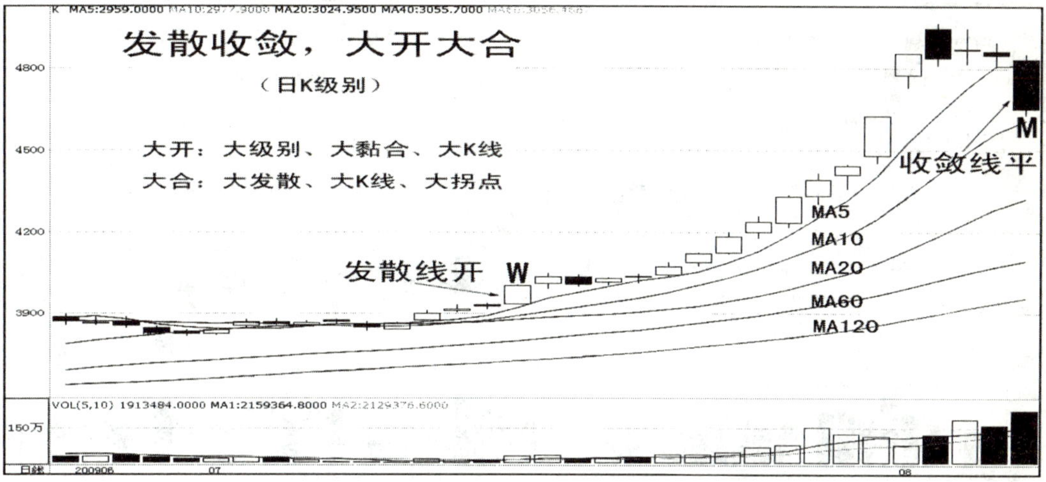

图 5-15

图 5-15 解析：

W 点大阳线，发散线做多；M 点大阴线，收敛线平仓。

图 5-16　沪锌主力合约 2009.1.9～2010.1.29 周 K 线图

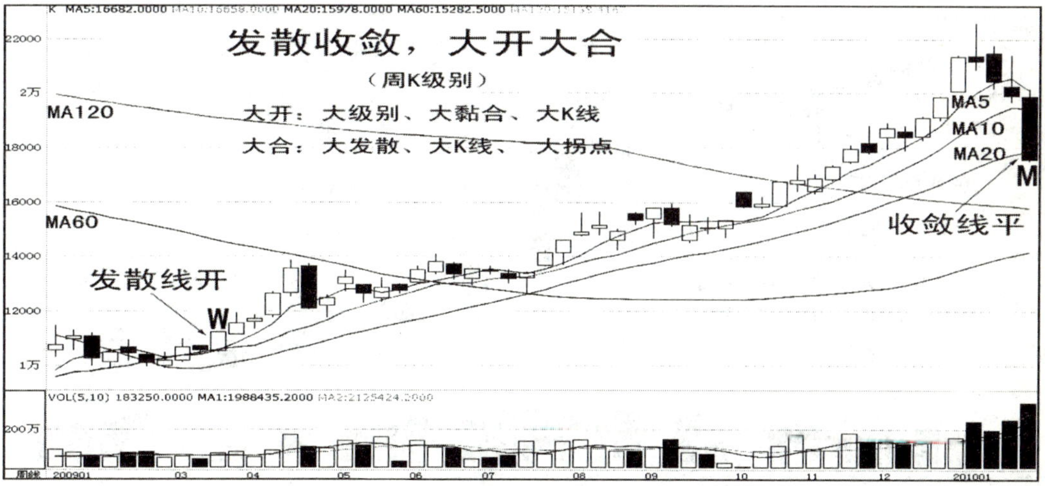

图 5-16

图 5-16 解析：

W 点大阳线，发散线做多；M 点大阴线，收敛线平仓。

级别不同，做多手法一样；发散线开，收敛线平，大开大合。

（二）大开大合做空

1. 日K级别做空

均线黏合，大阴线下破，发散线开；均线乖离率大，大阳线上破，收敛线平。

图 5-17 美原油连(CONC)2012.4.27～2012.7.2 日K线图

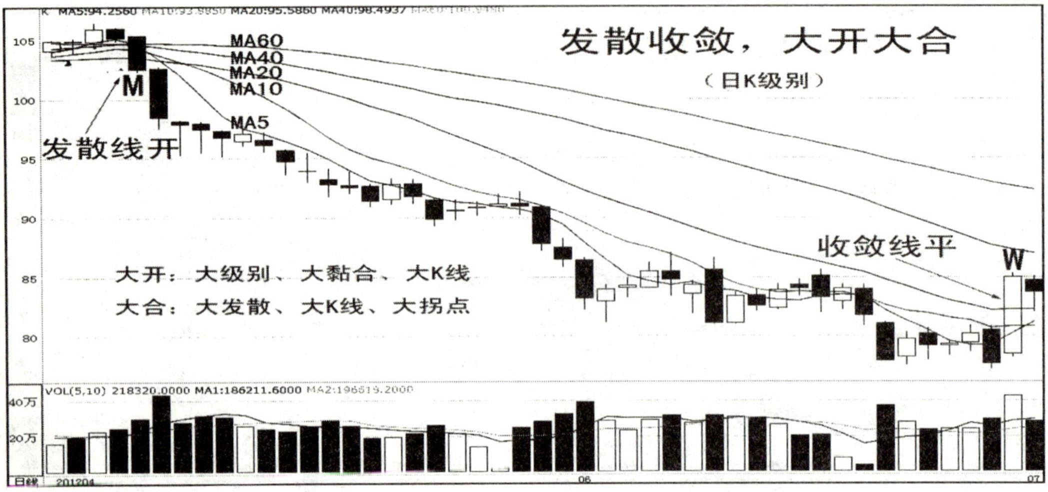

图 5-17

图 5-17 解析：

M 点大阴线，发散线开；W 点大阳线，收敛线平。

图 5-18 伦铜电 3(LMCDE)2008.6.27～2009.2.6 周K线图

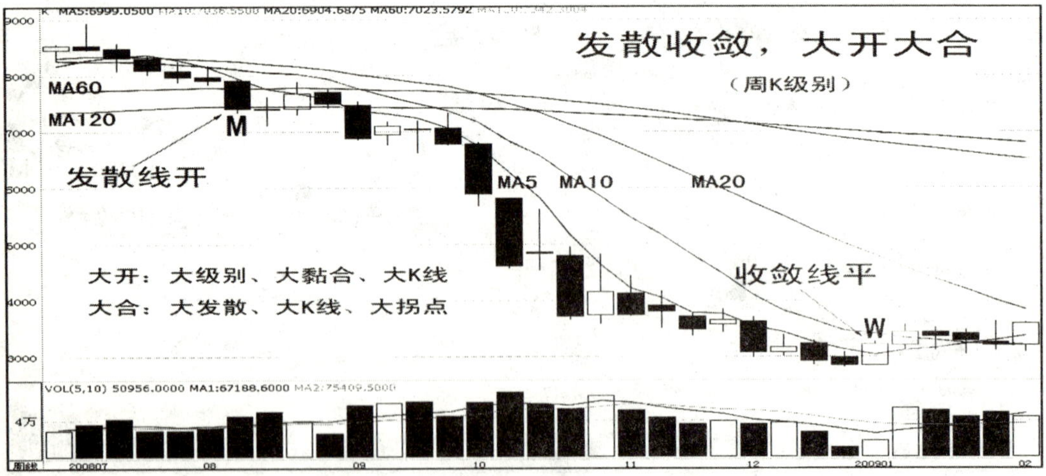

图 5-18

图 5-18 解析：

M 点大阴线，发散线开；W 点大阳线，收敛线平。

级别不同，做空手法一样；发散线开，收敛线平，大开大合。

第四节　五阳开仓与平仓

五阳指连阴阳、空倍阳、逼空阳、C 浪阳和黄金阳。

一、连阴阳

连阴阳：连跌 3 根或者 3 根以上特定形态阴线之后出现的第一根阳线。连阴阳根据所处的运行区间，可分为多级连阴阳、空级连阴阳、盘顶连阴阳和盘底连阴阳。

(一) 多级连阴阳

多级连阴阳交易法则：多级连阴阳，做多先开仓。

简析：本法则符合顺势而为之顺大顺小、共振必抢法则。交易方向为做多，必须果断于本根 K 线收盘前抢点做多。

优化条件：

第一，连续阴线没有出现大阴线为好。

第二，阳线实体比前根 K 线放大为好。

第三，位于重要支撑位附近收阳为好。

图 5-19 橡胶主力合约 2009.10.28 ~ 2009.12.11 日 K 线图。

关于 G 点交易策略，甲认为应开仓做多，理由是多头行情，A 点回调整理，至 G 点收阳线反攻，继续上攻的可能性大；乙认为 G 点为下跌中继，继续下跌可能性大，应做空；丙认为应空仓观望，等突破方向确认后再入场不迟。

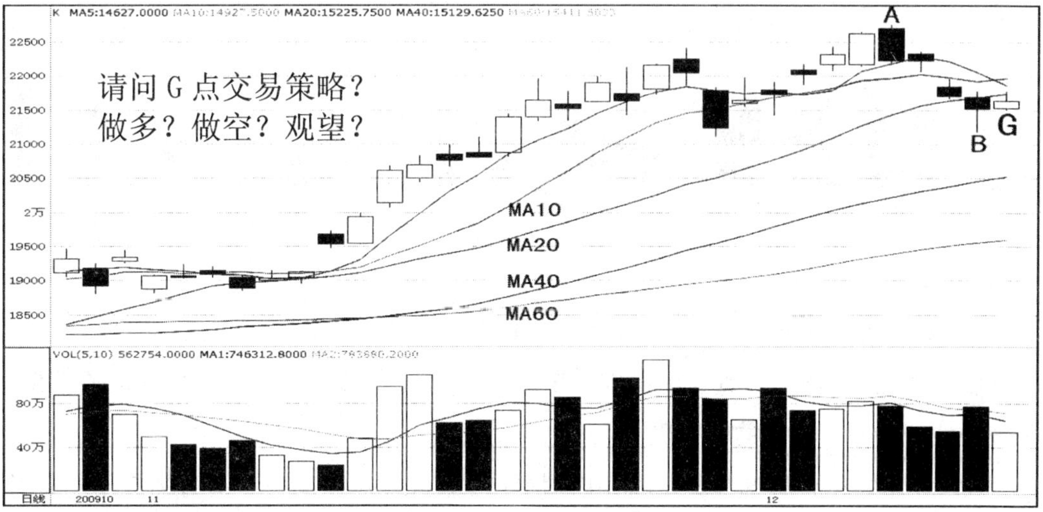

图 5-19 （后续走势见图 5-20）

图 5-19 解析：

1. 以大统小解盘

（1）大趋势：之前短黏长翘上攻，均线发散，没有出现明显大势背驰，中期均线仍多头排列，多方明显强势。

（2）小波段：由 A 点 ~ B 点连续 4 天下跌，没有大阴线，没有恐慌下跌。

（3）G 点收阳线，有止跌反攻迹象，只是 G 点实体较小，力度不强。

2. 攻防兼备策略

G 点多级连阴阳，收盘前开仓做多。

（1）止损设置：下破 G 点最低价止损。

（2）若 G 点没开仓做多，也可等星值上破做多，但不可反向做空。

（3）若小阳小阴上涨，可选 10 日均线作操盘线，若快速、加速上涨，可选 5 日均线作操盘线。

图 5-20 橡胶主力合约 2009.11.18～2010.1.12 日 K 线图

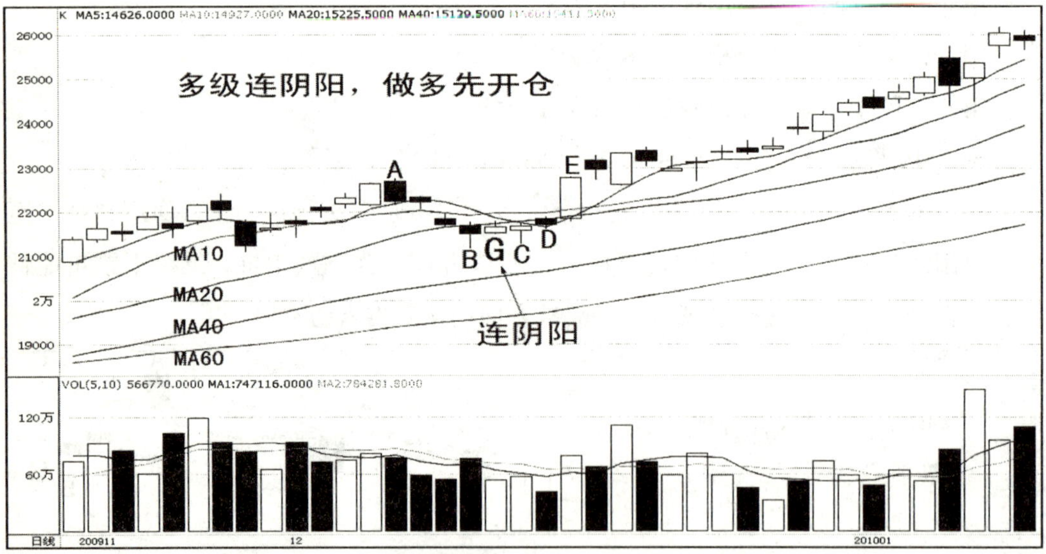

图 5-20 （图 5-19 后续走势图）

3. 实际走势跟踪

（1）G 点开仓做多后，C 点、D 点窄幅震荡，但收盘价均没有下破止损价。

（2）B 点、G 点、C 点、D 点构成星空线，并且短期均线黏合，E 点星值上破，为发散线，是不可放过的做多机会。

（3）E 点之后，可选 5 日或者 10 日均线作操盘线一线定心，不为蝇头小利频繁进出，放足守线，直到破势平仓。

（二）空级连阴阳

空级连阴阳交易法则：空级连阴阳，空单可平仓。

简析：本法则符合顺势而为之顺大避小、两点必缠法则。交易方向为做空，连阴阳为下跌中继、超跌企稳或者反弹，可以于本根K线收盘前抢点平仓，根据三向风控法则，做好回补。

优化条件：

第一，中长期均线明显下压为好。

第二，阳线实体比前根K线放大为好。

第三，位于重要支撑位附近收阳为好。

空头越强，趋势越不易改变。反弹越高，再次破位下跌机会越大。

图5-21 棕榈主力合约2010.3.29～2010.5.18日K线图。

关于G点交易策略，甲认为可先将空单平仓，但不能反向做多，理由是空头行情，G点只是下跌中继；乙认为应开仓做多，理由是超跌严重，G点中阳线反攻；丙认为应空仓观望，等突破方向确认后再入场不迟。

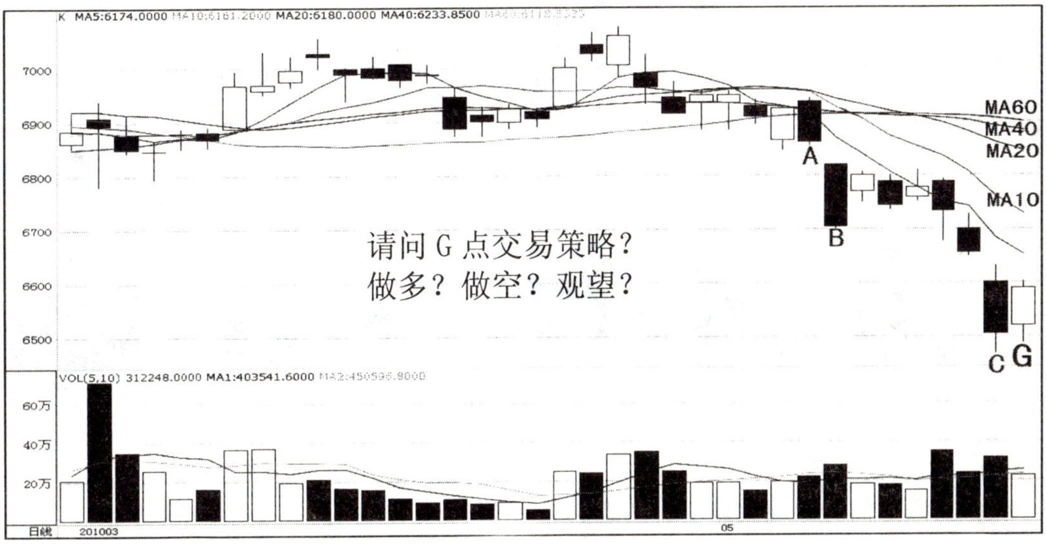

图5-21 （ 走势见图5-22）

图5-21解析：

1. *以大统小解盘*

（1）大趋势：A点下破60日均线，B点跳空大阴线，打开下行通道，均线向下发散，空头强劲。

（2）小波段：出现连续中、大阴线下跌，至C点3连阴，短线超跌，有进行技

（2）小波段：由 A 点开始宽幅震荡，由 C 点开始七连阴下跌，20 日均线开始下行，有双头见顶的可能。

（3）G 点收阳线，且实体较小，止跌反攻动能不足，且短期均线黏合，发散方向难以界定，不可轻率入场。

2. 攻防兼备策略

G 点是盘顶连阴阳，突破方向难以确定，宜空仓观望。

（1）不建议贸然做多或者做空，一旦方向做错，损失较大。久盘粘合非发散，空仓区间，等突破方向确定后再入场。

（2）G 点之后，若是中、大阳线上破，则跟势做多；若是中、大阴线向下突破，则跟势做空。

（3）若黏合上破颈线位，则涨势确认；若下破 60 日均线，则跌势确认。

图 5-24　白糖主力合约 2011.6.3～2011.9.14 日 K 线图

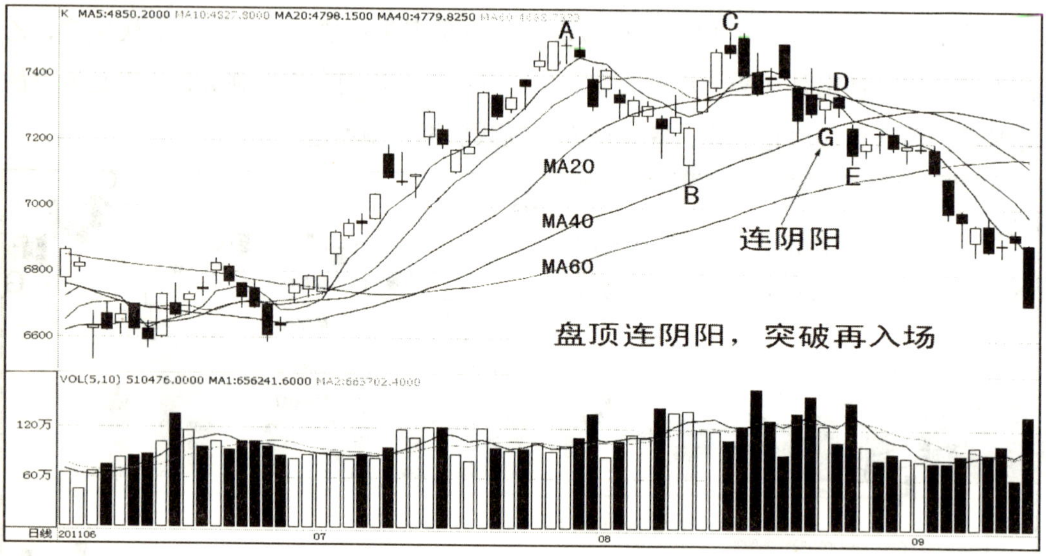

图 5-24　（图 2-23 后续走势图）

3. 实际走势跟踪

若为双头或者圆弧顶等，见大阴线下破，为发散线，可抢点做空。

（1）G 点星 K 线，D 点也是星 K 线，且没有下破 G 点开盘价，突破方向仍没确定，必须继续空仓观望。

（2）E 点星值下破，且为跳空下跌，确认突破方向，必须跟势做空。

（3）E 点做空，若价格不跌反涨，上破 E 点开盘价平仓止损。持仓可选 10 日均线作操盘线，若快速加速下跌，可选 5 日均线作操盘线。

（四）盘底连阴阳

盘底形态：40日、60日均线空头排列，价格位于60日均线之下，之前大阳线反弹突破20日均线，并使20日均线明显上翘。

交易法则：盘底连阴阳，突破再入场。

简析：既可能为短期底部，也可能为中期底部或者大底，连阴阳既可能是起涨点，也可能是下跌中继，必须等突破方向确定后跟势交易。

若之前见双底、潜伏底、圆底等，见大阳线黏合上破，可开仓做多。

优化条件：

第一，整体跌幅越大越好。

第二，之前反弹越凌厉越好。

第三，连阴阳实体越大越好。

图5-25　美原油连（CONC）2010.5.3～2010.7.6日K线图。

关于G点交易策略，甲认为应做多，理由是震荡筑底阶段，G点与A点、B点构成多重底迹象明显；乙认为应做空，理由是反弹之后再次下破中长期均线，形成均线黏合向下发散，G点仅为下跌中继；丙认为应空仓观望，等突破方向确认后再入场不迟。

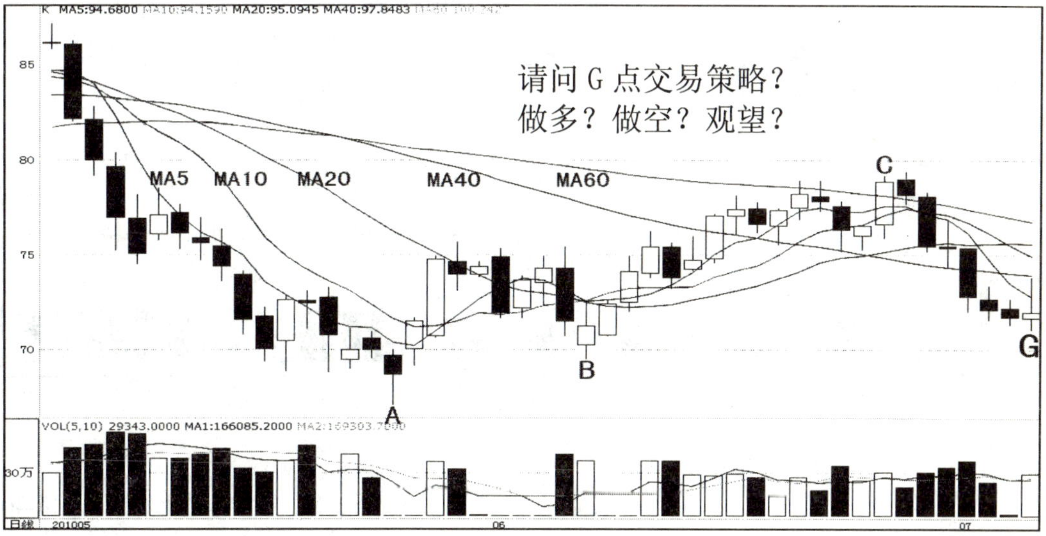

图5-25　（后续走势见图5-26）

图5-25解析：

1. 以大统小解盘

（1）大趋势：由A点快速上破20日均线，由B点上破60日均线，A点、B点多方反击力量较强。

（2）小波段：由 C 点开始六连阴下跌，最后两根阴线为星 K 线。

（3）G 点收阳线，长上影线，为最 K 线，有止跌反攻迹象。

2. 攻防兼备策略

G 点盘底连阴阳，等突破方向确定后再入场不迟。

（1）激进的交易者可能于 G 点开仓做多，稳健的交易者可等上破 5 日均线再做多，但必须轻仓，下破 G 点最低价止损。以大势观交易的，仍可继续等待。当你无法判断突破方向时，就让突破走势引导你。

（2）G 点之后，若是中、大阴线向下突破，则很可能一波跌势，之前多单必须平仓，激进的交易者可跟势做空。

（3）持仓一般选 10 日均线作操盘线，若出现快速、加速上涨或下跌，可选 5 日均线作操盘线。

图 5-26　美原油连(CONC)2010.5.19～2010.7.22 日 K 线图

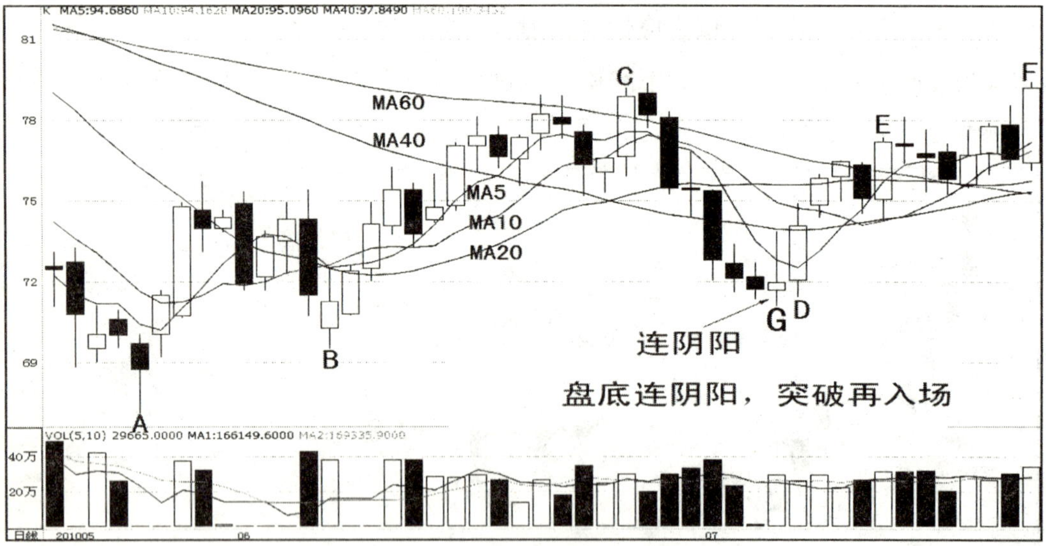

图 5-26 （图 5-25 后续走势图）

3. 实际走势跟踪

（1）G 点连阴阳企稳，D 点一线定心，中阳线星值上破，且同时上破 5 日和 40 日均线，可跟势做多。

（2）E 点一线定心：一阳穿三线，且突破 60 日均线，稳健的交易可伺机做多，利用分时级别确定更合适的点位入场。

（3）F 点大阳线上破前期高点，确认底部。

二、空倍阳

空倍阳：空，指价格挖坑，至少 MA5 均线下拐，若为分时级别，成交量必须挖坑。倍，震荡洗盘至星 K 线甚至星空线，然后出现星值上破，K 线实体或者涨幅放大一倍以上。若为分时级别，成交量必须放大。

空倍阳根据所处的运行区间，可分为多级空倍阳、空级空倍阳、盘顶空倍阳和盘底空倍阳。

（一）多级空倍阳

多级空倍阳交易法则：多级空倍阳，做多先开仓。

简析：本法则符合顺势而为之顺大顺小、共振必抢法则。交易方向为做多，必须果断于本根 K 线收盘前抢点做多。

优化条件：

第一，之前没有明显大势背驰为好。

第二，阳线不是最 K 线为好。

第三，位于重要支撑位附近收阳为好。

图 5-27　沪铝主力合约 2009.11.10 ~ 2009.12.24 日 K 线图。

关于 G 点交易策略，甲认为多头行情，经过短暂的震荡整理之后，上破可能性大，应开仓做多；乙认为整体涨幅大，G 点冲击双顶，应伺机做空；丙认为震荡行情，应空仓观望。

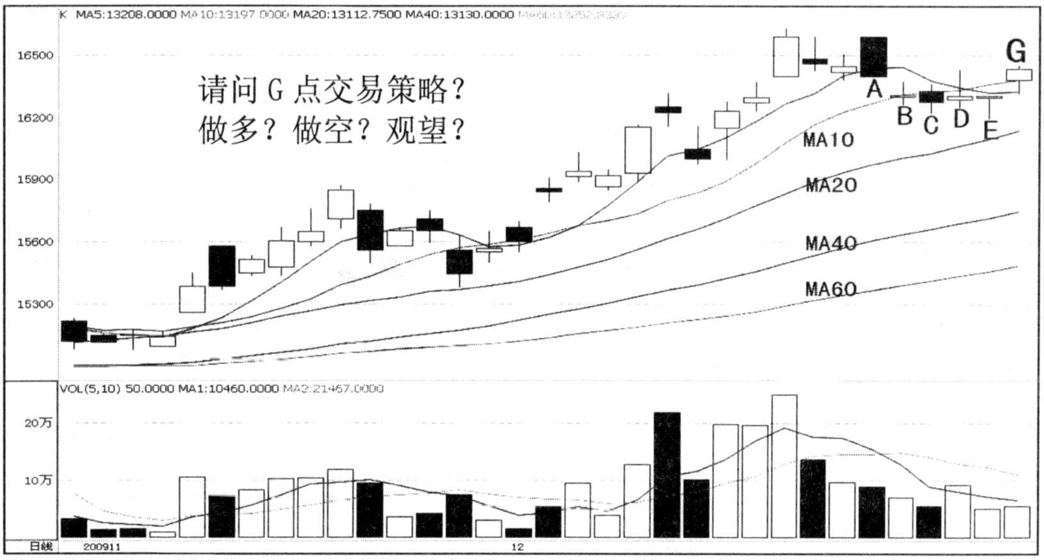

图 5-27　（后续走势见图 5-28）

图 5-27 解析：

1. 以大统小解盘

(1) 大趋势：之前短黏长翘向上发散，没见明显大势背驰，也没有下破 20 日均线，多方明显强势。

(2) 小波段：A 点高开下破 5 日均线，B 点、C 点、D 点、E 点为星空线。

(3) G 点星值上破，且突破 5 日均线，K 线实体、成交量没见明显放大，做多能量还没有释放。

2. 攻防兼备策略

G 点多级空倍阳，收盘前开仓做多。

(1) 止损设置：下破 G 点最低价止损。

(2) 若 G 点没完成建仓，次日只要不下破止损位，仍可跟进做多。

(3) 若小阳小阴上涨，可选 10 日均线作操盘线，若快速加速上涨，可选 5 日均线作操盘线。

图 5-28 沪铝主力合约 2009.11.5～2010.1.11 日 K 线图

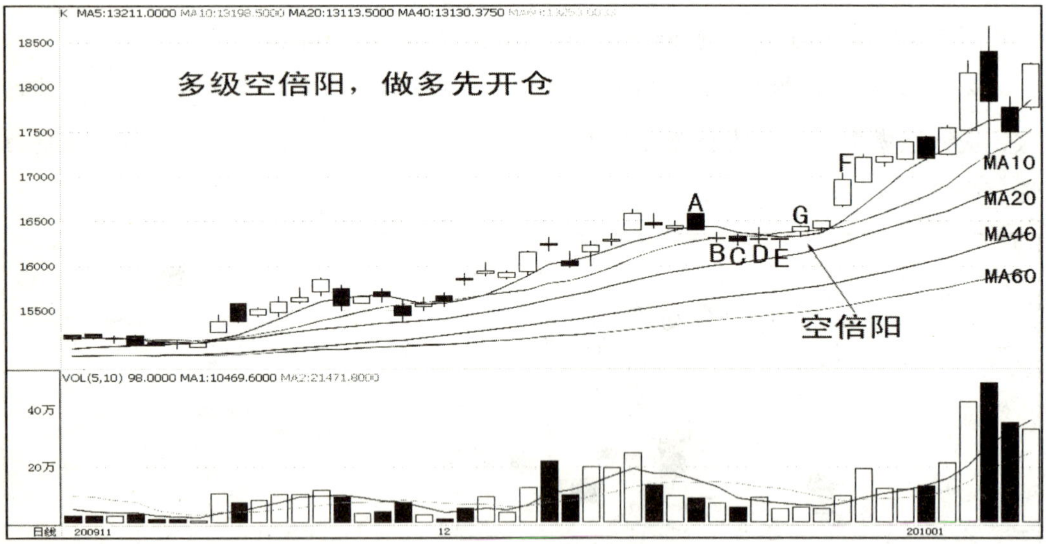

图 5-28 （图 5-27 后续走势图）

3. 实际走势跟踪

G 点做多，符合顺势而为之顺大顺小、共振必抢法则。

(1) G 点开仓做多后，次日震荡收高，只要不破止损位，仍可跟进做多。

(2) F 点跳空上涨，且突破前期高点，确认一波新的涨势。。

(3) F 点之后，上攻时间较长，可选 5 日或 10 日均线作操盘线。

（二）空级空倍阳

空级空倍阳交易法则：空级空倍阳，空单可平仓。

简析：本法则符合顺势而为之顺大避小、两点必缠法则。交易方向为做空，空倍阳为下跌中继、超跌企稳或者反弹，可于本根K线收盘前平仓，根据三向风控法则，做好回补。

优化条件：

第一，中长期均线强势下压为好。

第二，阳线实体或者成交量放大为好。

第三，位于重要支撑位附近收阳为好。

图5-29　沪铜主力合约2010.3.19～2010.5.18日K线图。

关于G点交易策略，甲认为空头行情，G点只是下跌中继，可先平仓，不可逆势做多；乙认为应开仓做多，理由是超跌严重，G点收阳反攻；丙认为应空仓观望，等突破方向确认后再入场不迟。

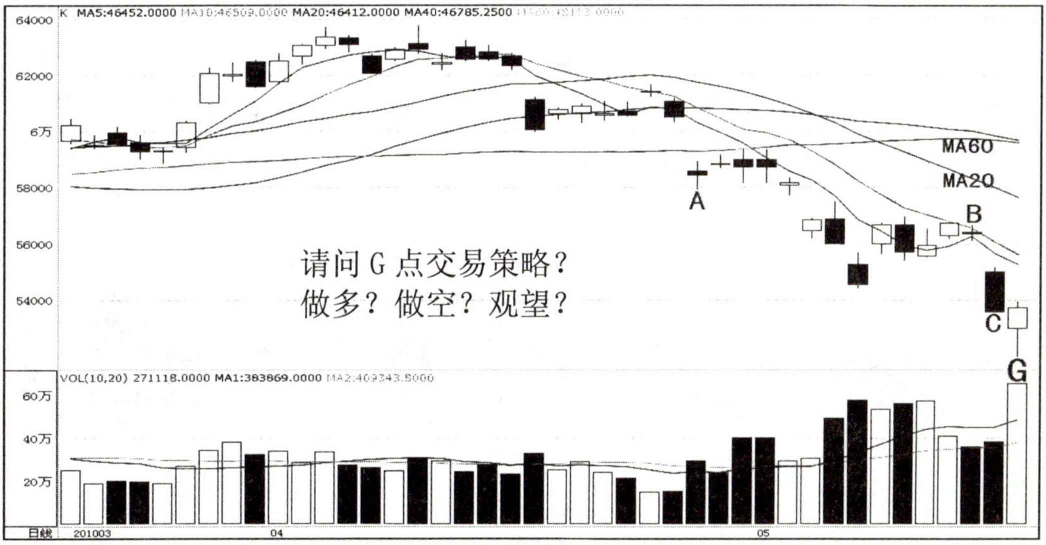

图5-29（后续走势见图5-30）

图5-29解析：

1. 以大统小解盘

（1）大趋势：A点大幅跳空下跌，下破60日均线，打开下行通道，均线向下发散，空头强劲。

（2）小波段：横向整理至B点见星空线，C点大阴线下跌，短线超跌，有进行技术修复的要求。

（3）G 点低开下探收阳线，有止跌反攻迹象，但反弹幅度很难界定，反向做多的风险很大。

2. 攻防兼备策略

G 点为空级空倍阳，收盘前空单可平仓。空头强劲，不可逆势做多。

（1）做好三向风控：横向整理，反弹归顺，直接下跌。

（2）G 点之后伺机做空，第一做空位置，下破 G 点最低价做空；优化做空位置，反弹之后下破 10 日均线做空。

（3）40 日、60 日均线下行，特别是 20 日均线也下行，只能顺大势做空。若逆势做多，一旦被逼仓，损失大。

图 5-30 沪铜主力合约 2009.11.5～2010.1.11 日 K 线图

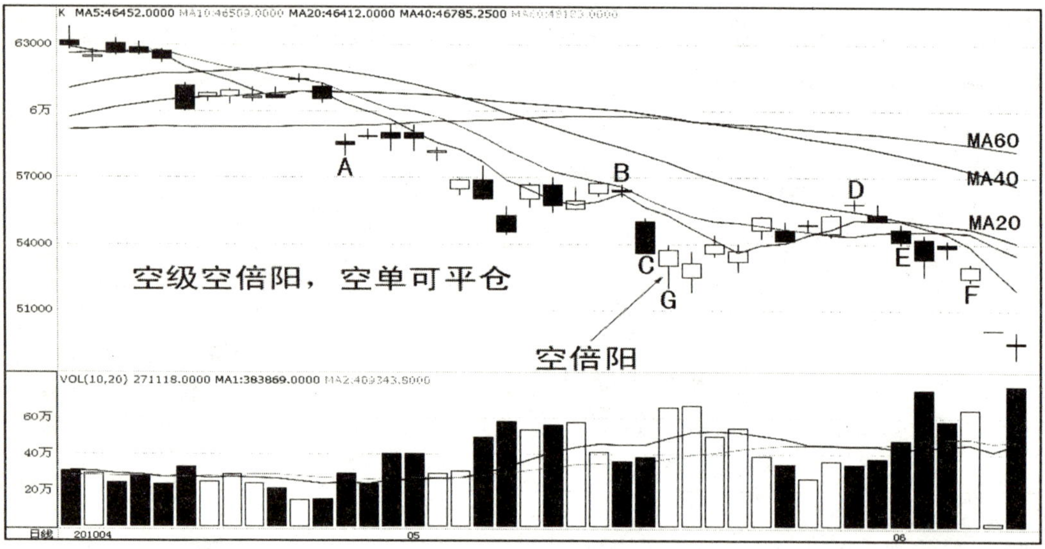

图 5-30 （图 5-29 后续走势图）

3. 实际走势跟踪

G 点空单平仓，E 点空单回补，符合顺势而为之顺大避小、两点必缠法则。

（1）G 点空单平仓，但不可反向做多，此后震荡反弹，至 D 点受 20 日均线下行引带下跌，依次下破 5 日和 10 日均线。

（2）空单开仓：E 点下破 10 日均线即开仓做空，止损可设上破开单 K 线的开盘价或最高价。

（3）F 点跳空下跌，符合短黏长压跳空下砸形态，均线黏合向下发散，跌幅一般较大，是不可错过的做空机会。

（三）盘顶空倍阳

盘顶形态：40日、60日均线多头排列，价格位于60日均线之上，但下破20日均线，且20日均线明显走空。可能为阶段顶部，也可能为大顶。

盘顶空倍阳交易法则：盘顶空倍阳，突破再入场。

简析：短线通道与多空通道背驰，空倍阳既可能是起涨点，也可能是下跌中继，必须等突破方向确定后跟势交易。

优化条件：

第一，整体涨幅越大越好。

第二，盘顶时间越长越好。

第三，中大阴线下破20日均线为好。

图5-31 棕榈主力合约2013.9.27～2012.12.9日K线图。

关于G点交易策略，甲认为应做多，理由是A点、B点、C点、E点平台支撑，G点明显止跌反攻；乙认为应做空，理由是10日、20日均线形成反压，G点只是下跌中继；丙认为应空仓观望，等突破方向确认后再入场不迟。

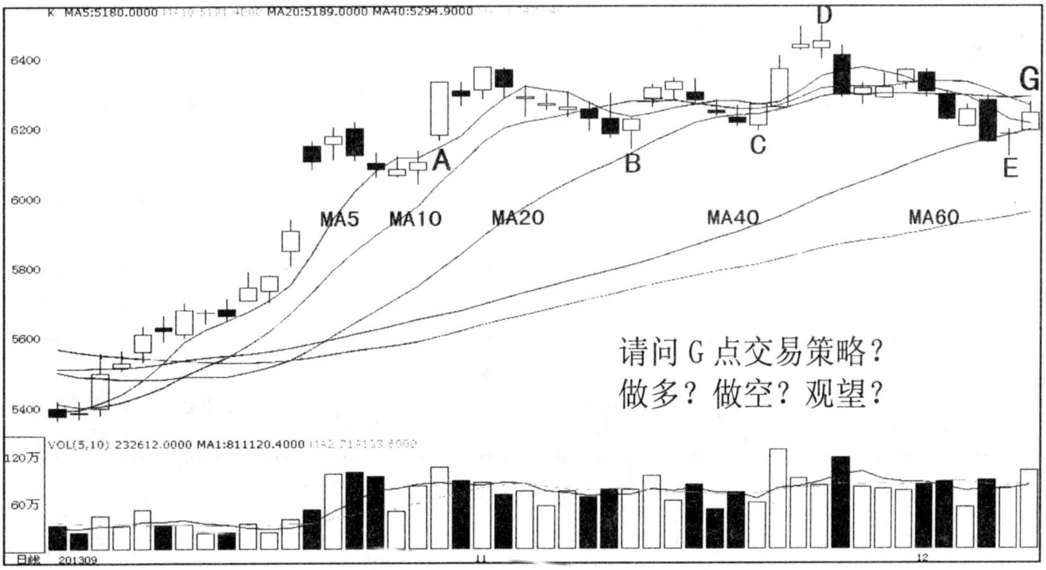

图5-31 （后续走势见图5-32）

图5-31解析：

1. 以大统小解盘

（1）大趋势：40日、60日均线明显上行，价格仍位于60日均线之上，盘整时间过长，见明显大势背驰。

（2）小波段：A 点震荡整理至均线黏合，至 C 点连阴阳上攻，D 点连续下跌，10 日、20 日均线开始下行，短期内跌势难以扭转。

（3）E 点收阳止跌企稳，受多条均线压制，上破阻力重重，若向下破位，可以一步到位。

2. 攻防兼备策略

G 点盘顶空倍阳上攻，力量有限，宜空仓观望。

（1）不建议贸然做多或者做空，一旦方向做错，损失较大。

（2）G 点之后，若是中、大阳线上破，则跟势做多；若是中、大阴线向下突破，则跟势做空。

（3）若黏合上攻大阳线上破 D 点，则涨势确认；若均线黏合向下下破 60 日均线，则跌势确认。

图 5-32 棕榈主力合约 2013.10.23～2013.12.26 日 K 线图

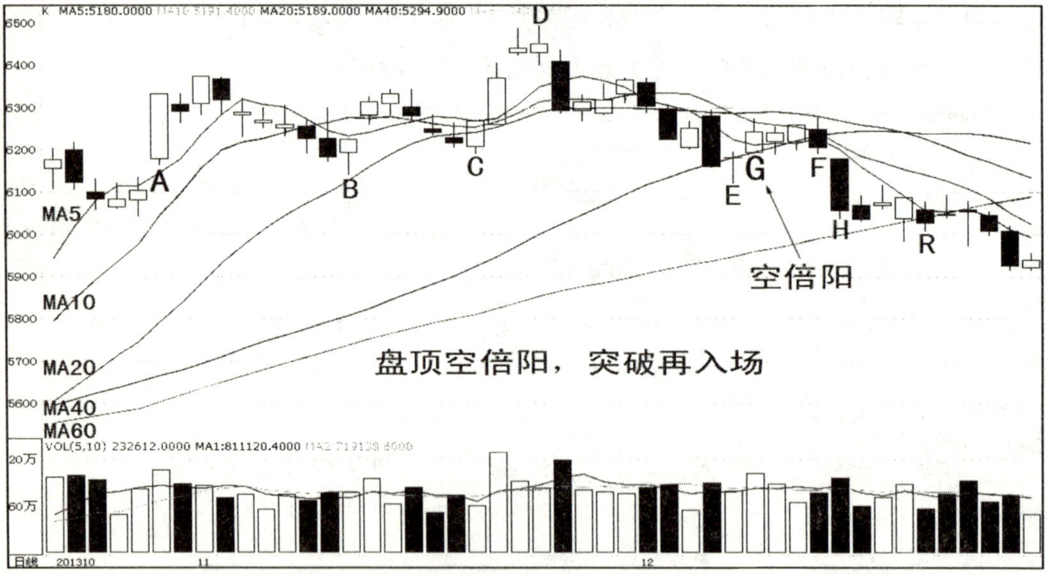

图 5-32 （图 5-31 后续走势图）

3. 实际走势跟踪

（1）G 点之后横盘震荡，F 点星值下破，一根阴线同时下破 5 日、10 日、40 日均线，做空动能强，可开仓做空。

（2）H 点跳空大阴线下跌，横盘整理至星空线。

（3）R 点下破 60 日均线，横向整理至星空线，见星值下破，开始加速下跌，趋势由多转空。

（四）盘底空倍阳

盘底形态：40 日、60 日均线空头排列，价格位于 60 日均线之下，之前大阳线反弹突破 20 日均线并使 20 日均线明显上翘。

交易法则：盘底空倍阳，突破再入场。

简析：既可能为短期底部，也可能为中期底部或者大底，空倍阳既可能是起涨点，也可能是下跌中继，必须等突破方向确定后跟势交易。

整体跌幅大，若见双底、潜伏底，见大阳线上攻，可开仓做多。

优化条件：

第一，整体跌幅越大越好。

第二，之前反弹越果断越好。

第三，空倍阳实体越大越好。

图 5-33　棕榈主力合约 2013.7.3 ~ 2013.10.28 日 K 线图。

关于 G 点交易策略，甲认为应做多，理由是 G 点与 A 点、B 点、D 点构成大双底迹象明显；乙认为应做空，理由是自反弹高点 C 点下跌，均线开始向下发散，G 点大阳冲顶，仅为下跌中继；丙认为等突破方向确认后再入场不迟。

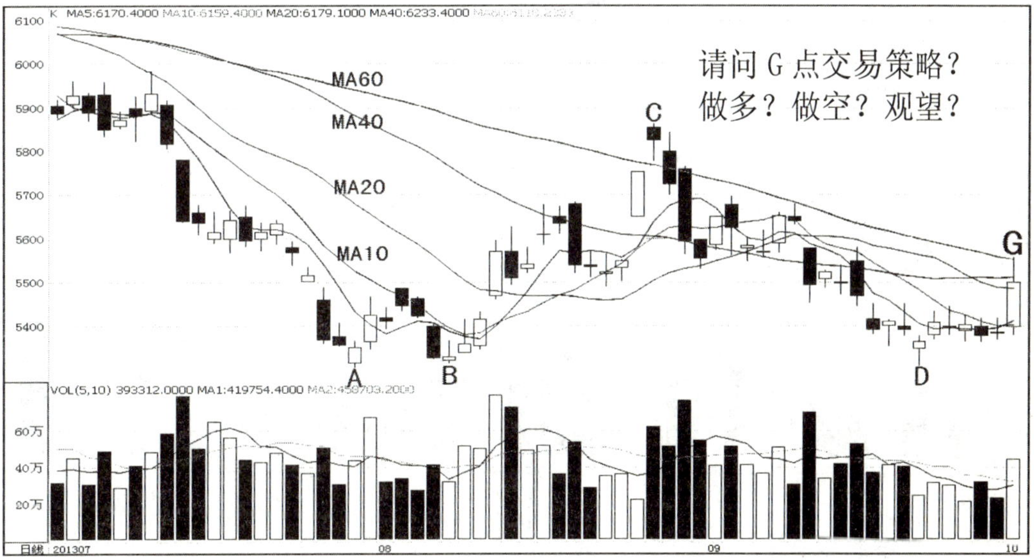

图 5-33　（后续走势见图 5-34）

图 5-33 解析：

1. 以大统小解盘

（1）大趋势：40 日均线基本走平、60 日均线仍下行，均线交错排列，震荡整理蓄势阶段。

（2）小波段：D 点开始横向盘整，形成典型星空线。

（3）G 点涨幅大，阳线实体大，成交量放大明显，构成典型星值上破，止跌反攻迹象明显。

中大阳线快速上破 20 日均线，以及两波上攻即突破 60 日均线，是强势筑底的重要标准。

2. 攻防兼备策略

G 点空倍阳，上攻动能足，可开仓做多。

（1）G 点一阳穿三线，同时突破 5 日、10 日、20 日均线，多头力量强势。激进的交易者可开仓做多。

（2）稳健的交易者也可等到 10 日均线上翘开始做多。

（3）持仓一般选 10 日均线做作操盘线，若出现快速、加速上涨或下跌，可选 5 日均线作操盘线。

图 5-34 棕榈主力合约 2013.7.23～2013.10.28 日 K 线图

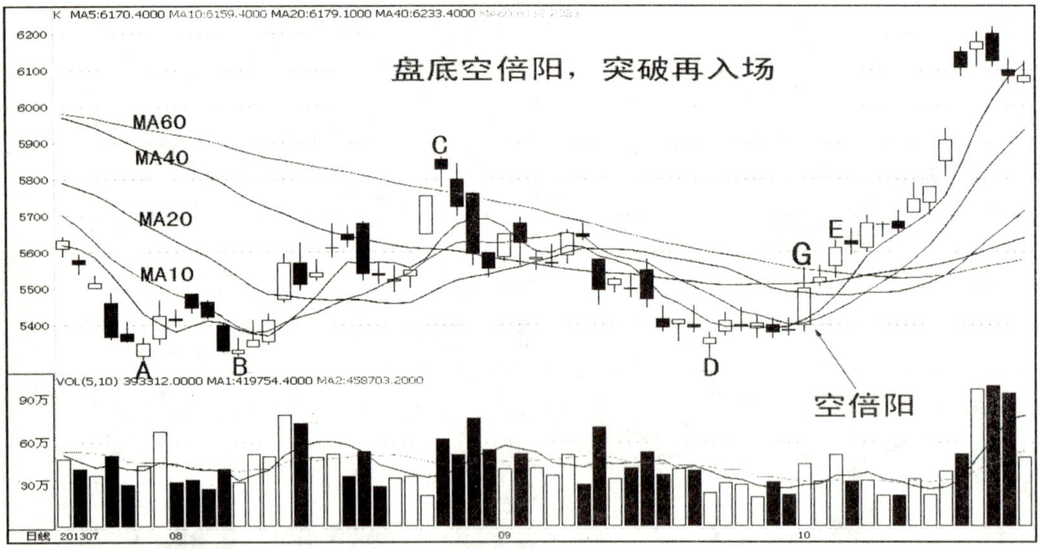

图 5-34 （图 5-33 后续走势图）

3. 实际走势跟踪

（1）G 点之后又依次上破 40 日、60 日均线，10 日、20 日均线依次走强。

（2）E 点突破 60 日均线且站稳，确认本级别由空级转为多级。

（3）G 点之后，价格始终沿 5 日均线上涨，由小阳小阴到大阳线上攻，可选 5 日均线作操盘线。

三、逼空阳

逼空阳：逼空就是多头不断推高价格，直到空头坚持不住止损为止，甚至空翻多追高买入；或者让空仓者没有低位建仓的机会，要么踏空，要么只能追高买入。由多头逼空所形成的中大阳线，叫逼空阳。

逼空阳当日分时图走势：当日分时图步步高，或者分时图短暂上下搓之后步步高，或者高开高举高收。

逼空走势分类：根据蓄势形态，逼空可分为短黏长翘逼空和超跌急跌逼空。

根据均线黏合点所处的空间位置可分为空级短黏长翘和多级短黏长翘。

根据本轮超跌的启动位置可分为空级超跌急跌和多级超跌急跌。

逼空走势共同特征：蓄势整理充分，起涨点多为大阳线或者跳空大阳线，一般沿 5 日均线快速、加速上攻，其间没有明显回调。

（一）空级短黏长翘逼空阳

空级短黏长翘技术标准：均线黏合点位于60日均线之下；至少5日、10日、20日等均线黏合，上破颈线位，40日均线托底或上翘，价格重新站上60日均线；突破阳线为中大阳线、跳空大阳线或者涨停板。

交易法则：短黏长翘，逼空抢跳。

图 5-35　橡胶主力合约 2010.4.15～2010.7.28 日 K 线图。

关于 G 点交易策略，甲认为之前蓄势充分，突破颈线位，应开仓做多；乙认为短期超涨，回调可能性大，应逢高做空；丙认为应空仓等待。

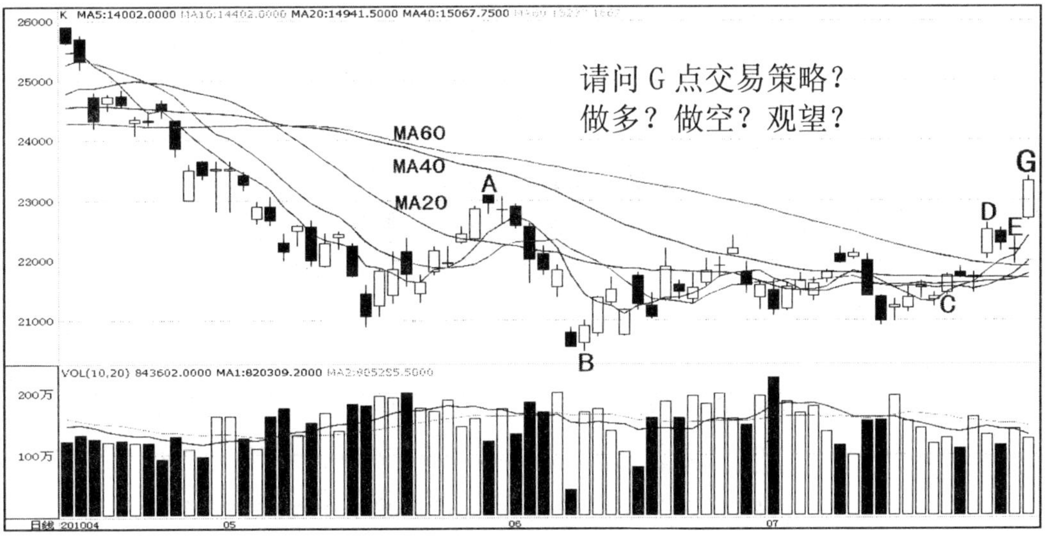

图 5-35 （后续走势见图 5-36）

图 5-35 解析：

1. 以大统小解盘

(1) 大趋势：之前整体跌幅大，宽幅震荡整理至中短期均线黏合，至 40 日、60 日均线托底。

(2) 小波段：之前反弹力度大，突破 20 日均线至 A 点，下跌至 B 点、至 C 点一阳穿四线，见星 K 线，D 点星值上破，E 点站稳 5 日均线。

(3) G 点突破颈线位 A 点，且为跳空大阳线，实体大，逼空上涨。

2. 攻防兼备策略

G 点为空级短黏长翘逼空阳，必须果断开仓做多。

(1) 技术止损：下破 G 点开盘价（或者中位价）必须止损。

(2) 技术止盈：下破 5 日或者 10 日均线止盈。

(3) 放足守线：逼空阳之后，一般快速、加速上涨的可能性大，可选 5 日均线作操盘线。

图 5-36 橡胶主力合约 2010.5.6～2010.9.6 日 K 线图

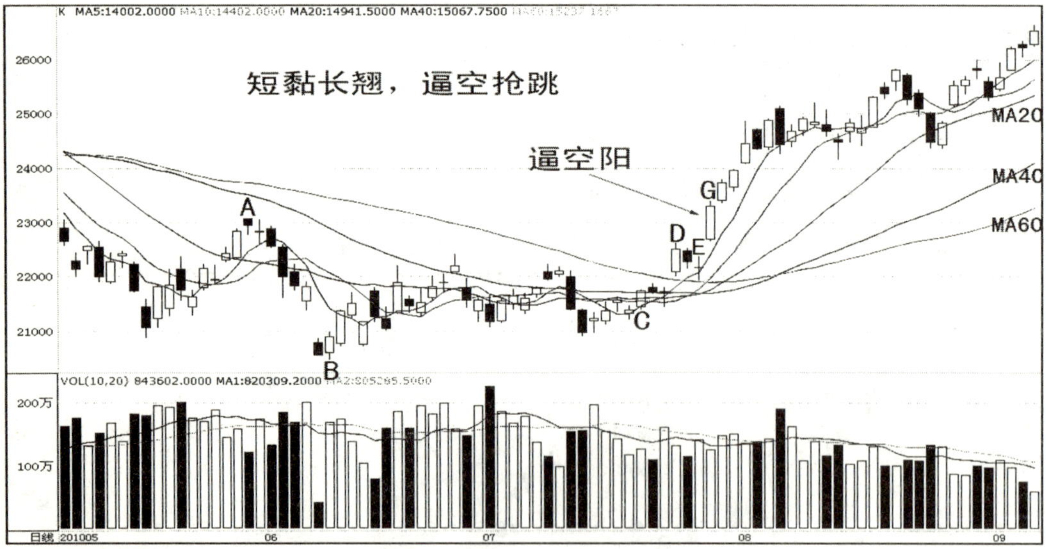

图 5-36 （图 5-35 后续走势图）

3. 实际走势跟踪

(1) C 点之后又依次上破 40 日、60 日均线，10 日、20 日均线依次走强。

(2) E 点突破 60 日均线且站稳，确认本级别由空级转为多级。

(3) G 点之后，价格始终沿 5 日均线上涨，由小阳小阴到大阳线上攻，选 5 日均线作操盘线。

（二）多级短黏长翘逼空阳

多级短黏长翘技术标准：40 日、60 日均线多头排列，震荡整理过程价格始终位于 60 日均线之上，至少 5 日、10 日、20 日均线等短期均线黏合，上破前期高点。突破阳线为中大阳线、跳空大阳线或者涨停板。

交易法则：短黏长翘，逼空抢跳。

简析：短黏长翘：短期震荡整理到位，中长期均线上翘顶托，蓄势充分。逼空抢跳：一旦出现大阳线上攻，或者跳空涨，或者涨停板，出现连续上攻可能性大。

若均线黏合之后，跳空上涨，随即又下跌回到盘整区，为假突破。

图 5-37　沪铜主力合约 2009.10.28 ~ 2009.12.24 日 K 线图。

关于 G 点交易策略，甲认为应做多，理由是由 A 点开始震荡整理至均线黏合，G 点跳空上涨，很可能形成逼空走势；乙认为应伺机做空，理由是整体涨幅大，短期出现暴涨，冲顶可能性大。

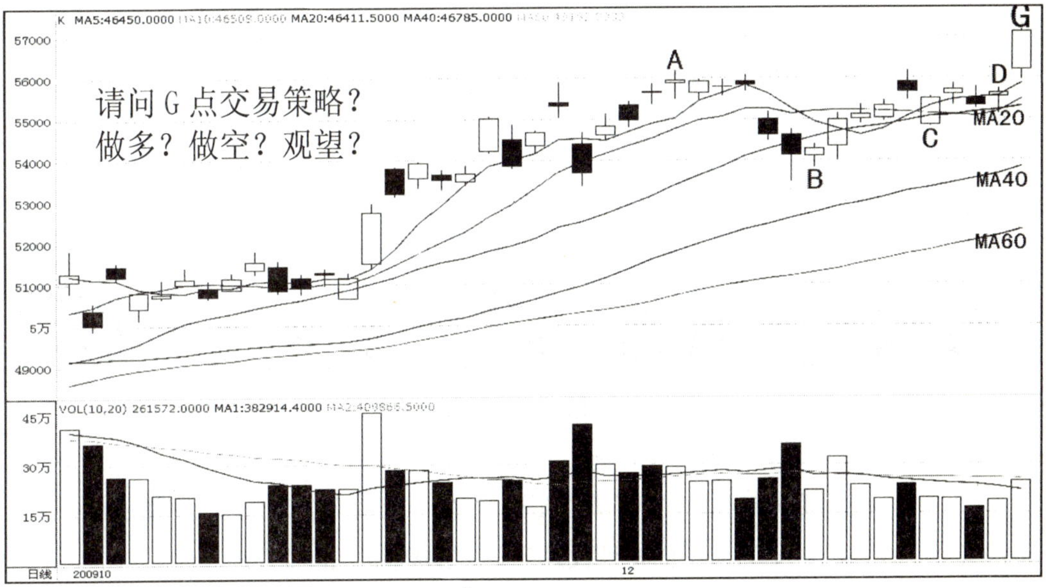

图 5-37（后续走势见图 5-38）

图 5-37 解析：

1. 以大统小解盘

(1) 大趋势：40 日、60 日均线多头排列，均线之间乖离率大，之前见大势背驰、波段背驰，必须防范加速冲顶。

(2) 小波段：由 A 点开始震荡整理至星空线，B 点连阴阳，C 点一阳穿三线，D 点星空线，为突破临界点，静极生动。

(3) G点突破前期高点，且为跳空大阳线，实体大，逼空上涨，均线黏合向上发散，多方新一波攻击开始。

2. 攻防兼备策略

G点为多级短粘长翘逼空阳，是不可错过的做多机会。

(1) 技术止损：下破G点开盘价(或者中位价)止损。

(2) 技术止盈：下破5日或者10日均线止盈。

(3) 放足守线：逼空阳之后，一般快速、加速上涨的可能性大，一般不破5日均线不要轻易平仓，实战选5日均线作操盘线比较好。

图5-38 沪铜主力合约2009.11.11~2010.1.8日K线图

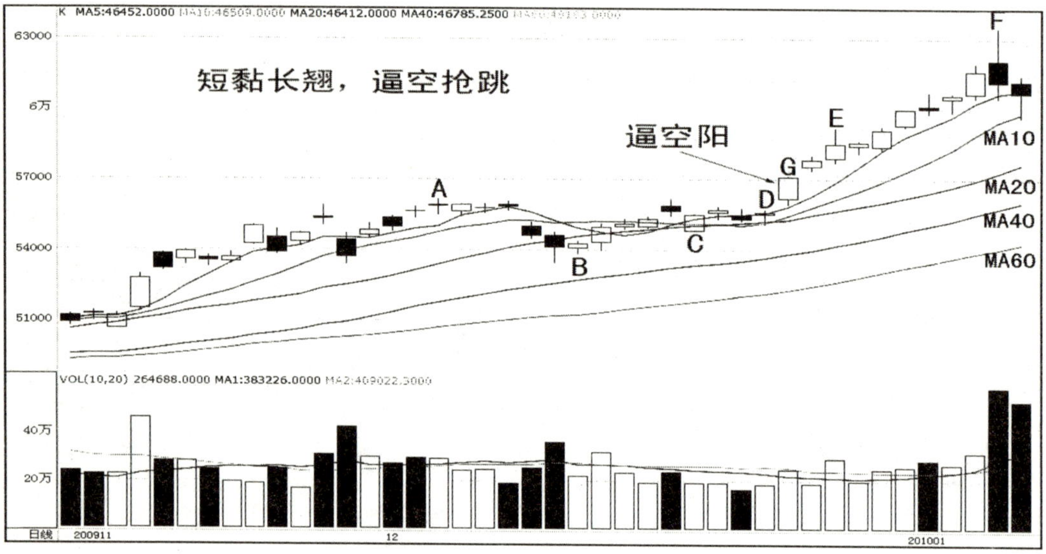

图5-38 (图5-37后续走势图)

3. 实际走势跟踪

(1) G点之后继续上攻，E点震荡较大，如果不坚持放足守线，很容易被震荡出局，实战一线定心，不为盘中的短期波动和盈利的小幅下滑而心神不定。

(2) F点最K线，变盘可能性较大，做好平仓准备。

(3) 从G点~F点，基本沿5日均线快速上攻，短期内涨幅可观。

短黏长翘，逼空抢跳，是快速获利的有效手段。

无论是多级短黏长翘逼空阳还是空级短黏长翘逼空阳，都是不可错过的机会。其一是这样的机会不多，通常几个月甚至几年才有一次；其二是技术形态典型，操作难度不大；其三是成功的可能性大，一旦做对，短期收益十分可观。

（三）空级超跌急跌逼空阳

超跌，指中线超跌，从价格下破60日均线或者60日均线之下抵抗平台算起，下跌时间长，下跌幅度大，有进行技术修复的要求。

急跌，指短线急跌，3～5天内出现快速或加速下跌，短线有止跌反弹的要求。

交易法则：超跌急跌逼空阳，下踩上破轻仓抢。

简析：下踩，之下是重要技术关口支撑。上破，上破5日、10日均线等重要阻力位。轻仓抢，空头行情抢反弹，切不可重仓。

优化条件：

第一，均线之间乖离率越大越好。

第二，成交量、持仓量有明显异动更好。

第三，位于重要支撑位附近反攻为好。

图5-39　沪铜主力合约2011.7.21～2011.10.24日K线图。

关于G点交易策略，甲认为应做多，理由是从平台A开始下跌，至D点整体跌幅大，C点～D点出现短线急跌，G点强势反攻，继续上攻可能性大。乙认为应做空，理由是中长均线仍明显下压，反弹难以持续，做多风险很大。

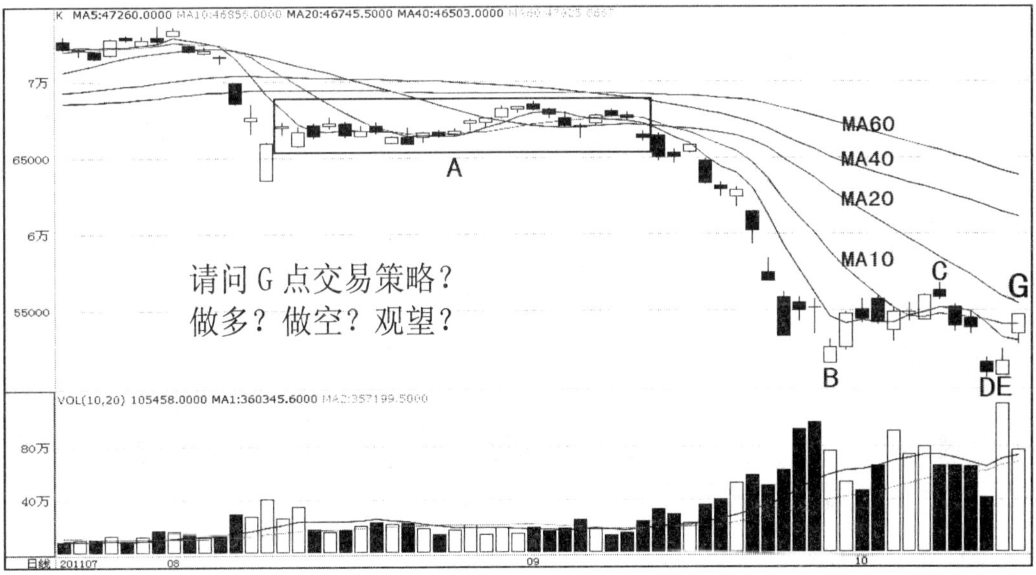

图5-39（后续走势见图5-40）

图5-39解析：

1. 以大统小解盘

（1）大趋势：40日、60日均线空头排列，中长期均线发散较大，由平台A开始下跌，至 D 点中线超跌。

(2) 小波段：由 C 点 ~ D 点四连阴短线急跌，E 点连阴阳企稳。

(3) G 点为跳空大阳线，重新站上 5 日、10 日均线，多方强势反击。

下踩上破：C 点 ~ D 点，下踩前期低点 B 点，若遇重要中长期均线支撑更好。G 点大阳线上破 5 日和 10 日均线。

2. 攻防兼备策略

G 点逼空阳，可开仓做多，轻仓为宜。

(1) 技术止损：下破 G 点开盘价（或者中位价）止损。

(2) 技术止盈：下破 5 日均线止盈，见最 K 线可提前止盈。

(3) 放足守线：空头行情超跌反弹，一旦出现最 K 线或者破位线必须坚决止损或者止盈。

空头行情抢反弹做多，一般下破 5 日均线之后加速下跌的可能性较大，为减少损失，一般见最 K 线可提前平仓。

图 5-40 沪铜主力 2011.8.17～2011.10.28 日 K 线图

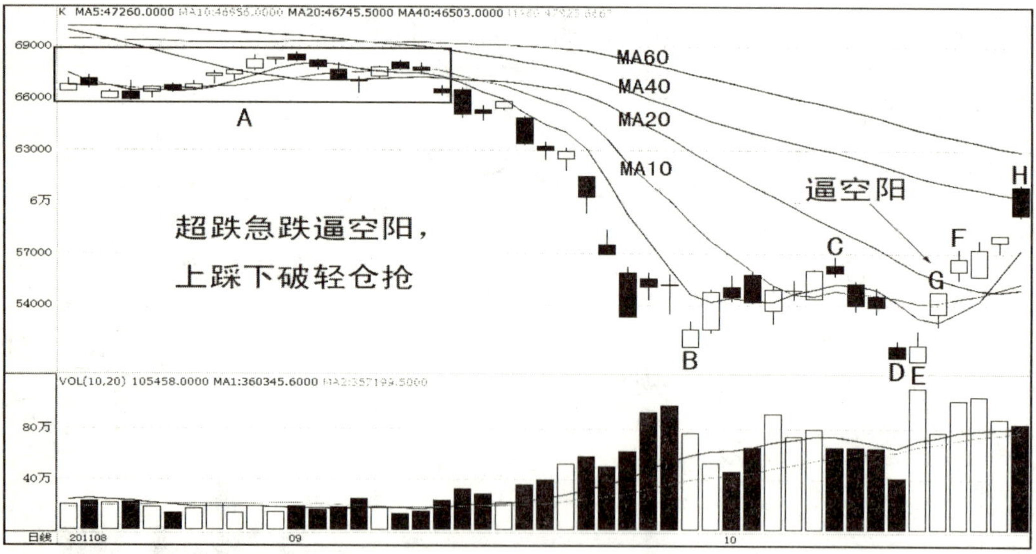

图 5-40 （图 5-39 后续走势图）

3. 实际走势跟踪

(1) G 点之后，一般沿 5 日均线上攻，破 5 日均线陷入盘整或下跌可能性大。

(2) F 点突破前期高点，震荡明显加剧。

(3) H 点高开低走，为最 K 线，蓄势不充分而高开，是多单平仓的好机会。

超跌急跌之后，反弹可能性大，但节奏难以把握。

（四）多级超跌急跌逼空阳

超跌，指中线超跌，一般启动点从顶点算起，下破 60 日均线，于半年线附近止跌企稳，中线有进行技术修复的要求，为半年线攻防。

急跌，指短线急跌，3 ~ 5 天内出现快速或加速下跌，短线有止跌反弹的要求。

交易法则：超跌急跌逼空阳，下踩上破轻仓抢。

简析：下踩，之下是重要技术关口支撑。上破，上破 5 日、10 日均线等重要阻力位。轻仓抢，暴跌之后节奏难以把握，以控制风险为宜。

优化条件：

第一，盘顶时间短，没有明显反弹更好。

第二，成交量、持仓量有明显异动更好。

第三，位于重要支撑位附近反攻为好。

图 5-41　橡胶主力合约 2009.12.7 ~ 2010.2.10 日 K 线图。

关于 G 点交易策略，甲认为应做多，理由是 A 点与 E 点形成明显支撑，B 点 ~ D 点 中线超跌，C 点 ~ D 点急跌，G 点多方反击；乙认为应伺机做空，理由是之前下破 60 日均线，10 日、20 日均线明显下压，反弹阻力大。

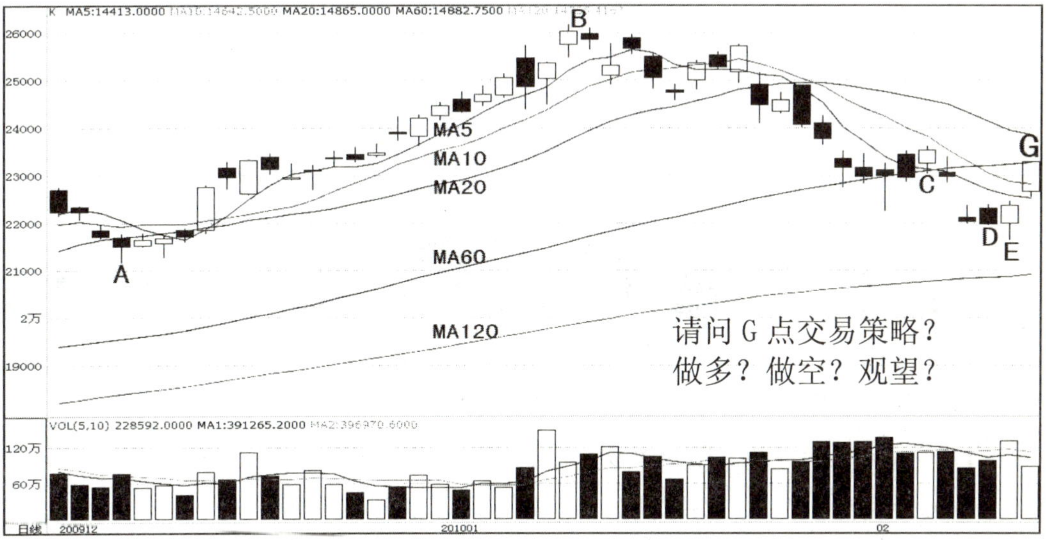

图 5-41　（后续走势见图 5-42）

图 5-41 解析：

1. 以大统小解盘

（1）大趋势：快速下跌至半年线上方止跌反攻，20 日、60 日均线多头排列，A 点与 E 点构成平台支撑。

（2）小波段：由C点～D点三连阴，E点连阴阳企稳。

（3）G点为跳空大阳线，重新站上5日、10日均线，且突破60日均线，形成逼空上涨。

2．攻防兼备策略

G点逼空阳，可轻仓做多，设好止损再开单。

（1）技术止损：下破G点开盘价止损，或者下破5日均线止损。

（2）技术止盈：下破5日均线止盈，见最K线可提前止盈。

（3）放足守线：超跌反弹，一旦出现最K线或者破位线走为上。

一线定心：可选5日均线作操盘线，简明直观，风险可控，不下破5日均线，不要过于担心，可安心持仓。

图5-42　橡胶主力合约2009.12.30～2010.3.1日K线图

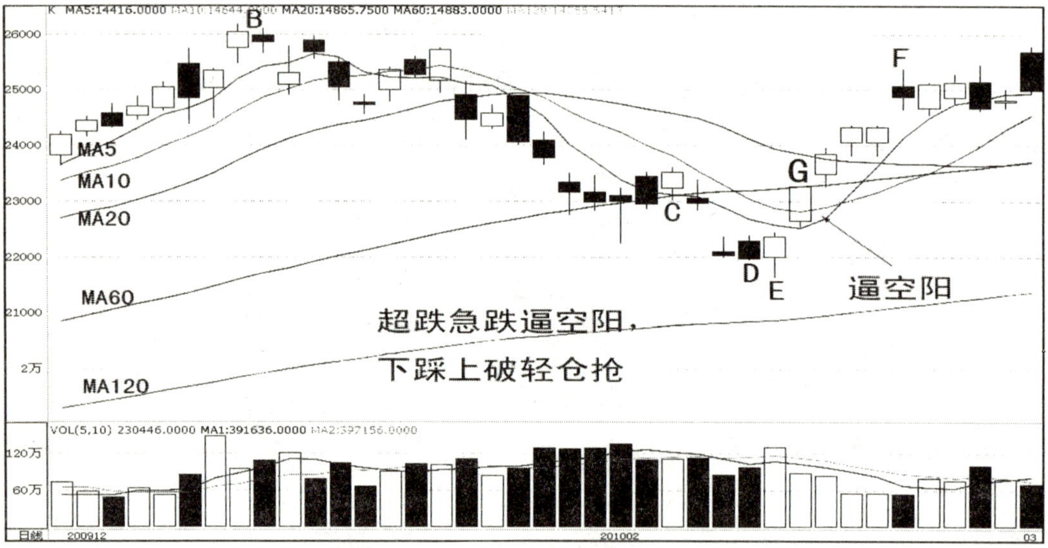

图5-42（图5-41后续走势图）

3．实际走势跟踪

（1）G点依托半年线大阳线上攻，之后沿5日均线上攻。

（2）F点高开低走，震荡加剧，且为最K线，多单可提前平仓。

（3）F点之后横盘整理，突破方向难以确定。

无论是多级超跌急跌逼空阳还是空级超跌急跌逼空阳，暴涨暴跌，机会大，风险也大。技术难以界定，心态难以调整，手法难以把握。必须进如闪电，出似流星，止盈推星就月，止损钓者弃饵。

四、C 浪阳

C 浪阳：小 3 浪回调整理结束的反攻阳线。

价格下破某一重要支撑位运行至另一重要支撑位，由于空间距离较大，往往不能一次到位，一般可分为三步：

小 a 浪：首先破位下跌，以至少下破 5 日均线或重要平台为破位标准；

小 b 浪：其次遇支撑位抵抗反弹，以至少上破 5 日均线为反弹标准；

小 c 浪：之后再次破位下跌，并创新低，于某支撑位附近企稳，收阳反攻。

由小 a、小 b、小 c3 浪形成的反攻阳线，叫 C 浪阳。

C 浪阳分类：连阴阳；空倍阳；既是连阴阳又是空倍阳。

C 浪阳分类：C 浪阳分为多级 C 浪阳和空级 C 浪阳。

（一）多级 C 浪阳

多级 C 浪阳交易法则：多级 C 浪阳，做多先开仓。

简析：本法则符合顺势而为之顺大顺小、共振必抢法则。交易方向为做多，必须果断于本根 K 线收盘前抢点做多。

图 5-43　棕榈主力合约 2009.3.13 ~ 2009.4.29 日 K 线图。

关于 G 点交易策略，甲认为应开仓做多，理由是均线多头排列，中线看多，且短期调整到位；乙认为应伺机做空，理由是整体涨幅大，短期快速下跌，形成明显头部，G 点仅为下跌中继。

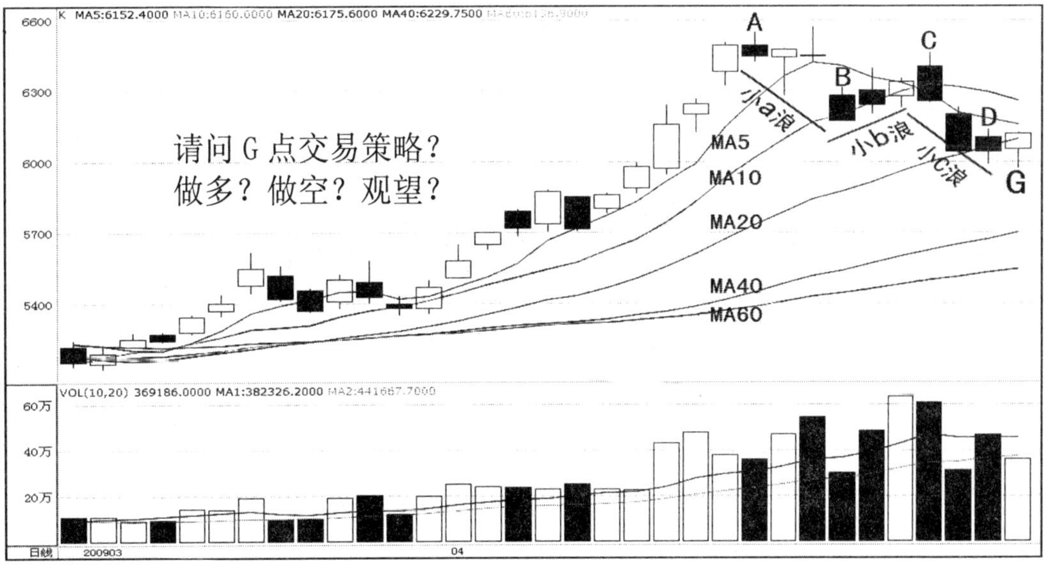

图 5-43（后续走势见图 5-44）

图 5-43 解析:

1. 以大统小解盘

(1) 大趋势：40 日、60 日均线多头排列，之前没有出现大势背驰和波段背驰。

(2) 小 3 浪回调：

小 a 浪下跌，由 A 点下跌至 10 日均线附近 B 点；

小 b 浪反弹，由 B 点上破 5 日均线至 C 点；

小 c 浪下跌，由 C 点下跌至 20 日均线附近 D 点。

(3) G 点为连阴阳，也是小 3 浪下跌的结束。

2. 攻防兼备策略

G 点是 C 浪阳、连阴阳，是不可错过的做多时机。

(1) 短多通道：10 日、20 日均线仍呈多头排列，且 20 日均线明显上行。

(2) 技术止损：下破 G 点开盘价必须止损。

(3) 技术止盈：下破 5 日均线或者 10 日均线必须止盈。

图 5-44 棕榈主力合约 2009.3.25～2009.5.12 日 K 线图

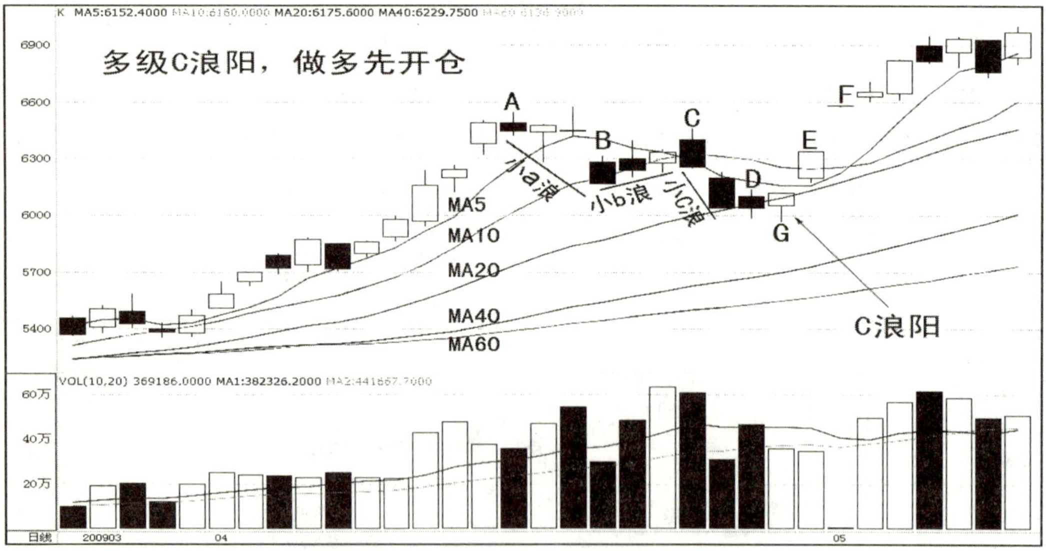

图 5-44 （图 5-43 后续走势图）

3. 实际走势跟踪

(1) E 点跳空上涨，同时上破 5 日和 10 日均线，多方攻势强劲。

(2) F 点一字涨停，突破前期高点 A，逼空走势，空方反击无力。

(3) C 浪阳操作难点：于小 b 浪反弹提前入场者止损之后，很难克服心理障碍于 G 点再次抢点做多。中线交易者若仓位过重，很难熬过小 3 浪回调。

（二）空级 C 浪阳

空级 C 浪阳交易法则：空级 C 浪阳，空单可平仓。

简析：交易方向为做空。一般超跌之后，见 C 浪阳可先将空单平仓，但不能反向做多。因为反弹的高度和时间难以预期，而再次破位可能快速、加速下跌，风险难以控制。

C 浪阳为下跌中继、超跌企稳或者反弹，可于本根 K 线收盘前抢点平仓，根据三向风控法则，做好回补。

符合顺势而为之顺大避小、两点必缠法则。

图 5-45　伦镍电 3（LMNDE）2012.8.14～2012.10.30 日 K 线图。

关于 G 点交易策略，甲认为应做多，理由是整体跌幅大，短线急跌，至前期重要平台 A 点附近，之后反攻的可能性大；乙认为应伺机做空，理由是多条均线压顶，G 点仅为下跌中继；丙认为应空仓观望。

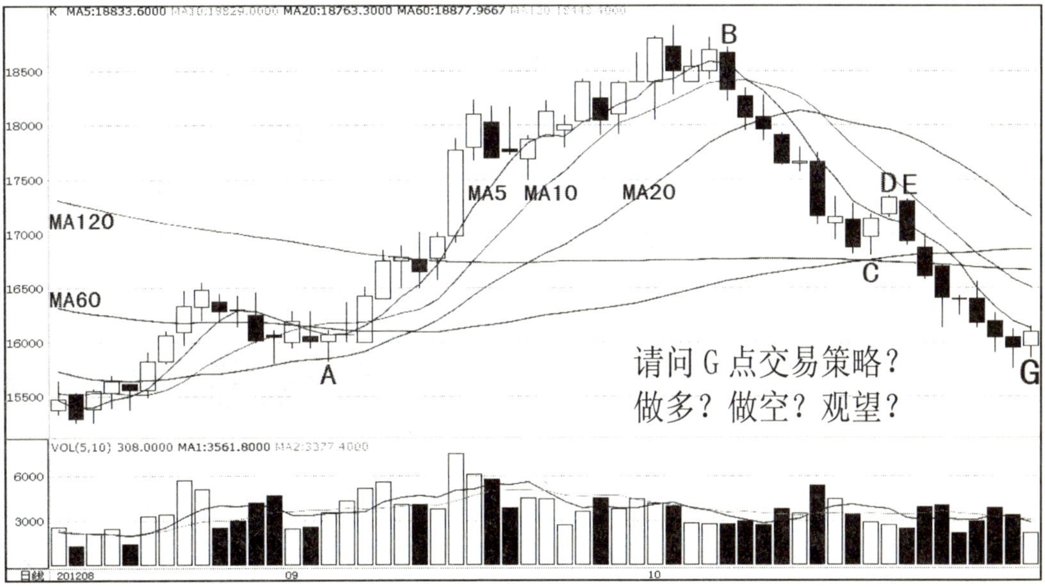

图 5-45（后续走势见图 5-46）

图 5-45 解析：

1. 以大统小解盘

（1）大趋势：从 B 点～G 点，中线超跌。从 E 点～G 点，短线急跌。必须防备多方反扑，但不具备反向做多条件。

（2）小波段：由 E 点开始，阴线实体逐渐减小，G 点上破前根阴线开盘价。

（3）G 点有止跌企稳迹象，但上攻力度有限。

2. 攻防兼备策略

G点可将空单先平仓，等突破方向确认后再入场不迟。

(1) 伺机入场做多的条件：至少10日或者20日均线上翘托底，中大阳线上破，短期均线黏合向上发散。

(2) 伺机入场做空的条件：一是大阴线下破G点开盘价或者最低价，二是反弹之后再次下破重要支撑线做空。

(3) 逆势而行与自虐情结：不少顺势交易者，一旦错过了好的开仓时机，就想如何等反弹做多或回调做空捞一把。还有的交易者在空头行情里总想做多，在多头行情总想做空。这些构成了事实上的逆势而行与自虐情结。

图5-46 伦镍电3(LMNDE)2012.8.21～2012.11.15日K线图

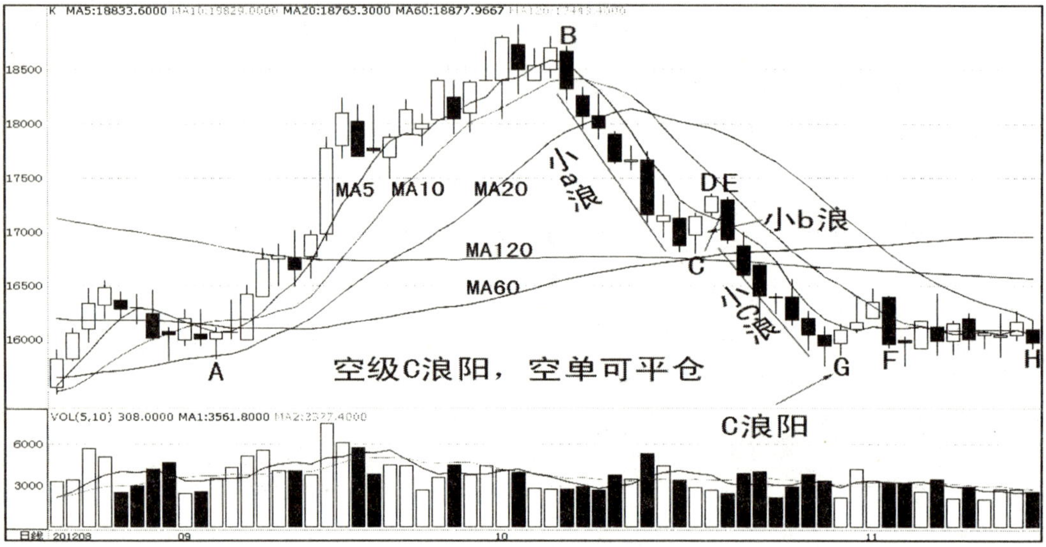

图5-46 (图5-45后续走势图)

3. 实际走势跟踪

(1) G点之后两天反弹，日内上下搓走势。

(2) F点大阴线下跌，此后陷入长时间横盘整理。

(3) H点之后，若中大K线上破可开仓做多，若下破可开仓做空。

空级C浪阳与空级超跌急跌逼空阳：

两者都存在超跌，空级C浪阳不一定发生急跌，没有发生逼空。空级超跌急跌逼空阳必须存在急跌，量价明显异动，而且已经开始逼空上涨。

既要把握大势，又要精炼细节，细节是魔鬼，可以动人心魄。

五、黄金阳

黄金阳：黄金分割线附近出现的连阴阳、空倍阳、逼空阳和 C 浪阳。若与中长期均线、趋势线等重要的技术关口共振更好。

黄金阳分类：黄金阳可分为多级黄金阳和空级黄金阳。

黄金分割两组实用比值：

(1)0.191、0.382、0.618、0.809。

(2)1、1.382、1.618、2、2.382、2.618。

黄金分割的两个基本比值 0.618 和 0.382。先目测一半(0.5 处)的点位，其上下方附近即是 0.618 和 0.382 处。

(一) 多级黄金阳

多级黄金阳交易法则：多级黄金阳，做多先开仓。

简析：交易方向为做多，必须果断于本根 K 线收盘前抢点做多。符合顺势而为之顺大顺小、共振必抢法则。

图 5-47　沪铜主力合约 2008.12.23 ~ 2009.5.4 日 K 线图。

G 点止跌反攻，试述其原因和交易策略。

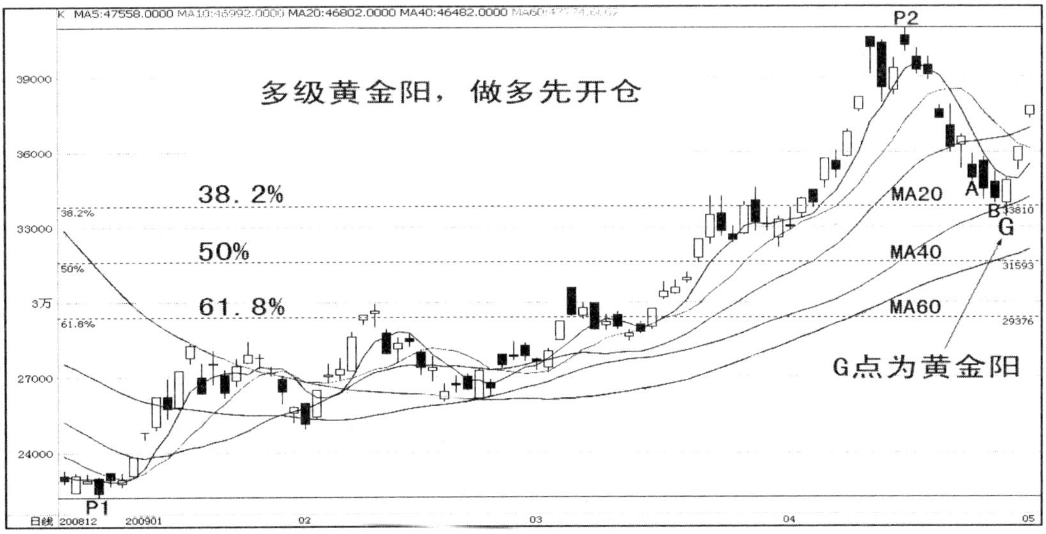

图 5-47

图 5-47 解析：

G 点出现强势反攻，其技术原因：

(1) 本级别为多级：20 日、40 日、60 日均线多头排列，且价格位于 60 日均线之上，中期趋势仍多头强势。

（2）G 点位于黄金分割线附近。

取 P1 点为谷点，P2 点为峰点，作黄金分割线，G 点回调到约 0.382 处，而 0.382 为黄金分割线的重要比值。

（3）G 点为黄金阳。

由 P2～B 点快速下跌，整体跌幅大，由 A 点～B 点三连阴急跌，G 点收阳反攻，为黄金分割线附近的典型连阴阳，构成黄金阳。

G 点同时受 40 日均线顶托上行，与黄金分割线、连阴阳共振，G 点应果断开仓做多，临盘不可犹豫。

（二）空级黄金阳

交易法则：空级黄金阳，空单可平仓。

简析：交易方向为做空，黄金阳为下跌中继、超跌企稳或者反弹，可于本根 K 线收盘前抢点平仓，根据三向风控法则，做好回补。

符合顺势而为之顺大避小、两点必缠法则。

图 5-48　IF 当月合约 2012.3.29～2012.6.8 日 K 线图。

A 点、B 点、C 点出现明显抵抗和反弹，试述其原因及交易策略。

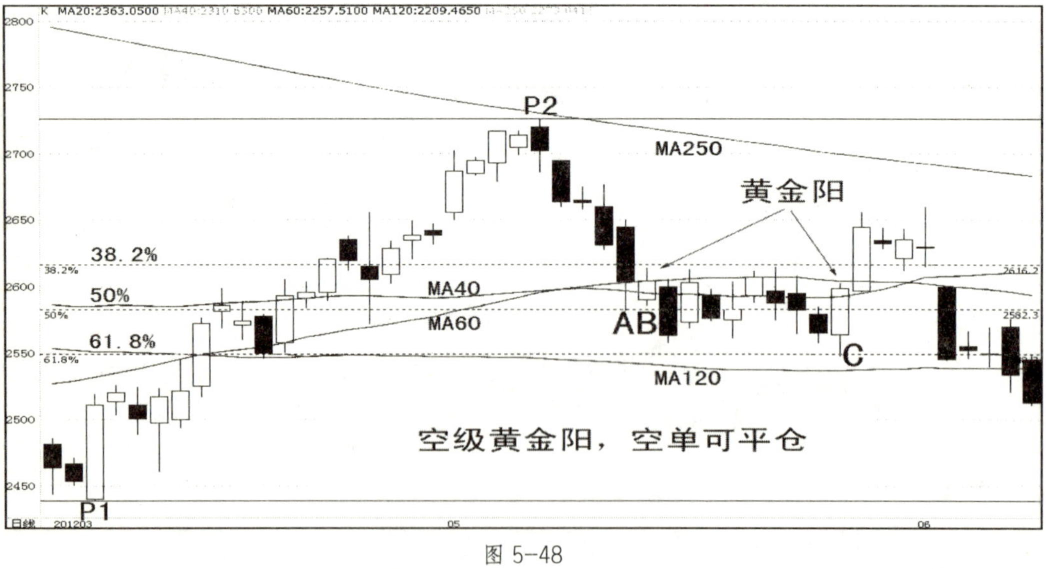

图 5-48

图 5-48 解析：

（1）本级别为空级，价格位于 60 日均线之下。

（2）A 点、B 点、C 点位于黄金分割线附近。

取 P1 点为谷点，P2 点为峰点，作黄金分割线。由 P2 点下跌，A 点、B 点下探

50%线反弹，C点下探61.8%线附近，61.8%为黄金分割线的重要比值，50%是重要的多空争夺点。

(3) B点、C点为黄金阳。

由P2～A点五连阴下跌，B点收阳反攻，为连阴阳；C点之前三连阴下跌，C收阳反攻，为黄金分割线附近的典型连阴阳，构成黄金阳。

因此，B点、C点抵抗反攻即可简述为：空级黄金阳反攻。

由于本级别为空级，见黄金阳可将空单先平仓，再伺机做空。

①伺机做空的首选位置：再次下破黄金阳开盘价或者最低价。技术止损，上破黄金阳收盘价或者最高价。

②伺机做空的优化位置：若反弹上破10日均线，再次下破10日均线时做空，若同时下破5日和10日均线更好。

技术止损：上破开仓K线的开盘价。

五阳开仓与平仓综述：

我们把能形成拐点的阳线分为连阴阳、空倍阳、逼空阳、C浪阳和黄金阳，合称“五阳”。五阳中连阴阳、空倍阳和逼空阳为单阳线，C浪阳、黄金阳为复合阳线。利用上述五种阳线开仓或者平仓，谓之五阳开平。

五阳开平优点：

1. 做对的概率更大

若主要趋势为涨势，一轮回调之后，以五阳重新开始上涨的可能性大，此时一般五阳开仓；若主要趋势为跌势，以五阳止跌的可能性较大，很可能陷入盘整或小幅反弹，此时一般五阳平仓。

2. 止损位置更明确

涨势以五阳开仓，若不涨反跌，下破五阳开盘价或最低价即止损。跌势以五阳平仓，若随即下破五阳开盘价或最低价，即可顺势回补做空。若空方强势，如均线黏合向下发散，一般不上破10日或者5日均线不要随便平仓。

3. 信号更简明直观

开仓平仓必须执行指令信号，不能主观臆断。信号不能模棱两可，否则不利于实战的快速反应。五阳精确到单根K线，执行价格、时间没有歧义，其形态简明直观，利于快速应对。

五阳开仓与平仓，确定具体点位，交易方向则必须执行级别均线定向定律。

第五节　三线开仓与平仓

三线指最值阴线、破势阴线和归顺阴线。

一、最值阴线

最值阴线是一波涨势中见阳线最 K 线之后出现的第一根阴线。最值阴线可以是最 K 线的次 K 线，也可以是最 K 线之后、几根小阳线之后的第一根阴线。最值阴线既可为上涨中继，也可为见顶反转。涨势中的阴线最 K 线为最值阴线。

最值阴线根据所处的运行区间，可分为多级最值阴线、空级最值阴线、冲顶最值阴线和探底最值阴线。

（一）多级最值阴线

交易法则：多级最值阴线，多单先平后补。

优化条件：

第一，之前出现连续上攻、短线暴涨为好。

第二，突破 60 日均线后整体涨幅不大为好。

第三，之前没有大势背驰、波段背驰为好。

图 5-49　白糖主力合约 2013.7.5 ~ 2013.9.10 日 K 线图。

关于 K 点交易策略，甲认为应将多单平仓，但不可反向做空；乙认为明显冲顶回落，应开仓做空；丙认为应将多单平仓，再伺机做多。

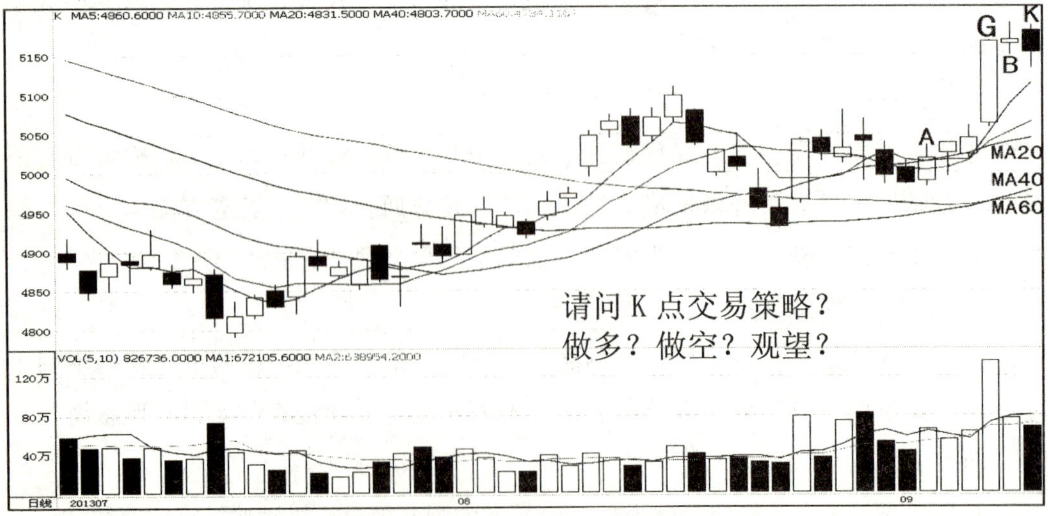

图 5-49 （后续走势见图 5-50）

图5-49解析：

1. 以大统小解盘

（1）大趋势：10日、20日、40日、60日均线多头排列，整体涨幅不大。

（2）小波段：A点为连阴阳、空倍阳，开仓做多，A点之后连续上攻，G点为最K线，短期冲顶的可能性大，B点星K线，上攻动能明显减弱。

（3）K点收阴线，星值下破，短期见顶回落可能性大。

2. 攻防兼备策略

K点为最值阴线，可将多单平仓，不建议立即反向做空。

（1）回调空仓：价格回落时以空仓为好，一般不要利用价格回调时做空。因为回调的幅度和回调的时间都无法界定。

（2）多单回补：多单平仓后，可按五阳做多回补。

（3）多空转换：若回调幅度大，多空形势转换，则可伺机做空。

图5-50　白糖主力合约2013.7.30～2013.10.14日线图

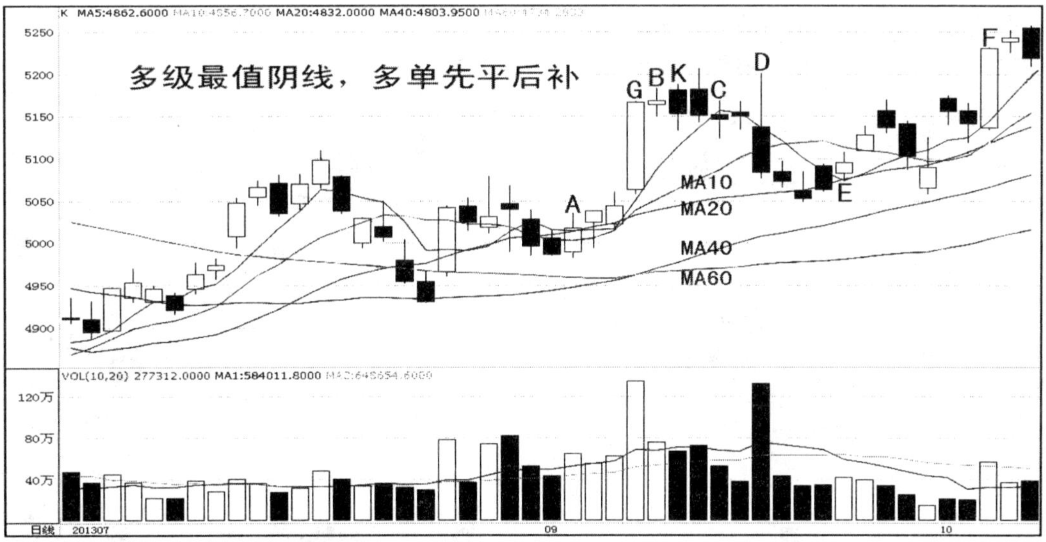

图5-50（图5-49后续走势图）

3. 实际走势跟踪

（1）C点下破5日均线，确认回落，D点最值阴线，明显上下搓，且震荡幅度大，急于做空或者做多的都可能止损出局。

（2）E点为连阴阳、空倍阳，可回补多单。F点突破前期高点。

（3）最值阴线平仓，五阳多单回补，是必须熟练掌握的滚动做多技巧。若出现均线黏合，大阴线下破20日均线，大势可能由多转空。

（二）空级最值阴线

交易法则：空级最值阴线，做空可先开仓。

简析：本法则符合顺势而为之顺大逆小、归顺回补法则。交易方向为做空，中线走空，短线走空，可于本根 K 线收盘前抢点做空。

优化条件：

第一，下破 60 日均线之后整体跌幅不大为好。

第二，之前出现连续上攻、短线暴涨为好。

第三，最 K 线越突出越好。

中线走空，则确定交易方向为做空。短线暴涨，多头反击力量得到有效释放，遇重要压力位下跌的可能性大。

图 5–51　沪铝主力合约 2012.12.31 ~ 2013.3.8 日 K 线图。

关于 K 点交易策略，甲认为应开仓做空，理由是空头行情，K 点只是下跌中继，逆势做多风险大；乙认为应开仓做多，理由是超跌严重，反弹力度大；丙认为应空仓观望，等突破方向确认后再入场不迟。

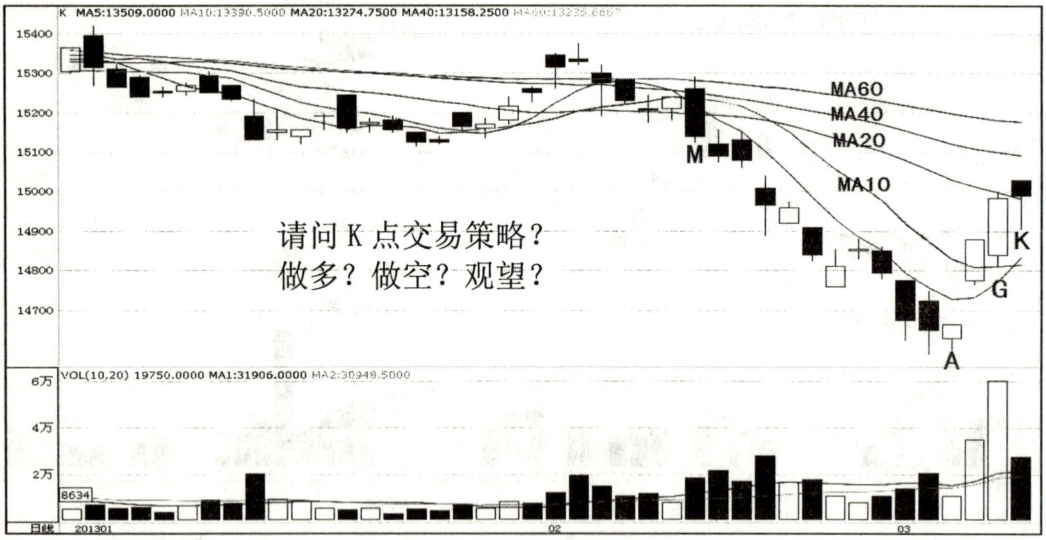

图 5–51　（后续走势见图 5–52）

图 5–51 解析：

1. 以大统小解盘

（1）大趋势：10 日、20 日、40 日、60 日均线空头排列，M 点为发散线，整体跌幅不大，没有形成中线超跌。

（2）小波段：由 A 点连阴阳超跌反弹，G 点为最 K 线，为低开下探冲高形，多方力量释放过快，难以持久。

(3) K点长下影阴线，短期见顶回落的可能性大。

2. 攻防兼备策略

K点为最值阴线，中线走空，短线走空，可开仓做空。

(1) 技术止损：上破K点开盘价止损。K点做空，由于短期均线5日、10日均线开始上翘，可能会出现反复。

(2) 技术止盈：遇重要支撑位，可能会出现反弹或者盘整，由于其反弹幅度和时间不好界定，首选止盈位置是五阳平仓，优化止盈位置是最K线探底。

(3) M点高开低走大阴线打开下降通道。只要40日、60日均线下行，特别是10日、20日均线也下行，只能顺大势做空，切不可反手做多，逆势而行，贪小利亏大钱。可选5日或10日均线作操盘线。

图5-52 沪铝主力合约2013.1.14~2013.3.19日K线图

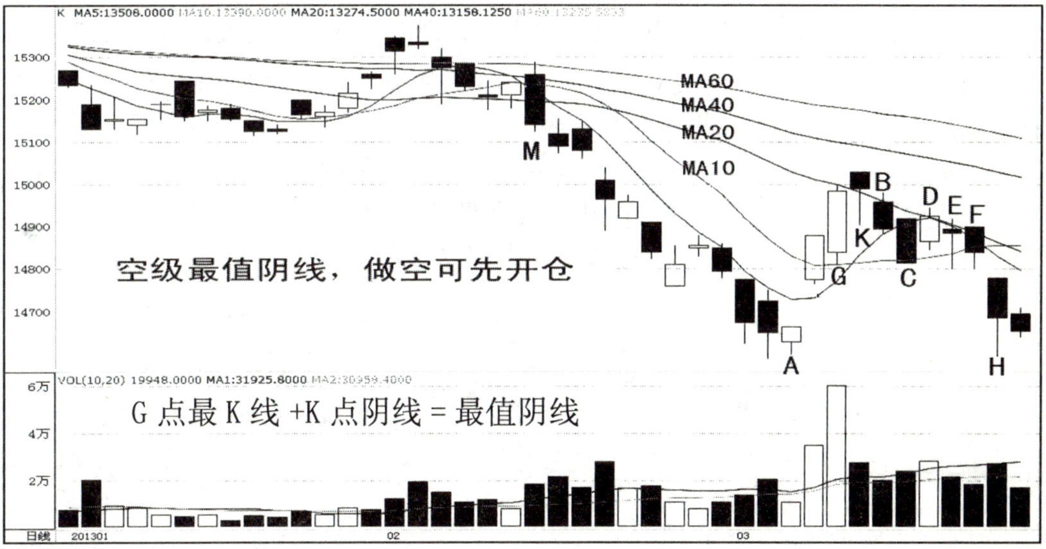

图5-52 (图5-51后续走势图)

3. 实际走势跟踪

本例符合顺势而为之顺大逆小、归顺回补法则。

(1) K点为吊颈线，开仓做空，B点、C点加速下跌。

(2) D点三连阴之后反弹，受20日均线压制。E点低开震荡，日内交易者也只可做空不可做多，必须防范日内大幅跳水。

(3) F点一阴破三线，是不可错过的做空机会。H点跳空下跌，最K线探底，短期陷入盘整的可能性大。

（三）冲顶最值阴线

冲顶形态：5 日、10 日、20 日、40 日、60 日均线多头排列，且发散过大。于高位平台启动后，出现快速、加速上涨，价格位于 5 日均线之上，量价明显异动，见最值阴线。

交易法则：冲顶最值阴线，多单可先平仓。

简析：均线全多头排列，均线之间乖离率大，或者见双顶或多重顶，出现最值阴线，回调可能性大，多单可先平仓。

优化条件：

第一，整体涨幅越大越好。

第二，短期涨幅越大越好。

第三，之前见大势背驰、波段背驰更好。

图 5-53　沪铜主力合约 2009.11.10 ~ 2010.1.7 日 K 线图。

关于 G 点交易策略，甲认为应将多单平仓，理由是整体涨幅大，短期快速上涨，G 点明显冲顶走势；乙认为应立即做空，理由是多空力量对比明显转换，空方力量明显增强。

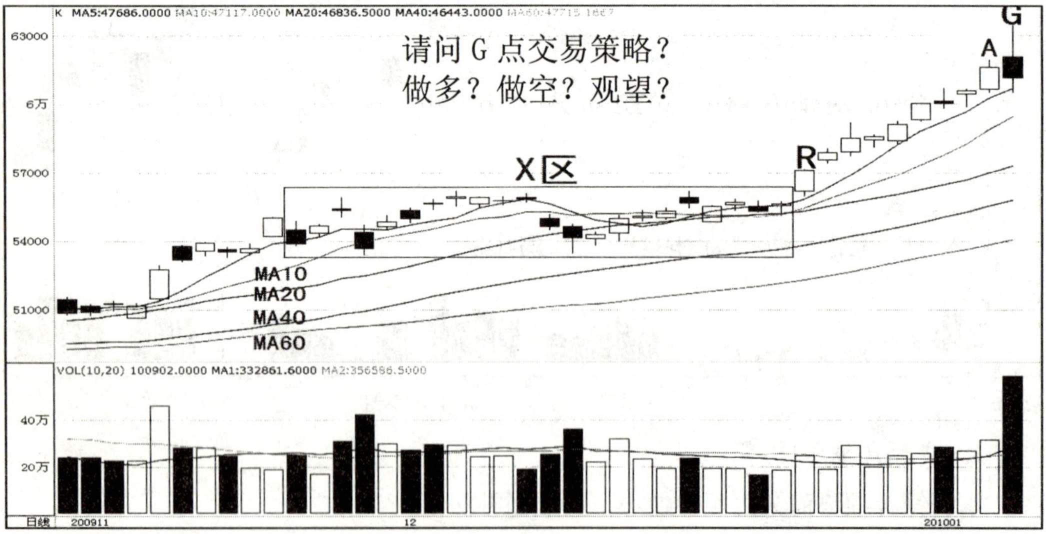

图 5-53 （后续走势见图 5-54）

图 5-53 解析：

1. 以大统小解盘

（1）大趋势：5 日、10 日、20 日、40 日、60 日发散太大，整体涨幅大，X 区震荡整理时间长，量价异动明显。

(2) 小波段：R点跳空突破平台X区快速上涨，短期超涨可能性大。

(3) G点高开冲高跳水，成交量放大显著，冲顶迹象明显。

2. 攻防兼备策略

G点最值阴线，多单可先平仓，不建议立即反向做空。

(1) G点之后暴涨暴跌的可能性较大，不可贸然做多或者做空，一旦方向做错，损失可能较大。

(2) G点之后，盘整至短黏长翘，若是中、大阳线上破，则跟势做多；若是中、大阴线下破，则跟势做空。

(3) 均线黏合点位于20日均线，见星空线，做好开仓准备：若星值上破，可开仓做多；若星值下破，可开仓做空。

图5-54 沪铜主力合约2009.12.2～2010.1.29日K线图

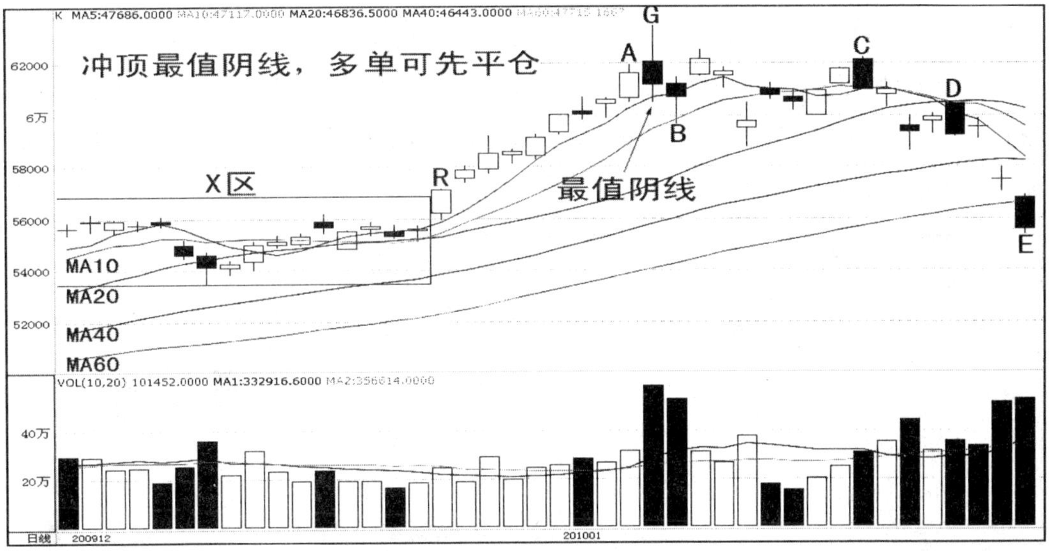

图5-54 （图5-53后续走势图）

3. 实际走势跟踪

(1) G点之后，B点放量下跌，宽幅震荡，C点高开下跌，D点大阴线高开下跌，短期均线开始向下发散。

(2) E点跳空下跌，下破60日均线，多空形势转换。跌势必须顺势做空，切不可利用小级别抢反弹做多。

(3) 冲顶形态三个技术标准，其一是中长均线发散大，见大势背驰；其二是短期出现暴涨；其三是见最值阴线。

最值阴线与K线组合、均线排列方式相结合，可靠性才高。

（四）探底最值阴线

探底形态：20 日、40 日、60 日均线空头排列，且发散过大。下破重要平台开始快速加速下跌，价格位于 5 日均线之下，量价明显异动，见长下影线最值阴线。

探底最值阴线：本形态为探底形态，本根阴线为最值阴线。

交易法则：探底最值阴线，空单可先平仓。

简析：见探底最值阴线之后，陷入震荡整理可能性大，既可能为短期底部，也可能为中期底部或者大底，必须等突破方向确定后跟势交易。

优化条件：

第一，整体跌幅越大越好。

第二，短期跌幅越大越好。

第三，K 线振幅、成交量越大越好。

图 5-55　IF 当月连续 2013.4.24 ~ 2013.6.25 日 K 线图。

关于 G 点交易策略，甲认为应做空，理由是中长期均线下行，G 点仅为下跌中继；乙认为应做多，理由是中线超跌，短线急跌，G 点长下影线，多方反攻力度大，是不可放过的做多时机。

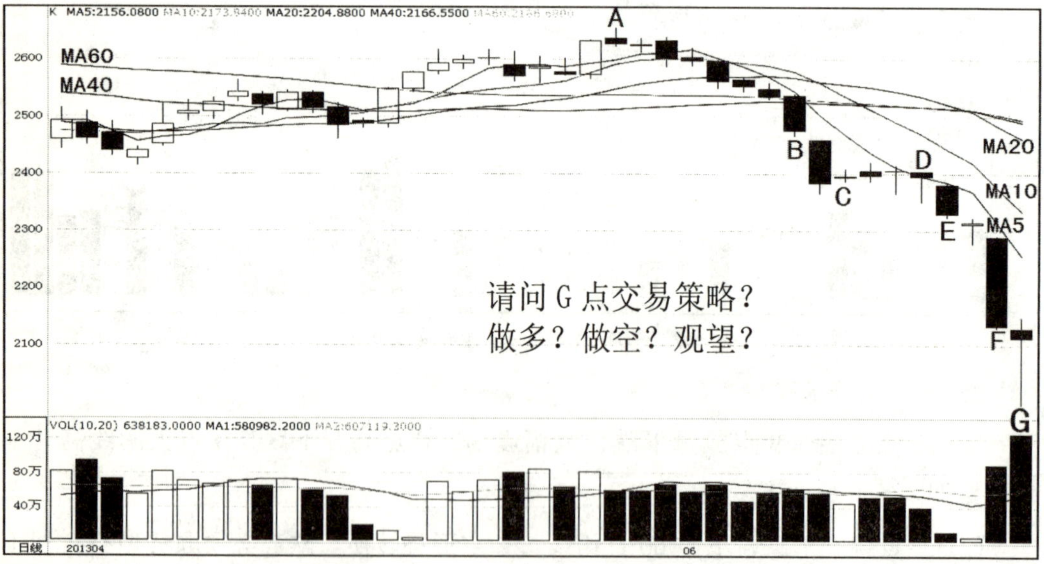

图 5-55　（后续走势见图 5-56）

图 5-55 解析：

1. 以大统小解盘

（1）大趋势：40 日、60 日均线空头排列，且 60 日均线下行，明显空头行情。自反弹高点 A 点开始下跌，B 点大阴线下破 60 日均线，打开下行通道。

（2）小波段：C 点 ~ D 点短暂抵抗，构成星 K 线，E 点星值下破。

（3）F 点大阴线下跌，G 点低开下跌逼仓，反抽成长下影线，防范其止跌反攻。

2. 攻防兼备策略

G 点可先将空单平仓，再伺机入场。

（1）G 点不建议立即反向做多。暴跌之后，可能暴涨，也可能仅作横盘抵抗，忽涨忽跌，节奏难以把握，立即反向做多风险大。

（2）G 点长下影，暴露多方的反攻力量较强，空仓之后，必须等待多方力量宣泄待尽，再入场不迟。

（3）G 点之后，盘整至短黏长翘，若是中、大阳线上破，则跟势做多；若是中、大阴线下破，则跟势做空。

图 5-56　IF 当月连续 2013.5.27 ~ 2013.8.1 日 K 线图

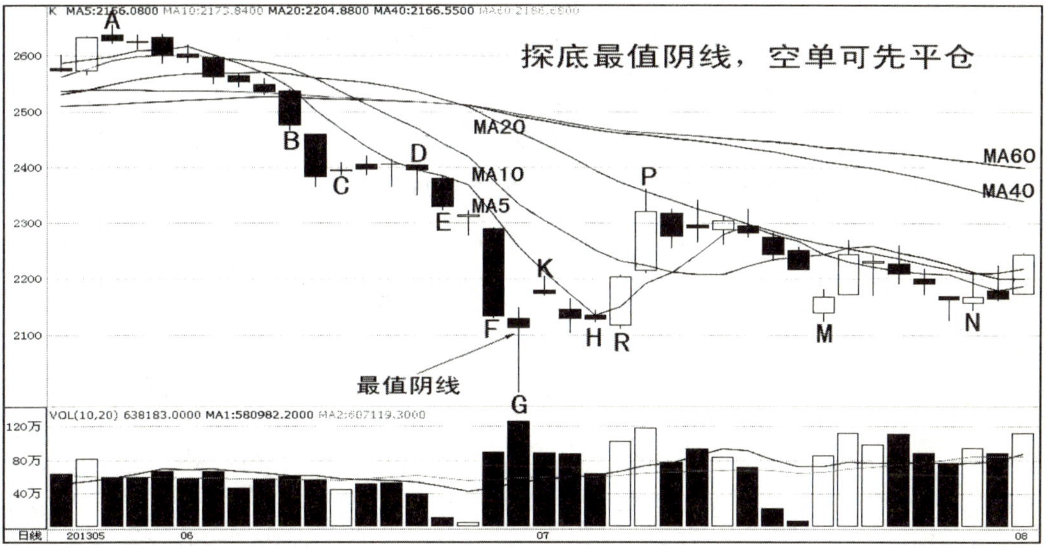

图 5-56　（图 5-55 后续走势图）

3. 实际走势跟踪

（1）G 点之后，K 点跳空高开，窄幅震荡，至 H 点，急于做多的无功而返，甚至造成亏损。

（2）H 点为星 K 线，R 点为星值上破，为连阴阳、空倍阳，P 点受 20 日均线压制冲高回落，多方力量受阻。

（3）M 点、N 点构成抵抗平台，盘整至均线黏合，再选择突破方向。

最值阴线的位置不同，市场意义也不同，交易策略差别也很大。

二、破势阴线

破势阴线：指下破重要支撑线、开始回调整理或者由多转空的 K 线。

可分为三类：破做多线破势阴线、黏合下破破势阴线、破多空线破势阴线。其中破做多线破势阴线多单平仓。黏合下破、破多空线破势阴线可开空单。

（一）破做多线破势阴线——多单平仓

做多线即做多操盘线。下破做多操盘线，短期走势由强转弱，为防范深幅回调、陷入长期盘整，或由多转向，先将多单平仓，不可立即反手做空。

做多线分类：快速、加速上涨，一般选 5 日均线作操盘线，以破 5 日均线为破势阴线。逐浪、阶梯上升形，一般选 10 日均线作操盘线，以破 10 日均线为破势阴线。对于头寸规模较大的，也可选 20 日均线作操盘线。

交易法则：做多操盘线，下破平多单。

空仓待机入场策略：

其一，若重新走强，如拐点五阳启动，上破操盘线，可回补多单。

其二，若以大阴线黏合下破或者下破多空线，可转向做空。

其三，若陷入长时间盘整，可观望待机。

图 5-57　美黄金连（GLNC）2012.7.23～2012.9.25 日 K 线图。

关于 G 点交易策略，甲认为应将多单平仓，理由是之前价格一直沿 10 日均线往上走，G 点下破 10 日均线，开始震荡整理或者下跌的可能性大；乙认为应继续持仓做多，理由是上升趋势并没有破坏。

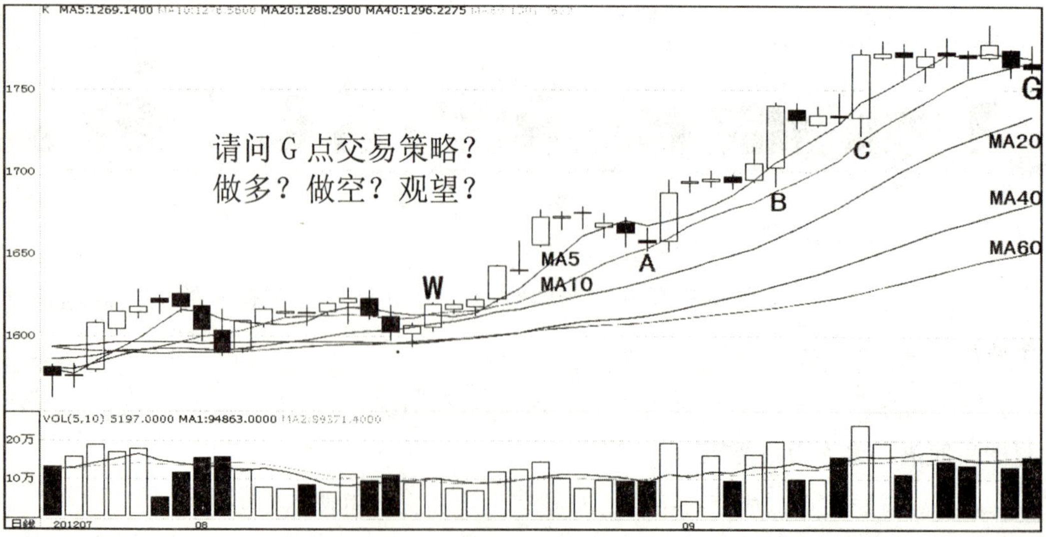

图 5-57 （后续走势见图 5-58）

图 5-57 解析：

1. 以大统小解盘

(1) 大势研判：10 日、20 日、40 日、60 日均线多头排列，整体涨幅大。

(2) 走势特征：之前 A、B、C 三点下探 10 日均线，但都没有下破 10 日均线，10 日均线可作操盘线。

(3) 当下异动：C 点大阳线之后横向整理时间长，G 点首次下破 10 日均线。

2. 攻防兼备策略

G 点破势阴线，下破 10 日均线，可先将多单平仓，不建议立即反向做空。

(1) 后续走势：陷于盘整或者下跌可能性大，但不可立即做空。

(2) 多单回补：G 点之后，可根据五阳回补。

(3) 转势做空：若向下下破颈线位或 60 日均线，可开仓做空。

图 5-58 美黄金连(GLNC)2012.8.30～2012.11.2 日 K 线图

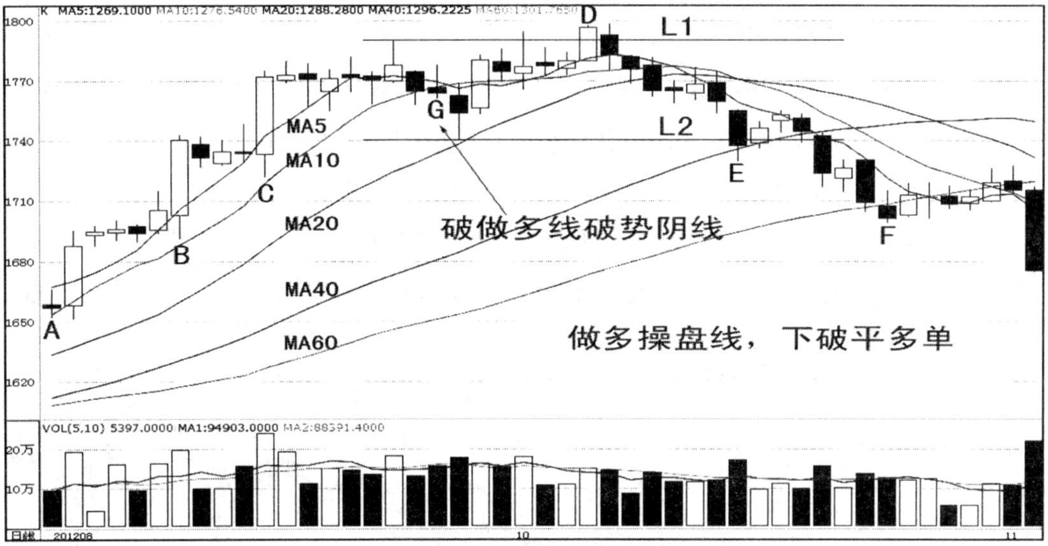

图 5-58 (图 5-57 后续走势图)

3. 实际走势跟踪

(1) G 点之后，窄幅震荡时间较长，但由于 40 日、60 日均线明显上行，多方仍占优势，不可立即做空。D 点突破前期高点之后，随即连续下跌。

(2) E 点大阴线下破颈线位，交易方向由多转空，可选合适点位做空。

(3) F 点下破 60 日均线，大势进一步走空。

破势阴线，重在“势”的强弱变化与方向变化，是趋势和拐点的结合。若只是改变短期走势，不可反手做空。

（二）黏合下破破势阴线——空单开仓

黏合下破破势阴线，至少必须满足以下三个条件：

其一，整体涨幅大，20 日、40 日、60 日均线之间乖离率大。

其二，之前阴线、连续阴线渐多，实体明显变大，5 日均线多次下穿 10 日均线。

其三，5 日、10 日、20 日均线基本黏合，一根大阴线下破黏合点。一般为启动或者加速阴线，不可为探底阴线。

震荡整理至短期均线黏合，一般见双头、多重顶、圆弧顶等。若单顶快速下破 40 日均线，不可能出现短期均线黏合。

交易法则：黏合下破大阴线，抢点做空收盘前。

抢点手法：

其一，均线黏合，见星空线，做好抢点准备，等大阴线。

其二，若开盘后小幅下跌，不可介入过早，防备多方反扑。若盘整时间长，中盘过后或者尾盘跳水，可抢点做空。

其三，若早盘小幅低开，反弹不能回补缺口，横盘抵抗时间长，开始加速下跌时，可抢点做空。若大幅低开，中盘过后或者尾盘伺机介入为宜。

图 5-59　美玉米连（CRCC）2014.2.11～2014.5.9 日 K 线图。

关于 G 点交易策略，甲认为伺机做多为宜，理由是均线短黏长翘，多方强势，等止跌反攻时开仓做多；乙认为应抢点做空，理由是明显多重顶，G 点一阴破三线，此后加速下跌可能性大。

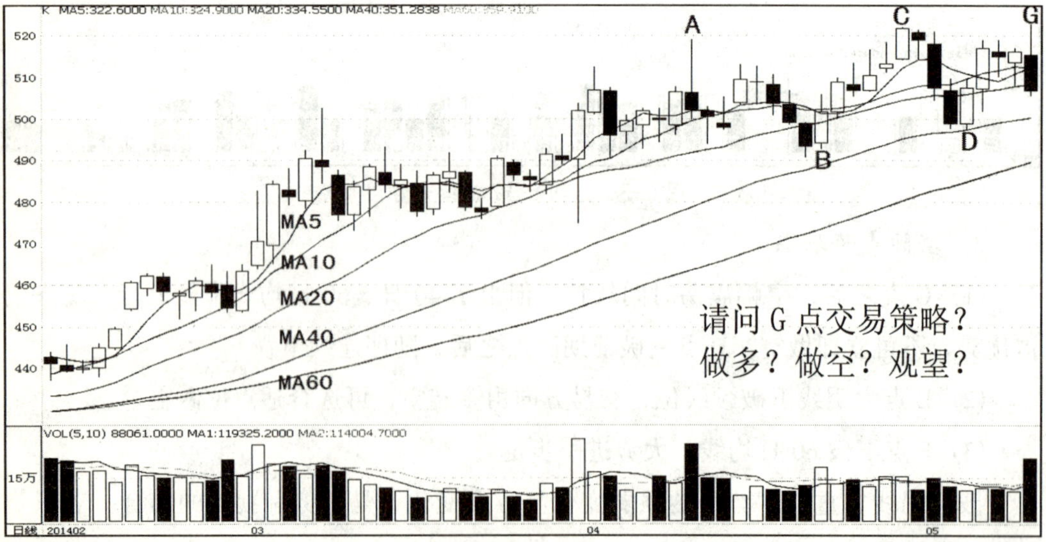

图 5-59

图 5-59 解析：

1. 以大统小解盘

(1) 大势研判：20 日、40 日、60 日均线多头排列，整体涨幅大。

(2) 走势特征：之前 A 点、C 点构成小双头，A 点最值阴线，B 点、D 点连阴阳反攻，明显大势背驰，波段背驰。

(3) 当下异动：G 点低开冲高跳水，一阴破三线，空头力量强。

2. 攻防兼备策略

G 点黏合下破，可抢点做空。

(1) 止损：上破 G 点开盘价止损。

(2) 止盈：选 10 日或者 5 日均线作操盘线放足盈利。

(3) 转势做多：若遇颈线位止跌企稳，见大阳线反攻，可开仓做多。

图 5-60 美玉米连(CRCC)2014.2.11～2014.5.9 日 K 线图

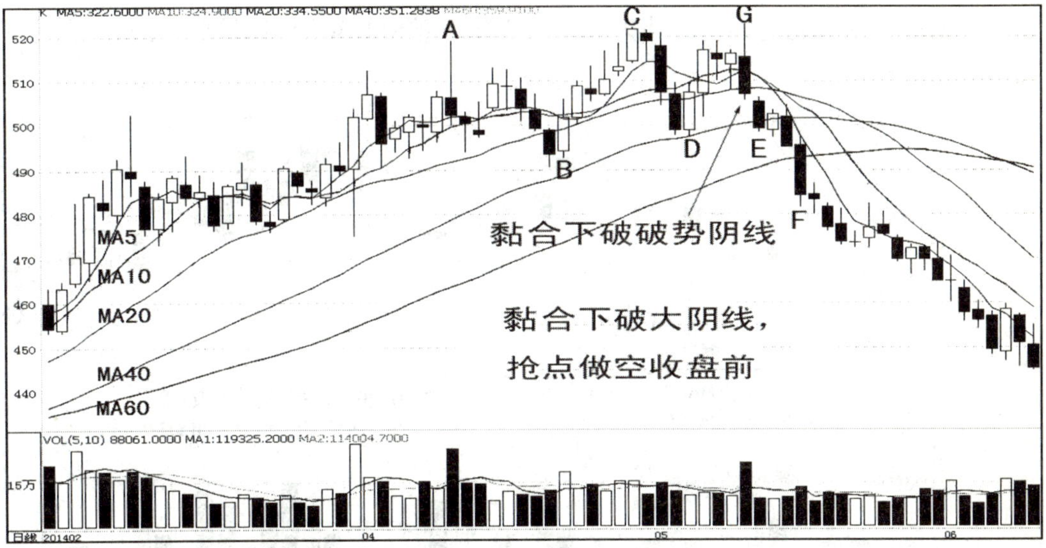

图 5-60

3. 实际走势跟踪

(1) G 点之后，次日低开低走，遇 40 日均线稍作抵抗即快速下跌，有效下破平台下边线和 40 日均线。

(2) F 点大阴线下破 60 日均线，大趋势由多转空。

(3) 价格基本沿 5 日均线下跌，若选 10 日均线为操盘线，定线定心。

均线黏合，变盘临界点，切不可介入过早。若大阴线下破，一波跌势；若大阳线上破，一波涨势。

（三）破多空线破势阴线——空单开仓

破多空线破势阴线，即下破多空线的 K 线，使中期走势由多转空。

多空线：一般指 60 日均线，也指长期横盘整理的下边线。

交易法则：下破多空线，抢点开空单。

整体趋势由多转空，以前习惯性做多的交易者，必须转变观点，以做空为主，不可固执地看多。多空观念不转变，很容易逆势抢反弹。

优化条件：

第一，整体涨幅越大越好。

第二，盘顶时间越长越好。

第三，以大阴线破位为好。

图 5-61　白糖主力合约 2011.6.30 ~ 2011.9.2 日 K 线图。

关于 G 点交易策略，甲认为应开仓做空，理由是 G 点大阴线下破颈线位和 60 日均线，继续下跌可能性大；乙认为应空仓观望，理由是短期回调幅度较大，之后反弹的可能性较大。

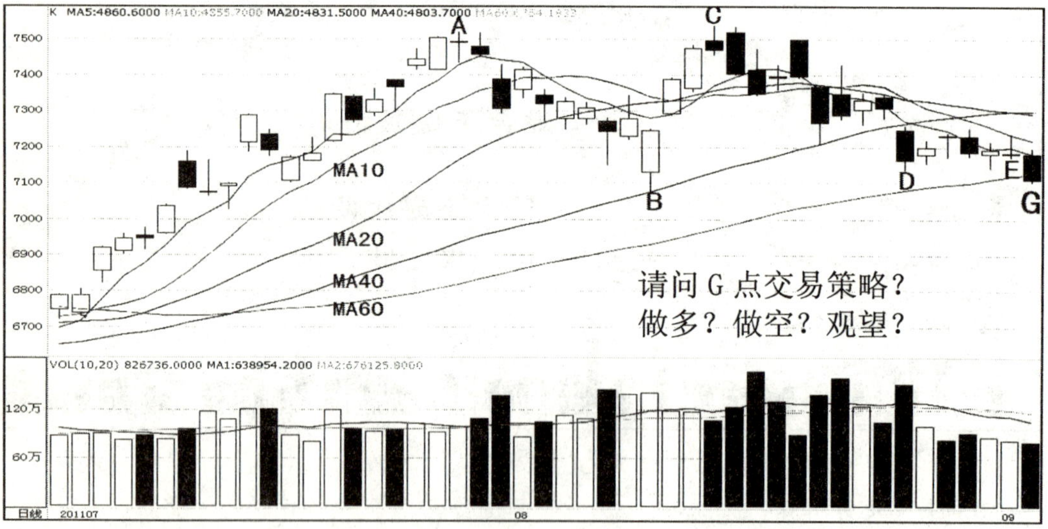

图 5-61　（后续走势见图 5-62）

图 5-61 解析：

1. 以大统小解盘

（1）大势研判：整体涨幅大，A 点下破 20 日均线。B 点反弹至 C 点再开始下跌，A 点、C 点构成双头。

（2）走势特征：由 C 点高开冲高跳水，至 D 点横盘整理，构筑小抵抗平台。

（3）当下异动：D点～E点构成星空线。

2. 攻防兼备策略

G点破势阴线，也是星值下破，同时下破颈线和60日均线，短线与中线共振，是不可错过的做空机会。

（1）技术止损：价格上破G点开盘价或最高价止损。

（2）放足守线：以10日均线为操盘线，不为日内波动所动，可放足盈利。

（3）定向法则：日K线和中长均线确认大势向下，只可做空，不可抢反弹做多。可利用小级别滚动做空。

图5-62 白糖主力合约2011.7.11～2011.9.14日K线图

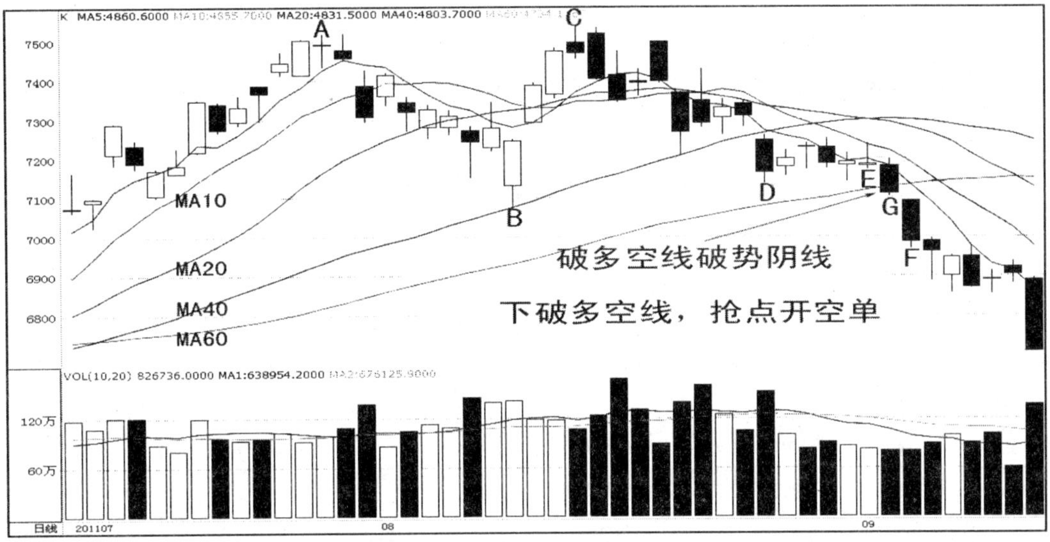

图5-62 （图5-61后续走势图）

3. 实际走势跟踪

（1）狙击临界点：G点之后，F点跳空大阴线下跌。看空但没有于G点及时做空的，往往低开之后更不敢跟进做空，导致踏空此段行情。

（2）捕捉大行情：G点构成典型的多空转势，开启的是一波大行情，切不可因盘中的小幅反向波动就急忙平仓，大机会赚小钱。

（3）共振下跌：前期涨幅越大，高位盘整的时间越长，后续破势下跌时间的往往也越长，幅度越大，是战略做空的好机会。

破势阴线下破做多操盘线的，通常只可先平多单，同时要注意多单回补，一般不可反向做空。破势阴线破多空线的应及时跟进做空，临盘不可迟疑。

三、归顺阴线

归顺阴线：指下跌趋势中反弹之后破位下跌或下破抵抗平台的 K 线。

归顺阴线可分为反弹归顺阴线和平台归顺阴线。

（一）反弹归顺阴线——反弹之后下破重要均线

反弹归顺阴线：下跌趋势中反弹之后下破反弹支撑均线的 K 线。

可分为两种类型：

其一，若反弹上破 5 日和 10 日均线，但 10 日均线仍下行，以中大阴线下破 5 日均线为归顺阴线。

其二，若反弹上破 5 日和 10 日均线，且 10 日均线明显上翘，以中大阴线下破 10 日均线为归顺阴线。

交易法则：反弹归顺阴线，抢先开仓做空。

优化条件：

第一，下破 60 日均线后整体跌幅不大为好。

第二，中期均线仍明显下压为好。

第三，以中大阴线下破为好。

图 5-63　IF 主力合约 2013.11.29 ~ 2014.2.21 日 K 线图。

关于 G 点交易策略，甲认为应开仓做空，理由是 G 点下破 10 日均线，继续下跌可能性大；乙认为应伺机做多，理由是筑底形态， 10 日、20 日均线明显上行，且已突破 40 日均线，回调之后继续上攻的可能性大。

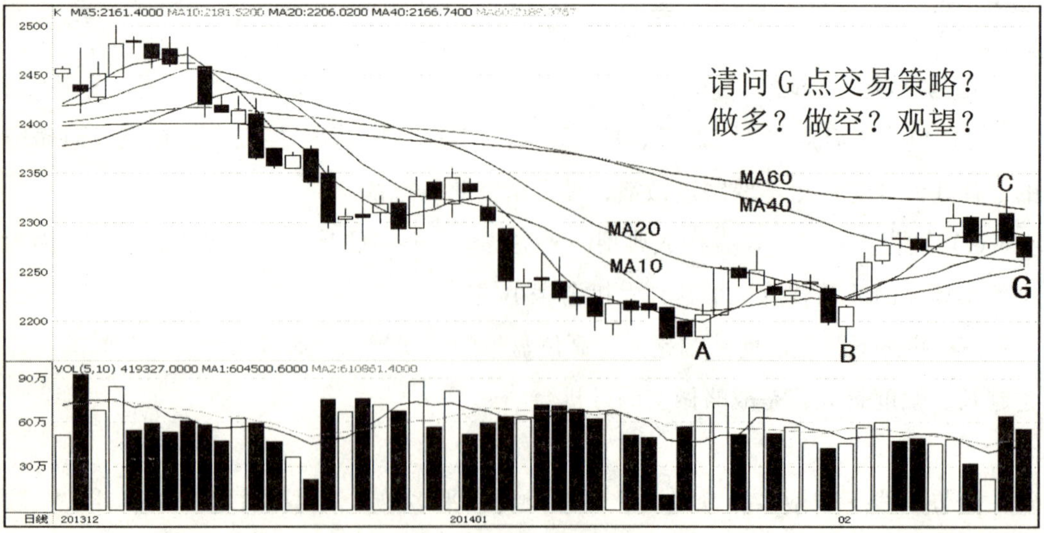

图 5-63 （后续走势见图 5-64）

图 5-63 解析：

1. 以大统小解盘

(1) 大势研判：40 日、60 日均线明显下行，中期仍然走空。

(2) 走势特征：A 点连阴阳启动反弹，B 点为空倍阳启动反弹，一根中大阳线之后反弹力量就逐渐减弱。

(3) 当下异动：C 点高开冲击 60 日均线之后跳水，G 点下破 10 日均线，短线压力和中线压力均较大。

2. 攻防兼备策略

G 点为归顺阴线，下破 10 日均线，可开仓做空。

(1) 技术止损：价格上破 G 点开盘价或最高价止损。

(2) 放足守线：可选 10 日均线为操盘线。

(3) 定向法则：日 K 线和中长均线确认大势向下，一般不可抢反弹做多。

图 5-64 IF 主力合约 2013.12.5～2014.3.10 日 K 线图

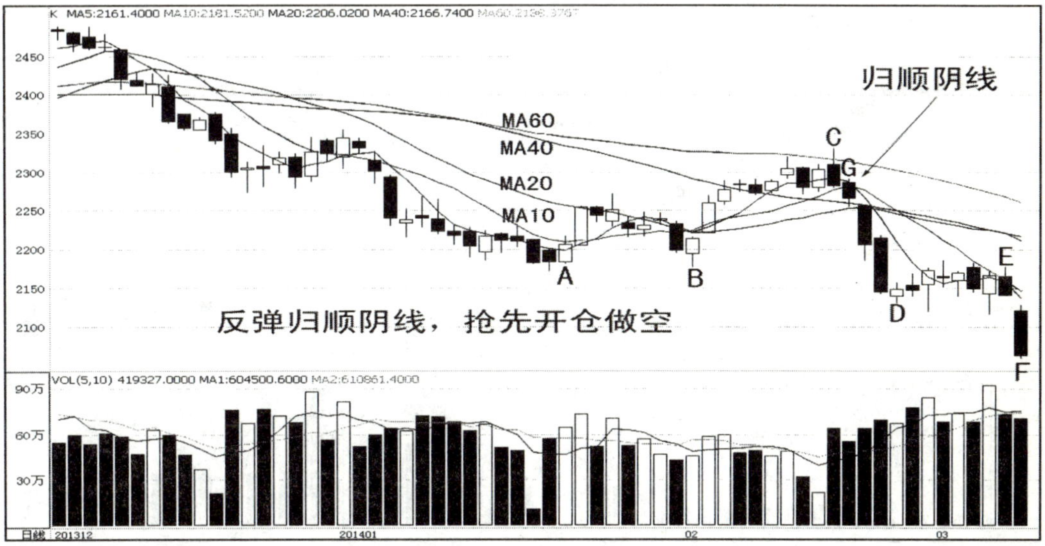

图 5-64 （图 5-63 后续走势图）

3. 实际走势跟踪

(1) 四连阴下跌：G 点之后，快速下跌。看空但没有于 G 点及时做空的，往往低开之后就更不敢跟进做空，容易踏空此段行情。

(2) 窄幅震荡区间：D 点～E 点横向窄幅震荡，日内交易者喜欢做高抛低吸，但收益往往十分有限。

(3) 低开低走下跌：F 点跳空低开低走，逆势做多损失较大。

（二）平台归顺阴线——下破抵抗平台

平台归顺阴线：下跌趋势中下破抵抗平台的 K 线。

若下跌幅度较大，时间较长，往往会构成抵抗平台。平台越长，黏合的均线越多，突破之后单边运行力度越大。

交易法则：平台归顺阴线，抢先开仓做空。

优化条件：

第一，下破 60 日均线后整体跌幅不大为好。

第二，中期均线仍明显下压为好。

第三，以中大阴线下破为好。

图 5-65　沪铝主力合约 2008.8.20 ~ 2008.11.21 日 K 线图。

关于 G 点交易策略，甲认为应开仓做空，理由是大趋势向下，G 点低开反攻无力；乙认为应做多，理由 A 点、B 点、C 点、G 点构成多重底，止跌反攻的可能性大。

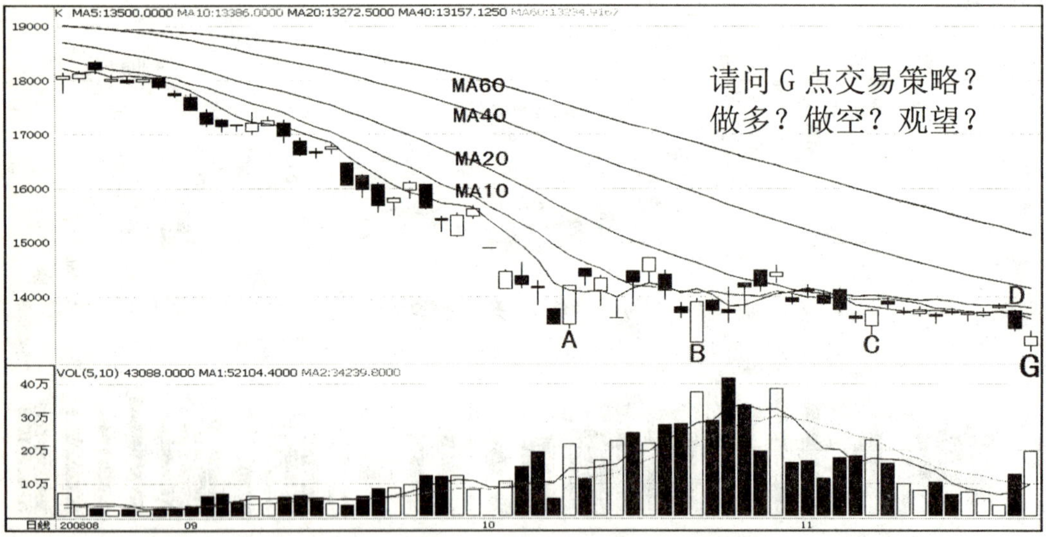

图 5-65　（后续走势见图 5-66）

图 5-65 解析：

1. *以大统小解盘*

（1）大势研判：40 日、60 日均线明显下行，仍为下降通道。

（2）走势特征：A 点开始区间震荡，且振幅逐步收窄，短期均线基本黏合，C 点之后形成星空线，变盘临界点。

（3）当下异动：D 点为区间内星值下破，G 点接近震荡区间破位临界点，低开高走，但反弹无力。

2. 攻防兼备策略

G点为破位临界点，待突破方向确认后，再伺机跟进。

(1) G点之后，若是中、大阳线上破，观望待机；若是中、大阴线向下突破，则抢点做空。

(2) 放足守线：可选10日或者5日均线为操盘线。

(3) 技术止损：以上破破势阴线开盘价或者最高价止损。

图5-66　沪铝主力合约2008.9.5～2008.12.10日K线图

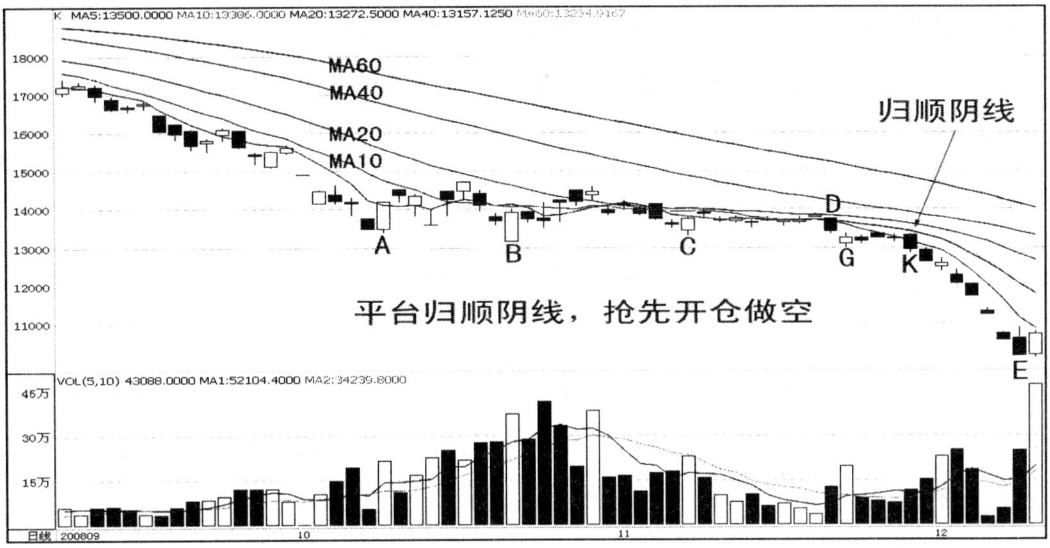

图5-66　（图5-65后续走势图）

3. 实际走势跟踪

(1) 狙击临界点：G点之后，横向整理，构成星空线，变盘临界点，K点星值下破，下破平台下边线，为归顺阴线。

(2) 捕捉大行情：由于前期平台时间长，一旦向下破位，往往开启的是一波大行情，切不可因盘中的小幅反向波动就急忙平仓，失去一战定乾坤的大机会。

(3) 空头大逼仓：空头占位置优势和资金优势，往往会进行逼仓，直到多方平仓或多翻空。

归顺阴线符合顺势而为之顺大避小、归顺回补法则。

无论是反弹归顺阴线还是平台归顺阴线，都是下降趋势中不可错过的做空机会。狙击临界点，捕捉大行情，是快速获利的主要手段。

三线开仓与平仓综述：

冲顶回调和破位下跌一般构成拐点，其K线为特殊位置特别形态的阴线。我们把这种能形成拐点的阴线分为最值阴线、破势阴线和归顺阴线，合称“三线”。利用上述三种阴线开仓或者平仓，谓之三线开平。

最值阴线：级别越大，最K线越少，最值阴线越少。级别越小，最K线越多，最值阴线越多。一般级别小于5分钟K的最值阴线，不具备操作价值。

破势阴线：中线走多，交易方向为做多，破势阴线一般为下破操盘线的中大K线。若为快速、加速上涨，破势阴线为下破5日均线的阴线，若为小阴小阳上攻，整体涨幅小，破势阴线一般为下破10日或者20日均线的K线。之前见双头、圆弧顶等，破势阴线一般为下破20日均线的中大阴线，或者下破60日均线的中大阴线。

归顺阴线：若反弹上破5日、10日均线，且10日均线仍下行，归顺阴线为下破5日均线的阴线。若上破5日、10日均线，且10日均线明显上翘，归顺阴线为下破10日均线的中大阴线。

三线开平优点：

1. 对拐点的确认更明确

若主要趋势为跌势，一波反弹或抵抗后，以三线重新开始下跌的可能性大，此时一般三线开仓做空；若主要趋势为涨势，以三线冲顶回调的可能性较大，很可能陷入盘整或小幅回调，此时一般三线平仓。

2. 止损位置更明确

跌势以三线开仓做空，若不跌反涨，上破三线收盘价或最高价即平仓；涨势以三线平仓，若随即上破三线收盘价或最高价，伺机做多。

3. 信号更简明直观

开仓平仓必须执行指令信号，不能主观臆断。信号不能模棱两可，否则不利于实战的快速反应。三线精确到单根K线，执行价格、时间具体明确，没有歧义，其形态简明直观，利于快速应对。

三线开平缺点：

三线开平对走势连续性差、跳空频繁的品种不适宜。交易级别不能太小。级别太小，走势稳定性较差。

第六节 顺势抢点法则

顺势顺线，等点抢点。顺，指顺应，不悖逆。势，指中期均线所确认的趋势。等，指有预案的待机。线，指操盘线。点，指拐点，即拐点五阳和拐点三线。抢，指按信号果断执行。

顺势抢点法则：

中线走多，五阳做多，三线平仓。

中线走空，三线做空，五阳平仓。

一、中线走多，五阳做多，三线平仓

中线走多可分为三种情况：

其一，短期均线黏合，价格上破60日均线。

其二，20日、60日均线多头排列，价格位于60日均线之上。

其三，整体涨幅大，之前没有大势背驰，没有大阴线下破20日均线。

五阳做多：利用连阴阳、空倍阳、逼空阳、C浪阳或者黄金阳开仓做多。

三线平仓：利用最值阴线、破势阴线或者归顺阴线平仓，一般不可反手做空。

图5-67 橡胶主力合约2010.9.7～2010.11.16日K线图。

请用顺势抢点法则简明解释各节点操作策略。

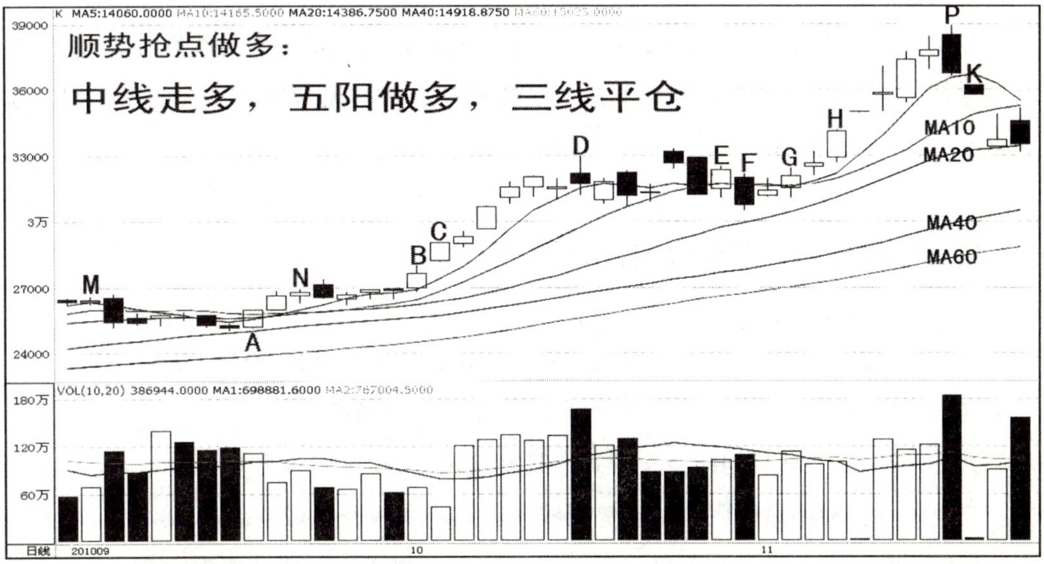

图5-67

图 5-67 解析：

级别均线定向：本级别为日 K 线，40 日、60 日均线多头排列，20 日均线上行顶托，交易方向为做多。

A 点：既是连阴阳，也是 C 浪阳，开仓做多。A 点之前连续 3 天下跌，所以 A 点为连阴阳；从 M 点开始，小 a 浪、小 b 浪、小 c 浪小 3 浪下跌，所以 A 点也为 C 浪阳。A 点一阳穿三线，是不可错过的做多时机。

B 点：为空倍阳。从 N 点开始窄幅震荡，5 根 K 线构成星空线，B 点为星值上破，也是开仓做多的好时机。

C 点：逼空阳，是不可错过的做多时机，符合短黏长翘逼空抢跳形态。

D 点：最值阴线，可平仓。震荡幅度加剧，且成交量放大明显。短期暴涨之后，陷入盘整和回调的可能性大。

E 点：连阴阳，可开仓做多。

F 点：破势阴线，且同时下破 5 日和 10 日均线，多单平仓，但不可反向做空。

G 点：星值上破，空倍阳，可开仓做多。

H 点：逼空阳，可开仓做多。

P 点：最值阴线，多单平仓，但不可反手做空。震荡幅度加剧，成交量放大明显。若整体涨幅大，短期暴涨之后，是大幅震荡和下跌的明显信号。

K 点：破势阴线，跳空下跌，下破短期上涨趋势线 5 日均线，是多单平仓不可错过的机会。

很显然，若错过了拐点五阳做多，还可以利用拐点五阳的顺位线继续开仓做多，特别是前一两根顺位线。若错过了拐点三线平仓，则必须于拐点三线的第一根顺位线平仓，临盘不可迟疑。

二、中线走空，三线做空，五阳平仓

中线走空可分为三种情况：

其一，短期均线黏合，形成双头或者多重顶，大阴线下破 20 日均线。

其二，大阴线下破 60 日均线，短期均线黏合向下发散。

其三，20 日、60 日均线空头排列，且价格位于 60 日均线之下。

三线做空：利用最值阴线、破势阴线或者归顺阴线开仓做空。

最值阴线做空，必须是明显空头行情、60 日均线下行，成功概率大。

五阳平仓：利用连阴阳、空倍阳、逼空阳、C 浪阳或者黄金阳平仓，一般不可反手做多，即不在空头行情里抢反弹做多。

图 5-68　橡胶主力合约 2013.6.3 ~ 2013.8.12 日 K 线图。

请用顺势抢点法则简明解释各节点操作策略。

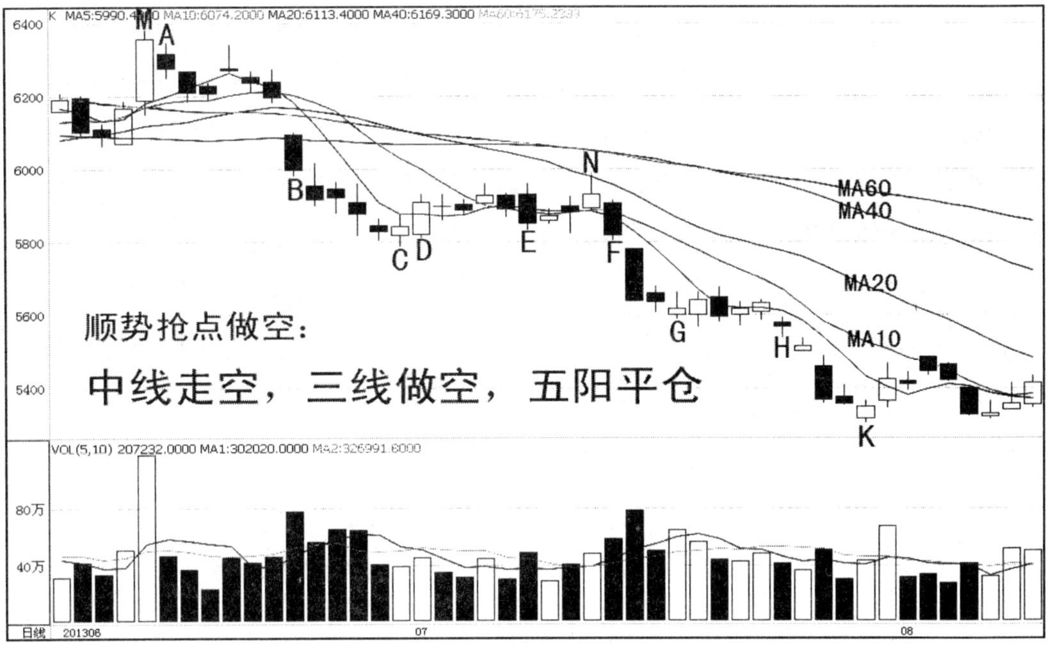

图 5-68

图 5-68 解析：

级别均线定向：本级别为日 K 线，中期均线 40 日、60 日空头排列，20 日均线下压助跌，交易方向为做空。

M 点：最 K 线，由于 40 日、60 日均线下行，仍为弱势。

A 点：最值阴线，由于中长期均线黏合托底，一般只能将多单平仓，开仓做空风险较大。

B 点：破势阴线，且是跳空下跌大阴线，均线黏合下行，往往跌幅较大，是不可错过的做空机会。上破 B 点开盘价或最高价止损。

C 点：连阴阳，可将空单平仓，但一般不可反手做多。从 B 点开始，5 连阴下跌，从 A 点开始，为 11 连阴，短期跌幅较大，C 点进行技术修复。

D 点：空倍阳，上破 5 日均线，只可平多单，不可逆大势做多。

E 点：归顺阴线，同时下破 5 日、10 日均线，开仓做空。上破 E 点收盘价或最高价止损。

N 点：低开高走，盘中冲击 20 日均线失败，尾盘跳水。收盘价没有上破 E 点收盘价。

F 点：归顺阴线，同时下破 5 日和 10 日均线。

G 点：连阴阳，可将多单平仓。

H 点：归顺阴线，也是星值下破，可开仓做空。

K 点：空倍阳，可将空单平仓。前根 K 线为星 K 线，本根 K 线实体有所增大。中线超跌、短线急跌之后，有止跌反弹的可能。

很显然，若错过了拐点三线做空，还可以利用拐点三线的顺位线继续开仓做空，特别是前一两根顺位线。若错过了拐点五阳平仓，必须于拐点五阳的第一根顺位线平仓，临盘不可迟疑。

顺势抢点法则，只适合连续性比较好、跳空较少的品种，交易级别以日 K、周 K 成功概率较大，一般小级别稳定性较差。

第六章　四区决策　四级定向

四区决策法则：盲区不入，见信而入；雷区不逆，破势可逆；共振必抢，首线开仓；背驰必防，次第减仓。

四级定向法则：多级多位，低级必多；多级空位，低级避险；空级空位，低级必空；空级多位，低级避险。

第一节　四区决策法则概述

K 线走势形态各异，位置各不相同，但根据风险和机会大小，可以将具有共同特征的 K 线作为一个区间。同区间交易策略相同。

一、四区概述

根据风险和机会的大小，将价格运行的不同阶段和 K 线组合的不同形态，分为四个不同的区间：雷区、盲区、共振区和背驰区。

（一）盲区概述

盲区：原指视线不能到达的区域，这里指价格突破方向和幅度难以判断、交易系统不能给出稳定交易信号的区间。

盲区形态分类：

（1）平衡位置：指多空力量基本平衡、价格上下两难、无法定向的位置。例如，中弱短强，中线明显超涨或超跌，短线反向波动明显走强，无法根据级别均线定向定律确定是做多还是做空。

（2）非典形态：指根据形态 K 线定位定律无法确定开仓位置。开仓的典型形态如五阳三线及其顺位线等，走势节奏明显，而非典形态一般走势飘忽，乱花迷眼。

（二）雷区概述

雷区：原指埋设地雷的区域，这里指多方或者空方蓄势充分、风险和机会都很大的区间。

雷区形态分类：

（1）均线黏合：黏合的均线越多，周期越长，威力越大，是多空双方必争之地。若开仓方向错误，一旦均线发散，短期内损失大。

（2）超涨急涨：中线超涨，短线急涨。

（3）超跌急跌：中线超跌，短线急跌。

无论是超涨急涨还是超跌急跌，或许背驰再背驰，不见拐点不转向。

（三）共振区概述

共振区：原指不同技术指标同时走强或者走弱的区域，这里指级位共振，级别多空与位置多空相同。

共振形态分类：

(1) 多级多位：本级别为多级，本位置为多位。

(2) 空级空位：本级别为空级，本位置为空位。

多位之后的几根 K 线上涨可能性大，空位之后的几根 K 线下跌可能性大。

（四）背驰区概述

背驰区：原指不同技术指标出现明显强弱分化的区域，这里指级位背驰，即级别多空与位置多空相反。

背驰形态分类：

(1) 多级空位：本级别为多级，本位置为空位。

(2) 空级多位：本级别为空级，本位置为多位。

下面我们通过一幅实例图讲解四区。

图 6-1　IF 当月连续 2010.8.19～2010.11.24 日 K 线图。

请用四区解构各节点。

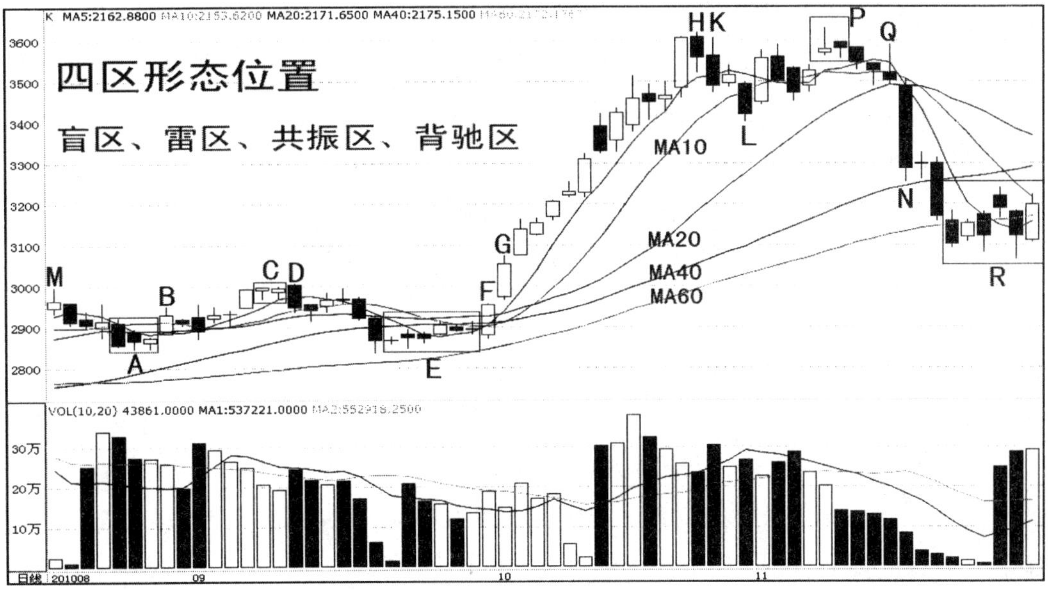

图 6-1

图 6-1 解析：

A 区：盲区。星 K 线，处于平衡位置，上有 5 日、10 日、20 日均线压制，下有 40 日、60 日均线上行顶托，突破方向难以判断。

B 点：空倍阳，星值上破，震荡上行。

C 区：雷区。星 K 线，均线短黏长翘，蓄势充分；与前期高点 M 点基本平行，压力明显。该点位既可能逼空上涨，也可能破位下行。一旦介入过早，方向做反，短期内可能遭受较大损失。

D点：星值下破，震荡下行。

E区：既是盲区，又是雷区。上有短期均线压制，下有中期均线顶托上行，且E区构成非典型星空线，变盘临界点。无论是星值上破还是星值下破，短期内涨幅或者跌幅都会较大。

F点：共振区。空倍阳，星值上破，且一阳穿四线，短期爆发力强。

G点：共振区。逼空阳，突破颈线位，符合短黏长翘逼空抢跳形态。

H点：最值阴线。

F点~H点：逆势做空则为踩雷区。均线短黏长翘，一旦向上发散，往往涨幅较大，一般不下破5日均线不要平仓，更不能逆势做空。

K点：破势阴线，级位背离，背驰区。快速、加速上涨，一般以5日均线为操盘线，下破5日均线，回调或者陷入盘整的可能性大。

L点：破势阴线，级位背离，背驰区。

P区：既是盲区，又是雷区。本级别为多级，中长期均线明显上行，但短期涨幅过大，有技术修复的可能。该点位既有可能创新高，也有可能回调形成双头，一旦方向做错，短期损失较大。

Q点：背驰区，接近盘整区下边线，变盘临界点。

N点：背驰区，下破颈线位，小双头均线黏合向下发散。

R区：构成新的盲区和雷区。

二、四区决策法则

盲区不入，雷区不逆，共振必抢，背驰必防。

盲区不入：其一，平衡位置，突破方向没有确认，不要过早介入；其二，非典形态，开仓位置不能确认，不要过早介入。

雷区不逆：一不可介入过早，若介入过早，一旦与突破方向相反，则所持仓位成为被动逆势仓。二不可在大势转换前抢反向波动，构成主动逆势仓。

共振必抢：包括启动共振和延伸共振。启动共振是一波行情的开始，是不可错过的开仓机会。延伸共振放足守线，是盈利增长的主要阶段。

背驰必防：包括回探背驰和破势背驰。回探背驰一般没有破坏原有趋势。破势背驰则原有趋势破坏，陷入长时间盘整或者趋势反转。

第二节　四区决策法则图解

四区决策法则：盲区不入，见信而入；雷区不逆，破势可逆；共振必抢，首线开仓；背驰必防，次第减仓。

一、盲区不入，见信而入

盲区决策法则：盲区不入，见信而入。

盲区不入：交易方向无法确定，介入点位不好把握，必须空仓等待。

见信而入：只有当系统发出明确开仓信号，才可以介入。

盲区，包括平衡位置和非典形态，如震荡整理区间，超涨超跌区间等。

下面我们通过一幅实例图讲解盲区决策法则的应用。

图 6-2　沪铝主力合约 2009.11.27 ~ 2010.1.21 日 K 线图。

关于 X 区交易策略，甲认为应做多，理由是多头行情，回调整理接近尾声，处于突破临界点；乙认为应做空，理由是整体涨幅大，之前冲顶迹象明显，若下破盘整区下边线，快速下跌可能性大。

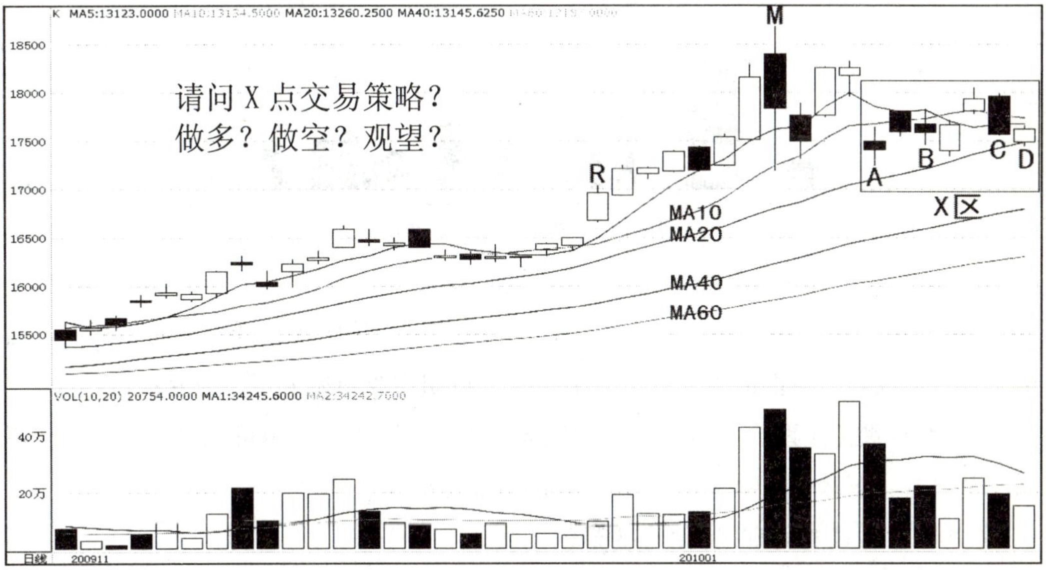

图 6-2　（后续走势见图 6-3）

图 6-2 解析：

1. 以大统小解盘

(1) 大趋势：整体涨幅大，R 点逼空上涨，阶段涨幅大。

(2) 小波段：M点最值阴线，多单可平仓，一般不能反手做空。从M点开始三角形整理。

(3) X区A点、B点、C点、D点位于10日均线之下，与M点最低价基本平行，上破或下破都有可能。

2. 攻防兼备策略

X区为盲区，根据盲区不入、见信而入决策法则，必须空仓等待。

(1) 后期走势三种可能：下破X区，上破M点，或者继续整理。

(2) 若下破X区，可开仓做空；若上破M点，可开仓做多；若继续整理，仍为盲区，继续空仓等待。

图6-3 沪铝主力合约2009.12.23～2010.2.22日K线图

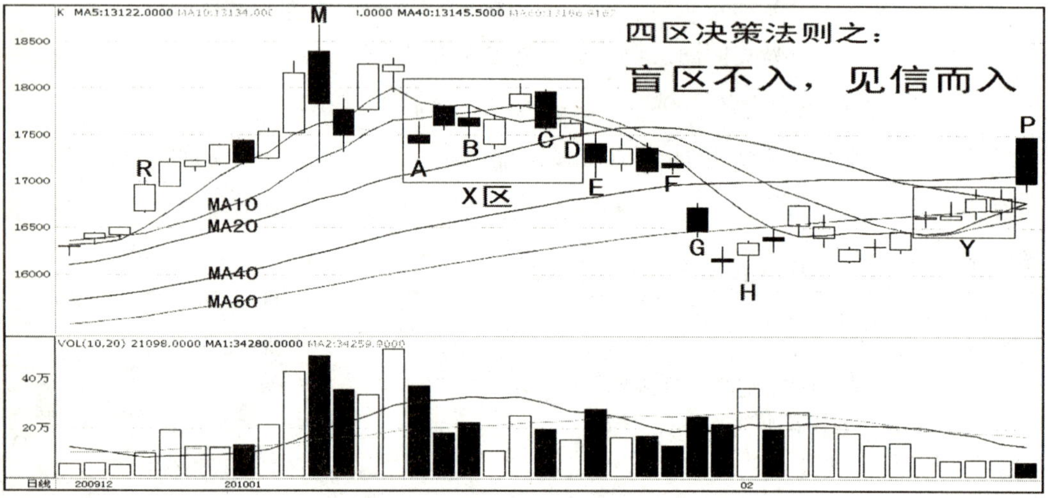

图6-3 （图6-2后续走势图）

3. 实际走势跟踪

(1) E点下破三角形整理下边线，且同时下破20日均线，开仓做空。E点之后至F点，构成新的整理抵抗平台，为星空线，短期均线明显下行，为变盘临界点。

(2) G点跳空下跌，空方明显处于优势。H点连阴阳，空单可先平仓，但一般不能反手做多。下破60日均线，中线走空的可能性极大。

(3) Y区构成新的盲区，P点为最值阴线。

通过高级别研判是否为盲区：若从低级别研判某区间为盲区，但从高级别研判则有可能趋势非常明确。如从5分钟K或15分钟K级别难以判断是做多还是做空，但从日K或周K级别研判，很可能只是下跌或上涨的中继形态。

二、雷区不逆，破势可逆

雷区决策法则：雷区不逆，破势可逆。

雷区不逆：蓄势充分的区间，不可逆势开仓，如快速上涨或者下跌，切不可抢反向波动。雷区逆势单基本分为两种：被动逆势单和主动逆势单。

被动逆势单是指盘整突破之前提前开仓，而突破方向与持仓方向相反。

主动逆势单是指价格波动强度没有明显减弱，趋势没有明确改变之前摸顶抄底，抢反向波动开仓。

破势可逆：当某种运行趋势被打破，形成明显的顶部或者底部形态，才可以考虑反向开仓。

雷区，突破方向不确定不可轻易提前开仓或者抢调整反向开仓。

下面我们通过一幅实例图讲解雷区决策法则的应用。

图 6–4　伦镍电 3（LMNDE）2012.6.19 ~ 2012.9.4 日 K 线图。

关于 A 点、B 点、C 点交易策略，甲认为应做多，理由是由 W 点 ~ N 点，突破 60 日均线一气呵成，回调是逢低做多的好时机；乙认为应做空，理由是 40 日、60 日均线仍然空头排列，A 点、B 点、C 点上攻无力，仅为下跌中继。

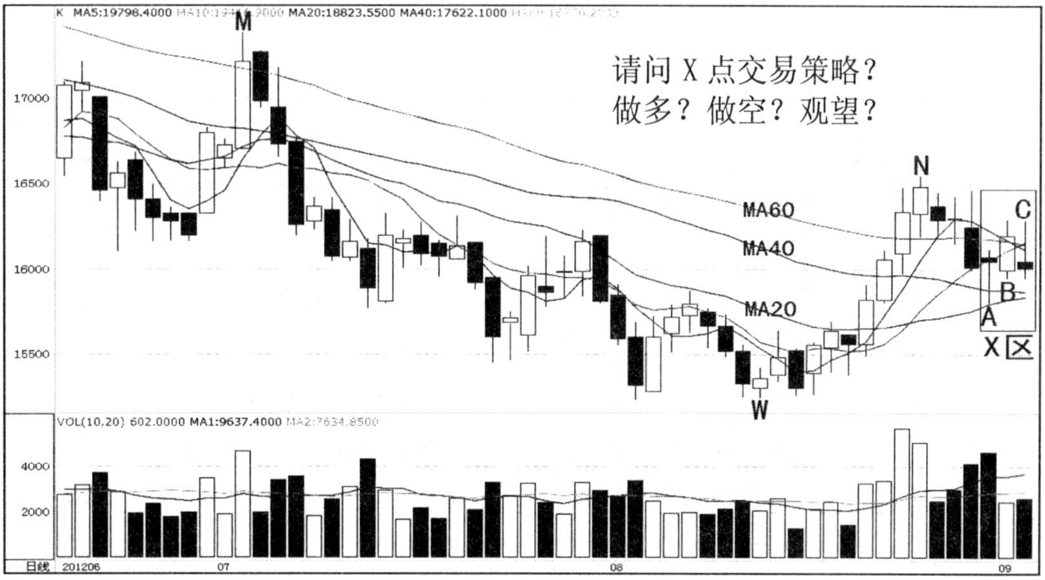

图 6–4　（后续走势见图 6–5）

图 6–4 解析：

1. 以大统小解盘

（1）大趋势：整体跌幅大，由 M 点 ~ N 点多方反攻，一举突破 60 日均线，多方由弱转强。

（2）小波段：N 点之后四连阴，B 点连阴阳，C 点上下搓整理，蓄势充分。

（3）C 点为星空线，变盘临界点。

2. 攻防兼备策略

X 区为雷区，根据雷区不逆破势可逆决策法则，等突破方向确定后再开仓。

（1）后期走势三种可能：星值上破，星值下破，或者继续整理后再突破。

（2）若星值下破，下破 20 日均线，可开仓做空；若星值上破，突破 C 点最高价或者 N 点，可开仓做多。若继续盘整，则空仓等待。

图 6-5　伦镍电 3(LMNDE)2012.7.3～2012.9.18 日 K 线图

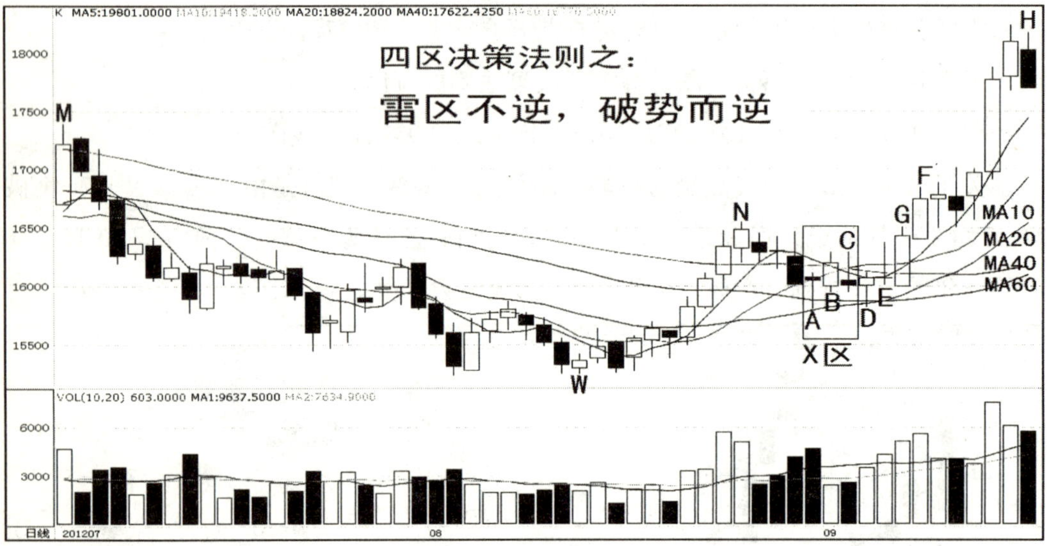

图 6-5 （图 6-4 后续走势图）

3. 实际走势跟踪

G 点之后，基本沿 5 日均线上攻，突破前期高点。

（1）D 点、E 点继续盘整，为星 K 线，变盘临界点，继续等待。

（2）G 点星值上破，空倍阳，开仓做多。F 点突破颈线位，确认多方胜出。

（3）由 G 点～H 点，多头强势，切不可逆势做空。在 H 点提前做空，必然承受更大的风险和煎熬。

雷区不逆，破势可逆，强调对于可能出现的大机会，必须把握好交易方向。

交易级别不同，雷区可能相同，也可能不同。低级别为顺势交易，从高级别看，很可能为逆势交易，遭受高级别雷区的打击。

三、共振必抢，首线开仓

共振决策法则：共振必抢，首线开仓。

共振必抢：级别和位置产生共振，即同级同位，包括多级多位和空级空位，是绝不可错过的抢点位置。

首线开仓：首，这里指开始共振的第一根 K 线。同级同位，果断抢点开仓，必须早做心理准备，临盘不可迟疑。

多级共振：本级别为多级，本根 K 线为拐点五阳或其顺位线。五阳共振，为首根 K 线共振。顺位线共振，为持续共振。五阳即连阴阳、空倍阳、逼空阳、C 浪阳和黄金阳。

空级共振：本级别为空级，本根 K 线为拐点三线或其顺位线。三线共振，为首根 K 线共振。顺位线共振，为持续共振。三线即最值阴线、破势阴线和归顺阴线。

下面我们通过一幅实例图讲解共振区决策法则的应用。

图 6-6　沪铜主力合约 2009.11.5 ~ 2009.12.24 日 K 线图。

关于 G 点交易策略，甲认为应立即做多，理由是多头行情，均线短黏长翘，G 点跳空上涨，是不可放过的做多机会；乙认为应伺机做空，理由是整体涨幅大，G 点大阳上攻，做多力量消耗过快，冲顶的可能性大；丙认为不可追高做多，应空仓观望待机。

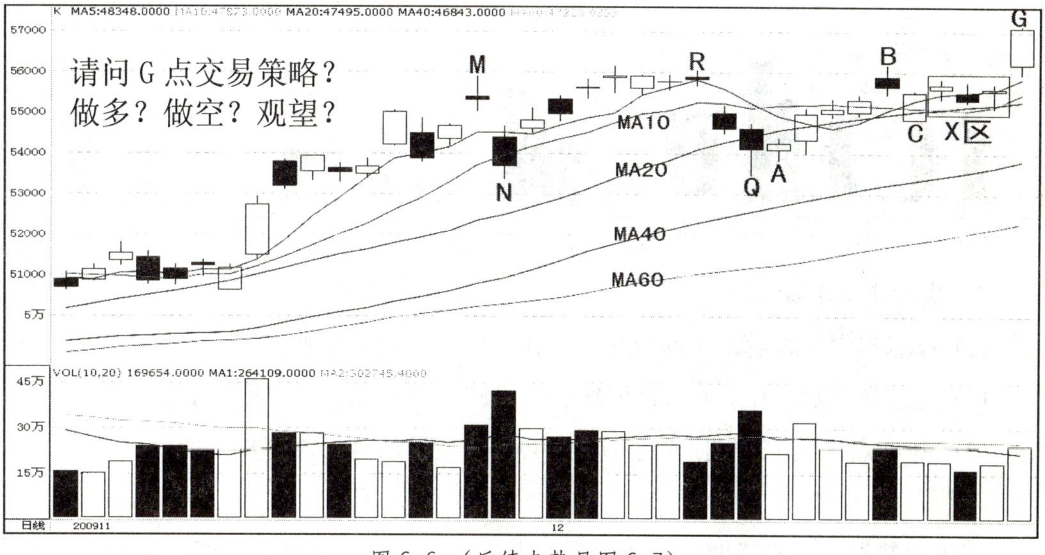

图 6-6 （后续走势见图 6-7）

图 6-6 解析：

1. 以大统小解盘

(1) 大趋势：中期均线多头排列，由 M 点、N 点开始区间震荡。

(2) 小波段：R 点 ~ Q 点三连阴、Q 点为长下影线，A 点连阴阳，反弹至前期高点 B，再次回调。

(3) C 点一阳穿三线，X 区为星空线，变盘临界点。

2. 攻防兼备策略

G 点为逼空阳，符合短黏长翘逼空抢跳形态，多级多位共振点，根据共振必抢首线开仓决策法则，临盘应抢点做多。

(1) 止损位：下破 G 点开盘价或者最低价。

(2) 放足守线：以 10 日或者 5 日均线作操盘线，不因日内的波动而轻易出局。若逼空阳之后快速、加速上涨，以 5 日均线作操盘线。

图 6-7　沪铜主力合约 2009.11.17～2010.1.6 日 K 线图

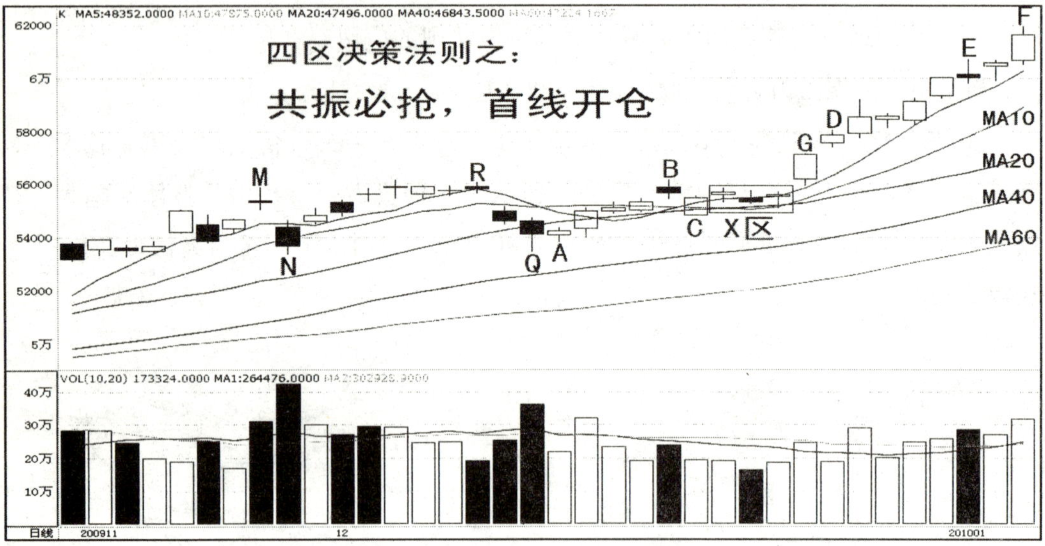

图 6-7 （图 6-6 后续走势图）

3. 实际走势跟踪

(1) G 点逼空阳之后，D 点继续高开高走，没有低补的机会。

(2) 七连阳之后，E 点非最值阴线，也没破 5 日均线，不可提前平仓。

(3) 由 G 点 ~ F 点，根据雷区不逆破势可逆决策法则，不可反手做空。

多级别共振，是战略做空或者做多的大机会。大机会几个月甚至几年才有一次，一旦抓住，阳光满天，一旦错失，漫长苦熬。对于日 K、周 K 级别，共振必抢，首线开仓，收益一般非常可观。

四、背驰必防，次第减仓

背驰决策法则：背驰必防，次第减仓。

背驰必防：级别和位置产生背驰，即级位相反，包括多级空位和空级多位，必须预防价格反向波动造成损失。

次第减仓：根据背驰强弱程度不同，依次在不同技术关口减仓，直到转势清仓。头寸规模不同，减仓的策略和方法也有所区别。

多级背驰：包括大势背驰、波段背驰和点背驰。大势背驰即之前阴线频率加大，振幅变大，连续阴线增多，短期均线多次死叉。波段背驰即本波攻击阳线走弱，阴线走强。点背驰即本根 K 线为拐点三线或其顺位线。三线背驰，为首根 K 线背驰。顺位线背驰，为持续背驰。三线即最值阴线、破势阴线和归顺阴线。

空级背驰：包括大势背驰、波段背驰和点背驰。趋势背驰即之前阳线频率加大，振幅变大，连续阳线增多，短期均线多次金叉。波段背驰即本波攻击阴线走弱，阳线走强。点背驰即本根 K 线为拐点五阳或其顺位线。五阳背驰，为首根 K 线背驰。顺位线背驰，为持续背驰。五阳即连阴阳、空倍阳、逼空阳、C 浪阳和黄金阳。

下面我们通过一幅实例图讲解背驰区决策法则的应用。

图 6-8　美黄金连（GLNC）2008.1.1 ~ 2008.3.17 日 K 线图。

关于 G 点交易策略，甲认为应做多，理由是中长均线多头排列，蓄势整理充分，重心上移，后期继续上攻可能性大；乙认为应做空，理由是之前大势背驰，G 点冲高回落，多方上攻无力；丙认为应空仓观望。

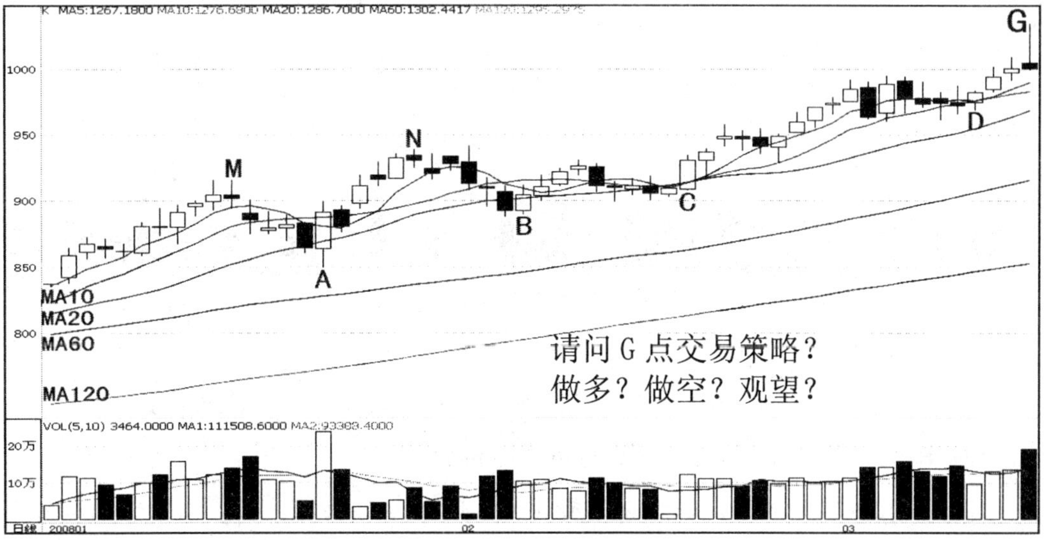

图 6-8　（后续走势见图 6-9）

图 6-8 解析：

1. 以大统小解盘

(1) 大趋势：20 日、60 日、120 日均线多头排列，发散过大，由 M 点开始，阴线出现的频率变高，实体增大，N 点六连阴，大势背驰。

(2) 小波段：A 点空倍阳，B 点连阴阳，C 点空倍阳，攻击力减弱。

(3) D 点连阴阳上攻，星 K 线，见波段背驰。

2. 攻防兼备策略

G 点最值阴线，执行背驰必防次第减仓决策法则。

(1) 次第减仓：其一是于 G 点减仓或者平仓，头寸规模小的，可直接将多单平仓，头寸规模大的，可分批减仓；其二是于大阴线下破 10 日均线，多单继续减仓；其三是大阴线下破 20 日均线时，多单必须清仓。

(2) 开仓回补：若之后上破前期高点，伺机回补部分多单。

(3) 转势做空：若之后大阴线下破 60 日均线，可转向做空。

图 6-9 美黄金连(GLNC)2008.2.12～2008.4.29 日 K 线图

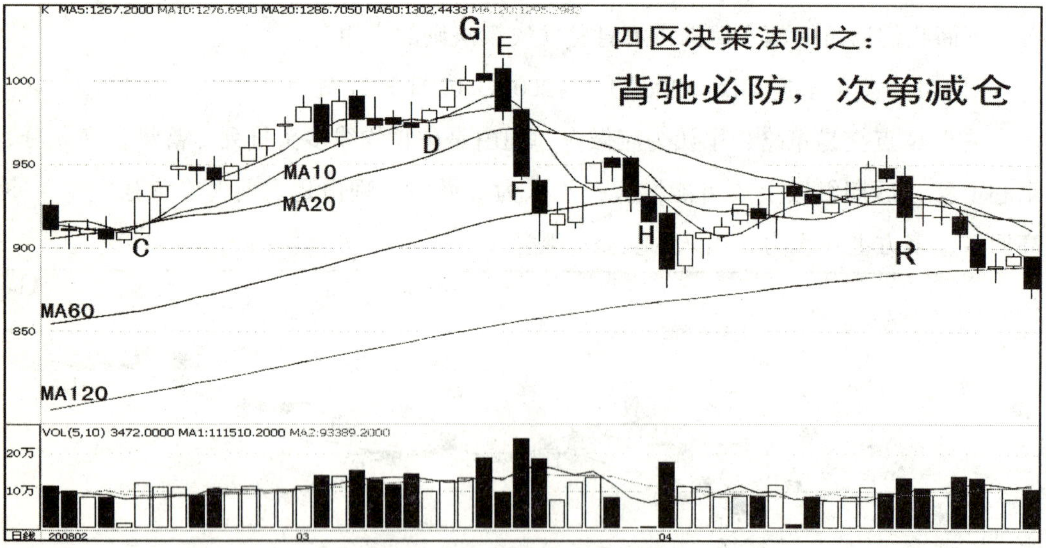

图 6-9 （图 6-8 后续走势图）

3. 实际走势跟踪

(1) E 点大阴线下破 10 日均线，多单清仓。F 点黏合下破，空方明显强势。

(2) R 点一阴破四线，是不可错过的做空机会。

对于头寸规模较大的，一般见趋势背驰，即可分批减仓，见破势阴线必须全部清仓。

第三节　四级定向法则概述

一、四级概述

（一）四级构成

四级定向指定向级和定位级，其中定向级包括主控级和背驰级，定位级包括区间级和抢点级。

1. 定向级——贞惕定向

根据以大统小法则和级别均线定向定律，交易方向由高级别中长期均线确定。四级交易中的高级别作为定向级别。

定向级：实盘交易用于确定交易方向的级别。分为主控级和背驰级。

主控级：实盘交易用于确定交易方向的决定级别。主控级也叫贞级，其级别不可低于日 K 级别，一般为日 K 或周 K，很少用月 K。

背驰级：实盘交易用于监控走势拐点的预警级别。背驰级也叫惕级，是主控级的次级别，一般为日 K 或 60 分钟 K。

贞惕定向：主控级与背驰级，即决定级别与预警级别，确定交易方向。

2. 定位级——信合定位

根据形态 K 线定位定律，交易点位由特定形态和特别 K 线确定，四级交易中的低级别作为定位级别。

定位级：实盘交易用于确定开仓、平仓位置的级别，分为区间级和抢点级。

区间级：实盘交易用于确定开仓、平仓区间的信号级别。区间级也叫信级，一般不小于 15 分钟 K。

抢点级：实盘交易用于确定某根 K 线开平仓的执行级别。抢点级也叫合级，一般不低于 5 分钟 K。

信合定位：区间级与抢点级，即信号级别与执行级别，确定交易点位。

（二）四级组合

1. 长线中线组合

主控级：月 K 线；背驰级：周 K 线；区间级：日 K 线；抢点级：60 分钟 K 线。

适用范围：长线、中线交易者，追求基本面与技术面共振，做的是大趋势，捕捉的是大行情，主要以赔率取胜，一次大赚甚至超过 10 次亏损。

2. 中线短线组合

主控级：周K线；背驰级：日K线；区间级：60分钟K线；抢点级：15分钟K线。

适用范围：中线、短线交易者，波段操作，持仓时间或长或短，顺其自然，重赔率，保概率。

3. 短线日内组合

主控级：日K线；背驰级：60分钟K；区间级：15分钟K；抢点级：5分钟K。

适用范围：短线、日内交易者，一般以技术分析为主，重概率，保赔率。

二、四级定向法则

多级多位，低级必多；多级空位，低级避险；空级空位，低级必空；空级多位，低级避险。

1. 多级多位，低级必多

多级多位：指当下高级别为多级，位置为多位。多位指此后几根K线上涨可能性大的位置，包括连阴阳、空倍阳、逼空阳、C浪阳、黄金阳及其顺位线等。

低级必多：指当下高级别为多级多位，以低级别开仓，交易方向必须是做多，而开仓点位可根据低级别走势，确认更好的开仓K线。

2. 多级空位，低级避险

多级空位：指当下高级别为多级，位置为空位。空位指此后几根K线下跌可能性大的位置，包括最值阴线、破势阴线、归顺阴线及其顺位线等。

低级避险：指当下可利用低级别K线规避回调或宽幅震荡的风险。方法之一是将多单平仓，见做多信号再回补；方法之二利用低级别缠多，直到多翻空。

3. 空级空位，低级必空

空级空位：指当下高级别为空级，位置为空位。比如高级别为空头行情，K线为最值阴线、破势阴线或者归顺阴线及其顺位线等。

低级必空：指当下高级别为空级空位，则以低级别开仓，交易方向必须是做空，而开仓点位可根据低级别走势，确认更好的开仓K线。

4. 空级多位，低级避险

空级多位：指当下高级别为空级，位置为多位。

低级避险：指当下可利用低级别K线规避反弹或宽幅震荡的风险。方法之一是将空单平仓，见做空信号再回补；方法之二利用低级别缠空，直到空翻多。

第四节　四级定向法则图解

一、多级多位，低级必多

多级多位，低级必多：是捕捉多头大行情的重要法则，强调的是利用高级别，如日K、周K等把握大趋势，利用低级别，如60分钟K、15分钟K等把握更精确的点位。

多级多位、低级必多，符合级别均线定向定律和共振必抢四区决策法则。

下面我们通过同一品种同一时期的四种级别，解析多级多位、低级必多。

图 6-10　伦镍电 3(LMNDE)2014.3.18～2014.5.9 日 K 线图

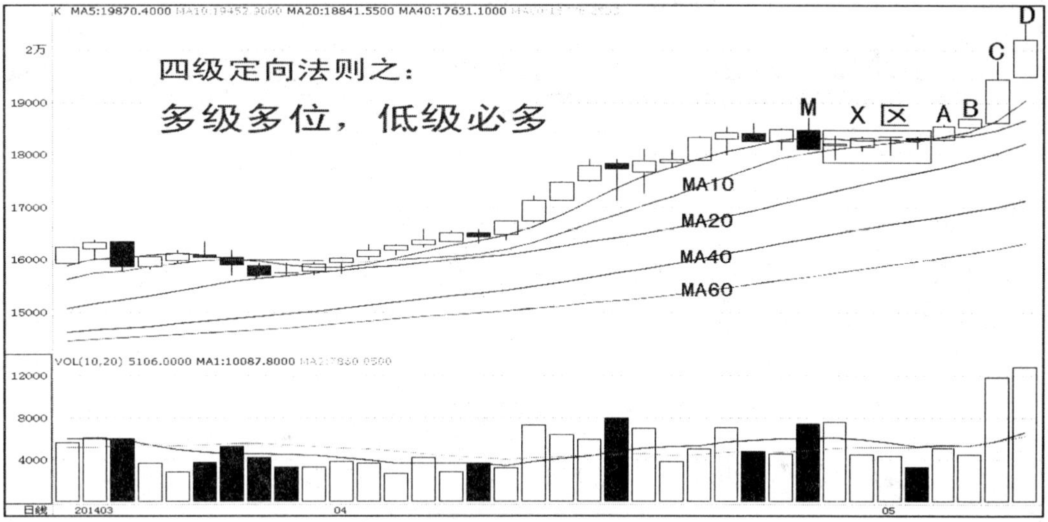

图 6-10

图 6-10 解析：

本级别多级强势：均线全多头排列，60 日均线明显上行，价格位于 60 日均线之上，当下明显走强。

M 点：破势阴线。下破 5 日均线后，开始横盘整理。

X 区：星空线，既是雷区又是盲区。时间越长，威力越大。

A 点：空倍阳，星值上破，是不可错过的做多机会。

B 点：顺位线，受 5 日、10 日均线顶托上行。

C 点：逼空阳，低开高走冲高回落，K 线实体较大，影线较长。

D 点：顺位线，且为大阳线，K 线实体较大，影线较长。

C 点、D 点：两根 K 线上影线稍长，但多方仍然强势，应继续持有多单。切不可开仓做空，否则违背雷区不逆法则。

图 6-11　伦镍电 3(LMNDE)2014.5.2～2014.5.9 日(60 分钟)K 线图

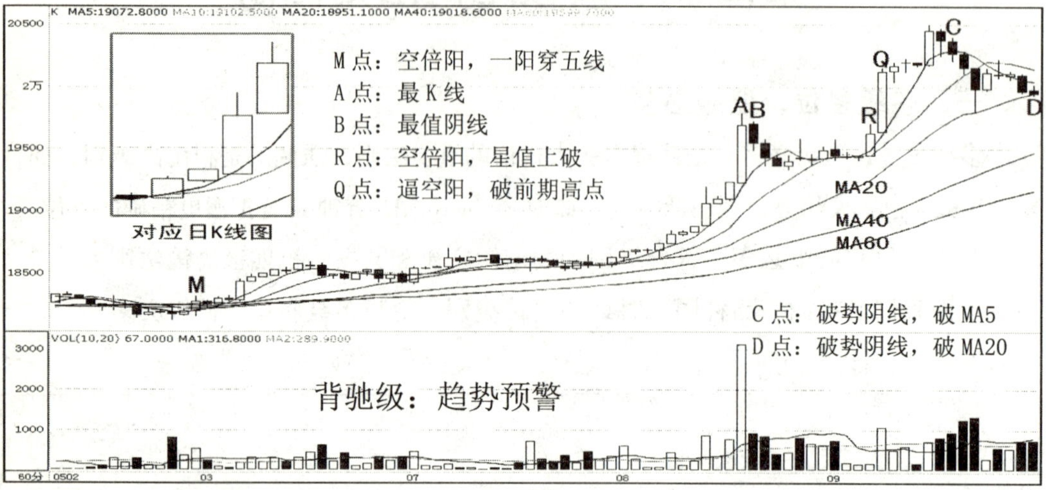

图 6-11

图 6-11 解析：

本级别为定向级背驰级。如果离开定向级主控级日 K 线，只关注 60 分钟 K，我们是否会认为头部形态明显，而过早的做空，从而违背级别均线定向定律和雷区不逆的交易法则呢？

图 6-12　伦镍电 3(LMNDE)2014.5.8～2014.5.9 日(15 分钟)K 线图

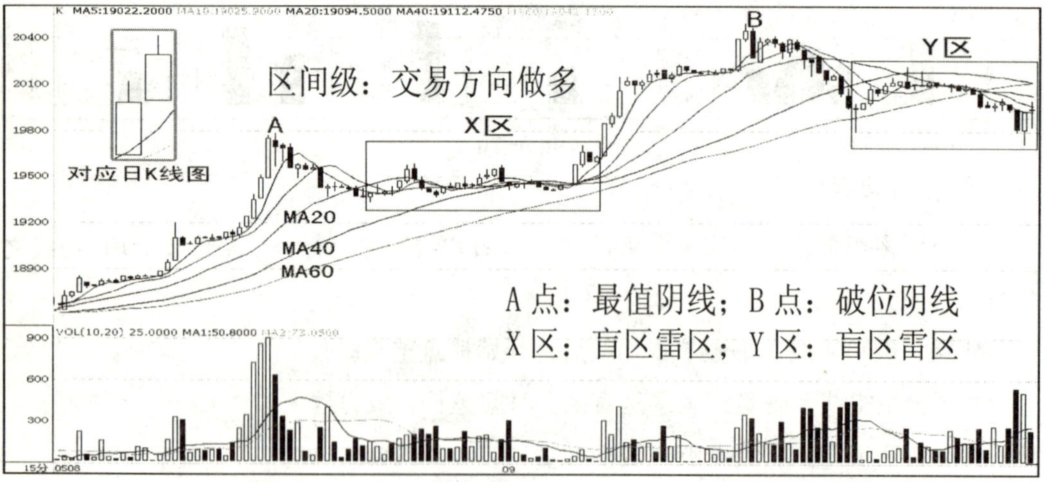

图 6-12

图 6-12 解析：

日 K 级别为两根大阳线，带上影线，走势简明，而对应的 15 分钟 K，出现两次比较明显的顶部形态，由于本级别为定位级区间级，只用于确定开平仓的区间，不可用作改变交易方向的依据。

图 6-13　伦镍电 3(LMNDE)2014.5.9 日(5 分钟)K 线图

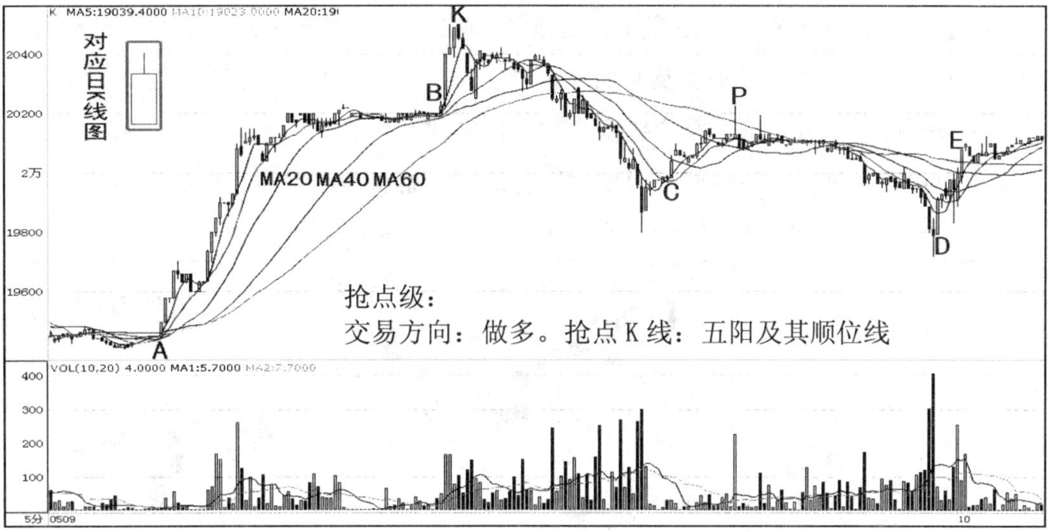

图 6-13

图 6-13 解析：

5 分钟 K，起起伏伏，变幻莫测，产生不少的顶部形态和底部形态。如果交易者仅仅专注于 5 分钟 K，交易方向变来变去，最后不知所向，无所适从。

然而跳出 5 分钟 K 看，其对应的日 K 线，仅为一根，带上影线。

坚定的交易大方向，来自于深远的大势观、交易的大格局。

A 点、B 点：均线黏合上行，大小级别共振。

C 点、D 点：从 5 分钟 K 看为弱势，从日 K 线看，仅仅是小幅回调。

K 点、P 点：小级别阶段顶部，从日 K 级别来看，仅是小波纹。迷失大方向的交易者往往喜欢于此处做空，即便小有斩获，然违背交易法则。只有当高级别出现做空信号，才能以低级别做空。

多级多位、低级必多法则实战应用：

短黏长翘形态：5 日、10 日、20 日均线黏合，40 日、60 日均线托底，见拐点五阳抢点做多。5 日、10 日、20 日、40 日、60 日均线黏合，120 日均线托底，见拐点五阳抢点做多。

涨势回调形态：短、中期均线多头排列，整体涨幅不大，短期超涨之后回调，且回调不破原有趋势，见连阴阳、空倍阳、C 浪阳、黄金阳等，可抢点做多。若回调破势，则必须放弃做多。

二、多级空位，低级避险

多级空位，低级避险：是多头行情规避深幅调整的重要法则，强调一旦高级别出现回调，必须利用低级别更及时地规避风险。

多级空位、低级避险，符合级别均线定向定律和背驰必防四区决策法则。

下面我们通过同一品种同一时期的四种级别，解析多级空位、低级避险。

图 6-14　沪铜主力合约 2014.6.11～2014.8.26 日 K 线图

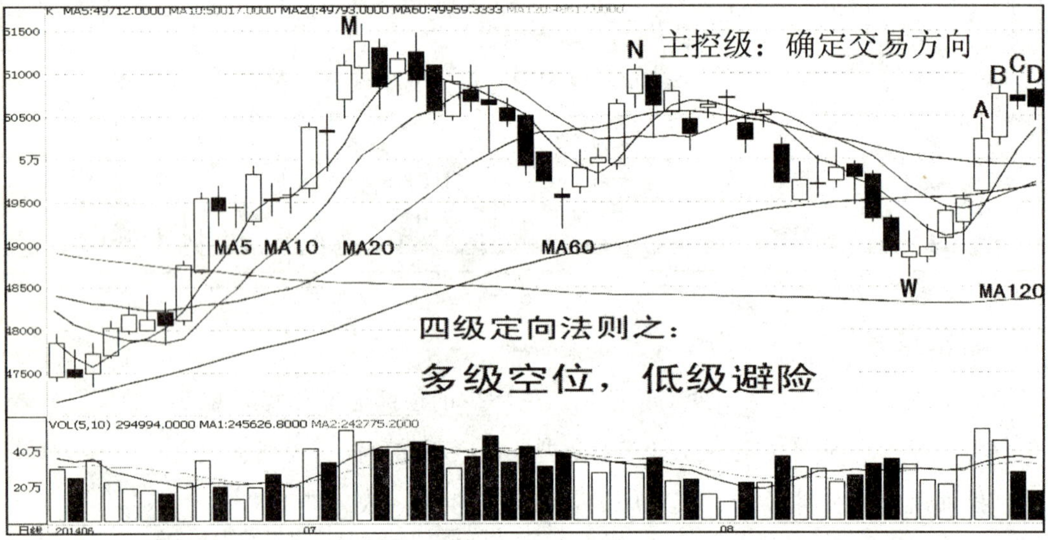

图 6-14

图 6-14 解析：

本级别为日 K 级别，由于 20 日、60 日、120 日均线多头排列，且 60 日、120 日均线上行，本波上攻至前期 M 点、N 点高点附近，冲顶回调的可能性较大，也可能短期回调之后再次上攻。

A 点、B 点、C 点、D 点位于 60 日均线之上，为多级。C 点为星 K 线，也是最值阴线，D 点为其顺位线，均为空位。

W 点：连阴阳、C 浪阳，回调至 120 日均线上方附近反攻，上破 60 日均线可开仓做多。下破 5 日均线或者前根中大阳线开盘价止损。

A 点、B 点：A 点大阳线上破 20 日均线，B 点阳线实体缩小，背驰冲顶，与前波上攻 N 点类似。

C 点：平开冲高攻击前期高点 N 点、M 点，遇阻回落，当日可将多单平仓，或利用低级别缠多避险。

D 点：B 点背驰，C 点最值阴线，D 点可按低级别避险。

图 6-15　沪铜主力合约 2014.8.15～2014.8.26 日(60 分钟)K 线图

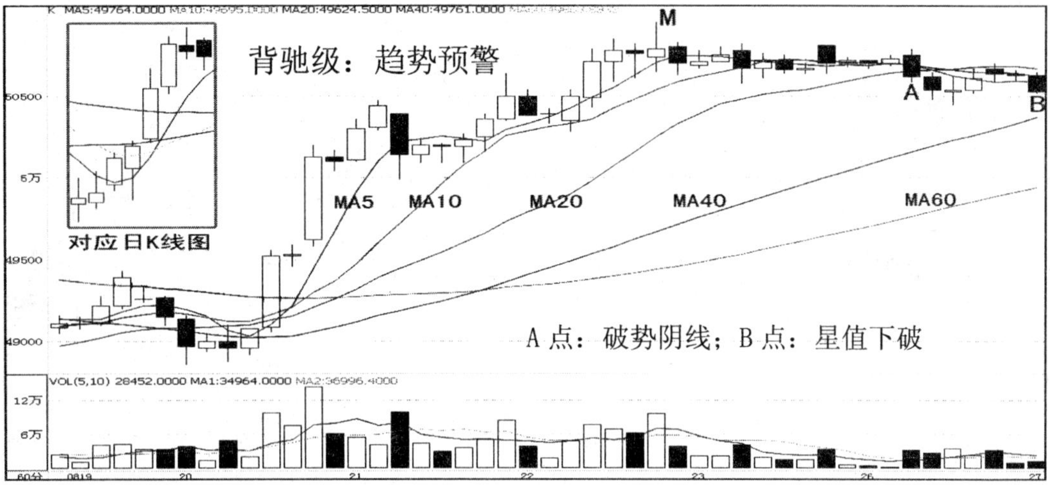

图 6-15

图 6-15 解析：

本级别为定向级背驰级。由于主控级日 K 线多级空位开始背驰，以 60 分钟 K 预警 K 线的快速变化。本级别 A 点破势阴线，且一阴破三线，多单可平仓。B 点星值下破，是不可再错过的平仓点。

图 6-16　沪铜主力合约 2014.8.21～2014.8.26 日(15 分钟)K 线图

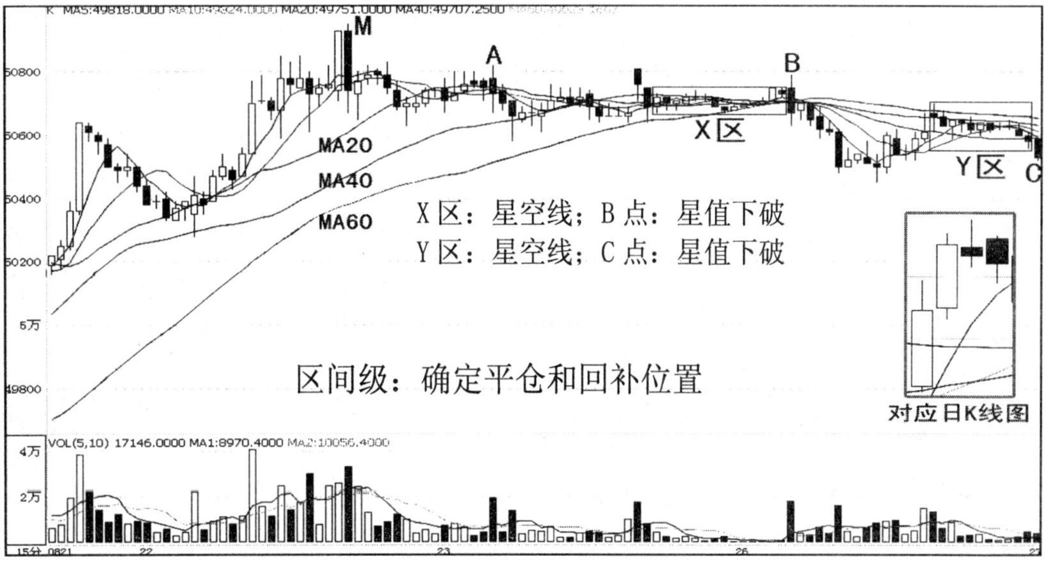

图 6-16

图 6-16 解析：

通过本级别确定多单平仓区间和平仓 K 线，以及确定多单回补区间和回补 K 线。

图 6-17　沪铜主力合约 2014.8.26 日(5 分钟)K 线图

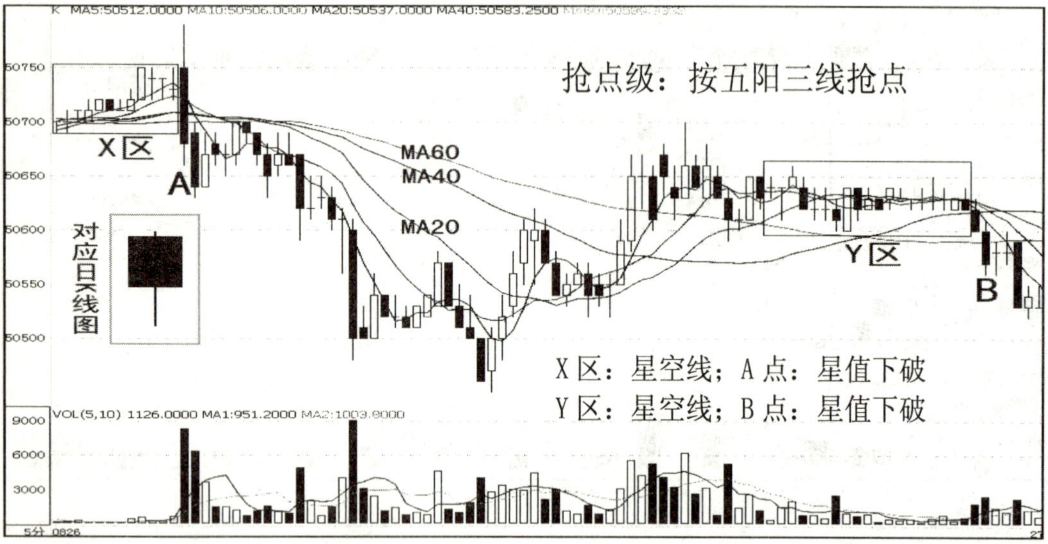

图 6-17

图 6-17 解析：

定位级的抢点级，最低级别一般为 5 分钟 K，只能按定向级确定的交易方向开仓或者平仓。本级别为 5 分钟 K，K 线变化复杂，但其对应的日 K 线仅为一根，走势简明。没有明确的交易方向，没有定向级的约束，很可能沉迷于迷茫小势。

坚定的交易大方向，来自于深远的大势观、交易的大格局。

X 区：震荡整理上攻，连续 3 根星 K 线。

A 点：大阴线下破，是多单平仓时机。

Y 区：震荡整理至星空线。

B 点：量值下破，是多单平仓时机。

背驰必防，次第减仓。当日 K 线出现背驰走势时，以小级别分批减仓，直到日 K 级别破势，清仓退场。

多级空位、低级避险实战应用：

避险，一是避免亏损超过预定值或者盈利大幅回撤；二是避免踏空，当止跌反攻时及时回补多单。

避险主要是利用低级别 K 线回避可能的深幅回调或宽幅震荡的风险。方法之一是将多单平仓，直到日 K 线止跌上攻再回补多单；方法之二是当日 K 线出现探底迹象时，可利用低级别缠多。

三、空级空位，低级必空

空级空位，低级必空：是捕捉空头大行情的重要法则，强调的是利用高级别如日K、周K等把握大趋势，利用低级别如60分钟K、15分钟K等把握更精确的点位。

空级空位、低级必空，符合级别均线定向定律和共振必抢四区决策法则。

下面我们通过同一品种同一时期K线图的四种级别，来解析空级空位、低级必空。

图 6-18　橡胶主力合约 2014.1.27～2014.4.21 日 K 线图

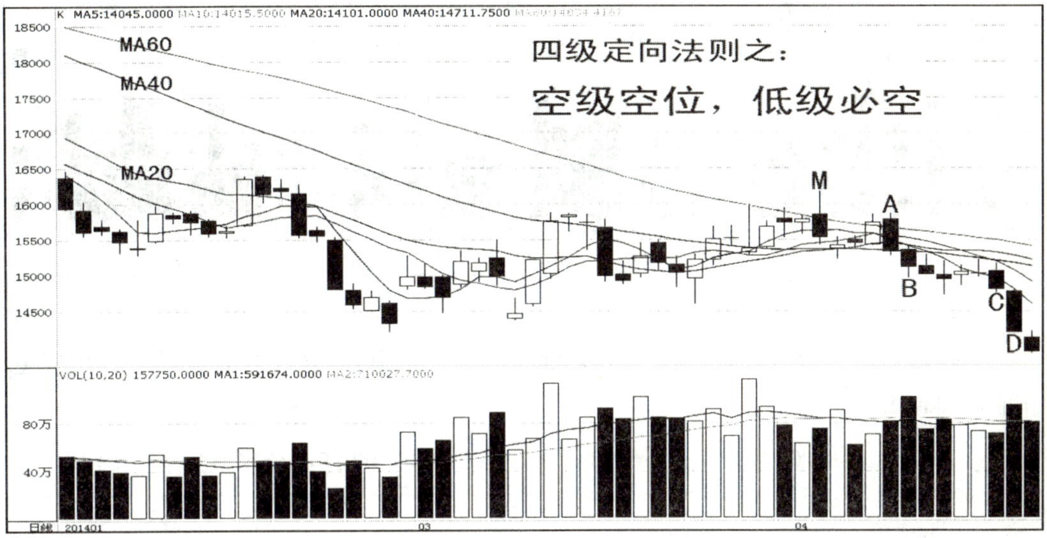

图 6-18

图 6-18 解析：

本级别空级强势：均线全空头排列，60 日均线明显下行，价格位于 60 日均线之下，当下走空。

根据级别均线定向定律：由高级别和中长期均线确定交易方向为做空。

M 点：最值阴线，早盘高开冲高，受 60 日均线压制，尾盘跳水。M 点均线黏合托底暂不可做空，M 点短黏长压，也不可做多。

A 点：破势阴线，且一阴破五线，是不可错过的做空机会。

B 点：顺位线，短黏长压。

C 点：星值下破，也是做空的好时机。

D 点：顺位线，K 线实体较大，空方强势，一般由多单止损和空方逼仓造成。D 点暂不可做多，否则违背雷区不逆法则。

根据共振必抢、首线开仓四区决策法则：A 点、C 点是不可错过的做空机会，B 点、D 点是顺位线做空。

图 6-19 沪胶主力合约 2014.4.1～2014.5.14 日(60 分钟)K 线图

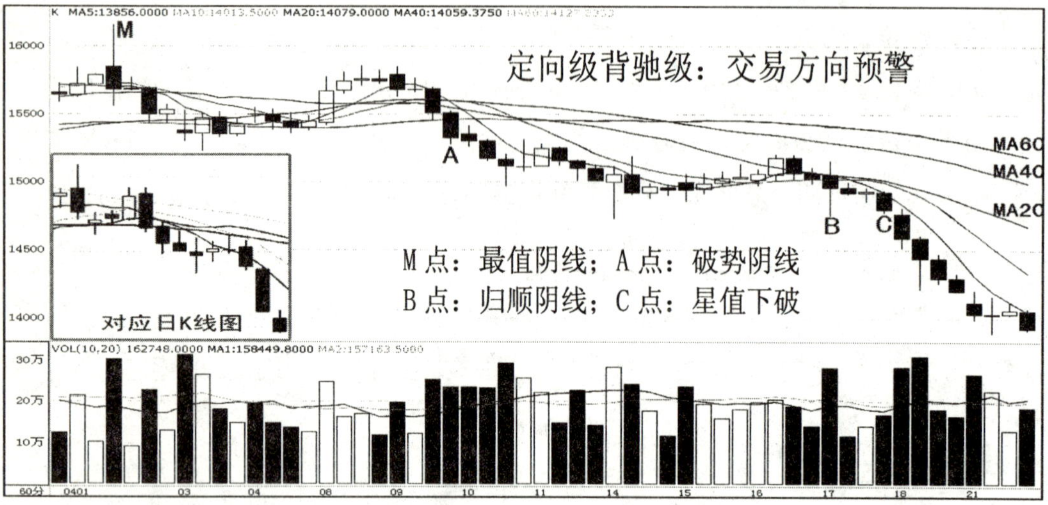

图 6-19

图 6-19 解析：

本级别为定向级背驰级。由于空头行情明显，利用 60 分钟 K 预警做空，可以更好地把握拐点。

图 6-20 沪胶主力合约 2014.4.9～2014.4.21 日(15 分钟)K 线图

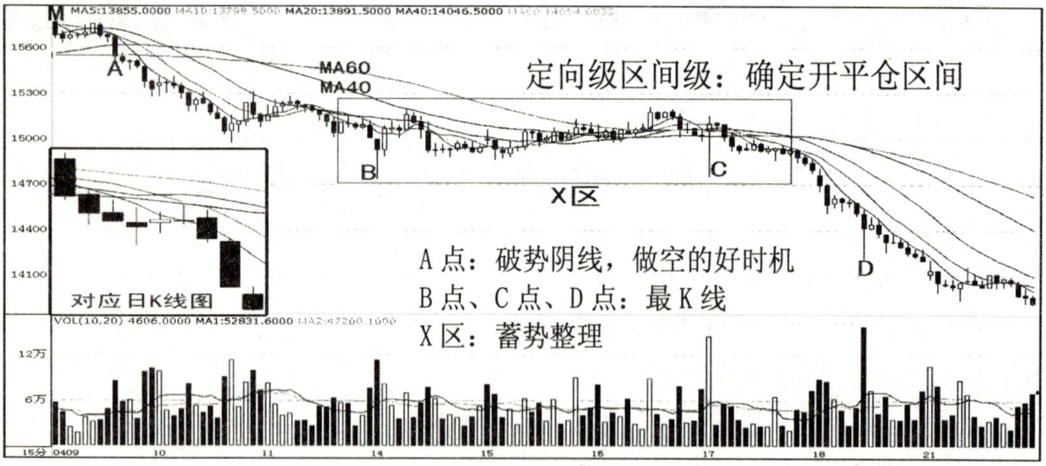

图 6-20

图 6-20 解析：

通过本级别确定空单开仓区间和开仓 K 线。

日 K 级别是明确的下跌走势，对应的 15 分钟 K 多处表现出黏合上破迹象，如果离开定向级的大势研判，很可能失去对大方向的把握。

X 区黏合上破，只是下跌中继，切不可逆势做多，违背以大统小法则。

图 6-21 沪胶主力合约 2014.4.17～2014.4.21 日(5 分钟)K 线图

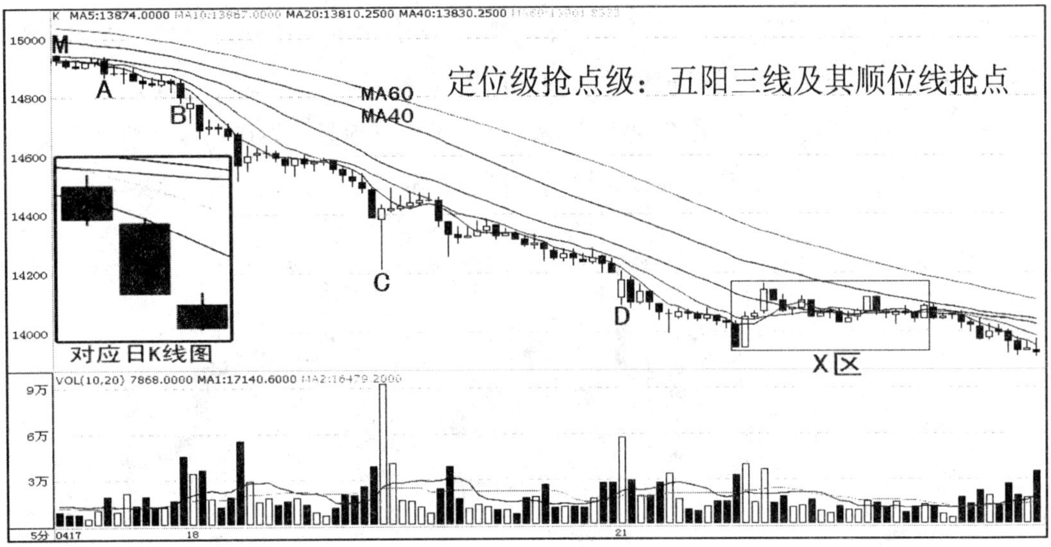

图 6-21

图 6-21 解析：

本级别为 5 分钟 K，基本沿 MA10 下行，其间多处反弹，但都无功而返。其对应的日 K 线仅为 3 根，走势简明。

坚定的交易大方向，来自于深远的大势观、交易的大格局。

A 点、B 点：星值下破，均线短黏长压，大小级别共振，是不可错过的做空机会。交易方向为做空，抢点不可迟疑。

C 点：最 K 线，短期超跌反弹，不改下行趋势。若离开日 K 级别对交易方向的把握，最 K 线很可能动摇做空的信心。

D 点：下跌抵抗假阳线。

X 区：抵抗平台，震荡整理至星空线。

空级空位、低级必空实战应用：

符合顺势而为之顺大顺小、共振必抢法则和共振必抢、首线开仓法则。

其一定向：确定交易方向为做空。

其二定位：确定开仓点位。若短线、中线交易，可直接按日 K 线开仓。若短线或者日内交易，以 15 分钟 K 甚至 5 分钟 K 开仓，可按发散线开、收敛线平，开仓方向相同，都是做空。

开仓级别大小不同，开仓点位会有一定差别，对日内交易影响可能较大。

四、空级多位，低级避险

空级多位，低级避险：是处理空头行情超跌反弹的重要法则，强调一旦高级别出现超跌反弹，必须利用低级别更及时的规避风险。

空级多位，低级避险，符合级别均线定向定律和背驰必防四区决策法则。

下面我们通过同一品种同一时期的四种级别，解析空级多位，低级避险。

图 6-22　鸡蛋 1501 合约 2014.6.6～2014.8.21 日 K 线图

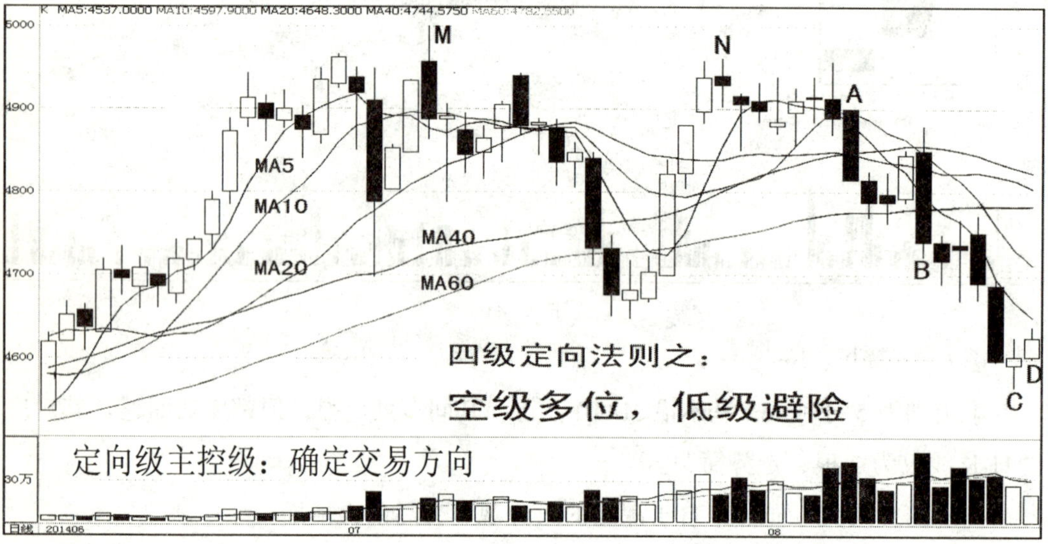

图 6-22

图 6-22 解析：

本级别日 K 级别，B 点价格下破 60 日均线，C 点、D 点为空级。C 点为连阴阳，D 点为其顺位线，为多位。

M 点、N 点：双头，形成时间较长，压力大。

A 点：破势阴线。大阴线下破 20 日均线，可开仓做空。

B 点：破势阴线，发散线。大阴线下破 60 日均线，带动均线向下发散，是不可错过的做空机会。

C 点：连阴阳。由 B 点开始 5 连阴下跌，短期超跌反弹。空单可平仓，但不可反向做多。

D 点：顺位线，以空仓为宜。

交易策略：确定交易方向为做空。根据顺势抢点法则，中线走空，三线做空，五阳平仓。其一是反弹归顺阴线做空，如大阴线下破 10 日均线；其二是见平台归顺阴线做空，如下破 C 点最低价。

图 6-23　鸡蛋 1501 合约 2014.8.11～2014.8.21 日(60 分钟)K 线图

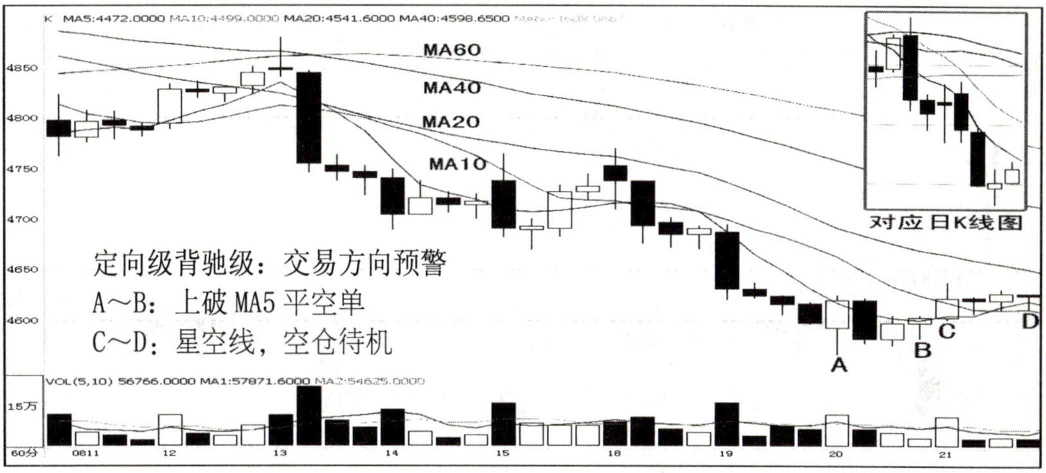

图 6-23

图 6-23 解析：

本级别为定向级背驰级。由于主控级日 K 线见空级多位，级位背驰，以 60 分钟 K 预警拐点的快速变化。

图 6-24　鸡蛋 1501 合约 2014.8.18～2014.8.21 日(15 分钟)K 线图

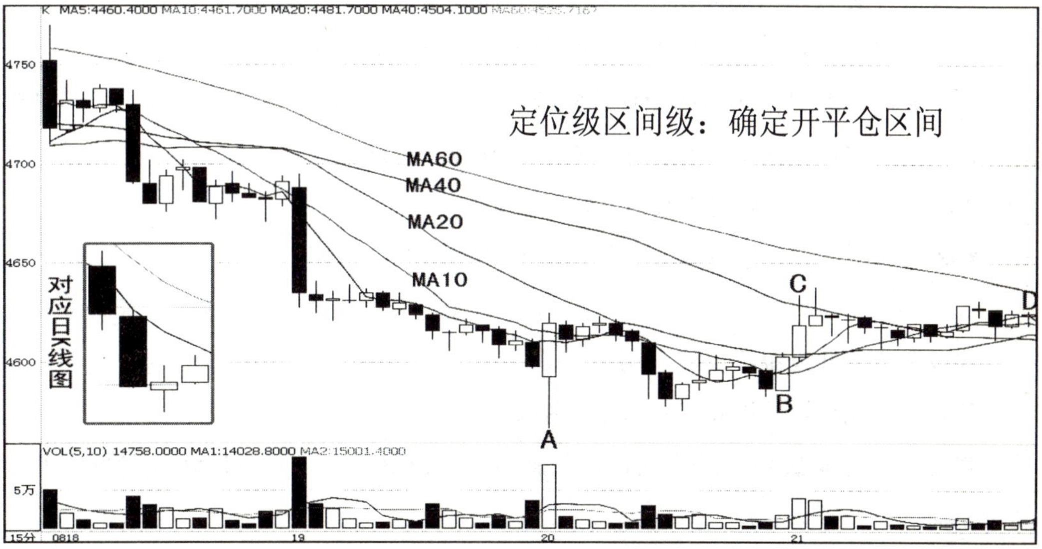

图 6-24

图 6-24 解析：

日 K 级别连阴阳有止跌企稳迹象，通过分时图表现为多根 K 线组合。15 分钟 K 的突破形态，一般不构成开仓的信号。

A 点为探底最 K 线，B 点为星值上破，只可平空单，不可反向做多。C～D 点重新陷入盘整，见星空线，是本级别突破临界点。

图 6-25　鸡蛋 1501 合约 2014.8.19～2014.8.21 日(5 分钟)K 线图

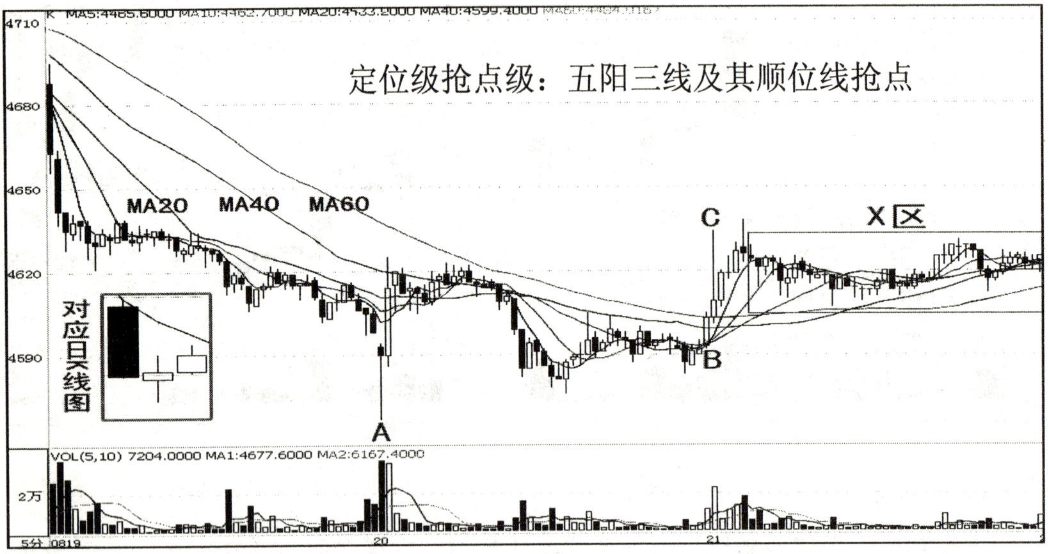

图 6-25

图 6-25 解析：

只有当日 K 级别出现冲顶回落时，才可按 5 分钟 K 抢点做空。

坚定的交易大方向，来自于深远的大势观、交易的大格局。

A 点下探上涨型，典型的短期超跌反弹，至 B 点形成黏合向上发散，但不可反向做多。绝大多数日内交易者，迷失在小级别的涨涨跌跌。

C 点冲高回落，之后陷入长时间震荡整理。

X 区：震荡整理至星空线，既是盲区又是雷区。

空级多位、低级避险实战应用：

其一，可先将空单平仓，一般不反手做多。

其二，见日 K 级别归顺阴线，可回补空单，以价格上破归顺阴线开盘价或者最高价止损。

其三，若大阴线下破前期反弹起点，可开仓做空。

日 K 级别见空单回补信号，可根据 15 分钟 K、5 分钟 K 确定更有利的位置做空。

第七章　三步变区　三区转换

盘整区，顺大逆小；突破区，等点抢点；趋势区，顺势顺线。是制定交易策略的三大经验法则。

第一节　三区间——转区换线

区间是简化技术分析和交易策略的有效手段。区间相同，则交易策略相同。

一、区间构成

任何一段完整走势，都由三种基本区间构成：盘整区、突破区和趋势区。

盘整区是某一时段内价格反复上下波动的区间。盘整区一般由破势转换、震荡收窄和黏合突破三部分构成。

突破区是某一时段内确认有效突破盘整区所必须经过的区间。突破区一般由黏合突破、回探不破和归顺确认三部分构成。

趋势区是具有明确的上涨或下跌走势的区间。趋势区一般由突破确认、顺势顺线和破势转换三部分构成。

任何一个完整的大级别的盘整区，都可以分解成小级别的完整走势，同样包括小级别的盘整区、突破区和趋势区。交易级别不同，操作难度不同。如选择的交易级别过小，则区间的稳定性较差，操作难度较大。

下面我们通过一幅实例图简述一下三区间的划分与转换。

图 7-1　棕榈主力合约 2008.12.12～2009.4.21 日 K 线图

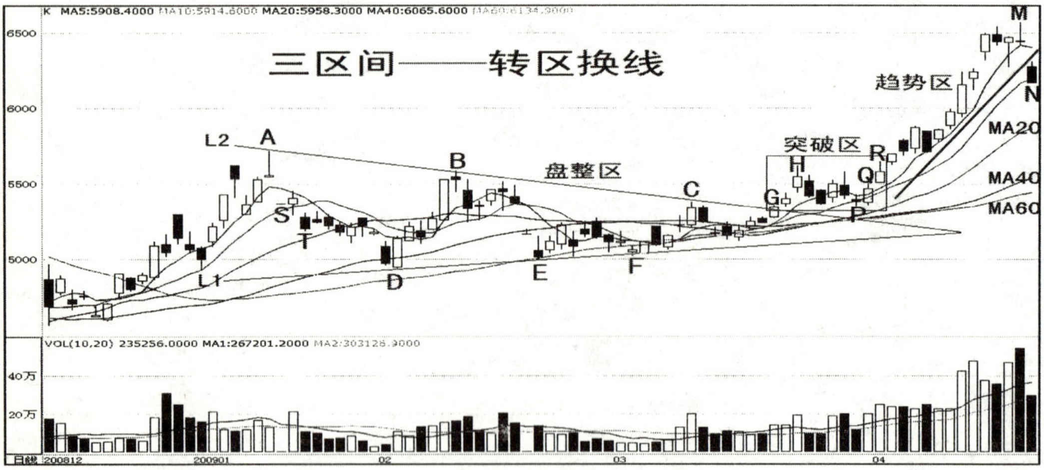

图 7-1

图 7-1 解析：

1. 盘整区解析

盘整区：由线段 L1 和 L2 构成的区间，为对称三角形。

破势转换：A 点冲顶跳水，收长上影线，为最 K 线；S 点一字跌停，破 5 日线，为破势阴线；T 点跳空下跌，破 10 日线。走势由之前的上行趋势转换为下跌趋势或者区间盘整。

震荡收窄：A 点和 D 点确认三角形开口，由 D 点开始，三角形高点 B 点、C 点逐渐降低，低点 E 点、F 点逐渐升高，构成对称三角形。

黏合突破：C 点之后再次回落，5 日、10 日、20 日短期均线黏合，40 日、60 日中期均线上翘顶托，G 点突破三角形上边线 L2。

2. 突破区解析

黏合突破：均线短黏长翘，G 点突破三角形上边线 L2。

回探不破：H 点之后开始回调，至 P 点，没有下破之前的突破位置 G 点。

归顺确认：Q 点空倍阳，重归涨势，R 点突破之前高点，开始一波上攻，确认突破有效，非假突破。

3. 趋势区解析

突破确认：突破区确认突破有效，涨势形成。

顺势顺线：价格沿 5 日均线快速上涨。

破势转换：M 点与前根 K 线构成揉搓线，且连续 3 根 K 线构成星 K 线。N 点跳空下跌，破 5 日均线，为星值下破，涨势结束。

二、转区换线

盘整区、突破区和趋势区，是解构走势的简明方法，三区相互转换，既相对独立，又相互融合。一种区间转换为另一种区间，必然要经过突破区。突破区是区间转换必不可少的环节，也是交易者的狙击重点。

三区间都包含三个步骤：区间产生，区间持续，区间结束。区间结束一般是本区间结束，新的区间产生。

常见节奏：盘整区—突破区—趋势区—新的盘整区……

黏合突破是盘整区的结束，也是突破区的开始。突破确认是突破区的结束，也是趋势区的开始。趋势区的破势转换是趋势区的结束，也是新的盘整区的开始。

特殊节奏：趋势区—突破区—新的趋势区。

V 形反转或 A 形反转，不经过盘整区，直接由趋势区经突破区转换为新的趋势区。所有的趋势确认，都必须经过突破区。

交易指令：趋势区守操盘线，突破区抢拐点五阳三线，盘整区空仓待机。

第二节　盘整区——顺大逆小

盘整区是某一时段内价格反复上下波动的区间，常见的盘整形态有三角形、矩形、旗形、菱形、楔形等，盘整形态所占区间为盘整区，其整个过程一般可分为盘整区产生、盘整区持续和盘整区结束三部分，其对应走势特征为破势转换、震荡收窄和黏合突破。

下面我们通过一幅实例图讲解盘整区走势特征。

图 7-2　橡胶主力合约 2009.3.17～2009.7.17 日 K 线图

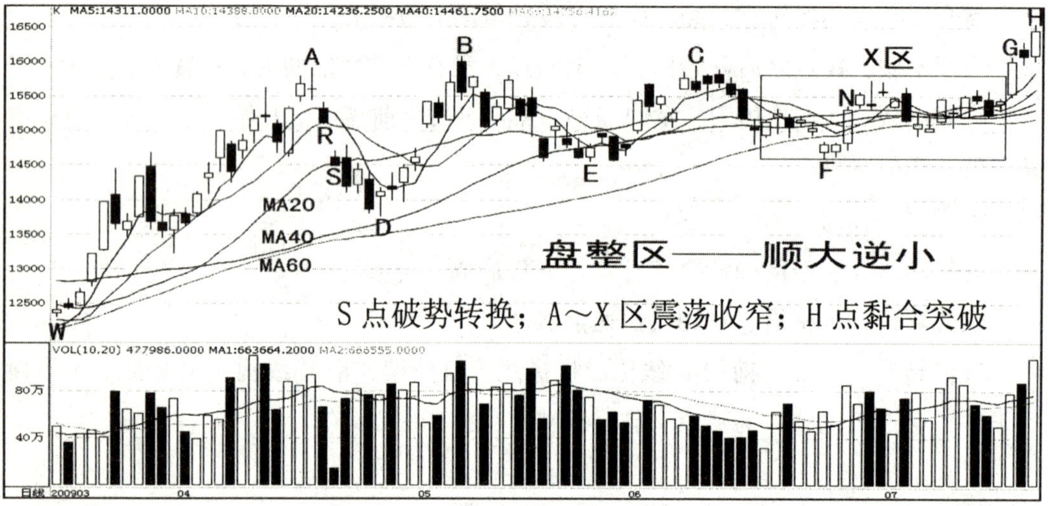

图 7-2 解析：

趋势区：W 点～A 点：价格沿 10 日均线上行，其间出现回调，但幅度较小。

1. *破势转换*

破势：即原趋势破坏。A 点十字星，R 点跳空低开，破 5 日均线，S 点跳空低开，破 10 日均线。

转换：由原趋势区转换为盘整区，之前沿 10 日均线上涨的趋势结束，转为下跌或者陷入盘整。

2. *震荡收窄*

震荡：价格在某一阶段陷入区间整理。A 点～G 点构成震荡区间。

收窄：包括单根 K 线震荡幅度收窄和中短期均线之间距离收窄。A 点～D 点、B 点～E 点、C 点～F 点，震荡幅度明显减小，短期均线和中期均线距离也明显收窄。

3. *黏合突破*

黏合：短期均线黏合。构成短黏长翘或者短黏长压形态。X 区均线基本黏合，N

点一阳穿 5 线。

突破：指上破压力位或者下破支撑位。G 点星值上破，空倍阳，H 点逼空阳，突破前期高点，形成新的趋势。

盘整区一般三步变区：破势转换，震荡收窄，黏合突破。

一、破势转换

破势转换是盘整区产生的必要条件。不破不立，旧的趋势不打破，新的趋势就不可能产生。

破势：一般指突破原有走势的束缚，如上涨趋势下破支撑线，下跌趋势突破压力线。支撑线和压力线都是新区间产生的阻力位。

破势 K 线一般由最 K 线和拐点五阳三线构成。

转换：指由原来的趋势区转换为盘整区，也有直接由一种趋势转换为另一种趋势，中间不经过盘整区。

二、震荡收窄

震荡收窄是蓄势过程。震荡收窄是盘整持续、形态变化的必然过程。震荡是收窄的必要条件，收窄是震荡的必然结果。

震荡：包括宽幅震荡和窄幅震荡。

收窄：直观表现为两个方面，一是指 K 线震荡幅度由大变小；二是指均线之间的距离由大变小。

三、黏合突破

黏合突破是突破的重要形态，黏合是震荡收窄的必然结果，突破是黏合发散的必然条件。黏合的均线越多，蓄势越充分，突破后的趋势越持久。

黏合：至少 5 日、10 日、20 日三条均线黏合。

突破：包括上破和下破两种。

盘整区，顺大逆小。不少交易者喜欢在盘整区上边线做空，在下边线做多，但往往会在突破时因方向做错而遭受较大损失，违背了以大统小法则和盲区不入，雷区不逆四区决策法则。

第三节 突破区——等点抢点

突破区是某一时段内确认有效突破盘整区所必须经过的区间。突破区一般由黏合突破、回探不破和归顺确认三部分构成。突破区持续的时间长短相差较大，长的几个月，短的只有一天。

下面我们通过一幅实例图讲解突破区。

图 7-3 白糖主力合约 2010.5.12～2010.7.20 日 K 线图

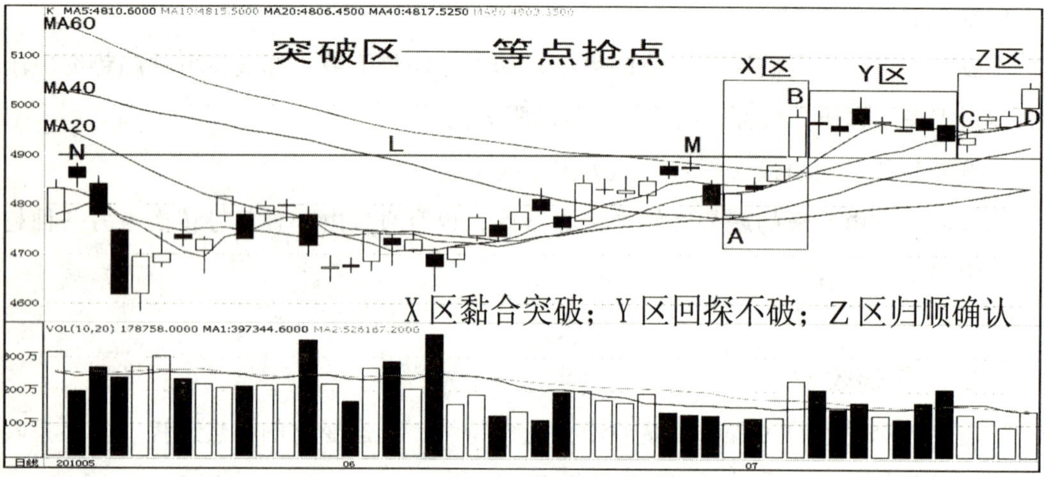

图 7-3

图 7-3 解析：

盘整区：N 点反弹突破 10 日均线，破势转换，由原来下跌趋势转为盘整。N 点、M 点构成颈线位。震荡整理时间越长，黏合的均线越多，蓄势越充分。

1. 黏合突破

X 区为黏合突破。

黏合：短期均线黏合。5 日、10 日、20 日均线基本黏合，中期均线 40 日均线托底，60 日均线下行反压。

突破：A 点为连阴阳止跌反攻，B 点跳空高开，突破颈线位 L。

2. 回探不破

Y 区为回探不破。

B 点之后开始震荡回调，三连阴 + 星 K 线阳线 + 三连阴，七线不破一阳，多头强势，B 点支撑作用强，一线定心。

(1) 若价格回调幅度大，下破颈线位，则本次突破失败。

(2) 若 B 点突破后连续快速上攻，则没有回调。

(3) 蓄势越充分，突破之后回调的幅度越小。

3. 归顺确认

Z 区为归顺确认。

C 点为连阴阳、C 浪阳止跌反攻。D 点跳空高开，突破前期高点，重回涨势。

突破区一般三步变区：黏合突破，回探不破，归顺确认。

一、黏合突破

黏合突破是突破的重要形态，黏合是震荡收窄的必然结果，突破是蓄势发散的必要条件。

黏合是蓄势的过程。一般黏合的均线越多，时间越长，蓄势越充分。

黏合：典型的有三线黏合和五线黏合。

三线黏合指三条短期均线黏合，即 5 日、10 日、20 日三条均线黏合。

五线黏合指短期、中长期均线黏合，即 5 日、10 日、20 日、40 日、60 日五条均线黏合，或者 5 日、10 日、20 日、60 日、120 日五条均线黏合。

波段大行情潜伏于三线黏合和五线黏合，特别是五线黏合，一旦突破，浩浩荡荡，绝不可错过。

二、回探不破

回探不破是对突破有效性的检验。回探是释疑，不破是底线。

若回调突破前期阻力位，则本次突破失败。若之前的蓄势越充分，回探的幅度越小，甚至直接快速运行，没有回探。

三、归顺确认

归顺确认是对突破有效性的确认，是对新趋势的确认。

归顺：结束回探过程，顺之前突破方向运行。

突破区，等点抢点。特别是三线黏合突破和五线黏合突破，机会不可错过。

第一是要有战略自信。本次操作是顺势而为的必然结果。

第二是要有战术自信。狙击位置明确，狙击手法熟练。

第三是要有三向风控。一旦突破失败，按预订计划安全退出。

第四节 趋势区——顺势顺线

趋势区是具有明确的上涨或下跌走势的区间。趋势区一般由突破确认、顺势顺线和破势转换三部分构成。趋势区是能够快速获利的区间。

下面我们通过一幅实例图讲解趋势区。

图 7-4 棉花主力合约 2009.9.23～2009.11.27 日 K 线图

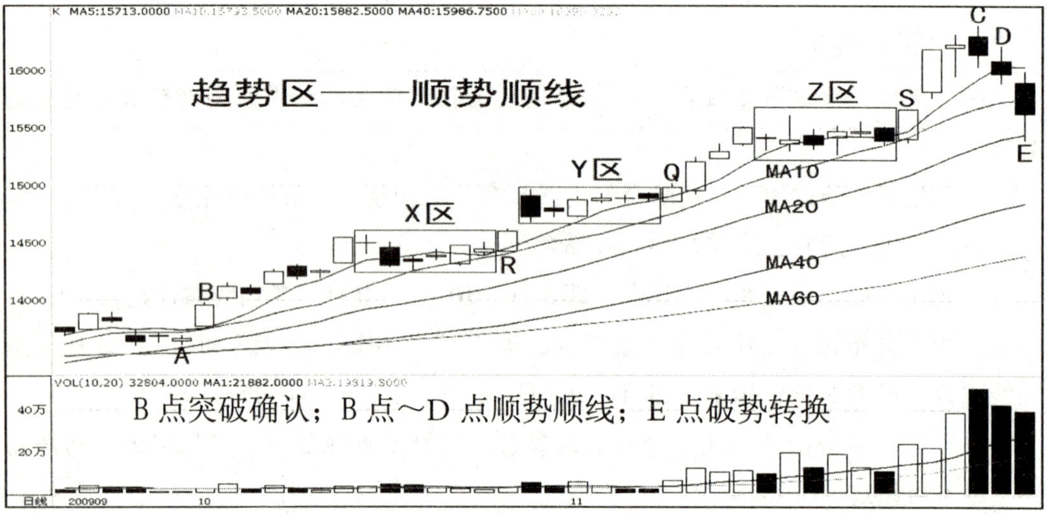

图 7-4

图 7-4 解析：

1. 突破确认

突破确认一般分为三步，即黏合突破、回探不破和归顺确认。也有直接突破快速运行的。

A 点为连阴阳止跌反攻，B 点跳空高开突破前期高点，符合短黏长翘逼空抢跳形态。之后没有明显回调，新的上升趋势确立。

2. 顺势顺线

顺势顺线，即沿突破确认的新趋势，以某一条均线为操盘线运行。

(1) 上行趋势明显：B 点～D 点，价格一直沿 10 日均线上行，盘中多次回探 10 日均线，均没有下破 10 日均线。

(2) 趋势里含有盘整：X 区、Y 区、Z 区，横向窄幅盘整，为星 K 线。R 点、Q 点、S 点为星值上破，使上升趋势得以顺延。

由此可见，趋势里有盘整，盘整里有趋势，只是级别大小不同而已。

3. 破势转换

破势：即原趋势破坏。C 点、D 点、E 点三连阴，下破操盘线 10 日均线，原有上升趋势破坏。

转换：由原趋势区转换为盘整区。之前沿 10 日均线上涨的趋势结束，转为下跌或者陷入盘整。

趋势区一般三步变区：突破确认，顺势顺线，破势转换。

一、突破确认

突破确认是新趋势成立的必要条件，是不可错过的机会。

突破的形式包括黏合突破和背驰反转。黏合突破是最常见的形式。背驰反转包括 V 形反转和 A 形反转，必须之前大势背驰、波段背驰，由点背驰引起反转。

二、顺势顺线

顺势顺线即沿突破确认的新趋势，按某一条均线（如操盘线）进行交易。顺势顺线是顺势而为的简明方式，也是交易者捕捉大行情的有效手段。

不同的运行阶段、不同的品种，其操盘线会有所不同。

三、破势转换

破势转换是原有趋势结束、新趋势产生的必要条件。

破势：一般指突破趋势区阻力位，如上涨趋势下破支撑线，下跌趋势突破压力线。支撑线和压力线都是新区间产生的阻力位。

破势 K 线一般由最 K 线和拐点五阳三线构成。

转换：指由趋势区转换为盘整区，也有直接由一种趋势转换为另一种趋势，中间不经过盘整区。

趋势区，顺势顺线。顺势顺线可执行操盘线心诀。

盘整区、突破区和趋势区，三区转换，是简明解析中长期走势的有效手段。三步变区，是对运行细节的深入研究，也是对拐点的直观量化。

盘整区，顺大逆小；突破区，等点抢点；趋势区，顺势顺线，是制定交易策略的三大经验法则，此为正。若因势而变，则为奇。以正合，以奇胜，投资之道也。

第八章　三线定势　三势突破

熟练掌握分时图上下搓、步步高、步步低三种基本波以及复合波的产生条件、运行规律，是形成良好的盘感、快速的应变以及准确捕捉突破点的基础。

第一节　三线定势

当日分时图走势受日K线空间位置和形态结构等制约，当日开盘及早盘走势强弱，可基本决定当日的分时波形，有利于及时制定当日的交易策略，更好地把握机会，规避风险。

一、分时图走势与三线

1. 分时图界面

分时走势图也叫即时走势图。

分时图即时价：即分时图显示的即时成交价格，分时图面板中一般显示为白线。

分时图均价线：即分时图显示的当日成交均价，分时图面板中一般显示为黄线。

分时图0轴线：即前一交易日结算价。

分时图成交量：即分时图显示的即时成交量，单位为手。

分时图持仓量：即分时图显示的即时持仓量，单位为手。

下面我们通过一幅实例图介绍一下常见分时图界面。

图8-1　IF当月连续2013.9.9分时图

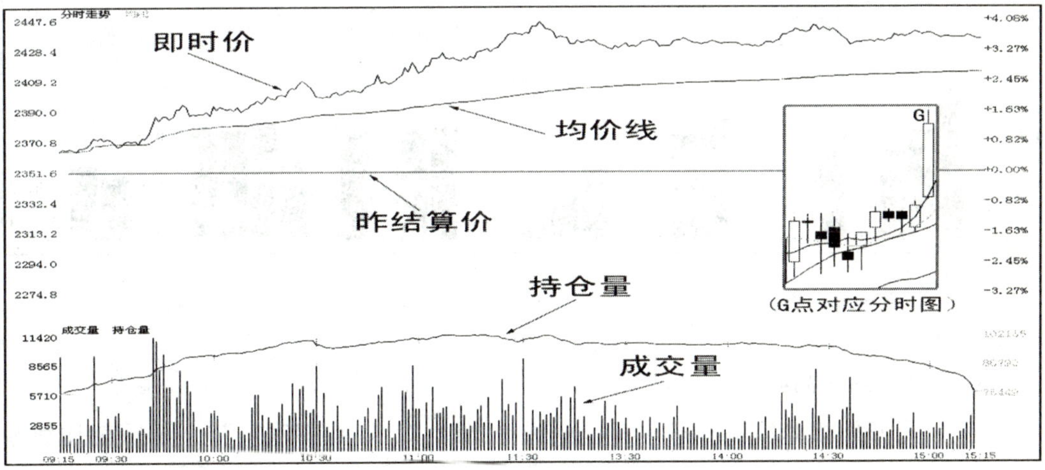

图8-1

图8-1解析：

分时图与G点对应，多方明显强势，但若没有之前的蓄势整理，则没有之后的向上突破。盘整区三步变区：破势转换、震荡收窄和黏合突破，而G点为黏合突破形态。分时图不是孤立的，其走势是之前走势的自然延续。

2. 三线定势

三线定势即三组线决定分时图走势。

三线：指均线排列方式、K 线组合形态、成交量及其均量线排列方式。

均线排列方式：包括交错排列和同向排列。交错排列包括短翘长压、长翘短压和短黏长翘、短黏长压。同向排列包括多头排列和空头排列。均线排列方式决定了所处区间及多空力量强弱，一般用于确定交易方向。

K 线组合形态：K 线所处的区间，即盘整区、突破区或者趋势区，由 K 线的组合形态决定。一般用于确定开仓、平仓点位。

量线组合形态：成交量及均量线有助于拐点或者趋势的确认。

图 8-1 分时图与图 8-2 中的 G 点对应。

图 8-2 IF 当月连续 2013.7.24～2013.9.9 日 K 线图

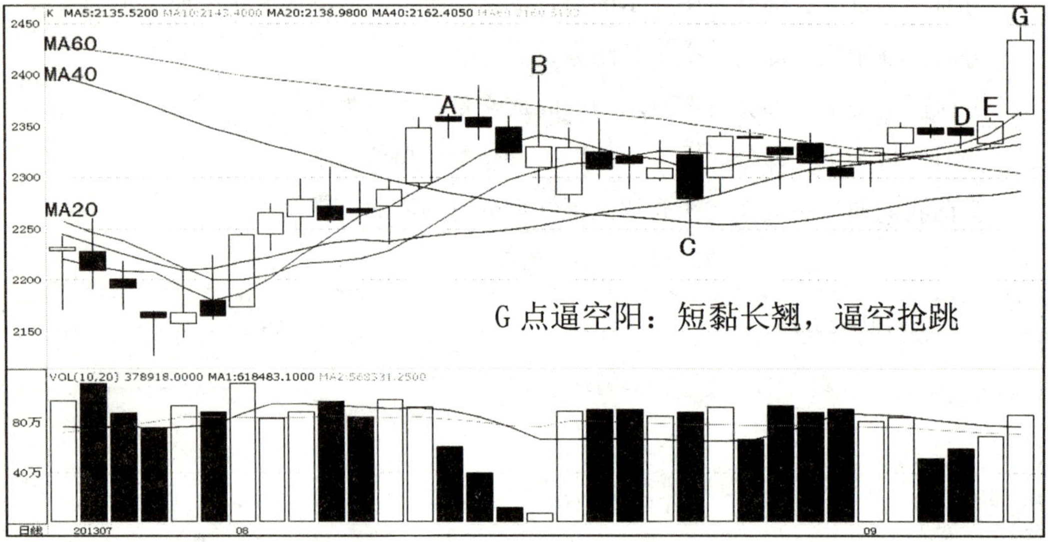

图 8-2

图 8-2 解析：

G 点高开高走高收。

由 A 点开始横盘震荡整理。B 点低开冲高跳水，C 点探底反弹，至短期均线基本黏合，40 日均线开始上翘托底。

D 点为星 K 线，E 点为星值上破，G 点跳空高开高走，符合盘整区黏合突破形态，也符合短黏长翘、逼空抢跳形态。

由本例可知，分时图的走势，不可能特立独行，必然受之前走势的影响或者制约，取决于均线的排列方式和 K 线的组合形态，受成交量和持仓量影响。

二、分时图长波与拐点

根据构成分时图的波形不同，可将分时图分为基本波和复合波。基本波可分为上下搓、步步高和步步低三种。由两种或两种以上基本波构成的波叫复合波。

根据分时图的波长大小，可分为短波、中波和长波。

波长有两种划分方法，绝对划分法和相对划分法。绝对划分法是按振幅划分，相对划分法是按步长划分。

振幅：单波上涨或下跌的幅度。

步长：习惯性波动的单波大小。

短波：波长一般小于1%，或一步长，多为蓄势或调整。

中波：波长一般小于2%，或二步长，多为推升或试探。

长波：波长一般大于3%，或三步长，多为突破、冲顶或探底。

长波分类：

长波分为下跌长波和上攻长波。下跌长波又分为长波逼多和长波探底，上攻长波可分为长波逼空和长波冲顶。

1. 长波逼多

(1) 一般发生在较长时间的区间盘整之后，突然破位，长波快速下跌。

(2) 由于没有超跌，强势反弹的可能性较小，随后几天一般仍会继续下跌。

(3) 如果破位之后跳空低开，不能快速收阳线的，跳水的可能性较大。

2. 长波探底

(1) 中线超跌之后再短线急跌，易形成长波探底，之后往往止跌回升。

(2) 成交量一般会发生较明显异动。

(3) 长波探底之后，并不一定立即上攻，有时仍会继续探底。

3. 长波逼空

(1) 区间盘整时间长，均线短黏长翘，放量上攻，出现长波逼空的可能性大。

(2) 形成长波逼空的典型形态有60逼空、120逼空等。

(3) 一旦出现长波逼空，往往直接高走高收，短期很难有低吸机会。

4. 长波冲顶

(1) 当做多能量提前释放，上攻至明显压力位时，易发生长波冲顶。

(2) 长波冲高之后，并不一定立即回落，有时仍会高位盘整，但一般会下跌。

(3) 一旦出现长波冲顶，应果断减仓或清仓，并根据情况决定是否回补。

图 8-3　沪铜主力合约 2014.3.10 分时图

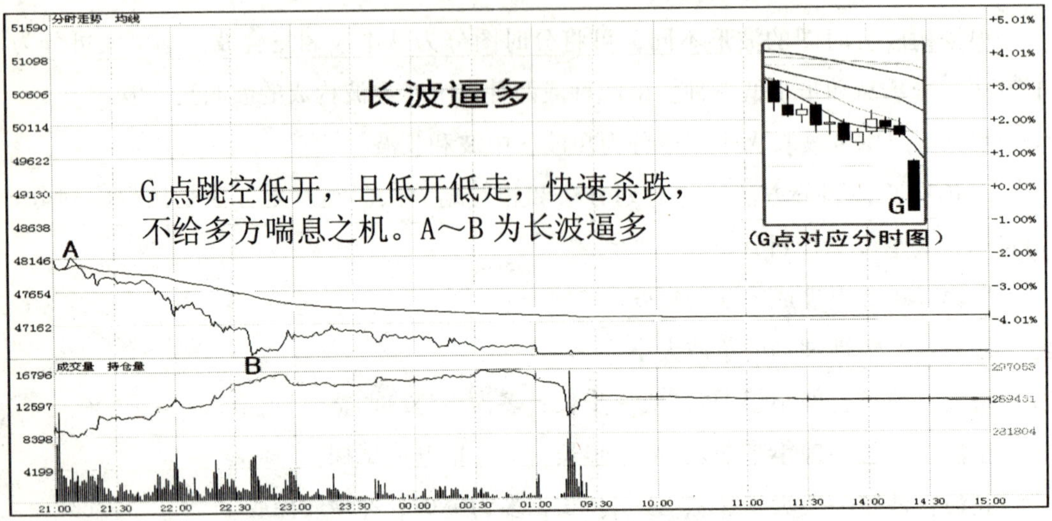

图 8-3

图 8-3 解析：

均线黏合向下发散，K 线小阴小阳下行，G 点突然跳空下跌，形成逼多走势，短期内趋势难以逆转，空方一般会乘胜追击，多方难以抵抗。

图 8-4　IF 当月连续 2013.6.25 分时图

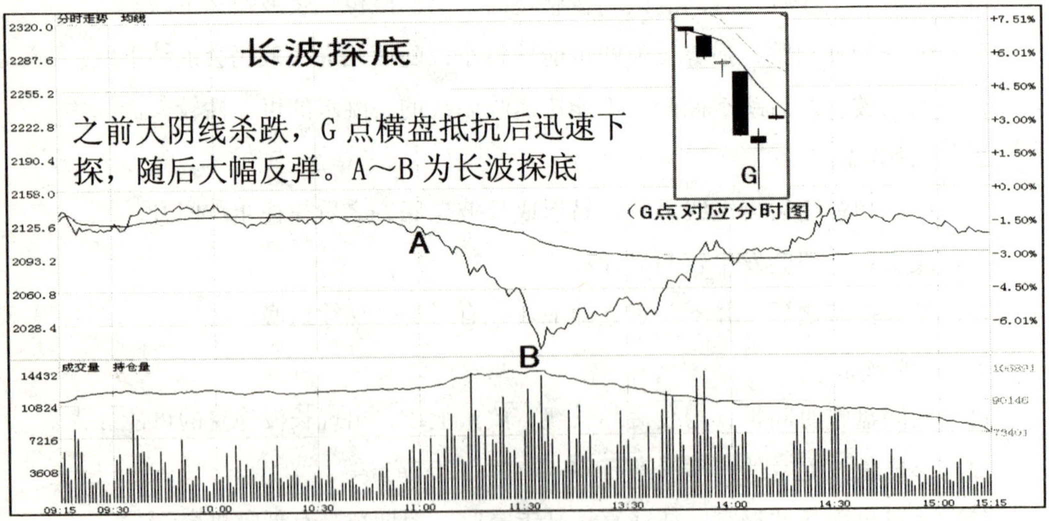

图 8-4

图 8-4 解析：

中线超跌、短线急跌之后，G 点开盘后横盘抵抗近两小时，突然快速下跌，成交量快速放大，随后开始大幅反弹。

长波逼多和长波探底，发生位置和 K 线形态结构不同，交易策略不同。

图 8-5 豆粕主力合约 2014.4.1 分时图

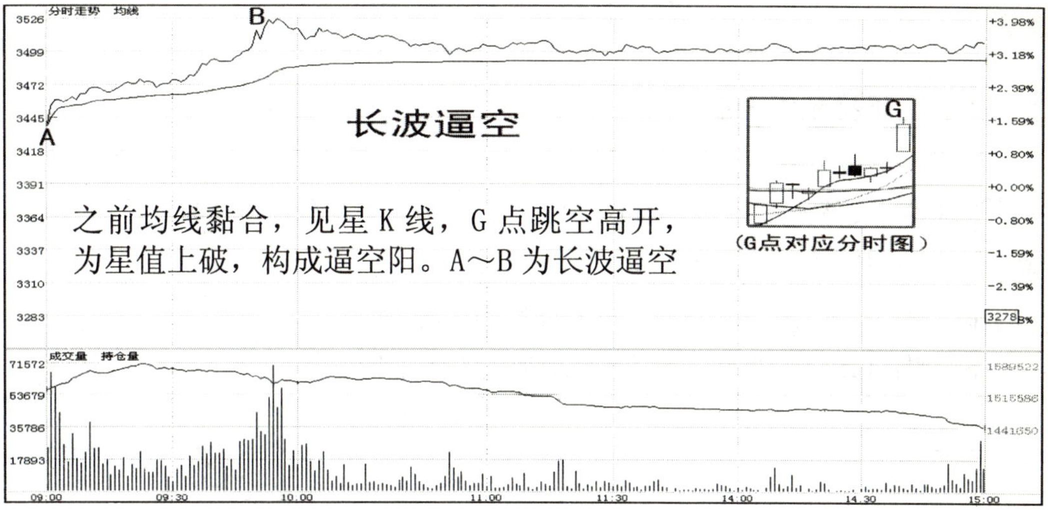

图 8-5

图 8-5 解析：

均线明显短黏长翘，K 线成星 K 线，蓄势整理充分，G 点跳空高开，且高开高走，形成逼空走势。

图 8-6 橡胶主力合约 2014.3.12 分时图

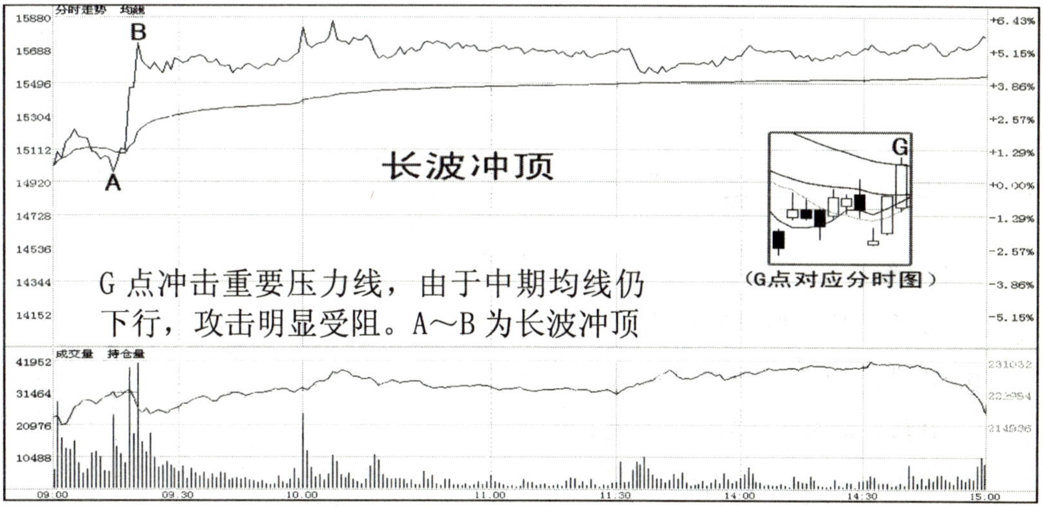

图 8-6

图 8-6 解析：

短期均线黏合，蓄势整理，但中期均线仍明显下行，空方仍占据优势。G 点冲高，受中期均线压制，分时图久盘不涨。

长波逼空和长波冲顶，发生位置和 K 线形态结构不同，交易策略不同。

第二节　上下搓

一、上下搓技术形态

1. 上下搓形态定义

即时线（交易软件中一般为白线）多次上穿或下穿均价线（交易软件中一般为黄线）所构成的分时图形态叫上下搓。

上空洞：白线上穿黄线，与黄线之间形成的垂直距离。

下空洞：白线下穿黄线，与黄线之前形成的垂直距离。

图 8-7　IF 当月连续 2014.3.27 分时图

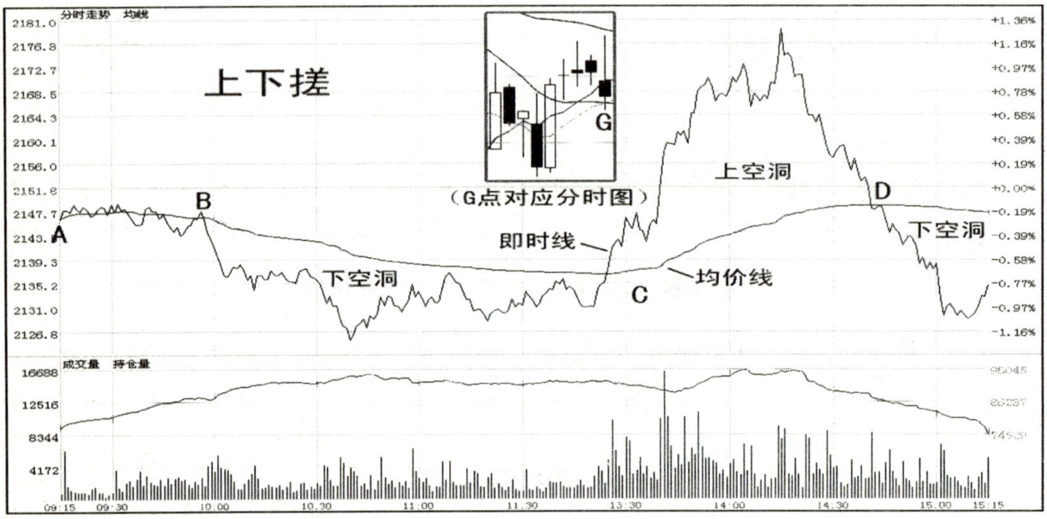

图 8-7

图 8-7 解析：

A ~ B 段：即时线围绕均价线上下波动。

B ~ C 段：即时线与均价线围成下空洞。

C ~ D 段：即时线与均价线围成上空洞。

D ~ 收盘：即时线与均价线围成下空洞。

2. 上下搓形态心诀

见底上下搓，见顶上下搓，若非顺势走，还会上下搓。

上下搓长波上涨和长波下跌，如果之前均线蓄势整理没到位，一般不会形成有效突破，仍会上下搓。顺势走指之前已启动或突破，之后顺势运行。

3. 上下搓发生位置

上下搓一般发生在筑底、筑顶和中继盘整阶段。

分时图上下搓形态实质是单日震荡整理形态，符合三线定势，即指均线排列方式、K线组合形态和成交量及其均量线排列方式。

二、上下搓交易策略

上下搓定向法则：顺大逆小。

上下搓定位法则：长波拐头。

若交易方向为做多，则下空洞长波探底拐头做多。

若交易方向为做空，则上空洞长波冲顶拐头做空。

拐头：以回调幅度达到长波的 1/4 ~ 1/3 为标准。

下面我们通过一幅实例图简述上下搓交易策略。

图 8-8　螺纹主力合约 2014.4.17 分时图

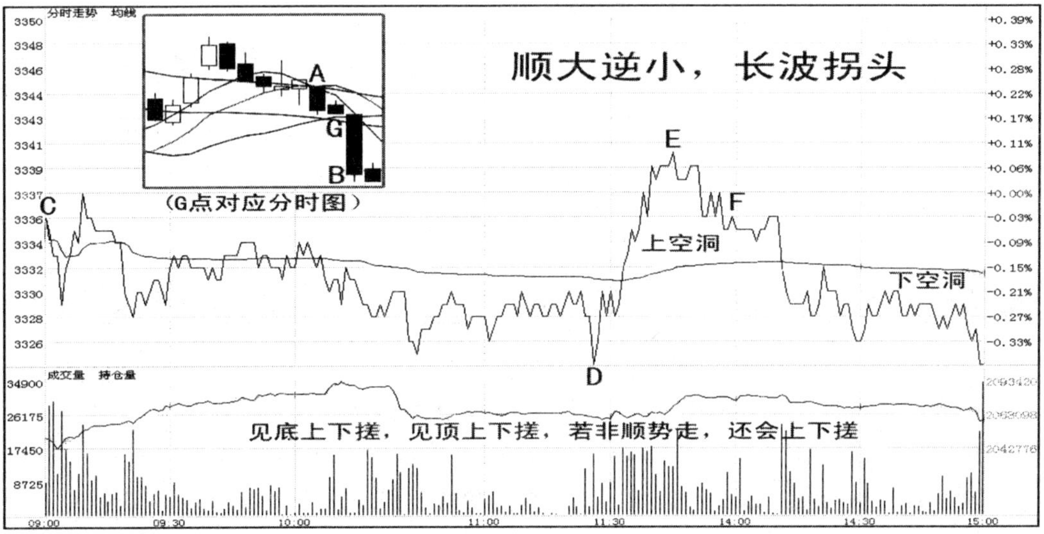

图 8-8

图 8-8 解析：

1. 确定交易方向

中期均线明显下行，且 A 点下破 10 日均线，为归顺阴线。根据级别均线定向定律和四级定向法则，G 点空级空位，交易方向做空。

2. 确定开仓位置

根据上下搓定位法则：若交易方向为做空，则上空洞长波冲顶拐头做空。C ~ D 窄幅上下搓，D ~ E 为长波冲顶，F 点回调 1/4 ~ 1/3 处拐头做空。

第三节　步步高

一、步步高技术形态

1. 步步高形态定义

白线（即时线）高点不断抬高，低点也不断抬高，一般除早盘很短的时间外，黄线明显上翘，白线基本位于黄线（均价线）之上，很少下穿黄线。

步步高开盘以高开较常见，平开次之，低开较少。

图 8-9　菜粕主力合约 2014.4.28 分时图

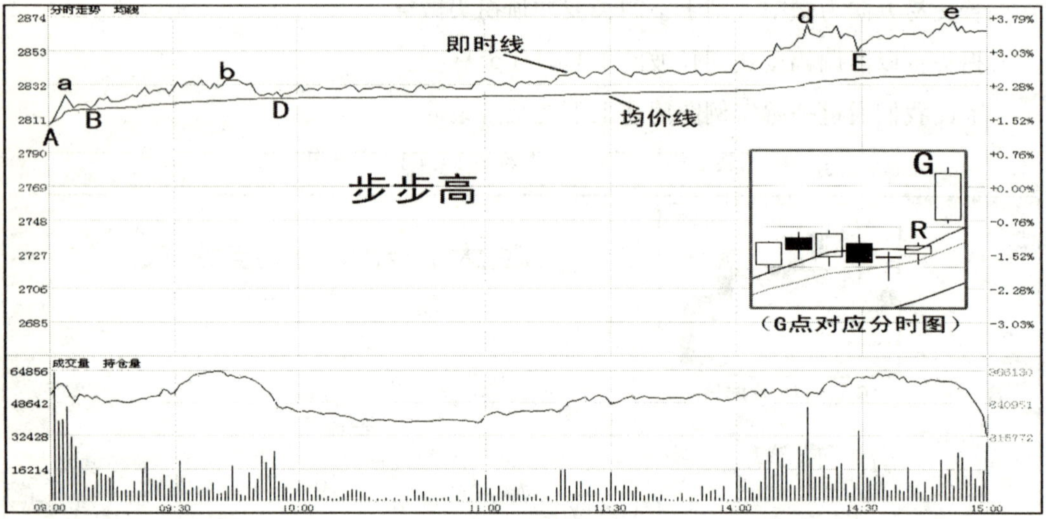

图 8-9

图 8-9 解析：

R 点：星值上破，多方发动攻势。G 点：早盘高开超过 1%，多方发力。

即时线高点 a 点、b 点、d 点、e 点不断抬高，低点 A 点、B 点、D 点、E 点也不断抬高，即时线始终在均价线之上。

2. 步步高形态心诀

之前已启动，黄线顶白走；之后开阔地，白线不低头。

开阔地：指当下价格与阻力位之间的较远距离。

低头分三级：回调不下破前波高点；不下破长波中位线；不下破均价线。

3. 步步高发生位置

步步高一般发生在向上突破启动之后，多方占据主动。

突破时多空双方仍会激烈争夺，一般早盘仍会上下搓。突破之后连续多日上涨，易见阶段顶部，也易发生上下搓或下跌。所以一般只有突破启动之后，多方占明显优势，才会走出步步高。

分时图步步高形态实质是多方占明显优势后的强势逼空，符合三线定势，即指均线排列方式、K 线组合形态、成交量及均量线排列方式。

二、步步高交易策略

步步高定向法则：上破做多。

步步高定位法则：上拐加速。

上破做多：上破一是指之前突破盘整区启动上攻，二是指当日分时图上拐。做多指交易方向是做多。

上拐加速：若前根 K 线已经突破启动，当日分时图上拐，很可能加速上涨，若之前没有多单的，可于上拐加速的位置抢点做多。

下面我们通过一幅实例图简述步步高交易策略。

图 8-10　白银主力合约 2013.8.26 分时图

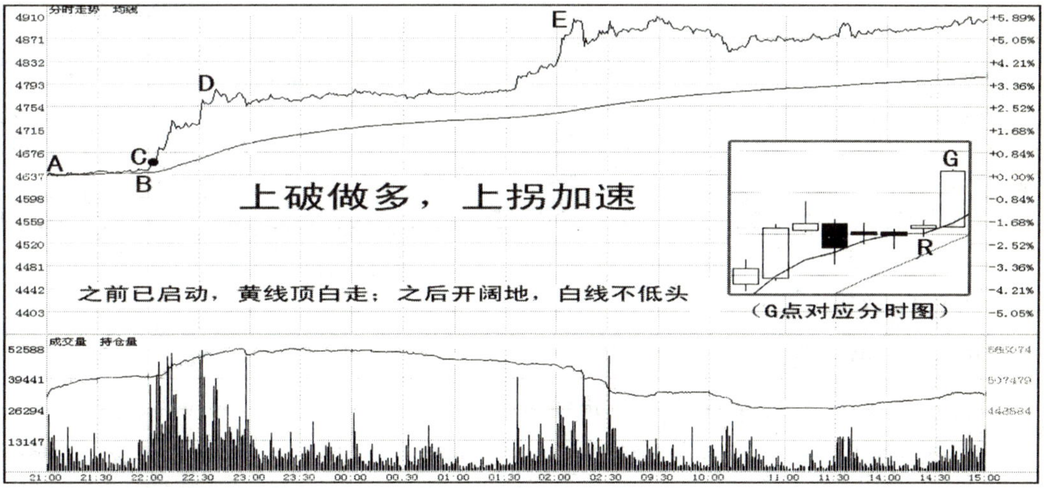

图 8-10

图 8-10 解析：

1. 确定交易方向

R 点为星值上破，也是连阴阳启动，且 5 日、10 日均线顶托上行，做多。

2. 确定开仓位置

若 R 点没有开仓做多的，在 A 点平开之后可开仓做多。若 B 点之后加速上行，则必须于 C 点之前完成开仓。

第四节 步步低

一、步步低技术形态

1. 步步低形态定义

黄线(均价线)明显下压，白线(即时线)的高点不断下降，低点不断下降，除早盘很短的时间外，白线基本位于黄线之下，很少上穿黄线。

步步低开盘低开、平开、高开均较常见。

图 8-11 橡胶主力合约 2014.4.18 分时图

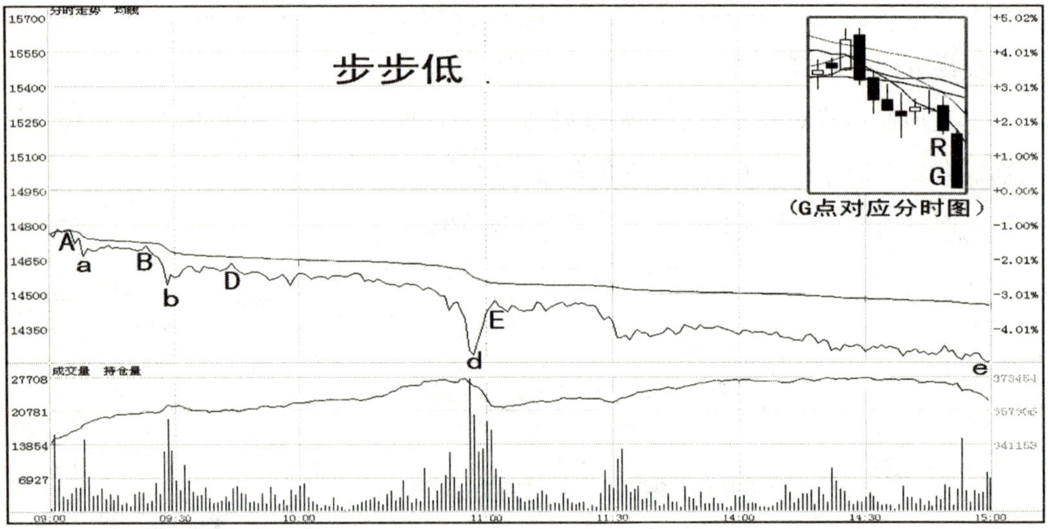

图 8-11

图 8-11 解析：

R 点：星值下破，空方发动攻势。

A 点：早盘低开超过 1%，空方走强。

即时线高点 A 点、B 点、D 点、E 点不断下降，低点 a 点、b 点、d 点、e 点也不断下降，即时线始终在均价线之下。

2. 步步低形态心诀

之前已启动，黄线压白走；之后开阔地，白线不抬头。

抬头分三级：反弹不上破前波低点；不上破长波中位线；不上破均价线。

3. 步步低发生位置

步步低一般发生在向下突破启动之后，空方占据主动。

突破时多空双方会激烈争夺，一般早盘仍会上下搓。突破之后连续多日下跌，易见阶段底部，易发生上下搓或反弹。因此一般只有突破启动之后，空方占据明显优势，走出步步低的可能性才较大。

分时图步步低形态实质是空方明显占优后的强势逼多，符合三线定势，即指均线排列方式、K 线组合形态、成交量及均量线排列方式。

二、步步低交易策略

步步低定向法则：下破做空。

步步低定位法则：下拐加速。

下破做空：下破一是指之前日 K 线突破盘整区启动下跌，二是指当日直接低开下跌或者分时图下拐。

下拐加速：若前根 K 线已经突破启动，当日分时图下拐，很可能加速下跌，若之前没有多单的，可于下拐加速的位置抢点做空。

下面我们通过一幅实例图简述步步低交易策略。

图 8-12　IF 当月连续 2014.1.6 分时图

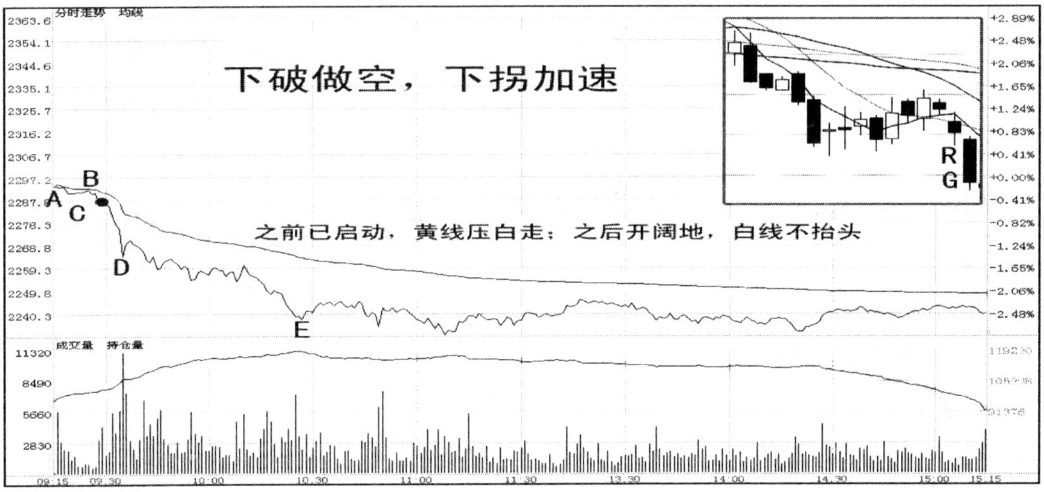

图 8-12

图 8-12 解析：

1. 确定交易方向

中长期均线下压，K 点为星值下破，也是破势阴线，交易方向做空。

2. 确定开仓位置

若于前根 K 线处没有开仓做空的，于 A 点平开之后可开仓做空。于 B 点之后加速下跌，必须于 C 点之前完成开仓。

第五节 复合波

复杂的分时图可分解成简单的分时图，简单的分时图可合成复杂的分时图。

一、复合波构成分解

复合波由基本波上下搓、步步高和步步低中的两种或三种构成。如上下搓整理＋步步高逼空，上下搓盘顶＋步步低跳水，步步低诱空＋步步高逼空等。

下面我们通过一幅实例图解析一下复合波的构成。

图 8-13 白银主力合约 2014.3.13 分时图

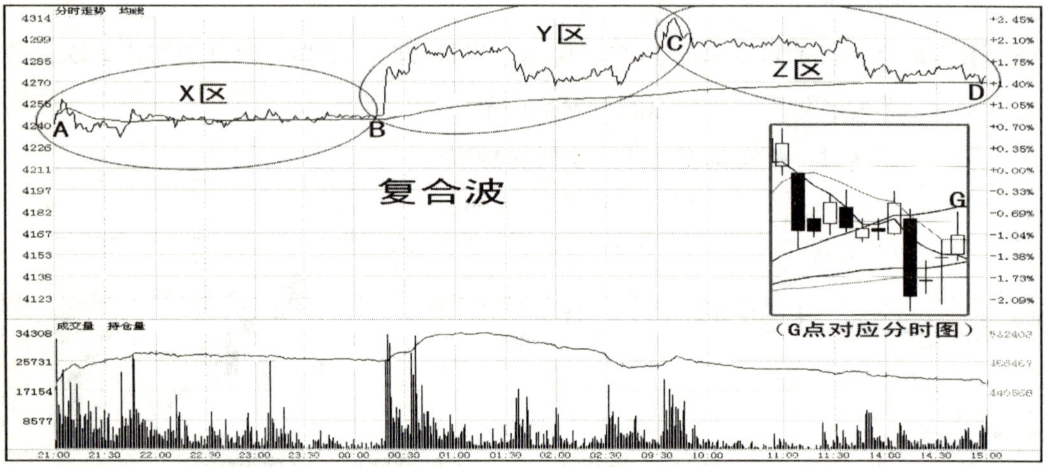

图 8-13

图 8-13 解析：

根据分时图形态特征和运行方向，将全天分时图进行分解，X 区为上下搓，Y 区为步步高，Z 区为步步低。

(1) X 区：A～B 段，波形为上下搓，白线围绕黄线上下穿，蓄势阶段。

(2) Y 区：B～C 段，波形为步步高，白线高点不断抬高，低点不断抬高，且位于黄线之上，多方发动攻势阶段。

(3) Z 区：C～D 段，波形为步步低，白线高点不断下降，低点不断下降，为冲顶回落，空方反击阶段。

复合波的形态，是由复合波之前的 K 线空间位置和形态结构决定的，是多空双方激烈博弈的结果。

复合波更多的是由冲顶探底形成，常常构成某级别的拐点。

二、区间套与日间套

分时图是区间套与日间套共同作用的结果，表现的是多空双方博弈的过程，是混沌与直效的融合。

1. 区间套

区间套：是K线按某种规律在本区间波动的惯性以及同性质的不同区间之间互相影响而具有的某种共性。区间，指盘整区、突破区和趋势区。套，原指罩在外面的包裹物，这里指区间的压力线、支撑线以及运行的节奏与韵律。

2. 日间套

日间套：指某个阶段的各个交易日价格的波动基本维持某种节奏和某种振幅的特性以及不同交易日具有的某种共性。包括阴阳变换规律、同比波动幅度、极限波动幅度等。

区间套决定日间套，区间套转换则日间套转换。区间套与日间套决定分时图。

下面我们通过一幅实例图讲解如何运用区间套与日间套发现价格波动规律。

图 8-14　螺纹主力合约 2014.5.5～2014.6.13 日K线图

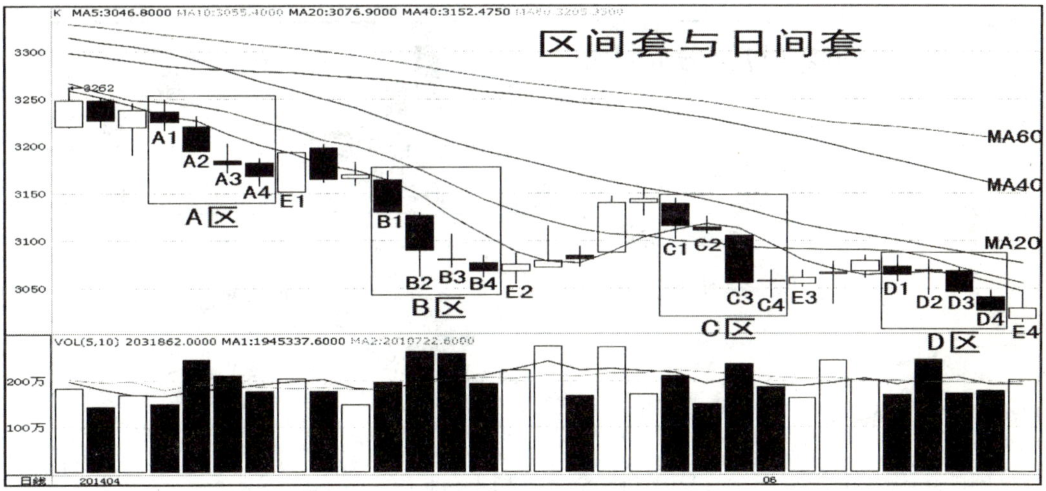

图 8-14

图 8-14 解析：

区间套：A区、B区、C区、D区，同为下降趋势区，均由4根阴线组成，具有特别明显的区间套特征。区间套可以提高我们发现区间共同规律的能力。

日间套：A4、B4、C4、D4均为星K线，A4波幅=29，B4波幅=23，C4波幅=29，D4波幅=22，其振幅为同一级别。日间套可以提高我们捕捉交易机会的能力。

下面我们运用区间套与日间套解析B区B2与C区C2的分时走势。

图 8-15　螺纹主力合约 2014.5.16 分时图

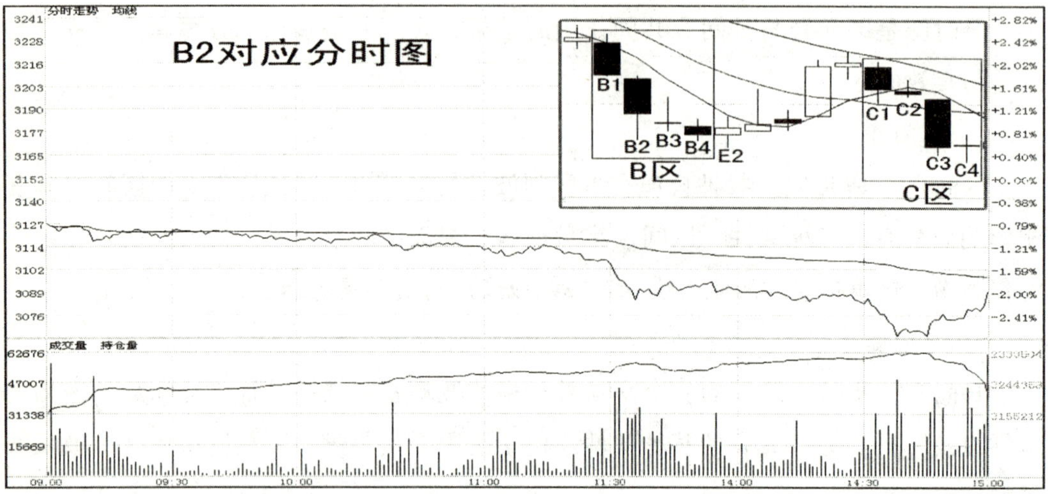

图 8-15

图 8-15 的 B2 分时图与图 8-16 的 C2 分时图差别大，交易策略有何不同?

8-16　螺纹主力合约 2014.5.29 分时图

B2 与 C2 交易策略解析：

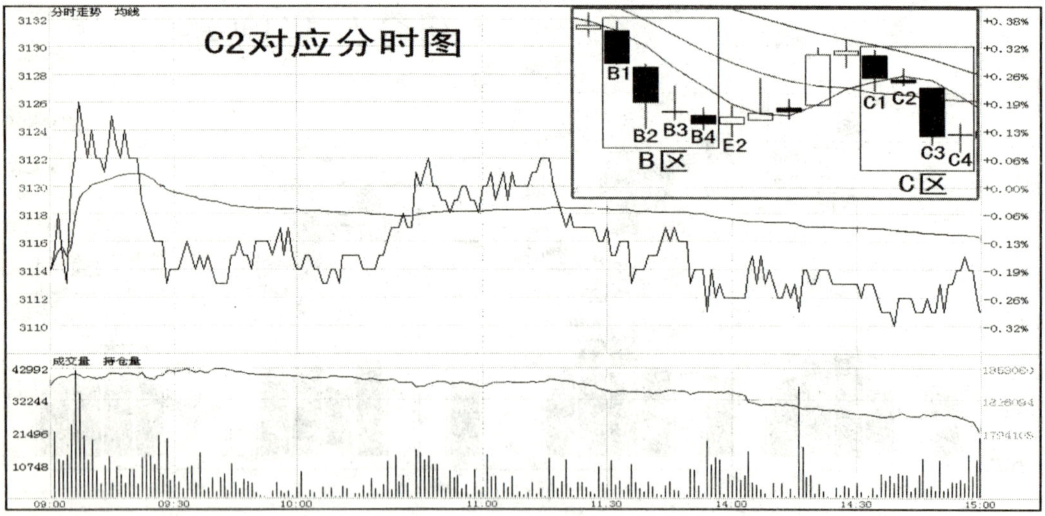

图 8-16

均线定向，MA60、MA40、MA20、MA10 均下行，交易方向做空；K 线定位，B1 与 C1 均为星值下破，开仓做空。该点位构成做空区间套。

B2 与 C2 若持有空单，则持仓不动；若无空单，则可继续开空单。根据日间套，若低开，长波上冲，拐头做空；若低开黄线压白线走，下拐做空。分时图下拐是做空指令的触发条件。

第六节　三势突破

三势突破：指拐点分时图波形，包括上破分时图和下破分时图。典型启动和突破分时图对应 K 线为五阳三线。五阳指连阴阳、空倍阳、逼空阳、C 浪阳和黄金阳等，三线指最值阴线、破势阴线和归顺阴线。

三势，指分时图的三种基本波，即上下搓、步步高和步步低。分时图上破或下破，易形成复合波。

熟练掌握拐点分时图，有利于等点抢点，更及时、准确地开仓、平仓。

一、上破分时图

上破分时图包括连阴阳分时图、空倍阳分时图、逼空阳分时图等。

(一) 逼空阳分时图

逼空阳可分为短黏长翘逼空阳和超跌急跌逼空阳。逼空阳分时图常见走势为步步高，或者上下搓 + 步步高。开盘以高开、平开较常见，一般振幅较大。

下面我们通过一幅实例图简述逼空阳分时图。

1. 短黏长翘逼空阳分时图

图 8-17　橡胶主力合约 2013.8.8 分时图

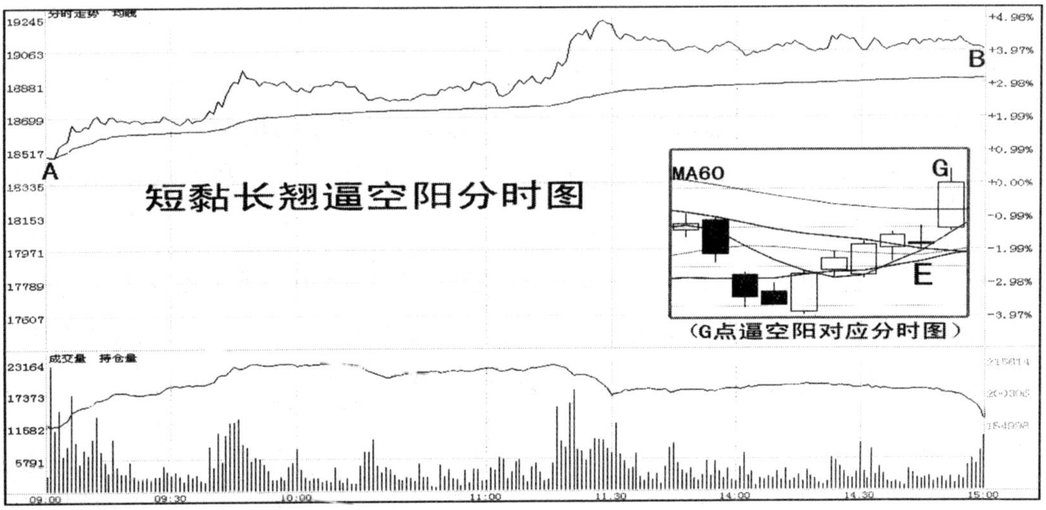

图 8-17

图 8-17 解析：

E 点：短期均线 5 日、10 日、20 日均线黏合，蓄势整理充分。

G 点：跳空高开高走，此时 MA60 由下行转为上翘。

A 点：早盘跳空高开，即时线始终位于均价线之上，均价线明显上翘，顶托即时线上行。

B 点：平稳收盘，没有明显异动，涨势仍将继续。

2. 超跌急跌逼空阳分时图

图 8-18 豆粕主力合约 2014.3.19 分时图

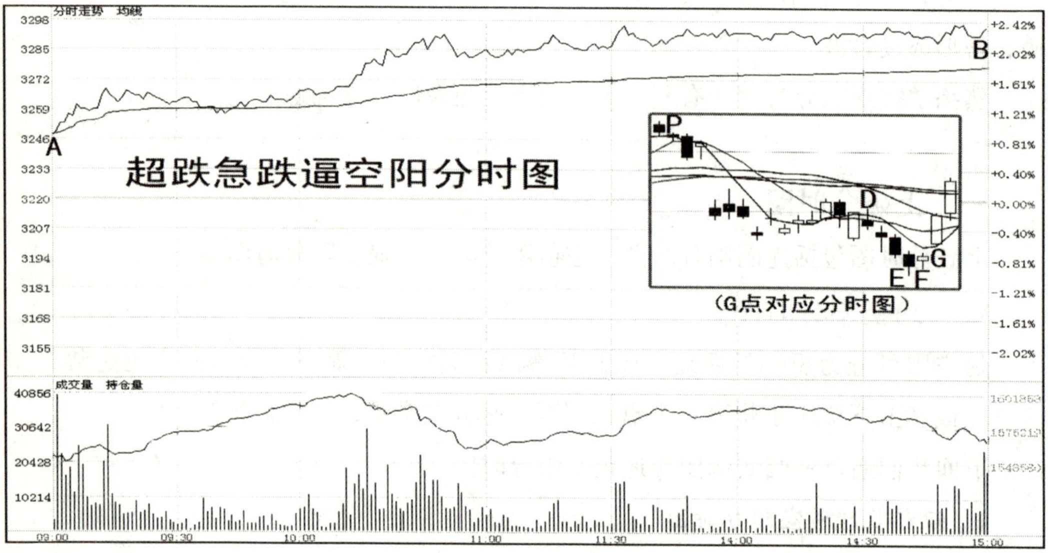

图 8-18

图 8-18 解析：

P ~ E：下跌时间长，跌幅大，形成中线超跌。

D ~ E：四连阴下跌，形成短线急跌。中线超跌与短线急跌共振。

F 点：连阴阳，也是 C 浪阳，为止跌企稳。分时图多为上下搓，尾盘高收，为见底上下搓形态。

G 点：跳空高开，此时中期均线仍明显下行，但与中期均线乖离率较大。

A 点：高开高走，均价线明显上翘，顶托即时线上行。

B 点：平稳高收，没有明显异动，涨势仍将继续。

短黏长翘逼空阳，是做多能量充分蓄势之后的必然宣泄，超跌急跌逼空阳，是之前空方被严重挤压的必然反击。

逼空阳开盘走势越流畅，收盘越稳健，异动越不明显，则涨势继续的可能性越大，其策略以持仓不动为好。

（二）连阴阳分时图

连阴阳分为多级、空级、盘顶、盘底四类。连阴阳分时图以上下搓较常见，一般低开、平开，振幅较小。

图 8-19 白糖主力合约 2013.9.3 分时图

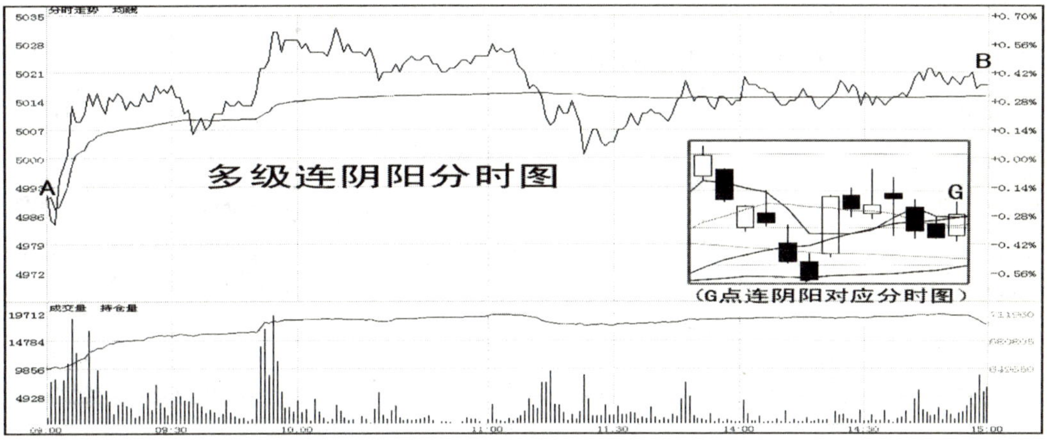

图 8-19

图 8-19 解析：

G 点为连阴阳，且均线托底，分时图明显上下搓。根据共振必抢、首线开仓四区决策法则，临盘应开仓做多。价格下破连阴阳开盘价止损。

图 8-20 橡胶主力合约 2014.6.5 分时图

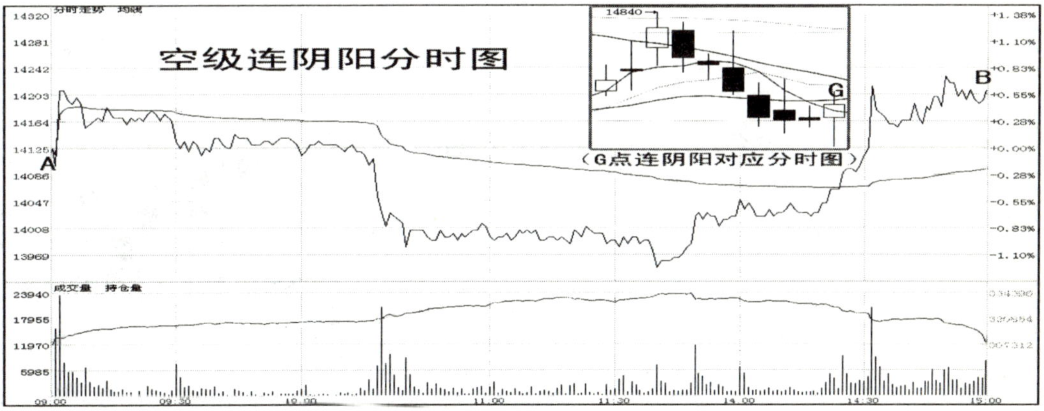

图 8-20

图 8-20 解析：

G 点为连阴阳，且均线压顶，分时图明显上下搓。根据背驰必防、次第减仓四区决策法则，临盘先将空单平仓。之后是否回补，做多还是做空，根据四级定向法则确定。

（三）空倍阳分时图

空倍阳分为多级、空级、盘顶、盘底四类。分时图以上下搓或者上下搓＋步步高较常见，一般平开或小幅高开，振幅较大。

图 8-21 黄金主力合约 2014.2.21 分时图

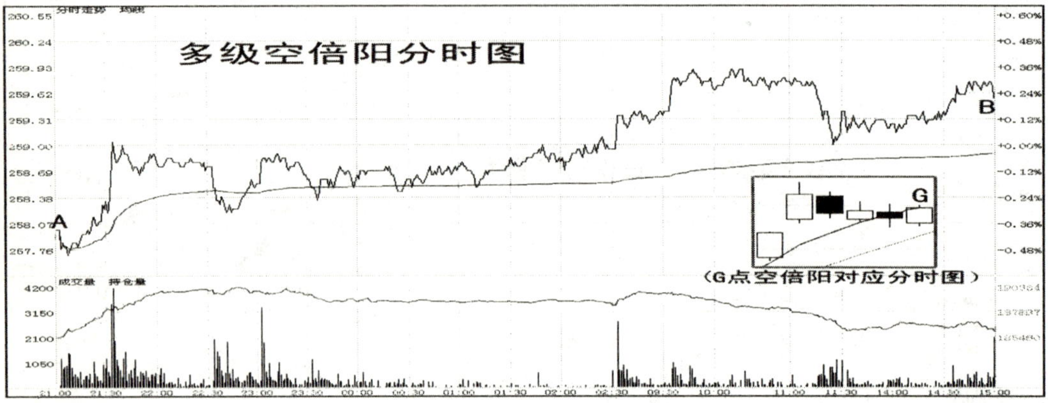

图 8-21

图 8-21 解析：

G 点为空倍阳，且均线顶托上行。分时图明显上下搓。根据共振必抢、首线开仓四区决策法则，临盘应开仓做多，下破 G 点开盘价止损。

图 8-22 橡胶主力合约 2014.5.12 分时图

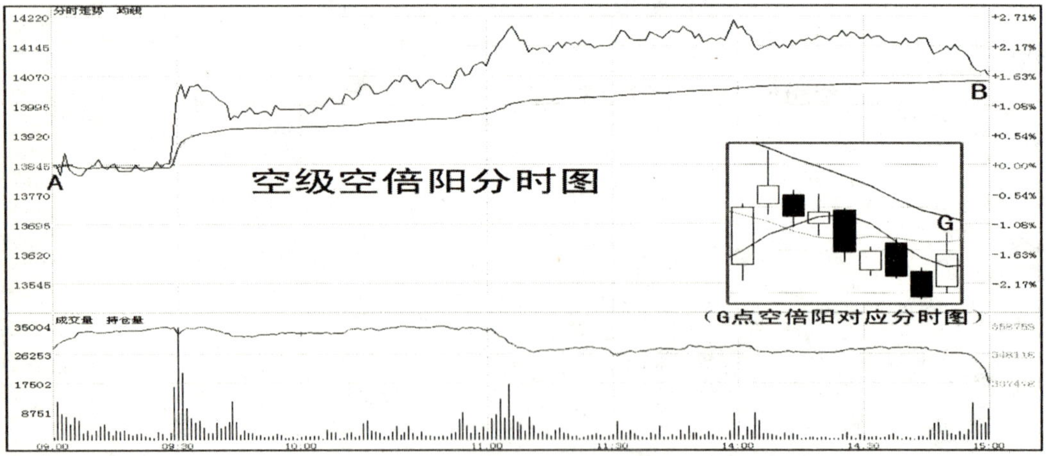

图 8-22

图 8-22 解析：

G 点为空倍阳，且均线压顶。分时图上下搓之后冲高回落。根据背驰必防、次第减仓四区决策法则，应先将空单平仓。根据之后走势，做多还是做空，根据四级定向法则确定。

二、下破分时图

下破分时图包括最值阴线、破势阴线和归顺阴线三类分时图。最值阴线可分为探底、冲顶、多级和空级四类；破势阴线可分为破做多线、黏合下破和破多空线三类；归顺阴线分为反弹归顺和平台归顺两类。

下破分时图，运行区间不同，交易策略差别较大。

(一) 最值阴线分时图

多级最值阴线：若是短黏长翘上攻，蓄势充分，一般涨幅可观，若于最值阴线平仓之后，必须注意回补。若整体涨幅大，回补仓位减半。

空级最值阴线：若是短黏长压，做空动能足，一般跌幅较大，若见最值阴线，必须抢先做空。若是 10 日、20 日均线上行，可于下破 10 日均线再做空，成功率更高。若整体跌幅大，回补仓位减半。

探底最值阴线：周 K 线超跌，日 K 线出现最值阴线，可先平空单，再伺机回补，交易方向根据后期走势而定，可执行四级定向法则。

冲顶最值阴线：周 K 线超涨，日 K 线出现最值阴线，可先平多单，再伺机回补，交易方向根据后期走势而定，可执行四级定向法则。

以最值阴线平仓，可靠性相对较高，一般有较多的纠错机会。以最值阴线开仓，其附加条件相对复杂，必须做好优化。

1. 多级最值阴线

图 8-23　橡胶主力合约 2013.9.3 分时图

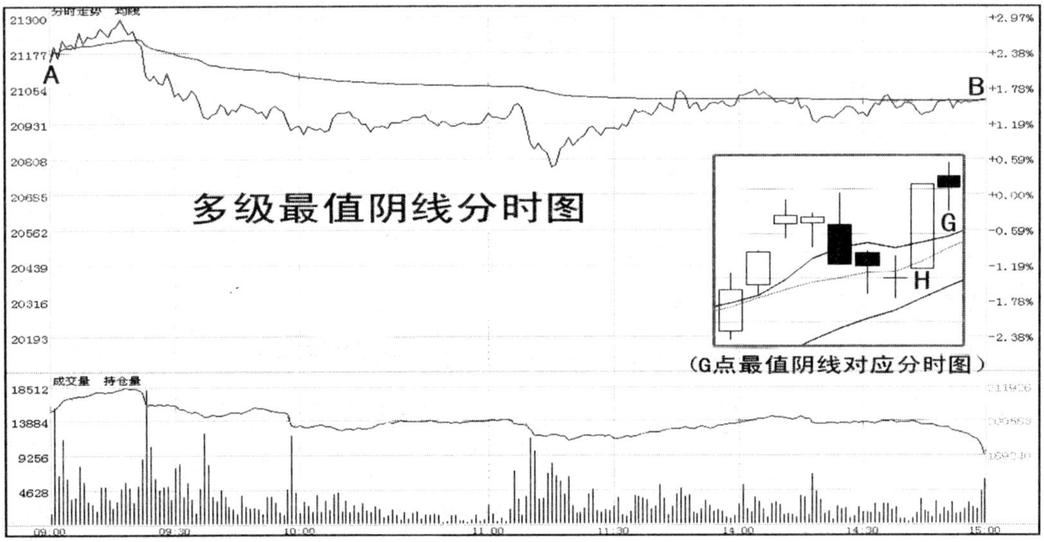

图 8-23

图 8-23 解析：

中期均线托底，本级别为多级。

H 点：为最 K 线，K 线实体明显放大。

G 点：为最值阴线，也为星 K 线。

A 点：早盘高开冲高下跌，午盘回升，成交量减少。

B 点：尾盘低收，即时线受均价线压制。根据四区决策法则和四级定向法则，K 线为星 K 线，可先平多单。若次日星值下破，则短期调整仍将继续。

2. 空级最值阴线

图 8-24 PTA 主力合约 2013.11.11 分时图

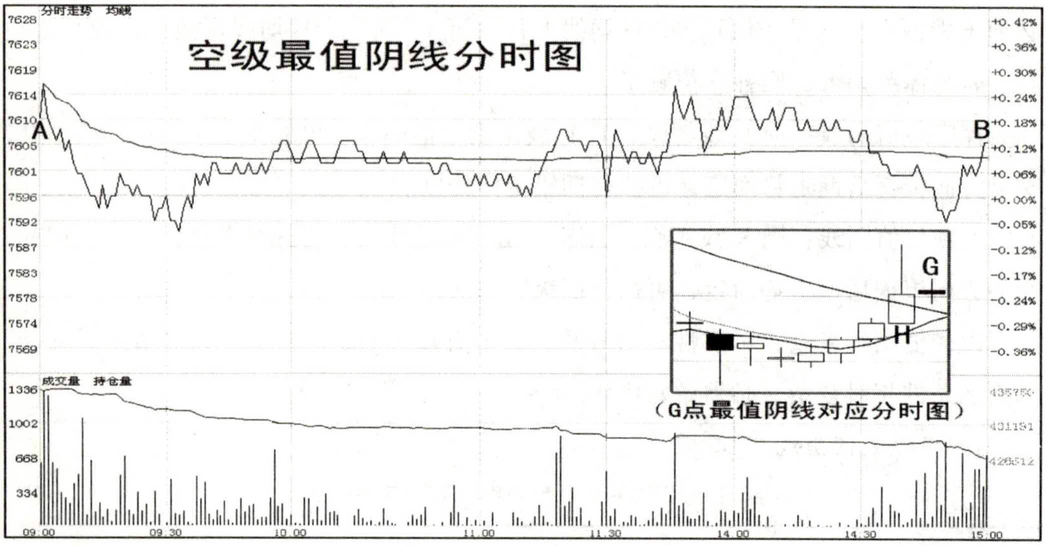

图 8-24

图 8-24 解析：

中期均线压顶。本级别为空级。

H 点：为最 K 线，K 线上影线较长。

G 点：为最值阴线，也为星 K 线。

A 点：早盘高开低走，分时图上下搓。

B 点：尾盘低收。根据共振必抢、首线开仓的四区决策法则，可先开空单。若次日价格突破 G 点最高价止损。若次日星值下破，则持仓不动。

最值阴线由最 K 线阳线和阴线构成，是 K 线的极端形态组合，符合物极必反的自然法则，但只有和均线排列方式综合研判，其可靠性才更高。

（二）破势阴线分时图

破势阴线包括破做多线、黏合下破、破多空线三类。分时图一般为步步低，或者上下搓 + 步步低。破做多线，只可将多单平仓，不可反手做空。黏合下破和破多空线，跌幅要大，才可抢点做空。

图 8-25　螺纹主力合约 2013.9.13 分时图

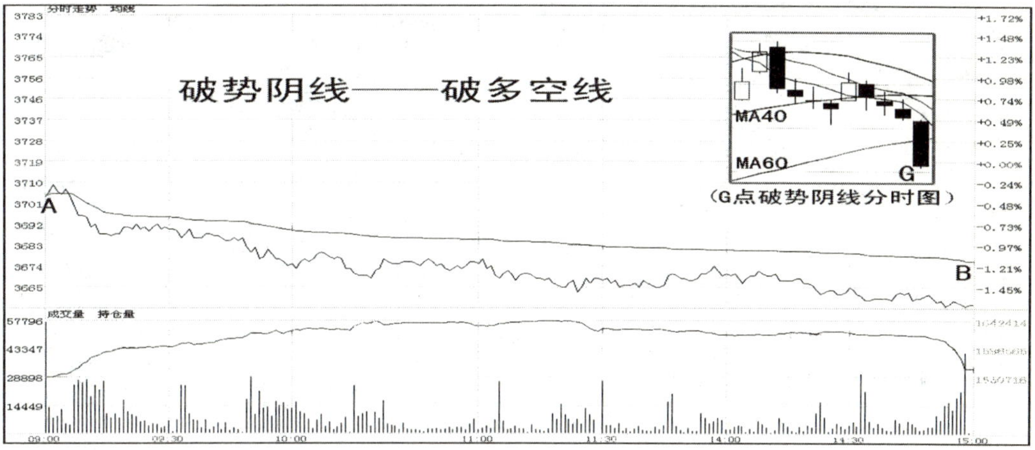

图 8-25

图 8-25 解析：

G 点下破多空线 60 日均线，早盘低开可抢先做空。大阴线下破 60 日均线，做空动能足，空单可持仓不动或者抢点做空。

图 8-26　鸡蛋主力合约 2014.5.21 分时图

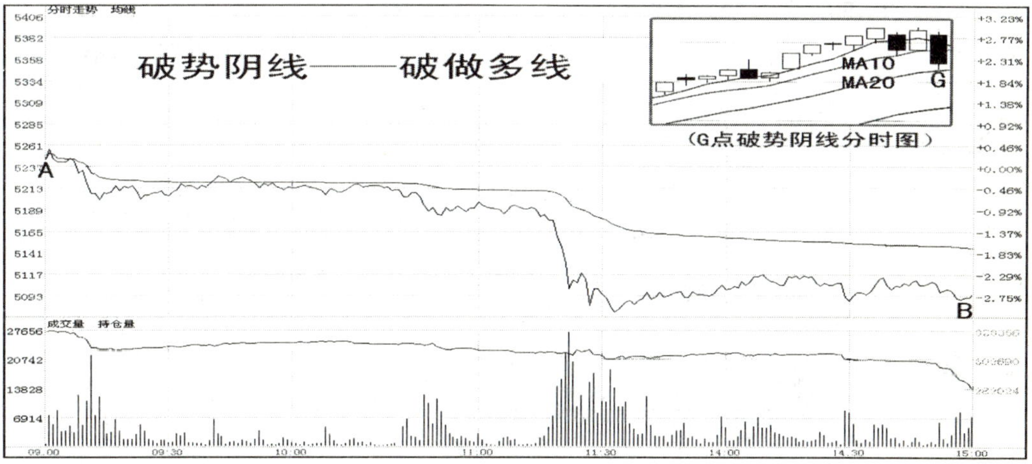

图 8-26

图 8-26 解析：之前价格沿 10 日均线上攻，G 点下破操盘线，多单可先平仓，一般不可立即反手做空。

（三）归顺阴线分时图

归顺阴线包括反弹归顺阴线和平台归顺阴线，其分时图以步步低或者上下搓+步步低较常见，一般平开或者低开，振幅较大。

图 8-27 橡胶主力合约 2014.2.20 分时图

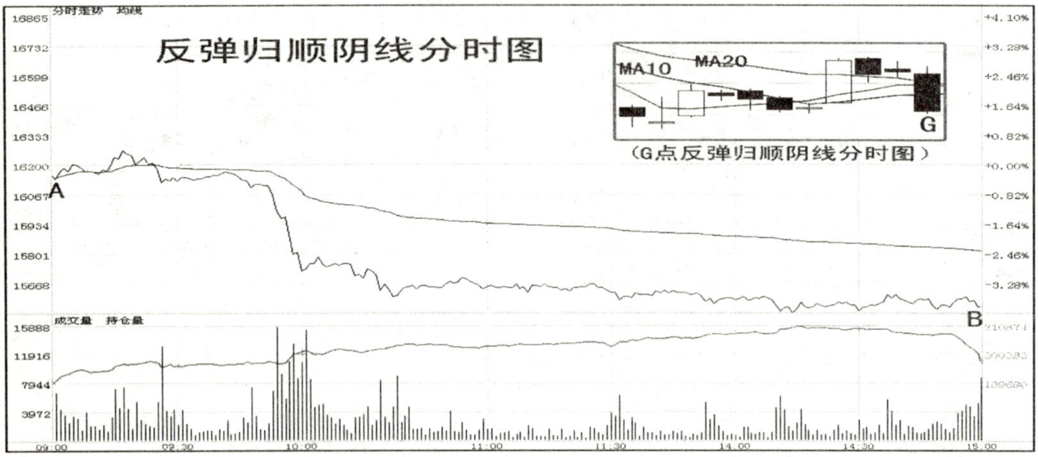

图 8-27

图 8-27 解析：

中期均线下行，G 点下破 5 日、10 日、20 日均线，是不可错过的做空机会。A 点平开，上下搓之后下破，可跟进做空。

图 8-28 PTA 主力合约 2014.1.2 分时图

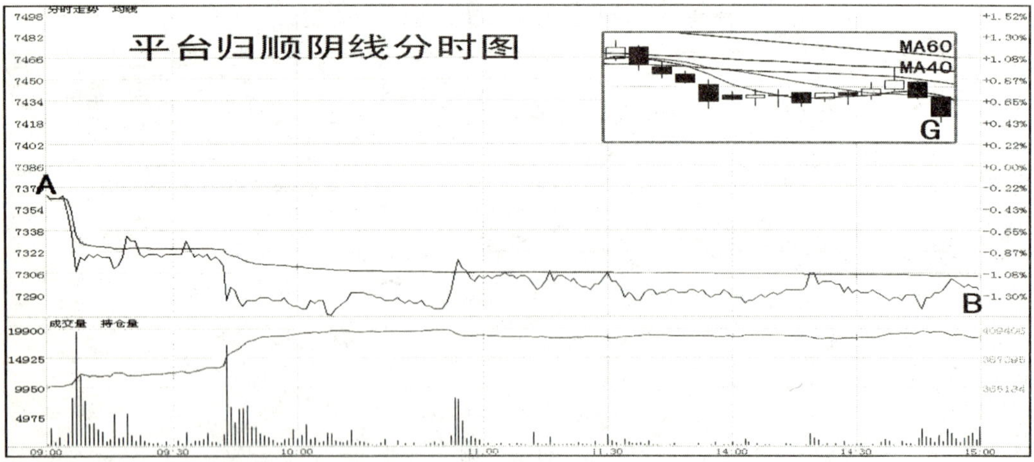

图 8-28

图 8-28 解析：

中期均线压顶，G 点下破平台，是不可错过的做空机会。A 点高开低走，快速下跌，B 点低收，无异动，放足守线。

第九章　止损止盈　翻多翻空

止损不损，止损心诀，技术止损，战略止损；止盈必盈，止盈心诀，技术止盈，战略止盈；双翻翻多，双翻翻空；空仓区间，勇于不敢。

第一节　止损不损

止损是一种法则，一旦亏损绝不让它超过止损。止损也是一种成本，是跟踪趋势、调整方位、捕捉获利机会的成本，是交易获利所必须付出的代价。止损是深刻认识交易本质的必然选择，是交易生存的不二法门。

没有付出就没有收获，没有止损就没有交易，是为止损不损。

一、止损心诀

不设止损不开仓，不到止损不平仓，一到止损先平仓。

1. 不设止损不开仓

开仓之前就必须预先设好止损位。止损位必须量化、直观、易于执行，而且必须具有足够的止损空间和止损时间，确保止损能顺利进行。

开仓之前就设定止损位，谋定而后动，有备无患。开仓之后再设止损位，病急乱投医，仓促乱阵脚。

2. 不到止损不平仓

开仓之后，即使价格没有按交易方向运行，但只要价格反向波动没有超过止损位，就必须持仓不动。

不到止损位就平仓，不属于止损，而是违规交易。导致这种情况的原因较多，包括仓位过重、心态失衡、处置不当、过于投机等。

3. 一到止损先平仓

开仓之后，一旦价格反向波动达到止损位，平仓必须坚决果断，绝不能犹豫不决，放任损失扩大。绝不可因一次失误，而导致风险全面失控。

达到止损位不平仓，或因仍看好后势，自认为问题不大；或因损失过大，情绪失控；或因丧失自信，茫然无措。

止损必须令出必行。如果没有强化训练，止损策略大多沦为纸上谈兵。若要养成良好的止损习惯，一般要经过三个阶段：被动无序止损、程序强制止损、条件反射止损。

（1）被动无序止损：绝大多数期货交易新手的止损是被动的、无序的。有的因承受不了亏损的巨大压力而被迫止损，有的因对行情茫然不知而胡乱止损，有的因担心反向暴涨暴跌而匆忙止损。由于事前无预案，止损一般也没有计划，不可能做到有步骤地撤离。一旦止损之后，价格重新按原开仓方向运行，就会懊恼不已。

(2) 程序强制止损：交易者设定某种操作程序强迫自己在预定价位进行止损。一般包括止损设定、止损预警、止损执行和止损评估几个步骤。止损设定指止损价位的设置。止损预警指价格接近止损位作好止损准备，止损执行指按预定价格平仓止损。止损评估指对本次止损操作的技法、心法、手法和效果进行分析，以利改进。

(3) 条件反射止损：指交易者当亏损达到某种程度，或者见到某种形态结构习惯性平仓止损。条件反射止损看似不假思索，实则训练有素，了然于心。

由被动无序止损到程序强制止损到条件反射止损，是交易者成长的必然过程，不能逐步提升的人，最终会被市场淘汰。

二、技术止损

技术止损是将止损设置与技术分析相结合，剔除市场的随机波动之后，在关键技术位设定止损单，从而避免亏损的进一步扩大。

技术止损主要根据重要技术指标如 K 线、均线等设定止损，一般是重要压力位和重要支撑位附近。

直效技术止损分为做多止损和做空止损，做多止损指开仓做多后亏损超过规定值或者价格下破某个重要技术位置即平仓止损。做空止损指开仓做空后亏损超过规定值或者价格上破某个重要技术位置即平仓止损。

(一) 做多止损

1. 根据均线做多

选择合适均线作操盘线做多。中线走多，当价格上破操盘线，开仓做多。若开仓之后，价格没有按预期上涨，一旦价格下破操盘线，必须平仓止损。

2. 根据 K 线做多

选择拐点 K 线开仓做多，比如根据拐点五阳做多。中线走多，见拐点五阳开仓做多。若开仓之后，价格没有按预期上涨，一旦价格下破拐点五阳开盘价或者最低价，必须平仓止损。

(二) 做空止损

1. 利用均线做空

选择合适均线作操盘线做空。中线走空，当价格下破操盘线，开仓做空。若开仓之后，价格没有按预期下跌，一旦价格上破操盘线，必须平仓止损。

2. 利用K线做空

选择拐点K线开仓做空，比如根据拐点三线做空。中线走空，见拐点三线开仓做空。若开仓之后，价格没有按预期下跌，一旦价格上破拐点三线开盘价或者最高价，必须平仓止损。

根据操盘线或者拐点五阳三线止损，优点是简明直观，易于执行，且正确率高。其缺点是一旦陷入盘整，则操盘线失效。拐点五阳三线组合形态比较特殊，必须与操盘线配合使用。

三、战略止损

战略止损是从全局从发，为确保捕捉大行情所做整体策略的实现，凡与之相违背的反向交易，即使盈利或者可能盈利都必须停止，而专注于整体策略的实行和大行情的捕捉，不贪小利而失去大机会。

(一) 时间止损

时间止损要求按预定交易周期执行，不因某次交易的不顺利而影响整个交易的进程，通过控制单次交易时间控制风险，特别是对可能暴涨暴跌或者突破方向难以确定的走势，通过时间止损是比较有效的方法。该涨不涨，多单止损；该跌不跌，空单止损；日内交易，当日收盘前必须退场；周内交易，当周收盘前必须退场。

1. 时间成本

时间成本是一种机会成本，等于浪费时间所创造的价值。节省时间成本，首先最好不要介入处于盘整期特别是没有震荡收窄的品种；其次是开仓尽量选突破点，这样不仅止损位明确，而且能很快得到反馈；其三是不要逆势交易，即不在涨势里抢回调做空，不在跌势里抢反弹做多。

2. 盘整止损

盘整止损是指开仓之后，价格并没有按交易方向运行，而是陷入较长时间的蓄势整理。若之后突破的方向与交易方向相反，短时间内暴涨暴跌，风险难以控制，此种情况下，可以先减仓或者清仓，等突破方向确定之后再入场。

盘整止损，风险累积但还没有暴发，即蓄势整理到位却迟迟不能突破，为了使风险可控，必须果断退出。

(二) 级别否定

级别否定即通过其他级别的综合研判结论否定某级别单独研判结论，即整体否认局部。交易方向的确定必须根据以大统小法则和级别均线定向定律，交易点位的确定必须根据形态K线定位定律和顺势抢点法则。比如，通过15分钟级别认为可以开仓做多，但日K级别却是空级破位下跌。根据以大统小法则和级别均线定向定律，交易方向只能做空，日K级别否定15分K级别。

（三）空仓否定

仓位不同，心态不同。空仓否定即在空仓状态对某种行情所做的交易策略，可以作为该种行情持仓情况下的交易策略。空仓否定强调的是不要因为是否持仓、仓位大小或者是否亏损而影响自己的理性分析判断以及交易决策。

假设在空仓状态下，当出现某种信号，交易者会坚决做空（或者做多），如果交易者原本就持有空单（或者多单），则在可承受的亏损范围内，交易者应继续持有空单（或者多单），不可平仓或者反向操作。

根据战略止损的要求，主升浪阶段抢回调做空，主跌浪阶段抢反弹做多，即便盈利，也与整体策略相违背，必须平仓。

图 9-1 伦镍电 3(LMNDE)2010.2.15～2010.4.15 日 K 线图

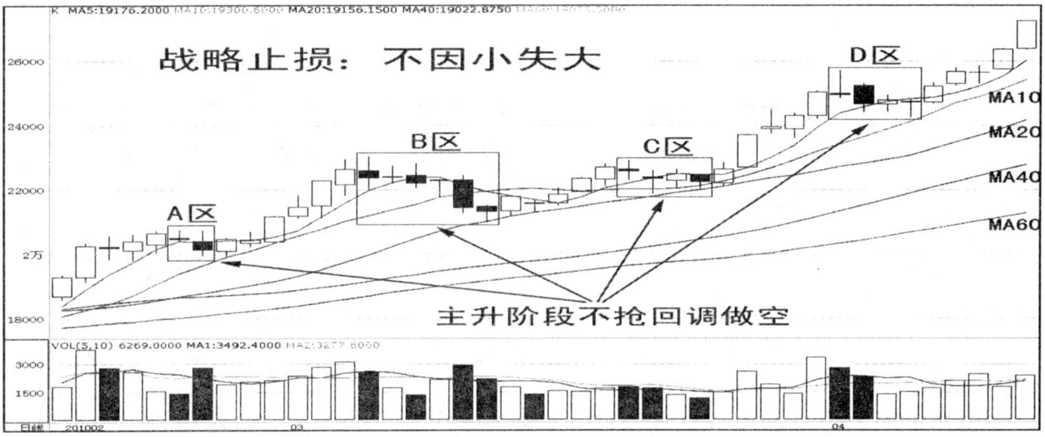

图 9-1

图 9-1 解析：

确定交易方向：10 日、20 日、40 日、60 日均线多头排列，且价格始终位于 20 日均线之上，强势多头行情，交易方向为做多，不可逆势开仓做空。

A 区、B 区、C 区、D 区均下破 5 日均线，但不可反向开仓做空。若选 5 日均线为操盘线，可先平仓，再次向上突破 5 日均线，可重新开仓做多。

B 区大阴线下破 10 日均线，但整体策略为捕捉主升大行情，不可与策略相违背，不可反向做空。主升行情，逆势做空，乃鼠目寸光，必然杯弓蛇影。

第二节　止盈必盈

止盈是一种法则，一旦盈利绝不让它变成亏损。止盈也是一种锁仓，是将既得利润落袋为安，是交易的终极目标，否则所有的交易都将失去最原始的动力。

没有止盈就没有结束，也不会有新的开始，是为止盈必盈。

一、止盈心诀

顺势顺线，回撤回补，转势转向。

1. 顺势顺线

开仓之后，当价格按预定交易方向运行，只要趋势没有破坏，就必须持仓守势。势不变，仓也不变。顺势守仓，最好以某根均线作为操盘线，或者以拐点五阳三线作为交易信号。

顺势顺线，顺应的是大趋势，捕捉的是大行情，依据的是重要均线或K线，包括操盘线和五阳三线，切不可因价格的小幅波动而盲目平仓，甚至反向开仓。

2. 回撤回补

当价格按预定交易方向运行一段时间后，资金账户显示浮动盈利。当价格反向波动时，浮动盈利减少，即回撤。若浮动盈利回撤到某一数值，可以先行平仓，保住既得利益，即一旦盈利决不让它变成亏损。

止盈之后，价格反向波动并没有破坏原有趋势，若经过一段时间整理，价格又重新按原交易方向运行，必须及时回补。

3. 转势转向

价格按原交易方向运行较长时间之后，出现大势背驰、波段背驰，见点背驰后，必须果断止盈，因为趋势很可能发生改变。

趋势发生转变之后，交易方向必须随之改变，即使价格又按之前交易方向波动，也不能再按之前交易方向开仓。

顺势顺线、回撤回补、转势转向，按信号止盈，令出必行。如果没有强化训练，贪婪者对止盈信号视而不见，总想博取更大利润；恐惧者没见止盈信号过早退出，只为保住蝇头小利。

养成良好的止损习惯，一般要经过三个阶段：被动无序止盈、程序强制止盈、条件反射止盈。

(1) 被动无序止盈：绝大多数交易者的止盈是被动的、无序的。有的因担心浮动盈利化为乌有而提前止盈，有的因大量盈利转眼消失殆尽而恼怒止盈，有的因对行情茫然不知而胡乱止盈，有的因担心反向暴涨暴跌而恐惧止盈。由于事前无预案，止盈一般也没有计划，不可能做到有步骤地撤离。

(2) 程序强制止盈：交易者设定某种操作程序强迫自己在预定价位进行止盈。一般包括止盈设定、止盈预警、止盈执行和止盈评估几个步骤。止盈设定指止盈价位的设置，止盈预警指价格接近止盈位作好止盈准备，止盈执行按预定价位平仓止盈，止损评估指本次止盈操作的技法、心法、手法和效果进行分析，以便改进。

(3) 条件反射止盈：指交易者当盈利达到某种程度或者见到某种形态结构习惯性平仓止盈。

二、技术止盈

技术止盈是将止盈设置与技术分析相结合，剔除市场的随机波动之后，在关键技术位设定止盈单，从而避免大幅回撤或者由盈转亏。

直效技术止盈分为做多止盈和做空止盈，做多止盈指开仓做多后浮动盈利回撤超过某规定值或者价格下破某重要技术位置即平仓止盈。做空止盈指开仓做空后浮动盈利回撤超过某规定值或者价格向上突破某重要技术位置即平仓止盈。

(一) 做多止盈

1. 根据均线做多

选择合适操盘线做多。中线走多，当价格向上突破操盘线时，开仓做多。若开仓之后，价格按预期上涨，一旦价格下破操盘线，必须平仓止盈。

2. 根据 K 线做多

选择拐点 K 线开仓做多，比如根据拐点五阳做多。中线走多，见拐点五阳开仓做多。若开仓之后，价格按预期上涨，则见拐点三线平仓止盈。

(二) 做空止盈

1. 利用均线做空

选择合适均线作操盘线做空。中线走空，当价格下破操盘线，开仓做空。若开仓之后，价格按预期下跌，一旦价格上破操盘线，必须平仓止盈。

2. 利用 K 线做空

选择拐点 K 线开仓做空。比如，根据拐点三线做空，之前中线走空，见拐点三线开仓做空。若开仓之后，价格按预期下跌，见拐点五阳平仓止盈。

根据操盘线或者五阳三线止盈，优点是简明直观，易于执行，且正确率高。其缺点是一旦陷入盘整，则操盘线失效。五阳三线必须与操盘线配合使用。

三、战略止盈

战略止盈即当高级别形态结构发生明显变化或者趋势发生改变后，必须以新的交易策略代替原来的交易策略，按原交易策略所持有的仓位，都必须平仓，再次开仓必须以新的策略为依据。比如，主升浪阶段做多策略，一旦筑顶后走空，必须制定新的做空策略取代原来的做多策略。主跌阶段做空策略，一旦筑底后走多，必须制定新的做多策略取代原来的做空策略。

图 9-2　伦镍电 3(LMNDE)2013.1.9～2013.4.8 日 K 线图

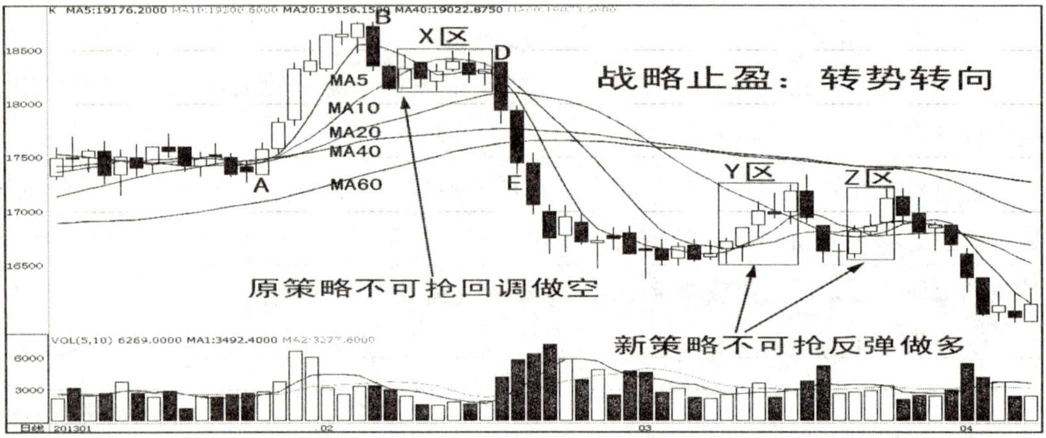

图 9-2

图 9-2 解析：

D 点之前交易策略：40 日、60 日均线多头排列，中线走多，交易方向为做多。

D 点之后交易策略：D 点、E 点为破势阴线，中线走空，交易方向为做空。

以 D 点为分界线，交易方向由之前的做多转为做空，交易策略发生改变。

A 点连阴阳，可开仓做多；B 点为破势阴阳，多单可先平仓，但不可反向做空；X 区盲区不入，可空仓等待，等突破方向确定后再入场。

D 点破势阴线，必须将多单平仓止盈，E 点破势阴线，可开仓做空。

Y 区、Z 区反弹，均不可抢反弹做多，应伺机逢高做空。

趋势改变，则交易方向必须改变，策略也随之改变，止盈也势在必然。

战略止盈可以保证新旧交易策略转化时有一个相对较长的空仓过渡期。

第三节　双翻翻多

空头行情见翻多线，必须规避习惯性做空风险，把握做多机会。

一、翻多线与翻多形

翻多线是中短期均线全空头排列阶段，短线急跌之后转为三根阳线快速突破 20 日均线的组合 K 线。翻多线必须至少满足以下三个条件：

其一，之前中线超跌，短线急跌，中短期均线全空头排列，前根 K 线为阴线或者小阳线。首根阳线高开高走或者平开高走，为中大阳线。

其二，次根阳线平开高走或者高开高走，至少上破 10 日均线，为中大阳线。

其三，第三根阳线必须有效上破 20 日均线，实体没有明显缩小更好。

翻多形是中短期均线全空头排列阶段，短线急跌之后转为强力上攻且快速上破 40 日均线的某段 K 线形态。翻多形必须至少满足以下三个条件：

其一，之前中线超跌，短线急跌，中短期均线全空头排列。

其二，一波上破：沿 5 日均线快速上攻，有效上破 40 日均线。

其三，二波上破：沿 5 日均线上破 20 日均线，回调不破 10 日均线，再次上攻有效上破 40 日均线。

双翻翻多：翻多形若包含翻多线，翻多线若走成翻多形，其爆发力和持久性强。

（一）翻多线与翻多形实例图

图 9-3　螺纹主力 2012.8.17～2012.10.22 日 K 线图

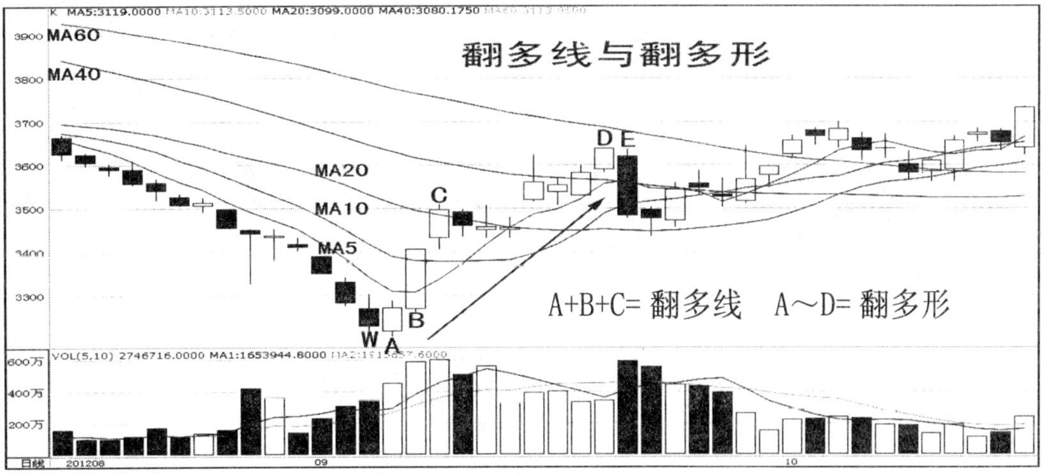

图 9-3

图 9-3 解析：

翻多线：A 点、B 点、C 点三根 K 线构成翻多线，为空头陷阱翻多。

(1) 5 日、10 日、20 日均线空头排列，W 点为加速下跌阴线。

(2) A 点低开高走，B 点平开高走，快速上破 10 日均线。

(3) C 点有效上破 20 日均线。

翻多形：由 A ~ D 为一波上破翻多形。

(1) A 点之前，20 日、40 日、60 日均线空头排列，且发散大，A 点之前出现四连阴加速下跌。

(2) A 点、B 点、C 点三根阳线上破 20 日均线，且沿 5 日均线上破 40 日均线。

(3) 成交量放大，节奏明显变化。

由 A 点开始的上攻，构成翻多线 + 翻多形，爆发力和持久性强，筑底成功的可能性大，可根据顺势抢点法则做多。

(二) 触底翻多与超跌反弹

超跌反弹一般不能同时满足爆发力强、持久性强两项条件。

图 9-4　豆油主力 2013.4.11 ~ 2013.6.24 日 K 线图

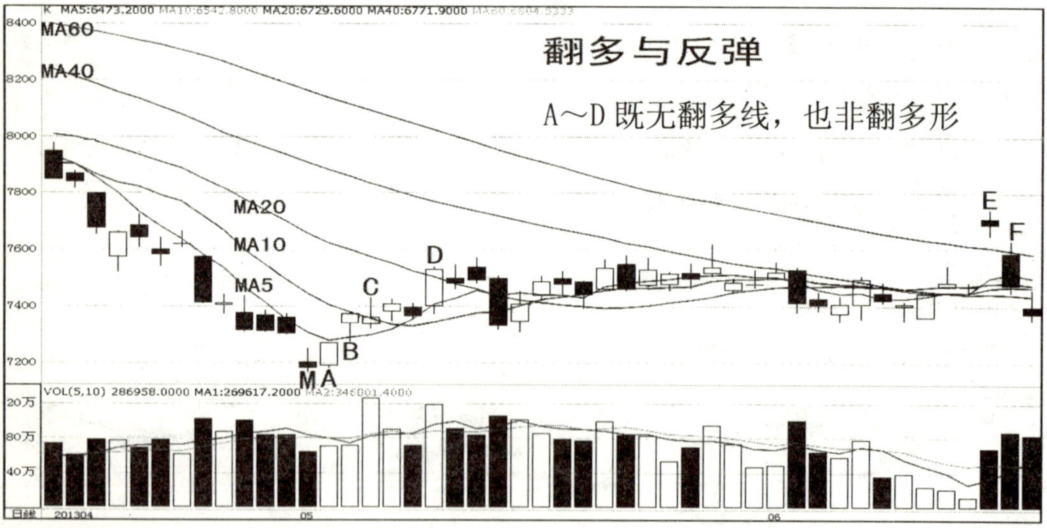

图 9-4

图 9-4 解析：

A 点 ~ C 点三根 K 线没有上破 20 日均线，不构成翻多线。

A 点 ~ D 点没有上破 40 日均线，不构成翻多形。

本波上攻爆发力不足，为反弹的可能性更大，可根据顺势抢点法则做空。

二、翻多区与筑底区

1. 翻多区确定

翻多区是由翻多线确定的做多区间。翻多区由两条平行线构成，即下边线和上边线。翻多区可由一根K线确定，也可由两根或三根K线确定。

翻多区下边线：由翻多线起点确定。

翻多区上边线：由翻多线中实体最大K线的收盘价确定。

筑底区是由空头行情转为多头行情的震荡转换区间，是使60日均线由下行转为上行、价格由最低点突破颈线位的整个区间。翻多区是筑底区的一部分，且一般发生在筑底区的开始阶段，但筑底区不一定存在翻多区。

2. 翻多区作用

（1）心法改变：改变之前惯性做空思维。至少在翻多区内，不会再贸然做空，而开始伺机做多。

（2）手法改变：见翻多线于5日均线上伺机做多，或者当价格回落至翻多区内，利用拐点五阳开仓做多，而不是之前的见反弹冲高回落即抢点做空。

3. 翻多区失效

（1）之后的拐点五阳及其顺位线距翻多线越近，翻多区越有效。

（2）当相近区域出现多处翻多线，以最近翻多线为准。

（3）当价格有效下破翻多区，则翻多区不再有效。

图 9-5　美玉米连(CRCC)2010.5.10～2010.8.4 日 K 线图

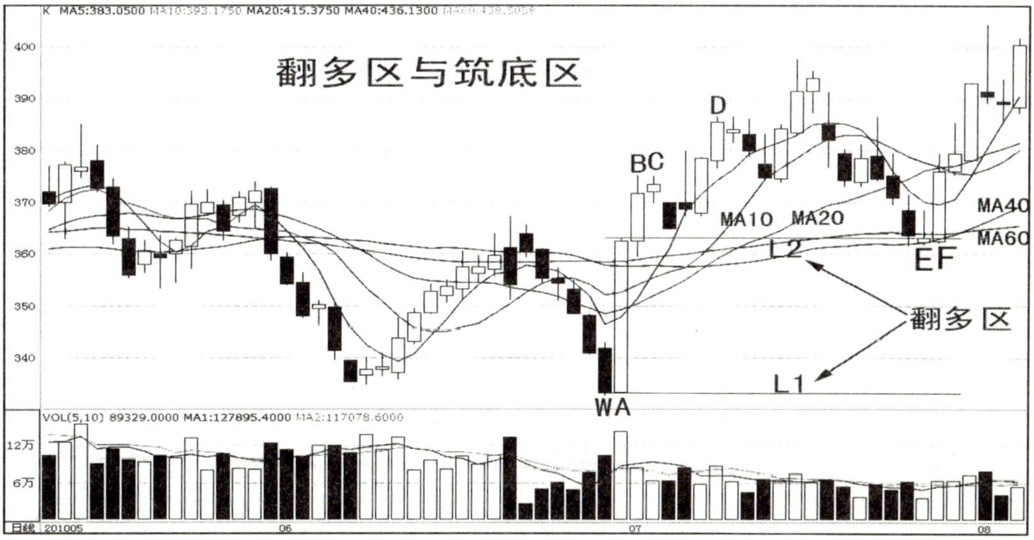

图 9-5

图 9-5 解析：

A 点～D 点为翻多形，沿 5 日均线上攻，相当于 2 浪底翻多。

(1) A 点之前，5 日、10 日、20 日均线空头排列，七连阴加速下跌。

(2) A 点、B 点、C 点三根阳线突破 20 日均线，之后沿 5 日均线上攻，突破颈线位，构成 3 浪上攻可能性大。

(3) 成交量明显异动，且节奏发生明显变化。

A 点、B 点、C 点构成翻多线：

(1) 5 日、10 日、20 日均线空头排列，W 点为加速下跌阴线。

(2) A 点平开高走，且 A 点一阳穿五线，吞吃 5 根阴线，实体显著放大。

(3) B 点继续上攻，多方明显强势。

1. 翻多区的确认

以 A 点开盘价做水平线 L1，以 A 点收盘价做水平线 L2，则由 L1 和 L2 构成的区间为翻多区。若之后价格下破 L1，则翻多区失效。

2. 翻多区做多

E 点、F 点回落至翻多区内，且 E 点为连阴阳、C 浪阳，F 点为空倍阳，40 日、60 日均线托底，是不可错过的做多时机。

双翻翻多与黏合上破，前呼后应，构成筑底典型形态。

三、心翻多与手翻多

双翻翻多包括心翻多和手翻多，其前提条件是行情翻多。

心翻多是指当行情出现翻多走势，交易者必须由之前的空头思维及时转换为多头思维。如果交易者没有意识到行情翻多是很可怕的，特别是之前做空非常顺手的投资者，往往会习惯性做空，从而使自己完全暴露于多方的枪口之下。没有意识到行情翻多，即使是机械交易者，也会因内心的巨大矛盾而使执行难以到位。

没有主观预期的改变，就不会有策略的改变。

手翻多是指当行情出现翻多走势，交易者不仅要由之前的空头思维转换为多头思维，而且要制定相应做多策略，并落实到实盘交易中。

意识到行情翻多，仅仅是第一步，要转换为手翻多，并不是一件容易的事。对行情的最初翻多，看到、想到的交易者多，但做到的少。大势的改变需要一个过程，思维的转变也会有个过程，而要实盘运用，很多人必须经过多次强烈的做多信号冲击，才会有信心动手。

第四节　双翻翻空

多头行情里见翻空线，必须规避做多风险，把握做空良机。

一、翻空线与翻空形

翻空线是中短期均线全多头排列阶段，短线急涨之后转为三根阴线快速下破 20 日均线的组合 K 线。翻空线必须至少满足以下三个条件：

其一，之前中线超涨，短线急涨，中短期均线全多头排列，前根 K 线为阳线或者小阴线。首根阴线低开低走或者平开低走，为中大阴线。

其二，次根阴线平开低走或者低开低走，至少下破 10 日均线，为中大阴线。

其三，第三根阴线必须有效下破 20 日均线，实体没有明显缩小更好。

翻空形是中短期均线全多头排列阶段，短线急涨之后转为快速下跌且迅速下破 40 日均线的某段 K 线形态。翻空形必须至少满足以下三个条件：

其一，之前中线超涨，短线急涨，中短期均线全多头排列。

其二，一波下破：沿 5 日均线快速下跌，有效下破 40 日均线。

其三，二波下破：沿 5 日均线下破 20 日均线，反弹不破 10 日均线，再次下跌有效下破 40 日均线。

双翻翻空：翻空形若包含翻空线，翻空线若走成翻空形，其爆发力和持久性强。

（一）翻空线与翻空形实例图

图 9-6　棉花主力合约 2011.1.13～2011.3.15 日 K 线图

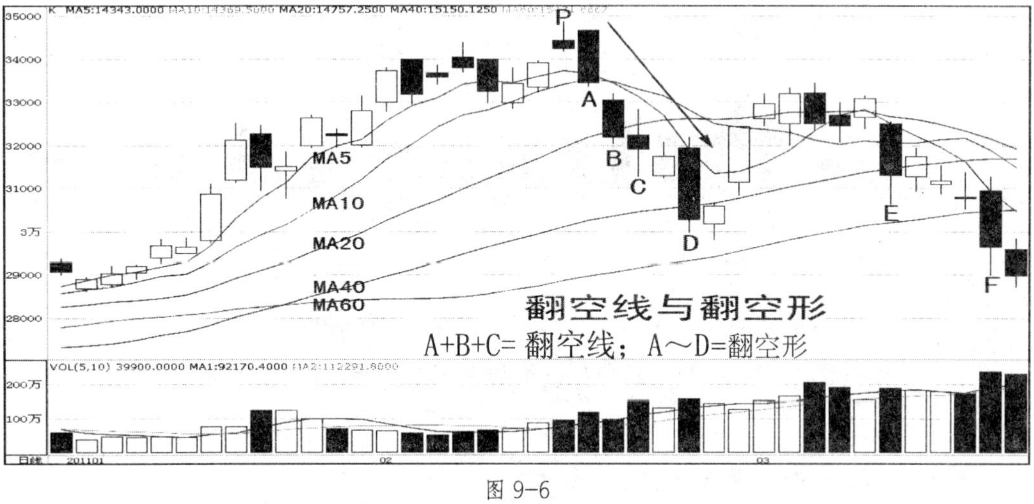

图 9-6

图 9-6 解析：

翻空线：A 点、B 点、C 点三根 K 线构成翻空线，多头陷阱翻空。

(1) 5 日、10 日、20 日、40 日、60 日均线多头排列，P 点为冲顶 K 线。

(2) A 点高开低走回补缺口，大阴线下破 5 日、10 日均线，B 点跳空低开，有效下破 20 日均线。

(3) C 点上下搓，仅盘中出现弱势反弹。

翻空形：由 A～D 为一波下破翻空形。

(1) A 点之前，均线全多头排列，且发散大，基本沿 5 日均线上攻。

(2) A 点、B 点、C 点三根阴线下破 20 日均线，沿 5 日均线下破 40 日均线。

(3) 成交量放大，节奏明显变化。

由 P 点开始的下跌，翻空线 + 翻空形，爆发力和持久性强，筑顶成功的可能性大。E 点黏合下破破势阴线做空。前有双翻翻空，后有黏合下破，前呼后应。

(二) 触底翻多与超跌反弹

图 9-7　豆油主力 2010.7.28～2010.9.28 日 K 线图

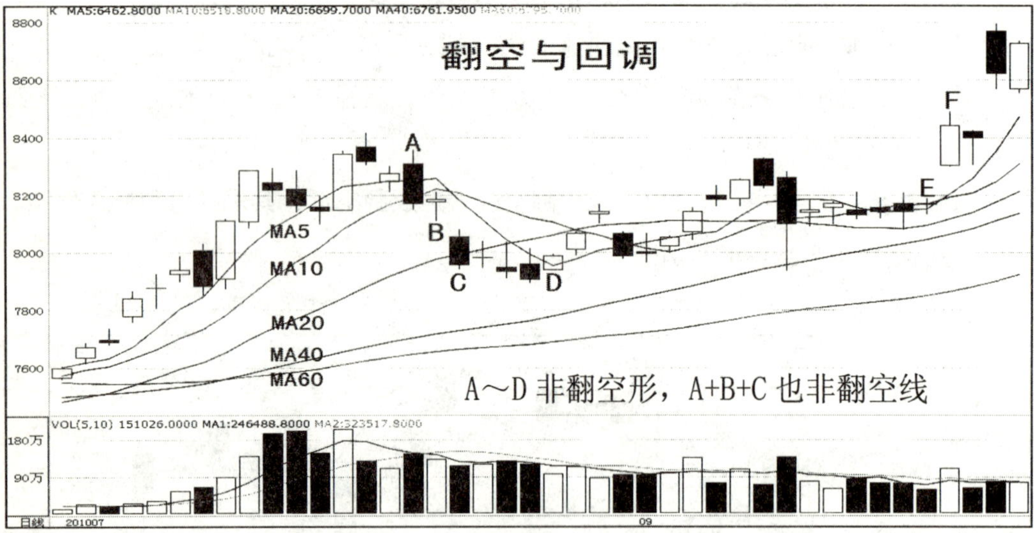

图 9-7

图 9-7 解析：

A 点～D 点不是翻空形：A 点～D 点没有下破 40 日均线。

A 点、B 点、C 点不是翻空线：B 点为星 K 线，且为阳线，表明空方不具备连续大阴线下跌的能力。

至 D 点反攻，E 点为星 K 线，F 点逼空阳，重回升势。

二、翻空区与筑顶区

1. 翻空区确定

翻空区是由翻空线确认的做空区间。翻空区由两条平行线构成，即下边线和上边线。翻空区可由一根 K 线确定，也可由两根或者三根 K 线确定。

翻空线上边线：由翻空线起点确定。

翻空线下边线：由翻空线中实体最大的 K 线的收盘价确定。

筑顶区是由多头行情转为空头行情的震荡转换区间，一般为有效下破颈线位或者 60 日均线的整个区间。翻空区是筑顶区的一部分，且一般发生在筑顶区的开始阶段。筑顶区不一定存在翻空区，但翻空区是见顶的先兆。

2. 翻空区作用

（1）心法改变：改变之前惯性做多思维。至少在翻空区内，不会再轻率做多，而开始考虑伺机做空。

（2）手法改变：见翻空线于 5 日均线下做空，或者当价格反弹至翻空区内，可利用拐点三线开仓做空，而不是之前见回调反攻即抢点做多。

3. 翻空区失效

（1）之后的拐点三线及其顺位线距翻空线越近，翻空区越有效。

（2）当邻近区域出现多处翻空线，以最近翻空线为准。

（3）当价格上突破翻空区，则翻空区失效。

图 9-8 白糖主力合约 2009.12.1～2010.3.4 日 K 线图

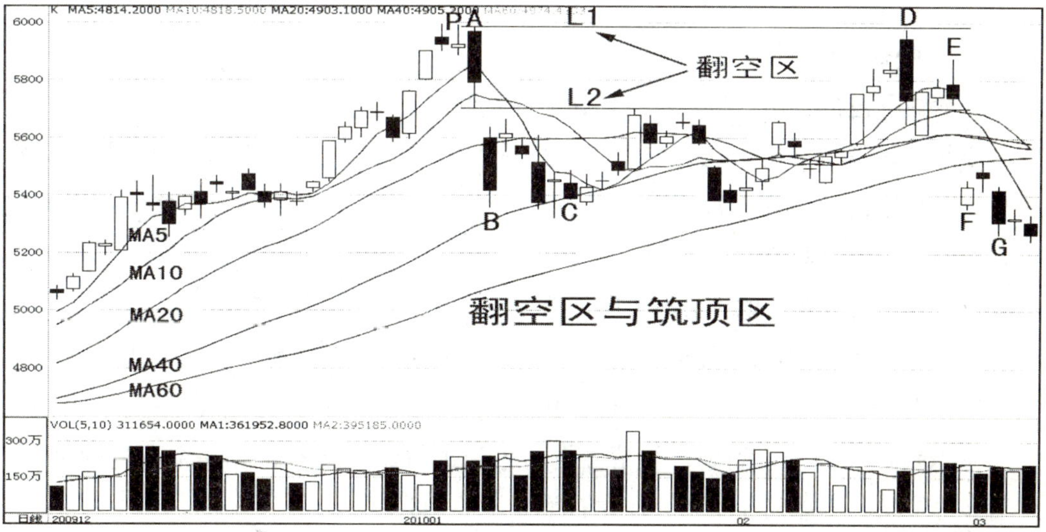

图 9-8

图 9-8 解析：

A 点、B 点为翻空线，为多头陷阱翻空。

（1）A 点之前，中短期均线全多头排列，P 点为冲顶 K 线。

（2）A 点高开低走，大阴线下破 5 日均线，为最值阴线。

（3）B 点大幅跳空低开，大阴线下破 10 日、20 日均线。

A 点 ~ C 点为一波下破翻空形。

（1）A 点之前，中短期均线全多头排列。

（2）A 点之后沿 5 日均线下破 40 日均线。

（3）成交量明显异动，且节奏发生明显变化。

1. 翻空区的确认

以 A 点开盘价做水平线 L1，以 A 点收盘价或最低价（或者 B 点收盘价）做水平线 L2，则由 L1 和 L2 构成的区间为翻空区。

若之后价格上破 L1，则翻空区失效。

2. 翻空区做空

D 点为最值阴线，E 点为破势阴线，且位于翻空区内，可开仓做空。F 点下破 60 日均线，G 点下破颈线位，大阴线下跌，确认多空转换。

翻空线和翻空形，发生在中期均线没有走空之前，是 K 线的极端走势，是确认由多转空的简明方法。

双翻翻空与黏合下破，前呼后应，构成筑顶的典型形态。

三、心翻空与手翻空

双翻翻空包括心翻空和手翻空，其前提条件是行情翻空。

心翻空是指当行情出现翻空走势，交易者必须由之前的多头思维及时转换为空头思维。如果之前做多非常顺手，交易者往往会习惯性做多，构成事实上的逆势交易，其亏损是不可避免的。

没有思维的改变，就不会有策略的改变。

手翻空是指当行情出现翻空走势时，交易者不仅要由之前的多头思维转换为空头思维，而且要制定做空策略，并确保执行。

意识到行情翻空，到确认行情翻空，再到进行做空交易，是一个渐进的过程。多看多思多做，方能熟能生巧，应付自如。

没有心翻空，就没有手翻空。心随图变，随形就势。

第五节 空仓区间

空仓区间，也叫两不区间，指既不可做多，也不可做空，必须空仓观望的区间。空仓区间是不能有效控制盈亏比、不能满足概率有利原则的区间，至少包括三种区间：跌势反弹非翻多区间、涨势回调非翻空区间、盘整黏合非发散区间。

空仓，不贪婪不恐惧，不纠结于不确定性走势，致虚极，守静笃。

一、涨势回调非翻空

涨势回调非翻空，即涨势回调非翻空区间，其两不策略：

不可做多：多头行情，破位下跌，多单先平仓。

不可做空：不见翻空线，仍为多头强势，不可开仓做空。

若本次下跌形成翻空线，可于5日均线之下伺机做空。

若之前见翻空线，于翻空区内见拐点三线，开仓做空。

若涨势回调之前，没见大势背驰，则本次回调，很难形成翻空线。

图 9-9 美原油连(CONC)2008.4.24～2008.7.18 日 K 线图

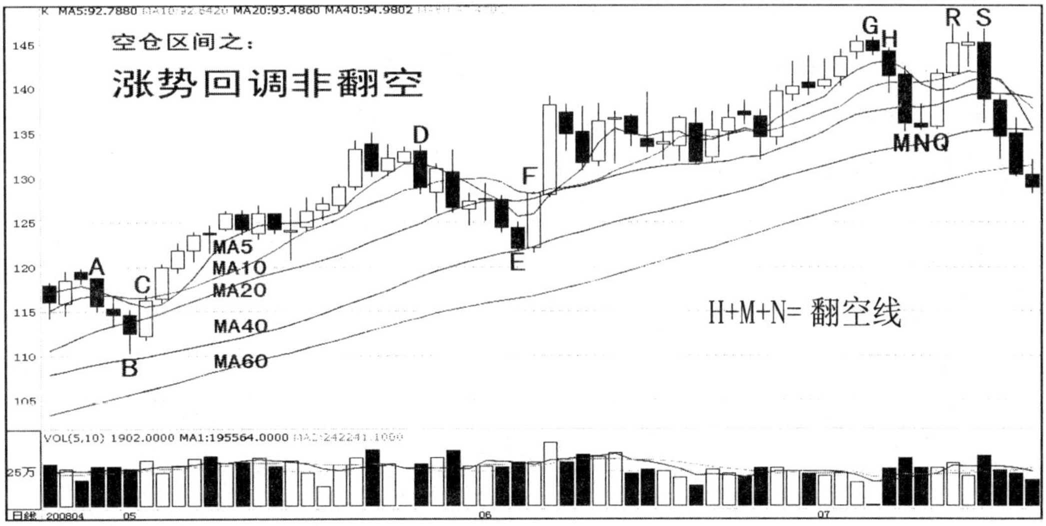

图 9-9

图 9-9 解析：

确定交易方向：M 点之前，20 日、40 日、60 日均线多头排列，价格位于 60 日均线之上，交易方向为做多。

A 点～B 点：空仓区间。A 点破位下跌，多单可先平仓。多头强势，不可逆势做空，必须空仓待机。至 B 点 3 连阴下跌，C 点连阴阳多单回补。

D 点 ~ E 点：空仓区间。D 点破位下跌，多单可先平仓，多头强势，不可逆势做空，必须空仓待机，至 E 点 7 根 K 线盘跌。F 点空倍阳多单回补。

H 点 ~ N 点：空仓区间。H 点破位下跌，多单可先平仓，多头强势，不可逆势做空，必须空仓待机，至 N 点 3 连阴下跌。Q 点连阴阳多单回补。

H 点、M 点、N 点三根阴线构成翻空线：H 点下破 5 日均线，M 点大阴线同时下破 10 日和 20 日均线，N 点为星 K 线，满足翻空线条件。翻空区由 H 点开盘价和 M 点收盘价确定。

S 点：破势阴线，可开仓做空，一线定心。H 点、M 点、N 点三根阴线构成翻空线。R 点与 G 点构成双头。S 点翻空区内见破势阴线做空。

之前大势背驰，G 点之后见翻空线，S 点之后连续大阴线下跌。

二、跌势反弹非翻多

跌势反弹非翻多，即跌势反弹非翻多区间，其两不策略：

不可做空：空头行情，上破反弹，空单先平仓。

不可做多：若之前没见翻多线，仍为空头强势，也不可开仓做多。

若本次上攻形成翻多线，可于 5 日均线之上伺机做多。

若之前见翻多线，于翻多区内见拐点五阳，开仓做多。

若跌势反弹之前，没见大势背驰，则本次反弹，很难形成翻多线。

图 9-10　螺纹主力合约 2012.7.17 ~ 2012.9.19 日 K 线图

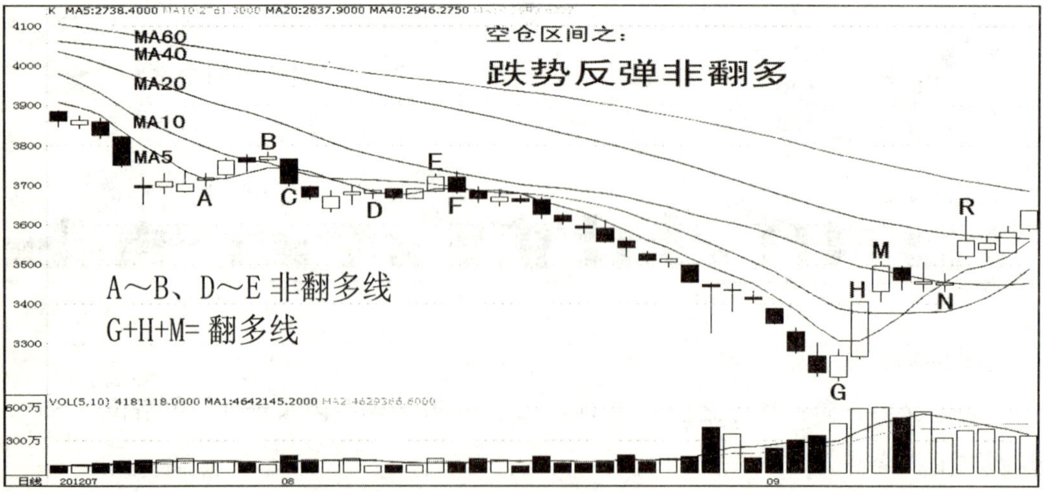

图 9-10

图 9-10 解析：

确定交易方向：G 点之前，20 日、40 日、60 日均线空头排列，价格位于 60 日均线之下，交易方向为做空。

A 点 ~ B 点：空仓区间。A 点上破 5 日均线，空单可先平仓。空头强势，不可逆势做多，必须空仓待机。C 点归顺阴线空单回补。

D 点 ~ E 点：空仓区间。D 点上破 5 日均线，空单可先平仓。空头强势，不可逆势做多，必须空仓待机。F 点归顺阴线空单回补。

G 点 ~ M 点：空仓区间。G 点连阴线，空单可先平仓。空头强势，不可逆势做多，必须空仓待机。G 点、H 点、M 点 3 根阳线构成翻多线，此后可伺机做多。

之前大势背驰，G 点见翻多线，筑底成功可能性大。

三、久盘黏合非发散

久盘黏合非发散，这里指盘整的时间较长，之前形成小双头或者小双底，趋势可能发生转换，突破方向难以确定，必须等发散线开。

其一，由趋势区破势转换陷入盘整，必须空仓观望。节奏难以把握，可操作空间小，风险大。

其二，盘整时间长，蓄势充分，风险加剧，至均线黏合之后，突破方向难以确定，必须等发散线开。特别是五线黏合，若没见发散线即提前介入，一旦方向做错，短期内亏损较大。

久盘防转势转向，黏合防暴涨暴跌。

图 9-11　美黄金连(GLNC)2008.1.22 ~ 2008.5.1 日 K 线图

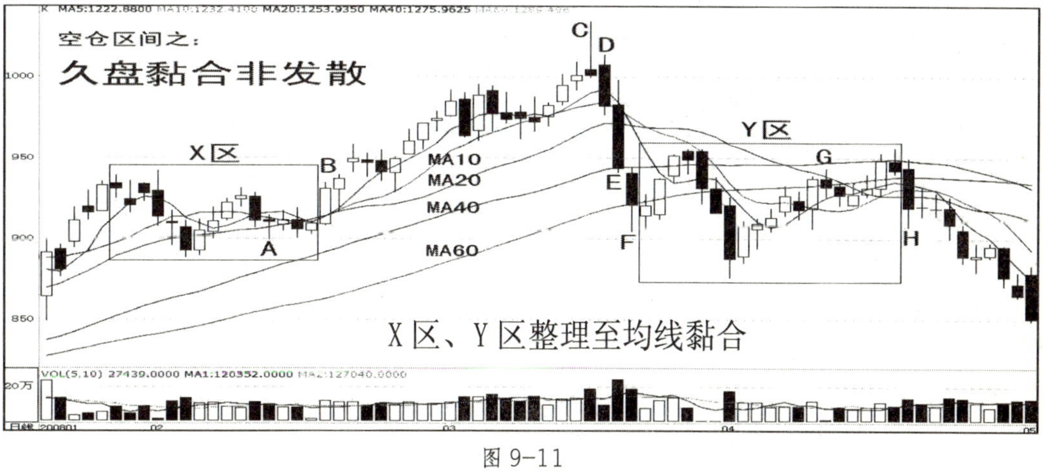

图 9-11

图 9-11 解析：

X 区：区间震荡整理，见小双头，至 A 点均线黏合，见星空线，不可提前介入。

B 点：大阳线，空倍阳，星值上破，发散线，可抢点做多。

D 点、E 点、F 点构成翻空线，也构成翻空形。F 点下破 60 日均线。

Y 区：于 60 日均线附近陷入区间震荡整理，于 G 点五线黏合，见星空线，蓄势充分，突破方向难以确定，不可提前介入。

H 点：破势阴线，发散线，带动均线向下发散，可抢点做空。

前有 D 点 +E 点 +F 点构成翻空线，后有 Y 区 + 大阴线 H 黏合下破，前呼后应，多空转换。

久盘黏合，见发散线开，是破解盘局的简明手段。

空仓，是避险，是等待，是一种战略，更是一种境界。

空仓区间，勇于敢则杀，勇于不敢则活。

第十章　顶底级别　中继结构

见顶形态、见底形态、中继形态，级别不同，差别较大。其演变过程、技术标准以及交易策略同中有异。只有明确顶底级别，才能把握大趋势，制定正确的交易策略。

第一节　顶底形态与均线 K 线

反转突破形态即顶底形态，持续整理形态即中继形态。K 线走势决定顶底形态，顶底形态决定均线形态。

一、顶底级别与均线选取

1. 顶底级别

顶部可分为短期顶部、中期顶部、牛市大顶。其中短期顶部和中期顶部也可叫上升中继。

底部可分为短期底部、中期底部、熊市大底。其中短期底部和中期底部也可叫下跌中继。

2. 均线选取

顶底形态决定均线排列形态，反过来，也可通过均线排列形态确认是否见顶或者见底，也可说均线排列形态决定顶底区间。

均线的排列形态可分为均线同向排列和均线交错排列。均线同向排列又可分为均线多头排列和均线空头排列，均线交错排列又可分为均线短压长翘和均线长压短翘，包括短黏长翘与短黏长压形态。

级别不同，研判顶底形态所选取的均线各不相同。

月 K 级别：一般选取 5 月、10 月、20 月、60 月均线。

周 K 级别：一般选取 5 周、10 周、20 周、60 周均线。

日 K 级别：一般选取 20 日、60 日、120 日、250 日均线。

3. 拐点 K 线

顶底形成的过程中，突破重要支撑位或者压力位的 K 线，对后期走势往往会起到很大影响。

二、均线 K 线见顶三步走

牛市大顶：以日 K 级别为例，20 日、60 日均线作为多空分界线，120 日、250 日均线作为牛熊分界线。

牛市形态：20 日、60 日、120 日、250 日均线多头排列，且均线发散较大。

牛市大顶：见顶三步走。

第一步，暴跌预警

下破多空线，既可能是深度回调，也可能导致多空转换。

首先下破 20 日均线，破势阴线是大阴线还是小阴线。

其次下破 60 日均线，是加速阴线还是探底阴线。

第二步，均线下拐

均线下拐指均线由原先上行或走平变为下行，是多空转换的分界线。

首先是 20 日均线下拐，是下跌时间长、幅度大的必然结果。

其次是 60 日均线下拐，是多空转换的必要条件。

第三步，破势确认

下破多空线之后，一般会出现反弹，反弹之后的两种可能：

其一，由反弹形成反转，必须重新站稳多空线，短黏长翘突破前期高点。

其二，反弹之后遇强阻力位再次向下破位，确认见顶。

典型见顶形态：翻空线 + 翻空形 + 黏合下破 = 见顶。

三、均线 K 线见底三步走

熊市大底：以日 K 级别为例，研判底部形态，主要以 20 日、60 日均线为主。120 日、250 日均线作为识别牛熊市确认线。

熊市形态：20 日、60 日、120 日、250 日均线空头排列，且均线发散较大。

熊市大底：见底三步走。

第一步，破位预警

上破多空线，既可能是超跌反弹，也可能导致多空转换。

首先上破 20 日均线，突破阳线是大阳线还是小阳线。

其次上破 60 日均线，突破阳线是加速阳线还是冲顶阳线。

第二步，均线上拐

均线上拐是均线由下行变为上行，是多空转换的分界线。

首先是 20 日均线上拐，是上涨时间长、幅度大的必然结果。

其次是 60 日均线上拐，是多空转换的必要条件。

第三步，破势确认

上破多空线之后，由于短线超涨，一般会出现回调，回调之后的两种可能：

其一，由回调形成反转，必须重新下破多空线，且下破前期低点。

其二，回调之后遇强支撑位再次上破前期高点时，一波新的涨势确立。

典型见底形态：翻多线 + 翻多形 + 黏合上破 = 见底。

第二节 见顶形态与交易策略

见顶形态有头肩顶、双重顶、三重顶、圆弧顶、倒 V 形、喇叭形等。

一、月 K 线见顶

(一) 见顶规律

月 K 线图均线设置：5 月、10 月、20 月、60 月均线。

月 K 线见顶三步走：暴跌预警、均线下拐、破势确认。

暴跌预警：大阴线下跌或连续阴线下跌，至少下破 5 月均线，见顶的可能性大，必须引起高度警惕。大阴线，指阴线实体明显放大的阴线；连续阴线，指 4 根或 4 根以上连续阴线。

均线下拐：由于下跌时间长、幅度大，使 5 月均线由上翘到下行。

破势确认：下破 10 月均线或者颈线位。首先是下破 10 月均线，其次是使 10 月均线下行，确认月 K 线见顶。特殊情况下无颈线位，见顶一步到位。

(二) 见顶形态

下面我们通过一幅实例图简述月 K 线图见顶形态。

图 10-1 白糖主力合约 2010.2.26~2012.10.31 月 K 线图

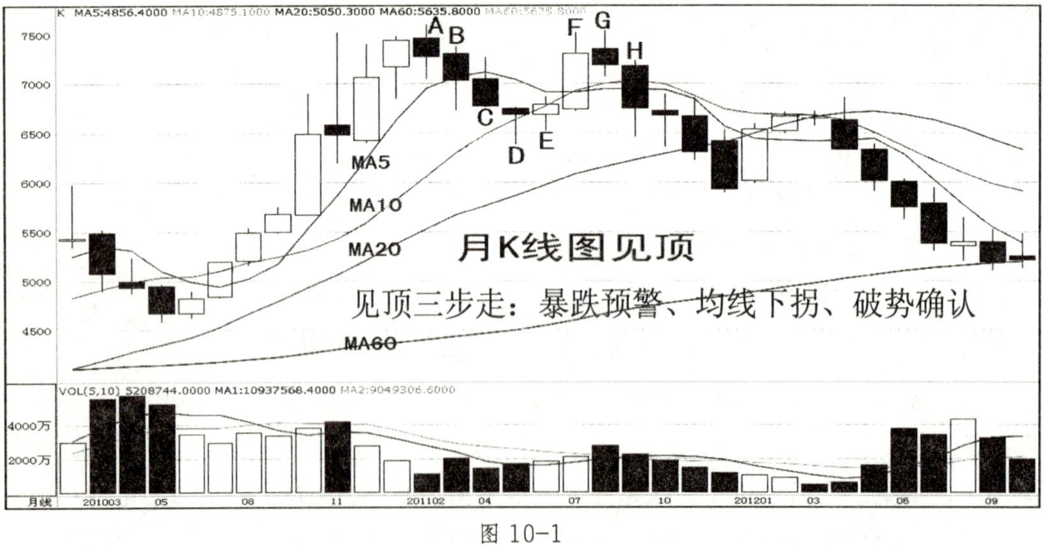

图 10-1

图 10-1 解析：

牛市形态：之前 5 月、10 月、20 月、60 月均线多头排列，且均线发散较大。

1. 暴跌预警

A 点~D 点：开始四连阴下跌，且下破 5 月均线，趋势明显走空，警惕见顶。

2. 均线下拐

至 D 点、E 点，5 月均线明显下拐。均线下拐是多空转换的前提条件。

3. 破势确认

E 点：既是连阴阳，也是空倍阳，星值上破，展开反弹。

G 点：冲顶回落，月 K 线图见双顶。

H 点：同时下破 5 月和 10 月均线，且使 10 月均线下行，确认月 K 线见顶。

图 10-2　PTA 主力合约 2009.11.30~2012.7.31 月 K 线图

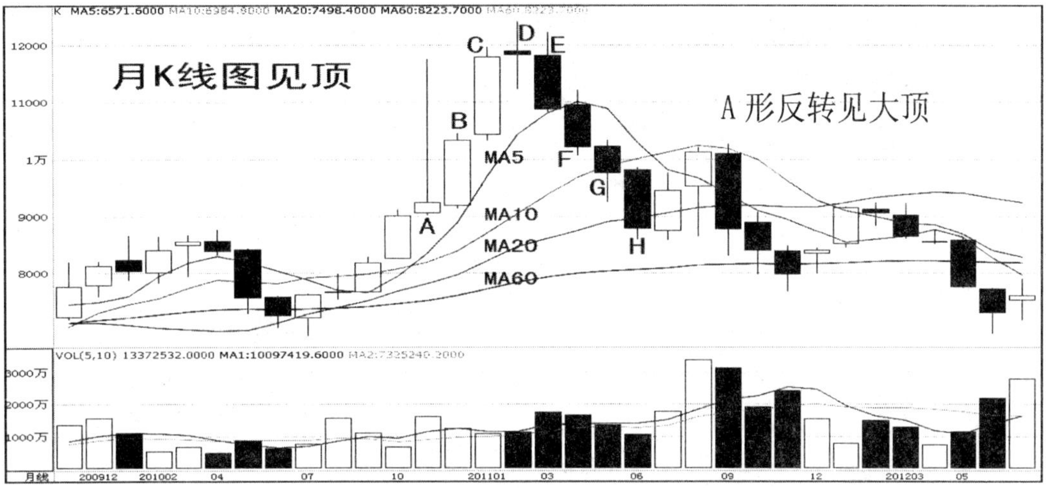

图 10-2

图 10-2 解析：

A 点：最 K 线，长上影，快速冲高回落。

B 点~C 点：大阳线快速上涨，做多能量急剧释放。

D 点：十字星，最值阴线。五连阴快速下跌，F 点下破 5 月均线，G 点下破 10 月均线，H 点下破 20 月均线，构成 A 形反转。

（三）交易策略

（1）下破 5 月均线，无论是阶段顶部还是见大顶，交易方向为做空。之前多单没平仓的，必须果断平仓，一般不要等反弹。

（2）根据四级定向法则，下破 5 月均线，可根据日 K 级别等做空。若月 K 级别出现拐点五阳，可根据日 K 级别等做多。

（3）若月 K 线破势确认，则必须顺势做空。

二、周 K 线见顶

（一）见顶规律

周 K 线图均线设置：5 周、10 周、20 周、60 周均线。

周 K 线见顶三步走：暴跌预警、均线下拐、破势确认。

暴跌预警：大阴线下跌或连续阴线下跌，至少下破 5 周均线，若之前见大势背驰和波段背驰，见顶的可能性大，必须引起高度警惕。大阴线，指阴线实体明显放大的阴线；连续阴线，指 4 根或 4 根以上连续阴线。

均线下拐：由于下跌时间长、幅度大，使 5 周均线由上翘转为下行。

破势确认：下破 10 周均线或者颈线位。首先是下破 10 周均线，其次是使 10 周均线下行，确认周 K 线见顶。特殊情况下无颈线位，见顶一步到位。

（二）见顶形态

下面我们通过一幅实例图简述周 K 线图见顶形态。

图 10-3　沪铜主力合约 2010.10.29～2011.6.10 周 K 线图

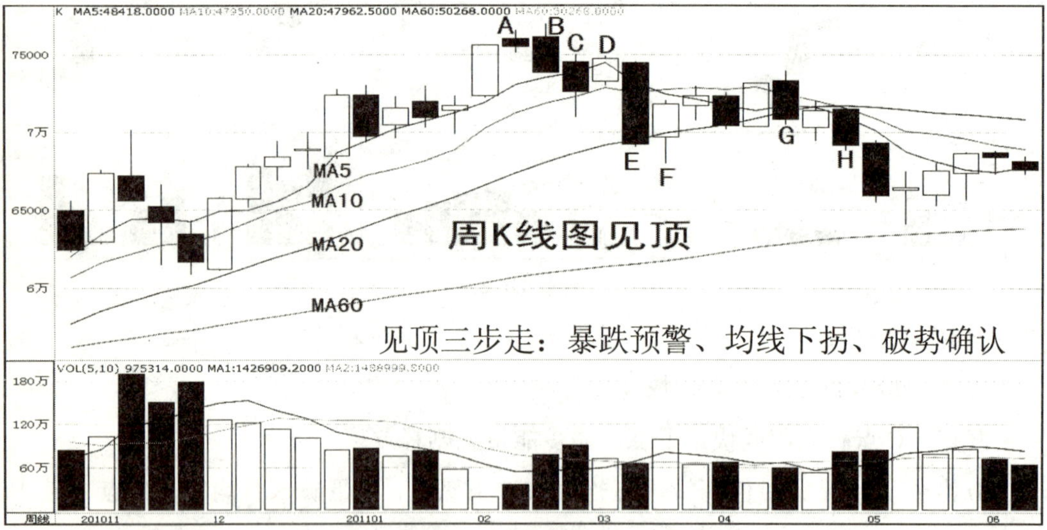

图 10-3

图 10-3 解析：

牛市形态：之前 5 周、10 周、20 周、60 周均线多头排列，且均线发散较大。

1. 暴跌预警

A 点～C 点：开始三连阴下跌，且下破 5 月均线，警惕见顶。

2. 均线下拐

D 点：连阴阳反弹无力。

E 点：大阴线下跌，使 5 周均线明显下拐。

3. 破势确认

E 点：同时下破 5 周、10 周、20 周均线，为断头铡刀。

F 点 ~ G 点：由 F 点开始横向整理，至 G 点 10 周均线下行，G 点一阴破三线。

H 点：黏合下破，确认周 K 线见顶。

图 10-4 螺纹主力合约 2009.4.24 ~ 2009.12.4 周 K 线图

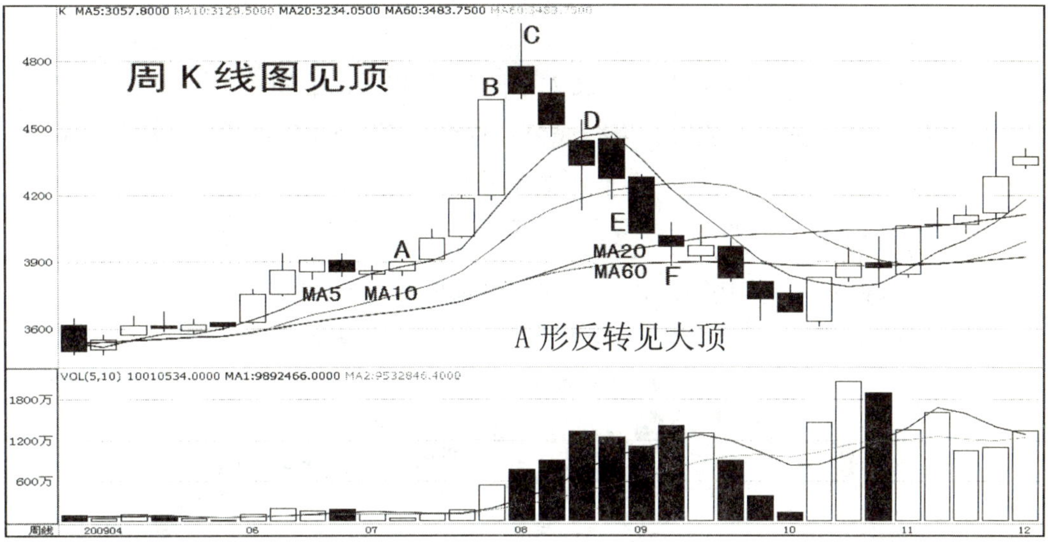

图 10-4

图 10-4 解析：

A 点：空倍阳，星值上破，开始加速上涨。

B 点：最 K 线，实体快速放大。

C 点：长上影线，最值阴线。六连阴快速下跌，D 点下破 5 周均线，E 点下破 10 周均线，F 点下破 20 周均线，构成 A 形反转。

（三）交易策略

（1）下破 5 周均线，先将多单平仓，一般不要等反弹再平仓，也可根据最值阴线提前将多单平仓。

（2）根据四级定向法则，下破 5 周均线后，重新站稳 10 周均线之前，可根据日 K 级别和分时级别缠空。不见翻多线不可转多。

（3）若周 K 线破势确认，则必须顺势做空。根据以大统小法则，若价格位于 5 周均线之下，不可抢反弹做多。典型做空周 K 线为发散线下破，可通过日 K 级别波段操作做空。

三、日K线见顶

（一）见顶规律

日K线图大势均线：20日、60日、120日、250日均线。

日K线见顶三步走：暴跌预警、均线下拐、破势确认。

暴跌预警：大阴线下跌或连续阴线下跌，若下破20日均线，且短期形态走坏，必须引起高度警惕。大阴线，指阴线实体明显放大的阴线；连续阴线，指4天或4天以上连续阴线。

均线下拐：由于下跌时间长、幅度大，使20日均线由上翘转为下行。

破势确认：下破60日均线或者颈线位。首先是下破60日均线，其次是使60日均线下行，确认日K线见顶。特殊情况下无颈线位，见顶一步到位。

（二）见顶形态

下面我们通过一幅实例图简述日K线图见顶形态。

图 10-5 PTA 主力合约 2011.1.12～2011.4.18 日K线图

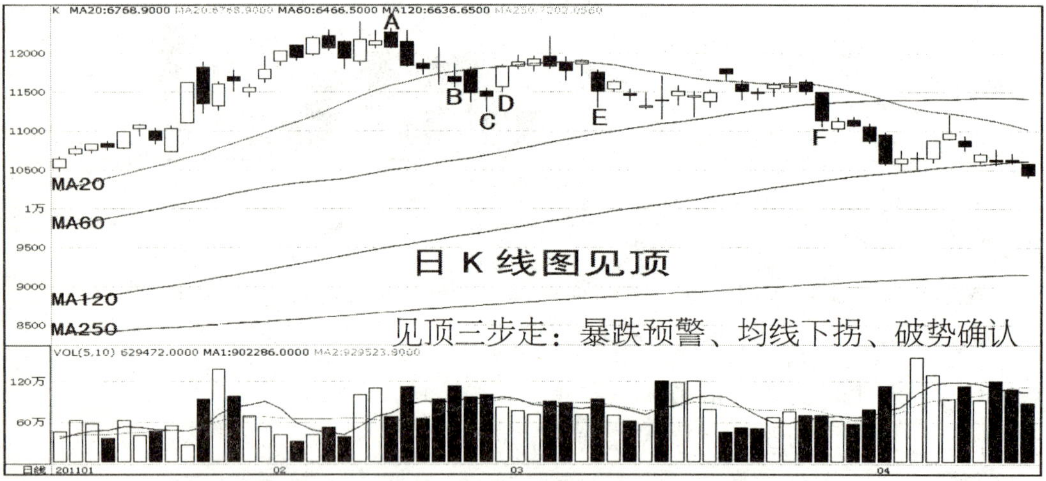

图 10-5

图10-5解析：

牛市形态：之前20日、60日、120日、250日均线多头排列，且均线发散较大。

1. 暴跌预警

A点～C点：开始七连阴下跌，且下破20日均线，短期形态走坏，警惕阶段见顶引起见大顶。B点下破20日均线，是短期强弱的分水岭。

2. 均线下拐

D点：连阴阳反弹，三连阳后高开冲高跳水，反弹结束。

E点：星值下破，低开下跌，使20日均线明显下拐。

3. 破势确认

F点：下破60日均线，且为大阴线，开始快速下跌，使20日均线下穿60日均线，带动60日均线下行。确认日K线见顶。

（三）交易策略

（1）下破20日均线，特别是大阴线下跌，手中仍持有多单的，可先将多单平仓，一般不要等反弹再平仓。

（2）根据四级定向法则，下破20日均线，可根据分时级别等做空。做空必须执行三线做空五阳平仓。

一般趋势不重新走多，不可做多。重新走多，指重新形成短黏长翘等K线形态。

（3）破势确认，则必须顺势做空。根据发散收敛大开大合法则，一旦均线黏合向下发散，只可做空，不可抢反弹做多。

四、见顶与级别

顶部可分为短期顶部、中期顶部和牛市大顶，其中短期顶部和中期顶部也可叫上升中继。若根据时间周期划分，可分为月K顶部、周K顶部、日K顶部和分时顶部等。

是否见顶必须根据K线走势形态进行研判，不同级别K线走势所反映的形态差别较大，如某走势低级别为见顶形态，高级别很可能为上攻形态，月K级别见顶形态与日K级别见顶形态有时相去甚远。

1. 共振见顶

共振见顶指不同级别的K线走势均表现为见顶形态。见大顶必是共振见顶，多级别共振见顶几年才有一次，是不可错过的做空机会。

2. 背驰见顶

背驰见顶指低级别K线走势为见顶形态，同期高级别走势为上攻形态。背驰见顶一般仅为阶段顶部，为多单回补提供了比较好的入市机会。

破解背驰见顶迷局必须执行以大统小、以小缠大法则。

只有从各级别见顶形态的共振与背驰去分析实际走势，才可能更好地把握整体与局部的关系，从而制定正确的交易策略。

多级别共振见顶，如月K、周K、日K、分时级别，是不可错过的做空机会。

第三节 见底形态与交易策略

见底形态有头肩底、双重底、三重底、圆弧底、V 形反转等。

一、月 K 线见底

（一）见底规律

月 K 线图均线设置：5 月、10 月、20 月、60 月均线。

月 K 线见底三步走：暴涨预警、均线上拐、破势确认。

暴涨预警：大阳线上攻或连续阳线上攻，至少上破 5 月均线，见底的可能性大，必须引起高度警惕。大阳线，指实体明显放大的阳线；连续阳线，指 4 根或 4 根以上连续阳线。

均线上拐：由于上涨时间长、幅度大，使 5 月均线由下行转为上行。

破势确认：上破 10 月均线或者颈线位。首先是上破 10 月均线，其次是使 10 月均线上行，确认月 K 线见底。特殊情况下无颈线位，见底一步到位。

（二）见底形态

下面我们通过一幅实例图简述月 K 线图见底形态。

图 10-6 沪铜主力合约 2001.2.28～2003.10.31 月 K 线图

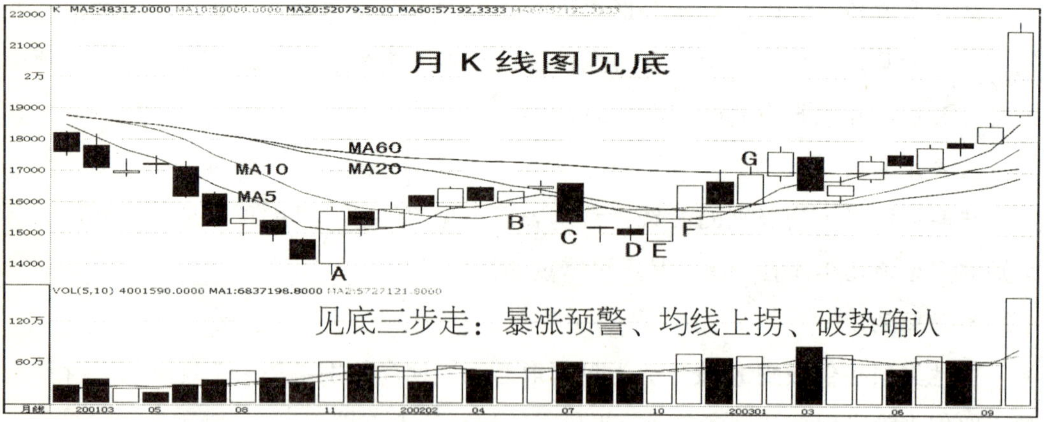

图 10-6

图 10-6 解析：

熊市形态：之前 5 月、10 月、20 月、60 月均线空头排列，且均线发散较大。

1. 暴涨预警

A 点：大阳线上破 5 月均线，且一根阳线吞吃三根 K 线，一线定心。

2. 均线上拐

由A点开始，价格位于5月均线上盘整，且使5月均线上拐，至B点使10月均线上拐，是由空转多的必要条件。

3. 破势确认

C点：一阴破三线，开始三连阴下跌。D点为星K线。

E点：既是连阴阳，也是空倍阳，星值上破。

F点~G点：同时上破5月、10月和20月均线，G点上破颈线位，确认见底。

图 10-7 沪铜主力合约 2007.11.30~2010.7.30 月K线图

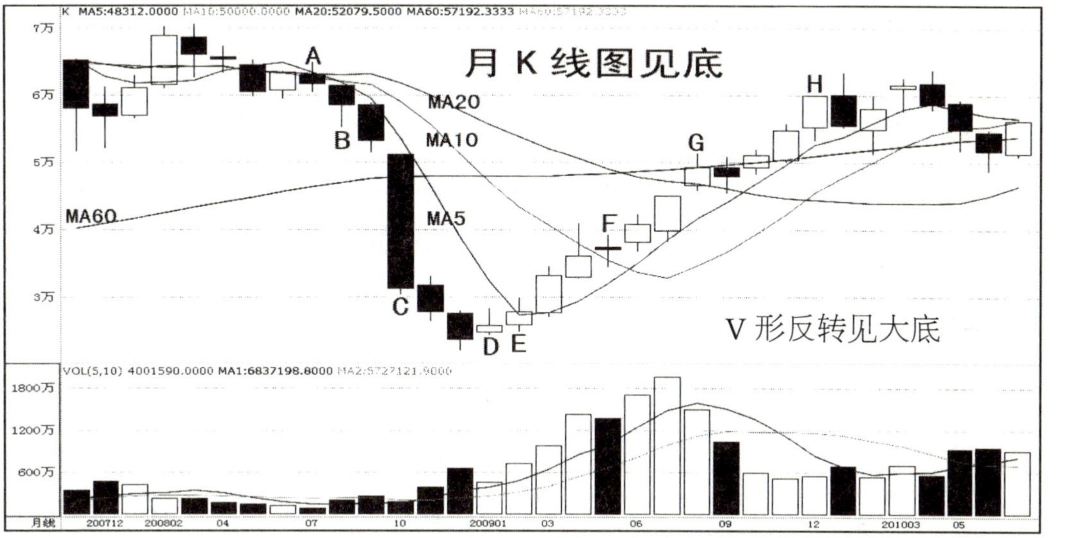

图 10-7

图10-7解析：

A点：由A点开始6连阴下跌，B点星值下破，C点最K线，且下破60月均线，明显中线超跌。

D点：连阴阳，4连阳上攻，此后沿5月均线上行，构成V形反转。

F点：单根K线整理。G点冲击60月均线，H点冲击前期高点。

(三) 交易策略

(1) 上破5月均线，手中仍持有空单的，可先将空单平仓，一般不要等回调再平仓。

(2) 均线交错排列阶段，根据四级定向法则，上破5月均线，可根据日K级别、分时级别做多。若月K级别出现拐点三线，可根据分时级别避险。

(3) 若10月均线转为上拐，牛市行情。见最值阴线，可利用分时级别避险。

二、周K线见底

（一）见底规律

周K线图均线设置：5周、10周、20周、60周均线。

周K线见底三步走：暴涨预警、均线上拐、破势确认。

暴涨预警：大阳线上攻或连续阳线上攻，上破5周均线，见底的可能性大，必须引起高度警惕。大阳线，指阳线实体明显放大的阳线；连续阳线，指4根或4根以上连续阳线。

均线上拐：由于上攻时间长、幅度大，使5周均线由下行到上翘。

破势确认：上破10周均线或者颈线位。首先是上破10周均线，其次是使10周均线上行，确认周K线见底。特殊情况下无颈线位，见底一步到位。

（二）见底形态

下面我们通过一幅实例图简述周K线图见底形态。

图10-8 橡胶主力合约2008.9.12～2009.5.8周K线图

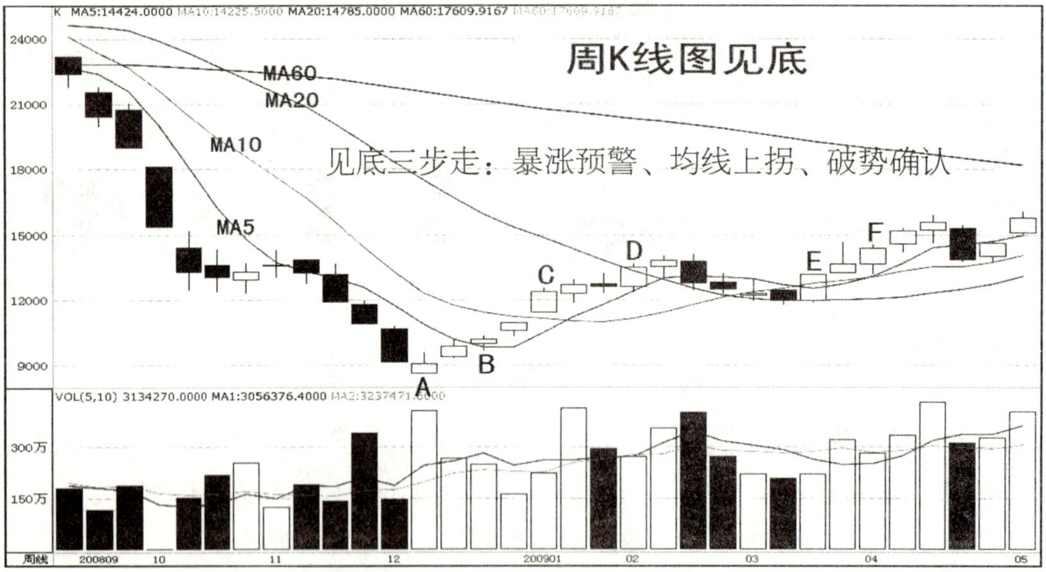

图10-8

图10-8解析：

熊市形态：之前5周、10周、20周、60周均线空头排列，且均线发散较大。

1. 暴涨预警

A点：既是连阴阳又是C浪阳，6连阳上攻，一气呵成上破5周、10周、20周均线，见底的可能性极大。

2. 均线上拐

B 点上破 5 周均线，C 点上破 10 周均线，此时 5 周均线上拐。

3. 破势确认

C 点上破 10 周均线，D 点上破 20 周均线，此时 10 周均线上拐，确认周 K 线形态见底。

E 点空倍阳，星值上破，F 点上破颈线位。

图 10-9 伦镍电 3(LMNDE)2013.2.22～2014.3.7 周 K 线图

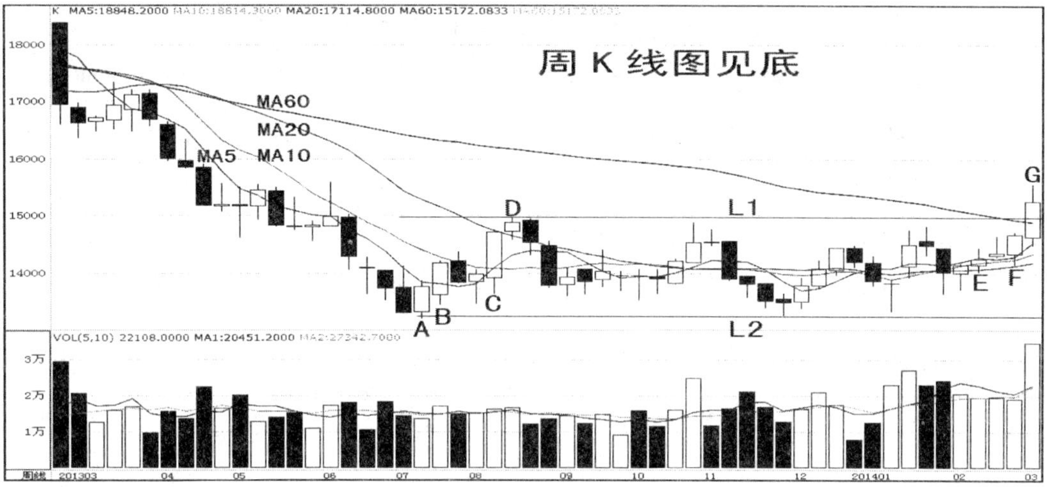

图 10-9

图 10-9 解析：

A 点：连阴阳。之前中线超跌、短线急跌。

B 点上破 5 周均线。C 点上破 10 周均线，D 点上破 20 周均线。开始于 L1 和 L2 构成的区间内长时间整理。

E 点一阳穿三线，且为星值上破。F 点加速上攻，G 点上破颈线位，同时上破 60 周均线，一波浩浩荡荡的大行情或许就此展开。

(三) 交易策略

(1) 上破 5 周均线，手中仍持有空单的，可先将空单平仓，一般不要等回调再平仓。

(2) 均线交错排列阶段，根据四级定向法则，上破 5 周均线，可根据日 K 级别、分时级别做多。

(3) 若周 K 线破势确认，则交易方向为做多。破势确认基本可分为两种：上破 10 周均线、上破颈线位。

三、日 K 线见底

（一）见底规律

日 K 线图大势均线：20 日、60 日、120 日、250 日均线。

日 K 线见底三步走：暴涨预警、均线上拐、破势确认。

暴涨预警：大阳线上攻或连续阳线上攻，若上破 20 日均线，且短期形态走多，必须引起高度警惕。大阳线，指实体明显放大的阳线；连续阳线，指 4 天或 4 天以上连续阳线。

均线上拐：由于上攻时间长、幅度大，使 20 日均线由下行转为上翘。

破势确认：上破 60 日均线或者颈线位。首先是上破 60 日均线，其次是使 60 日均线上翘，确认日 K 线见底。特殊情况下无颈线位，见底一步到位。

（二）见底形态

下面我们通过一幅实例图简述日 K 线图见底形态。

图 10-10 PTA 主力合约 2008.10.21～2009.3.24 日 K 线图

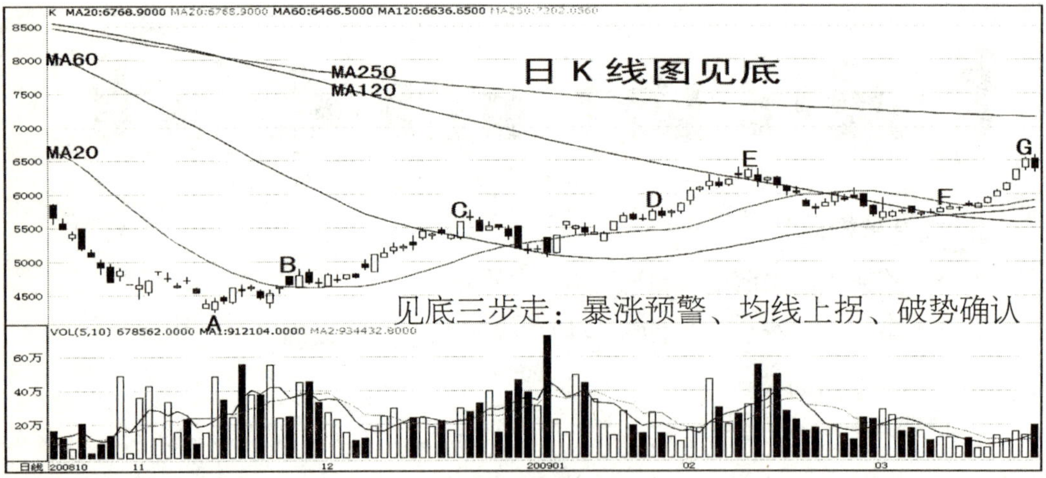

图 10-10

图 10-10 解析：

熊市形态：之前 20 日、60 日、120 日、250 日均线空头排列，且均线发散较大。

1. 暴涨预警

A 点：星值上破，至 B 点上破 20 日均线，至 C 点上破 60 日均线。短期形态走多，见大底的可能性大。

2. 均线上拐

B 点上破 20 日均线之后短期横向整理，20 日均线上拐。20 日均线上拐是短期走强的分水岭。

3. 破势确认

F点上破60日均线，且为大阳线，随后回调整理，不破60日均线，且使20日均线上穿60日均线，带动60日均线上行，确认日K线见底。

D点60日均线上翘，是中线走强的分水岭。E点上破半年线，回调不破60日均线，于F点企稳上攻，G点创新高。

（三）交易策略

（1）大阳线上破20日均线，手中仍持有空单的，可先将空单平仓，一般不要等回调再平仓。

（2）根据四级定向法则，上破20日均线，可根据分时级别做多。做多可守操盘线，也可执行五阳做多、三线平仓。

一般趋势不重新走空，不可转空。重新走空，指重新形成短黏长压等K线形态。

（3）破势确认。若20日、60日均线上翘托底，根据以大统小法则，必须顺势做多，不可抢回调做空。

四、见底与级别

底部可分为短期底部、中期底部、熊市大底。其中短期底部和中期底部也可叫下跌中继。若根据时间周期划分，可分为月K底部、周K底部、日K底部和分时底部等。

是否见底要根据K线走势形态进行研判，不同级别K线走势所表现的形态各不相同。低级别K线走势为见底形态，高级别K线走势很可能为下跌形态，日K线为见底形态，月K线可能是下跌中继形态。

1. 共振见底

共振见底指不同级别的K线走势均为见底形态。见大底必是共振见底，往往几年才有一次，是不可错过的做多时机。

2. 背驰见底

背驰见底指某级别K线走势为见底形态，同期高级别走势为下跌形态。背驰见底一般仅为阶段底部，为空单回补提供了比较好的入市机会。

破解背驰见底迷局同样必须执行以大统小、以小缠大法则，因变而变，顺势顺线是避免固执己见的有效方法。

第四节　中继形态与交易策略

一、中继形态与盘整区

1. 中继形态共同特征

中继形态就是趋势行情中间的调整形态，是休整蓄势的过程。常见中继形态包括三角形、旗形、矩形等。

在一轮完整牛熊更替中，反转突破形态一般只出现两次，即见大顶和见大底的时候，而中继形态却可以多次出现，直到趋势反转。

中继形态与盘整区演变相同，都包括破势盘整、震荡收窄和黏合突破三个阶段。若黏合突破的方向与原趋势一致，则为中继形态。若黏合突破方向与原趋势相反，则为反转突破形态。

2. 中继形态调整级别

调整级别指与原趋势反向波动的大小，包括日 K 级别调整、周 K 级别调整、月 K 级别调整等。一般日 K 级别调整至少反向突破 5 日均线，周 K 线别调整至少反向突破 5 周均线，月 K 级别调整至少反向突破 5 月均线。

3. 中继形态确认标准

中继形态之后的突破方向，必须与原趋势一致。

中继形态的确认，最终以整理之后突破方向为准，绝不可自以为是。但根据原趋势强弱和调整级别，可总结出中继形态初步研判经验：

(1) 原趋势是否强势，中期均线是否明显上翘或者下行。

(2) 中期均线是否拐头，调整是否破中期趋势线，或者中期趋势线拐头。

(3) 至支撑位或者压力位，是否出现冲顶或者探底 K 线。

中继形态调整级别对交易策略影响很大。如果仓位控制不当，一次较大级别的调整，很可能造成交易者爆仓或追加保证金。短线交易者，若抢调整逆势交易，一旦突破归顺，则往往会遭受较大损失。

中继形态应对策略：

其一，一般不要在短期暴涨之后追加多单，不要在短期暴跌之后追加空单。浮盈加仓必须特别慎重，否则赚钱时仓位轻，赚得少，亏钱时仓位重，亏得多。

其二，区间宽幅震荡至均线黏合时，最好等突破方向确定后再开仓或者加仓。

二、上升中继与见大顶

上升中继以逢低做多为主，一般不可逆势做空，除非调整级别较大。见大顶是以做空为主，一般不可逆势做多，除非B浪反弹，且反弹级别为月K级别。

(一)上升中继与见大顶的相同点和不同点

1. 相同点

(1) 都发生在上涨趋势中。

(2) 短线技术指标开始走空。

(3) 震荡过程基本相同。

2. 不同点

(1) 上升中继整体涨幅较小，见大顶一般整体涨幅更大。

(2) 见大顶必然下破中期均线，且使中期均线下行。

(3) 上升中继突破方向与原趋势一致，见大顶突破方向与原趋势相反。

(二)通过日K级别判断是否是上升中继

第一，价格是否有效下破中期均线？

第二，中期均线是否由上翘转为下行？

图10-11 豆油主力合约2007.8.30~2007.11.30日K线图。

关于G点交易策略，甲认为应做空，理由是走势明显异动，双头迹象十分明显；乙认为应做多，理由是中期趋势仍没走坏，短线基本调整到位。

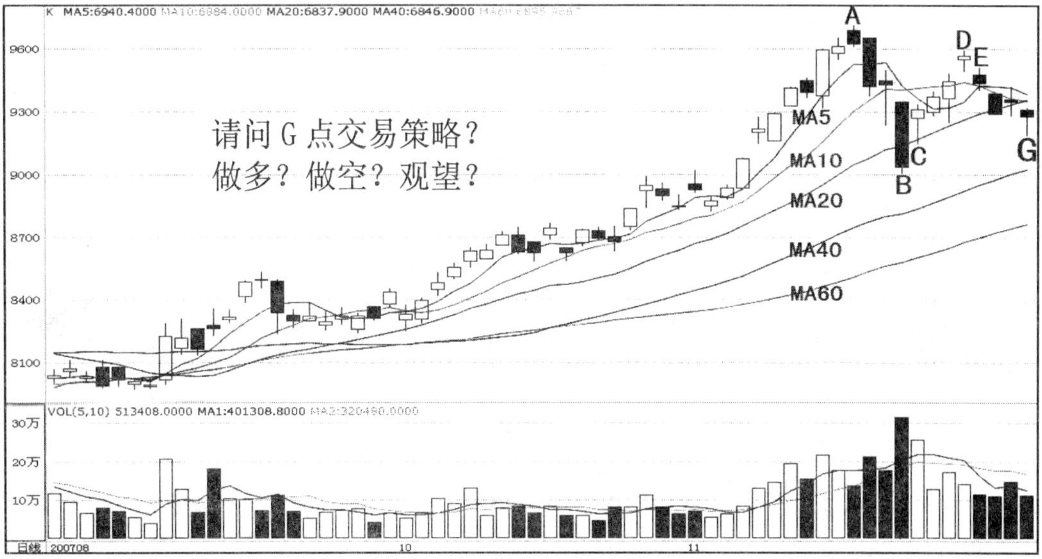

图10-11 (后续走势见图10-13)

图 10-11 解析：

G 点暂时只能作上升中继处理。

(1) 中期趋势多头强势：10 日、20 日、40 日、60 日均线多头排列。

(2) 震荡幅度逐步收窄：A 点～B 点 4 连阴，且有两根大阴线，而 D 点～G 点 4 连阴，基本为星 K 线。

(3) 构成短黏长翘形态：5 日、10 日、20 日三条均线黏合，而 40 日、60 日均线上翘顶托。

G 点交易策略：

执行级别均线定向定律：交易方向为做多。

执行顺势抢点法则：中线走多，五阳做多，三线平仓。

(三) 通过周 K 级别判断是否是上升中继

通过周 K 线研判是否是上升中继，主要把握两点：

第一，价格是否有效下破 10 周均线。

第二，10 周均线是否由上翘转下行。

图 10-12　豆油主力合约 2007.4.13～2007.11.30 周 K 线图

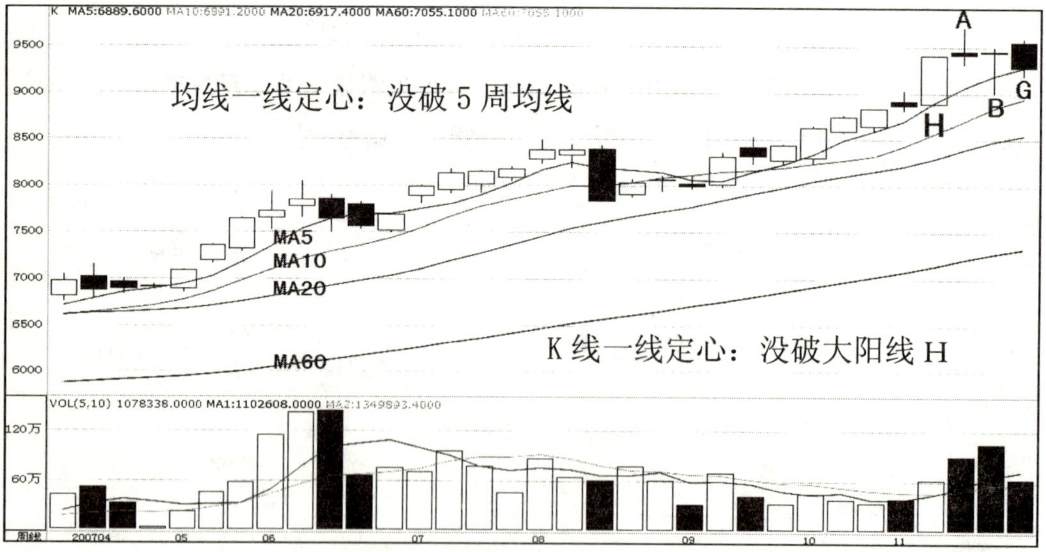

图 10-12 （后续走势见图 10-13）

图 10-12 解析：

图 10-12 是图 10-11 对应的周 K 线走势。

根据周 K 线走势研判，G 点暂时只能作为上升中继处理。

(1) 中期趋势多头强势：5 周、10 周、20 周、60 周均线明显上翘。

(2) 回调不破 5 周均线：A 点、B 点、G 点三连阴不破 5 周均线。

很显然，大势研判，周 K 线比日 K 线更简明。

高级定向，低级定位，必须执行四级定向法则：多级多位，低级必多；多级空位，低级避险。

以高级别研判大势，不纠缠细枝末节，则趋势及强弱一目了然。

豆油主力合约 2007.11.30 之后的日走势见图 10-13。

图 10-13 豆油主力合约 2007.10.8～2008.1.3 日 K 线图

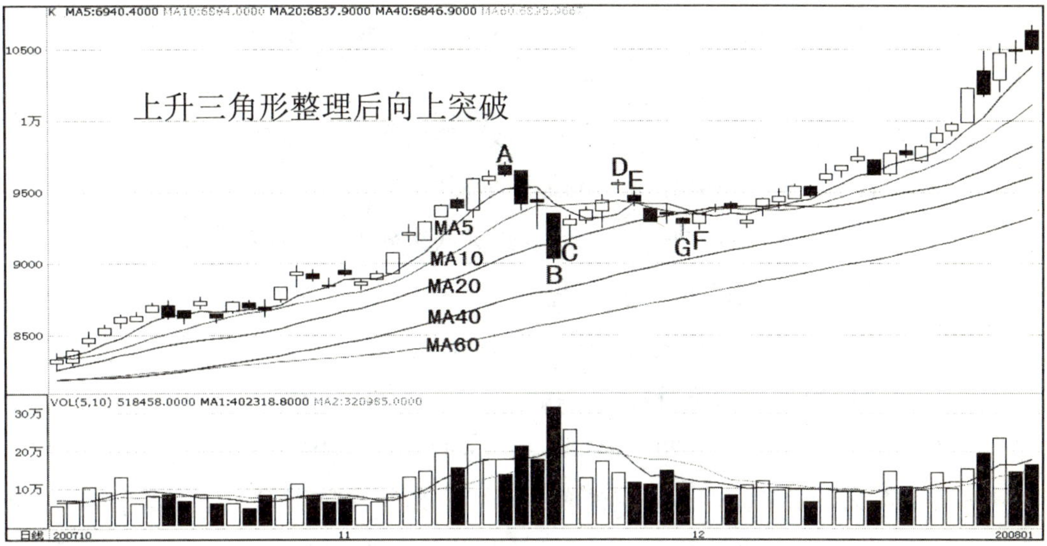

图 10-13 （图 10-11 和图 10-12 后续走势图）

图 10-13 解析：

A 点、D 点和 B 点、G 点构成对称三角形的边线，符合盘整区破势转换、震荡收窄和黏合突破的走势特征。

G 点为四连阴，F 点为连阴阳。根据顺势抢点法则：中线走多，五阳做多，三线平仓。F 点是不可错过的做多机会，价格下破 F 点开盘价止损。

上升中继交易策略：

(1) 上升中继的研判先高级别，后低级别，即先主线，后拐点。

(2) 上升中继执行顺势抢点法则：中线走多，五阳做多，三线平仓。一般不可借回调做空，贪小利而忘大势。

(3) 上升中继以逢低做多为主，若趋势转换，则必须因势而变，或暂作壁上观，切不可固执己见。

三、下跌中继与见大底

下跌中继以逢高做空为主，一般不可逆势做多，除非调整级别较大。而见大底是以做多为主，一般不可逆势做空。

（一）下跌中继与见大底的相同点和不同点

1. 相同点

(1) 都发生在下跌趋势中。

(2) 短线技术指标开始走多。

(3) 震荡过程基本相同。

2. 不同点

(1) 下跌中继整体跌幅较小，见大底一般整体跌幅更大。

(2) 见大底必然上破中期均线，且使中期均线上行。

(3) 下跌中继突破方向与原趋势一致，见大底突破方向与原趋势相反。

（二）通过本级别判断是否是下跌中继

第一，价格是否有效下破中期均线?

第二，中期均线是否由下行转为上翘?

图 10-14　螺纹主力合约 2014.1.17～2014.4.11 日 K 线图。

关于 G 点交易策略，甲认为应做多，理由是突破 60 日均线后三连阴回调至 10 日均线附近企稳；乙认为应做空，理由是中期均线空头排列，空方仍占据主导；丙认为区间震荡，应等待突破方向确定后再入场不迟。

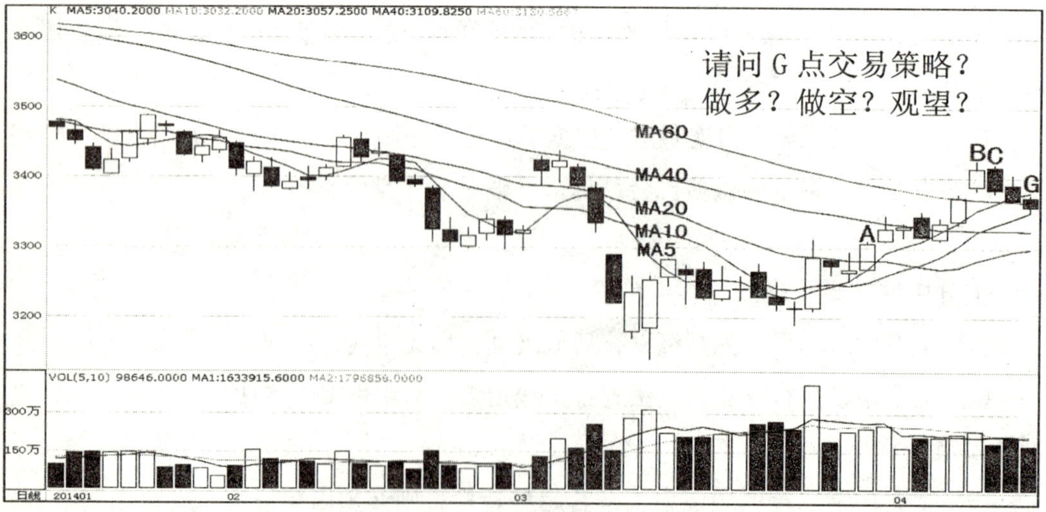

图 10-14　（后续走势见图 10-16）

图 10-14 解析：

G 点暂时只能作下跌中继处理。

(1) 中期均线空头强势：20 日、40 日、60 日均线空头排列，且 40 日、60 日均线明显下行。

(2) 跳空高开突破无效：A 点突破 20 日均线，之后整理时间较短，明显蓄势不足，均线形态散乱，B 点跳空高开突破 60 日均线，随即下破。

(3) 均线交错排列形态：5 日、10 日、20 日三条均线多头排列，而 20 日、40 日、60 日三均线空头排列，且均线发散较大，蓄势不足，归顺原趋势可能性大。

G 点交易策略：

执行级别均线定向定律：交易方向为做空。

执行顺势抢点法则：中线走空，三线做空，五阳平仓。

(三) 通过高级别判断是否是下跌中继

通过周 K 线研判是否为下跌中继，主要把握两点：

第一，价格是否有效上破 10 周均线。

第二，10 周均线是否由下行转为上翘。

图 10-15　螺纹主力合约 2013.5.24～2014.4.11 周 K 线图

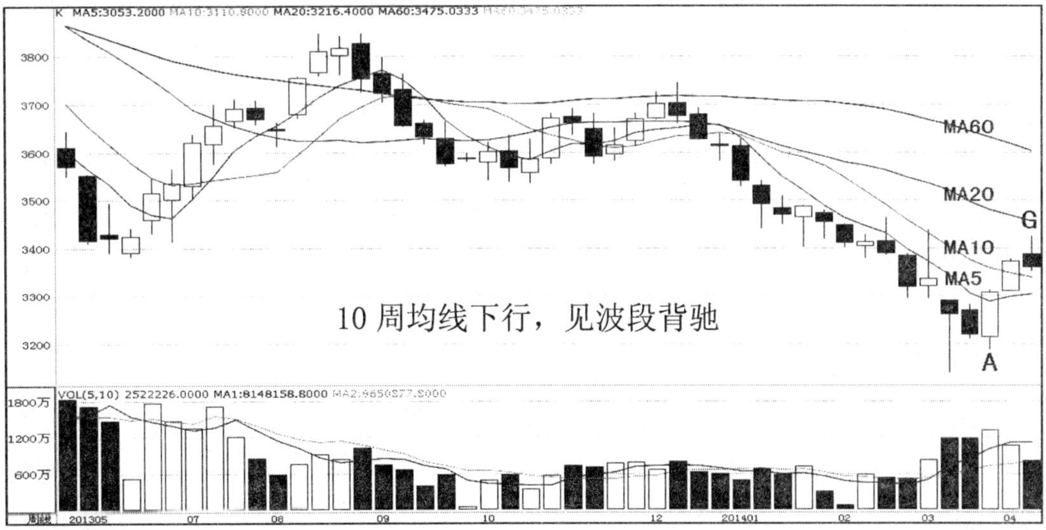

图 10-15 （后续走势见图 10-16）

图 10-15 解析：

图 10-15 是图 10-14 对应的周 K 线走势。

根据周 K 线走势研判，G 点暂时只能作下跌中继处理。

(1) 中期趋势空头强势：5周、10周、20周、60周均线空头排列。

(2) G点反弹冲高回落：G点突破10周均线，但10周均线仍明显下行，且G点为冲高回落形态，后期震荡下行的可能性更大

高级定向，低级定位，必须执行四级定向法则：空级空位，低级必空；空级多位，低级避险。

螺纹主力合约2014.4.11之后的走势见图10-16。

图10-16 螺纹主力合约2014.3.3~2014.5.21日K线图

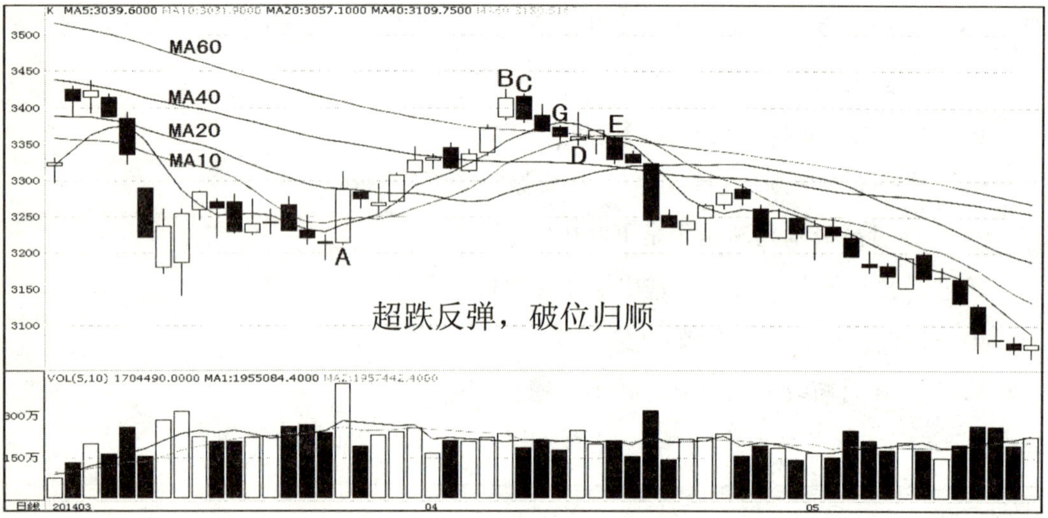

图10-16 （图10-14和图10-15后续走势图）

图10-16解析：

G点三连阴，D点为连阴阳，E点为归顺阴线，星值下破。

根据顺势抢点法则：中线走空，三线做空，五阳平仓。E点是不可错过的做空机会。价格上破E点开盘价止损。

下跌中继交易策略：

(1) 下跌中继的研判先高级别，后低级别，即先主线，后拐点。

(2) 下跌中继执行顺势抢点法则：中线走空，三线做空，五阳平仓。一般不可借反弹做多。

(3) 下跌中继以逢高做空为主，若趋势转换，则必须顺势顺线，因势利导。

第十一章　做多缠多　多区多点

三重多区：首多区震荡筑底、次多区主升行情、三多区多头陷阱。

三重多点：首多点五阳做多、次多点平衡不破、三多点大阳起飞。

五暂不多：暴涨异动暂不多、背驰冲顶暂不多、黏合不破暂不多、多级暴跌暂不多、多级翻空暂不多。

第一节 做多缠多

一、做多与缠多

做多：与做空相对，是指预期某种期货合约价格将上涨，从而开仓买入一定数量合约，准备之后高价卖出赚取价差的交易行为。

缠多：与缠空相对，是指某个阶段始终抓住某种信号波段操作、反复做多，直到趋势反转。缠，抓住不放。

1. 做多与缠多相同点

做多与缠多两者都是开仓买入，都是为了赚取价差，对冲交易等除外。

2. 做多与缠多不同点

（1）交易过程不同。

做多指交易方向及操作过程，包括买入开仓及平仓，也可特指某次交易。

缠多是做多的组合手段，包含本阶段的所有交易，都是根据某种特别信号做多，直到本信号不再出现为止。

（2）交易次数不同。

做多仅指孤立的一次。

缠多指一系列的交易，至少两次或两次以上。

（3）交易策略不同。

做多指某次交易本身。

缠多看的是大趋势，抓的是大机会。通过制定总体交易策略和组合交易手段，进行多次同向无遗漏做多攻击，以捕捉大拐点、大行情，使每一次看似孤立的攻击，成为整个做多大战役的有机组成部分。

（4）交易心态不同。

做多指交易本身，没有涉及交易心理。

缠多至少隐含以下信息：

其一，交易者对大趋势坚定的看多。

其二，交易策略为按交易信号波段操作。

其三，交易者对本波行情和预期收益比较乐观，对自己的操作手法比较自信，能够牢牢把握机会。

二、以均线缠多

（一）均线缠多概述

均线缠多原理：均线是跟踪趋势的有效工具。某阶段价格一般依托某根上翘均线上攻，整理时会下破该均线，再次上攻时会上破该均线。该均线即为操盘线。

均线缠多方法：价格上破操盘线，开仓做多。价格只要位于操盘线上，持仓不动。价格下破操盘线，平仓。如此循环往复，直到趋势反转。

均线缠多优点：开仓、持仓、平仓简明直观，易于执行，可减少主观臆断，且成功的概率较大。

均线缠多缺点：只适合趋势行情，不适合震荡行情，而且开仓的价格较高，平仓的价格较低。

（二）均线缠多方法

1. 快速、加速上涨形均线缠多

一般快速、加速上涨形，连续中大阳线上攻，缠多所选操盘线，以周期较短为宜，如以 5 日均线缠多。

图 11-1 玉米主力合约 2011.12.19~2012.2.15 日 K 线图

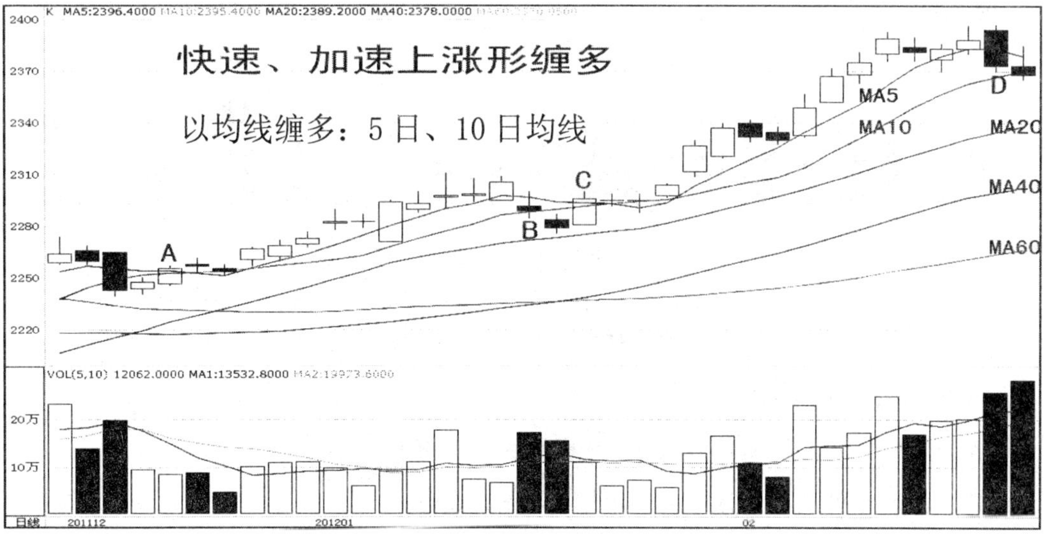

图 11-1

图 11-1 解析：

根据级别均线定向定律，本级别为日 K 级别，且 20 日、40 日、60 日均线多头排列，交易方向为做多。若为快速、加速上涨形，可选 5 日均线作操盘线。

A 点：同时突破 5 日和 10 日均线，且为星值上破，可开仓做多。

B 点：跳空低开，冲高回落，下破 5 日均线，可先平仓。

C 点：同时上破 5 日和 10 日均线，且为星值上破，可开仓做多。

D 点：高开跳水，下破 5 日均线，可先平仓。

本次以 5 日均线缠多，包括两次开仓买入、平仓卖出，只要多头趋势没变，仍可继续缠多，直到趋势反转。

2. 逐浪、阶梯上涨形均线缠多

一般逐浪、阶梯上涨形，震荡幅度大，缠多所选操盘线以周期较长为宜，如以 20 日均线缠多。

图 11-2　沪铜主力合约 2009.11.10～2010.1.26 日 K 线图

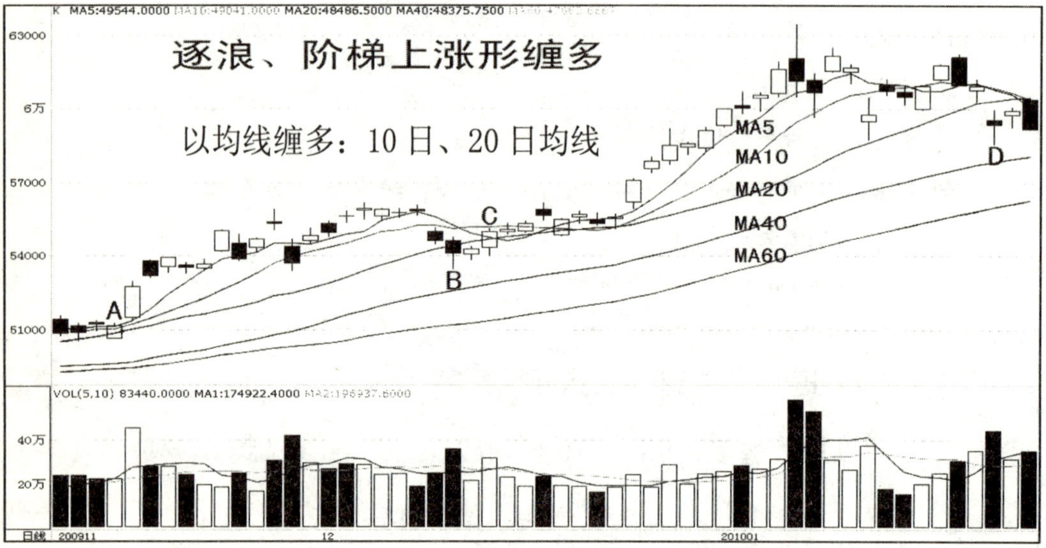

图 11-2

图 11-2 解析：

20 日、40 日、60 日均线多头排列，明显多头行情，交易方向为做多。震荡幅度大，可选 20 日均线作操盘线。

A 点：同时上破 5 日、10 日、20 日均线，可开仓做多。

B 点：跳空低开，下破 20 日均线，可先平仓。

C 点：同时上破 5 日和 20 日均线，且为星值上破，可开仓做多。

D 点：跳空低开，下破 20 日均线，可先平仓。

本次以 20 日均线缠多，包括两次开仓买入、平仓卖出，只要多头趋势没变，仍可继续缠多，直到趋势反转。

很显然，以 5 日均线缠多和以 20 日均线缠多，操作难度不同，收益也不同。

三、以K线缠多

（一）K线缠多概述

K线缠多原理：涨跌方向的变化总是以某根K线形成拐点，而每次由跌到涨，一般是由某根阳线确认，因此拐点阳线可作为缠多依据。

K线缠多方法：翻多区内和多头行情，以拐点五阳缠多，直到趋势由多转空。

K线缠多优点：以K线缠多，开仓价格更低，平仓价格更高。

K线缠多缺点：K线反应过于灵敏，稳定性稍差。

（二）K线缠多方法

1. 翻多区拐点五阳缠多

翻多线确定翻多区，若价格回调至翻多区内，可通过翻多区内拐点五阳和其顺位线缠多，或者以分时级别缠多。

图 11-3 菜油主力 2014.1.16～2014.6.23 日K线图

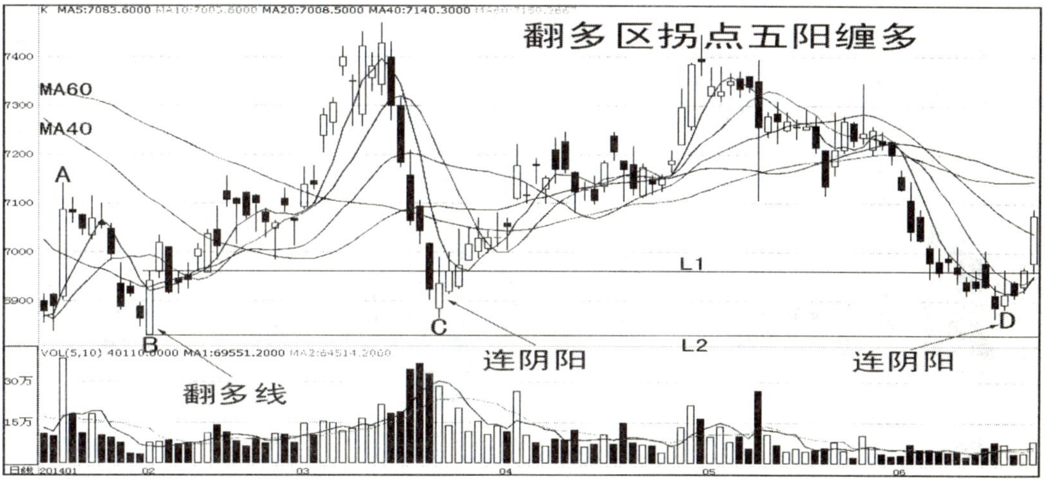

图 11-3

图 11-3 解析：

A点：大阳线。之前40日、60日均线空头排列，且明显下行，下跌时间长，下跌幅度大，形成中线超跌短线急跌，A点一阳吃数根K线。

B点：翻多线，为连阴阳、空倍阳翻多，可开仓做多。翻多线B确认翻多区L1和L2，本区域内多方攻击力较强。

A点和B点均为大阳线，但大阳线却不一定是翻多线。

C点：连阴阳，且位于翻多区内，可开仓做多。

D点：连阴阳，且位于翻多区内，可开仓做多。

C 点和 D 点均线空头排列，虽然均为连阴阳，但如果不位于翻多区，一般只能将空单平仓，不可做多。这正是翻多线与翻多区的特殊应用。

本次以翻多线缠多，共两次开仓买入，仍可继续为缠，直到翻多区失效。

2. 趋势区拐点五阳缠多

一轮多头行情，一般会有多波上攻，必须以做多为主，回调整理期间空仓等待，以拐点五阳缠多，直到趋势反转。拐点五阳缠多，一般以连阴阳、空倍阳较常见，逼空阳次之。

图 11-4　沪铜主力合约 2010.8.10～2010.10.18 日 K 线图

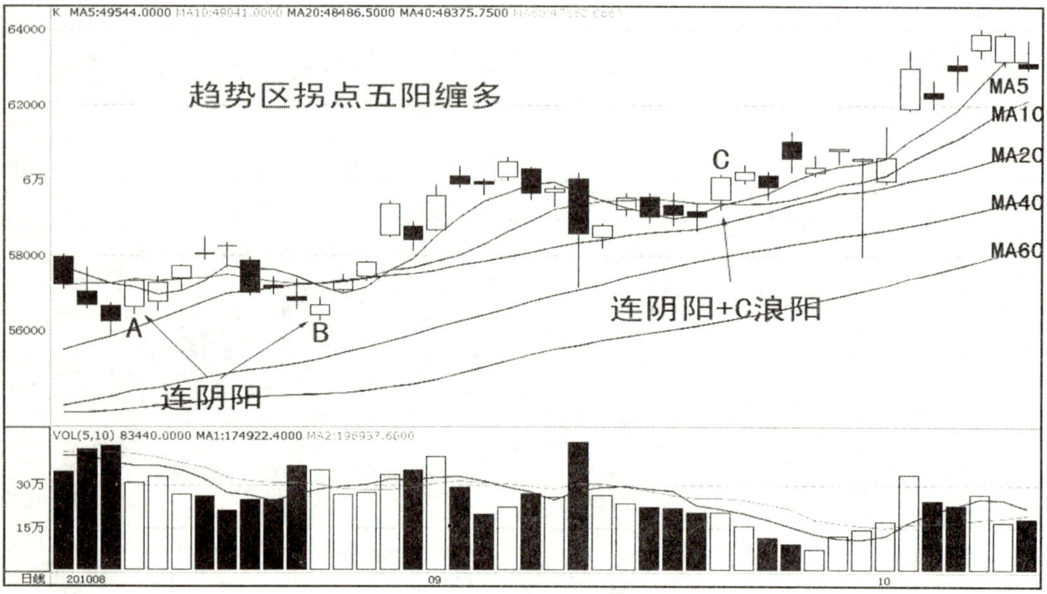

图 11-4

图 11-4 解析：

20 日、40 日、60 日均线多头排列，且强势上行，明显多头行情，交易方向为做多，并以拐点五阳作为开仓买入依据。

A 点：连阴阳，开仓做多。

B 点：连阴阳，开仓做多。

C 点：既是连阴阳又是 C 浪阳，开仓做多。

A 点、B 点、C 点虽然均为连阴阳，但所处位置不同，均线排列形态不同，蓄势能量不同，之后走势强度也相差较大。

本次缠多，均为连阴阳，共 3 次开仓买入，只要多头趋势没变，仍可继续缠多，直到趋势反转。

四、转区换线缠多

（一）转区换线缠多法则

盘整区等突破K线，趋势区守操盘线，即区间转换，交易指令也在K线、均线之间转换。转区换线缠多是K线缠多和均线缠多的组合应用。

盘整区转突破区：开仓做多。盘整区空仓以待，等待盘整区上破K线。

突破区转趋势区：持仓守线。以均线为操盘线，定线定心。

趋势区转盘整区：平仓待机。平仓K线为拐点三线，即最值阴线、破势阴线和归顺阴线。没见拐点三线，必须以操盘线持仓，见拐点三线，以三线平仓。

（二）转区换线缠多优点

转区换线缠多，利用三区转换的特性，通过K线的即时性弥补均线的滞后性，又通过均线的稳定性弥补K线的随机性。

图 11-5 螺纹主力合约 2012.11.19～2013.2.6 日 K 线图

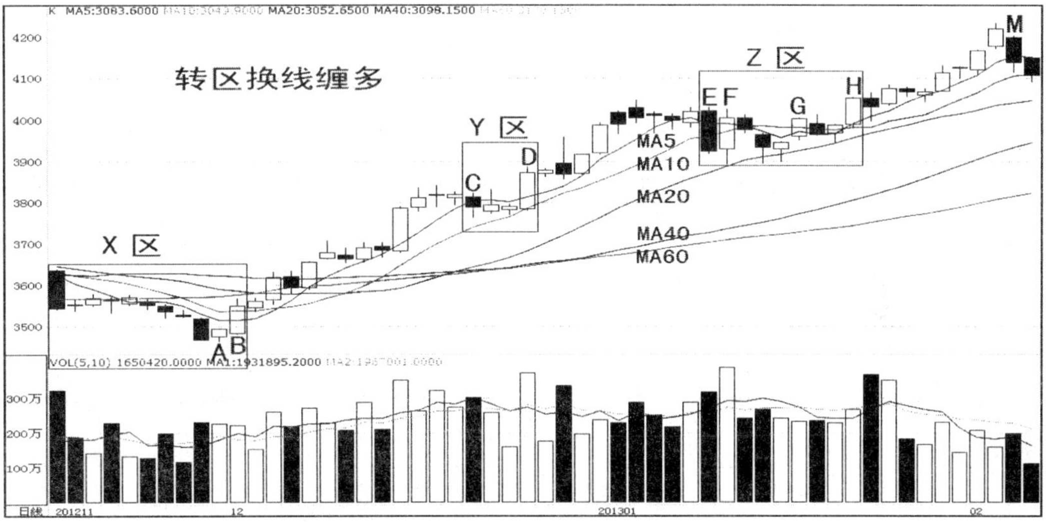

图 11-5

图 11-5 解析：

X 区～BC 区：盘整区转趋势区。A 点连阴阳，B 点上破之后以 5 日均线缠多。

BC 区～Y 区：趋势区转盘整区。C 点多单平仓，D 点星值上破回补。

Y 区～DE 区：盘整区转趋势区。D 点开仓做多，以 5 日均线缠多。

DE 区～Z 区：趋势区转盘整区。以 5 日均线缠多，E 点多单平仓。

Z 区～HM 区：盘整区转趋势区。H 点开仓做多，以 5 日均线缠多。

操盘线周期越小，操作难度越大，转区换线次数越多。

第二节　多区多点

战略做多：三上缠多，定心上破。

三上缠多，定心上破，直观定向与定位，是均线、K 线、成交量的三三五缠。

战略做多，必须熟练掌握三重多区与三重多点。

多区与多点：区是具有共同特征的点的集合，点是构成区的基本单元。不同级别的区和点风险不同，收益也不同。多区指多头占优势、必须顺势做多的区间。多点指多头占优势、必须抢点做多的位置。多区是具有共同特征的多点集合，多点只是多区的一个元素。

三重多区：多区是符合做多法则处于做多形态的区间，根据多区相对位置和形态结构的不同，分为三重多区：首多区、次多区、三多区。

首多区震荡筑底：包括空头陷阱阶段和见大底阶段。

次多区主升行情：包括突破牛熊线多头上攻阶段。

三多区多头陷阱：包括多头陷阱阶段和 B 浪反弹阶段。

简析：首多区、次多区和三多区根据八阵图划分。

空头陷阱阶段：之前中线超跌，见大势背驰，短线急跌，成交量、持仓量明显异动，中大阳线明显增多。

多头陷阱阶段：之前中线超涨，见大势背驰，之后短线急涨，成交量、持仓量明显异动，中大阴线明显增多。

B 浪反弹阶段：一般是见大顶之后，快速下破 60 日均线，回调至半年线或者年线附近展开超跌反弹。

三重多点：多点是符合做多法则处于做多形态的 K 线，根据多点在本波上攻先后位置和 K 线形态的不同，可分为三重多点：首多点、次多点、三多点。

首多点五阳做多，五阳指连阴阳、空倍阳、逼空阳、C 浪阳、黄金阳。首多点一般是一波行情的起涨点，是确认开仓做多的第一根阳线。

次多点平衡不破：K 线走势保持其原有运行节奏，没有出现暴涨暴跌、天量星量。次多点是首多点五阳之后的一根或几根 K 线，既可以是阳线，也可以是阴线。

三多点大阳起飞：经过充分的蓄势整理，通过对首多点和次多点之后的做多趋势的确认，大阳线或涨停板上攻。三多点是确认加速上涨的一根或几根 K 线。

一、首多区震荡筑底

首多区包括空头陷阱阶段和见大底阶段。

空头陷阱阶段特征：成交量和持仓量变化较明显，价格一般会出现快速、加速下跌，中期均线乖离率大，中线超跌短线急跌。

见大底阶段：暴涨预警、均线上拐、破势确认。

暴涨预警：有效突破重要趋势线。

均线上拐：多空均线明显上翘。

破势确认：突破重要均线或者颈线位。

首多区震荡筑底交易策略：

(1) 空头陷阱阶段，中长线交易者空单分批平仓，多单分批建仓，小资金仍以做空为主，见点背驰必须减仓。

(2) 见翻多线，可选 5 日均线做多，也可于翻多区见拐点五阳开仓做多。

(3) 若破势确认筑底成功，则可持仓待涨。

(一) 首多区周 K 线图震荡筑底形态

图 11-6　沪铜主力合约 2001.5.18～2003.1.24 周 K 线图

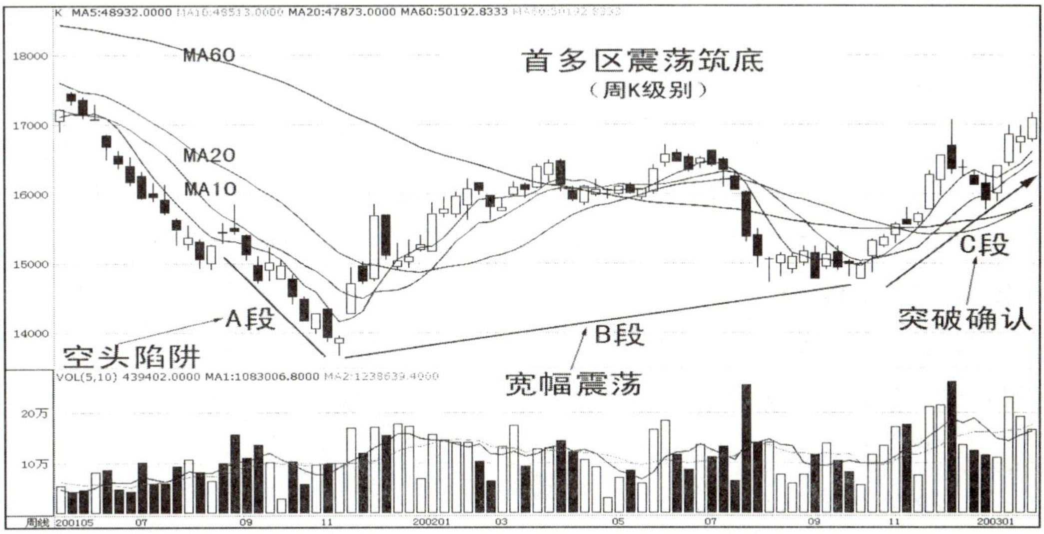

图 11-6

图 11-6 解析：

A 段：空头陷阱阶段。5 周、10 周、20 周和 60 周均线空头排列，均线乖离率大，连续阴线下跌后再小阳线大阴线组合下跌，成交量明显增大，诱空迹象明显。

B 段：宽幅震荡，暴涨预警，5 周、10 周、20 周均线由空头排列转多头排列，再转空头排列。其间价格突破60周均线又下破60周均线。暴涨暴跌，常出现大阳线大阴线，涨多跌少，重心上移。

C段：破势确认。回调整理至短黏长翘，上破颈线位，并使60周均线上翘。

（二）首多区日K线图震荡筑底形态

图11-7　橡胶主力合约2008.10.17~2009.4.10日K线图

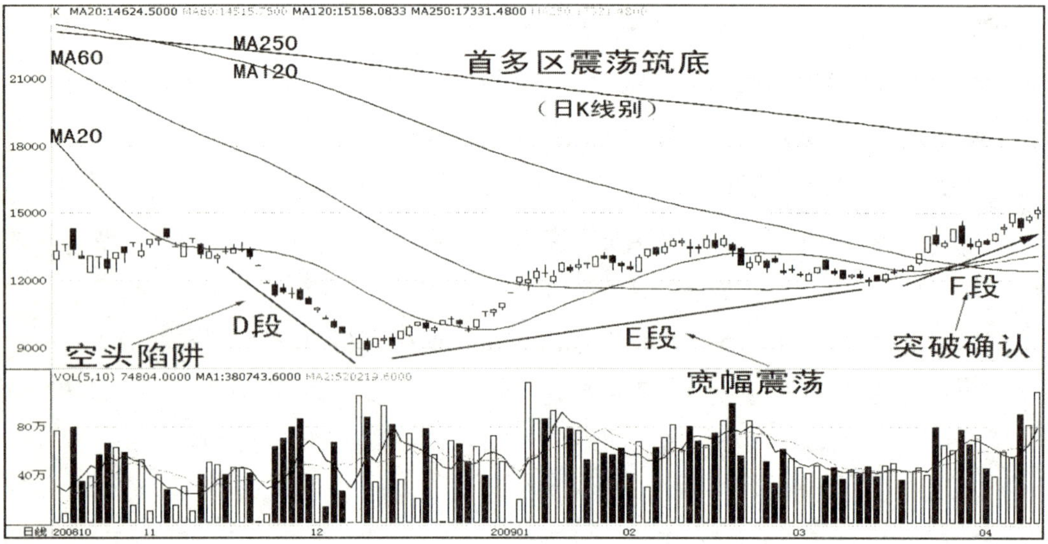

图11-7

图11-7解析：

D段：空头陷阱阶段。20日、60日、120日、250日均线空头排列，均线乖离率大，连续阴线下跌，成交量明显增大，诱空迹象明显。

E段：宽幅震荡。暴涨预警，20日、60日均线由空头排列转多头排列，常出现大阳线大阴线，涨多跌少，重心上移。

F段：破势确认。回调整理至短期均线黏合，并使60日均线上翘。小阳小阴逼近颈线位，后有效突破颈线位。中线交易者多单持仓待涨。

首多区风险评估：

首多区震荡整理幅度大，稳定性差，节奏难以把握。

首多区做多，短线有风险，中线机会极大。短线可能因踏错节奏而暂时亏损，中线狙击主升浪行情。

首多区可作中线介入点。首多区短线进出一般更注重首多点和次多点，不抢三多点。首多区大资金往往会抢三多点，滚动操作。

二、次多区主升行情

次多区即突破牛熊线多头上攻阶段。

开始阶段：多空线由下行转为上翘。多空线月 K 线图为 5 月均线，周 K 线图为 10 周均线，日 K 线图为 60 日均线。蓄势整理由量变到质变，突破颈线位或者其他重要阻力位展开主升行情。价格突破牛熊线，确认主升行情。

持续阶段：多空线、牛熊线形成多头排列。回调一般不破多空线，或者短期下破，随即上破，其间破位时间短，不使多空线转为下行。

结束阶段：下破多空线。阴线明显增多，阴线实体变大，大阴线或跳空大阴线下破多空线，持续时间长，跌幅大，多空线由上行转为走平或下压，则确认主升行情结束。

次多区主升行情交易策略：

(1) 主升行情，一般一年或几年才有一次，是不可错过的做多机会。一般以多单持仓待涨为主，短线快进快出，一旦节奏踏错，往往会错失大行情。

(2) 若回调，可多单减仓或者平仓，切不可反向做空，逆势而行。多单回补，一般以上破操盘线回补，或者以拐点五阳回补。

(3) 主升行情不要妄猜顶部，一般以操盘线持仓守线，或者三线平仓、五阳回补缠多，直到下破多空线，破势转换。

(一) 次多区周 K 线图主升行情

图 11-8　棕榈主力合约 2010.7.9～2011.2.18 周 K 线图

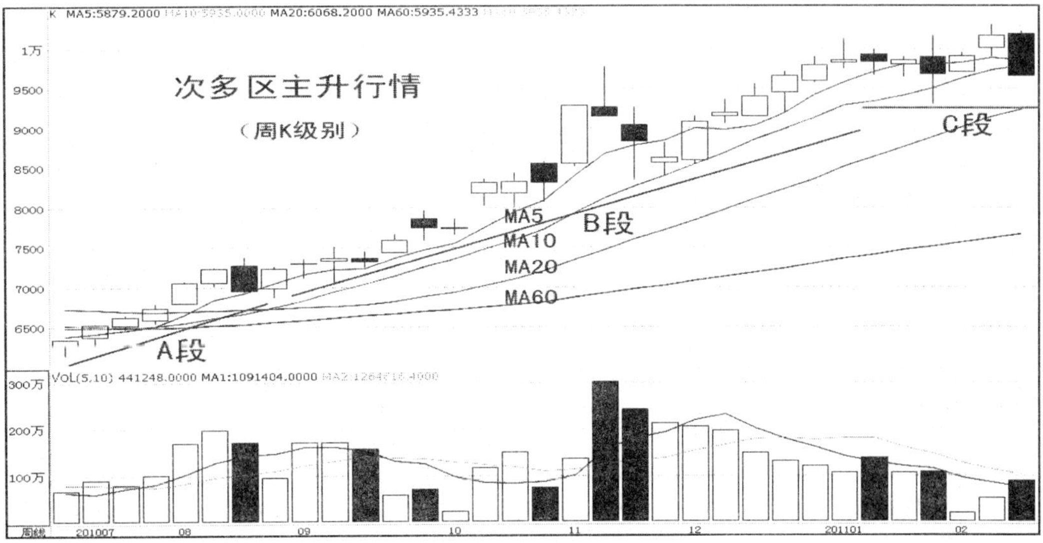

图 11-8

图 11-8 解析：

A 段：开始阶段。价格沿 5 周均线上攻，突破前期高点，突破 20 周、60 周均线，且 5 周、10 周均线形成多头排列，开启主升行情。

B 段：持续阶段。5 周、10 周、20 周、60 周均线多头排列。

C 段：结束阶段。大阴线下破多空线，且 5 周均线开始下行。

（二）次多区日 K 线图主升行情

图 11-9　伦镍电 3(LMNDE)2014.2.7～2014.5.8 日 K 线图

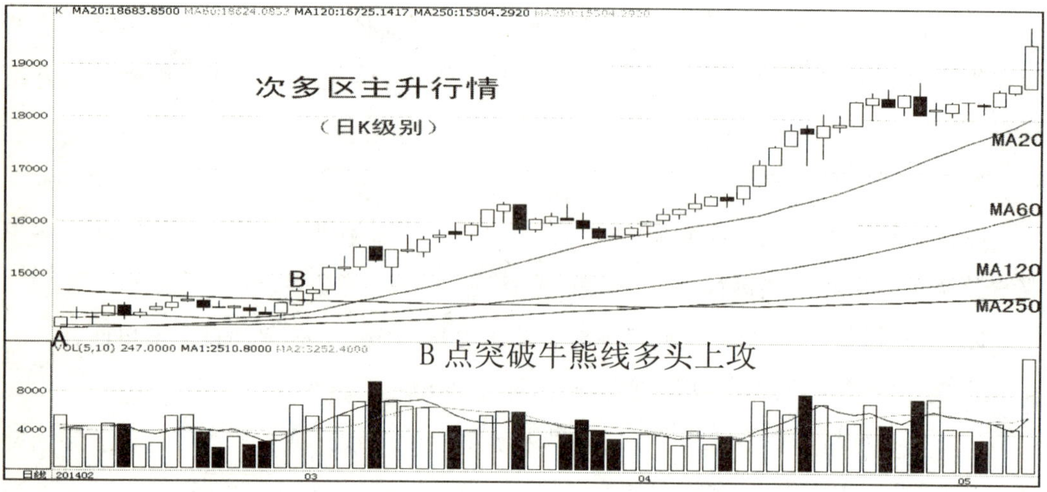

图 11-9

图 11-9 解析：

开始阶段：20 日、60 日均线多头排列，上破半年线和年线。

持续阶段：突破年线，20 日、60 日、120 日、250 日均线多头排列，回踩一般不破 20 日均线。

结束阶段：成交量、持仓量明显异动，阴线明显增多，阴线实体较大。大阴线下破多空线，且使均线下行。

次多区风险评估：

短线机会较多，中线机会较大。短线有可能因踏错节奏而暂时吃套，但一般会很快解套。主升浪行情，涨多跌少，多单以持仓待涨为主。

次多区可中线做多，本阶段最大风险是踏空大段行情。

次多区首多点、次多点、三多点均可积极介入做多。次多区捕捉主升行情，不可错过。

三、三多区多头陷阱

三多区包括多头陷阱阶段和 B 浪反弹阶段。

多头陷阱阶段特征：也叫背驰冲顶阶段。中期均线乖离率大，走势出现明显异动，见大势背驰、波段背驰，之后出现连续冲高，成交量和持仓量变化明显。

B 浪反弹阶段：下破多空线之后，于半年线或者年线附近反弹，成交量、持仓量与之前主升行情开始阶段差别明显。冲高之后下破 20 日均线，B 浪反弹结束的可能性大。

三多区多头陷阱交易策略：

1. 多头陷阱阶段交易策略

中线做多者必须分批减仓。若之前出现双头、圆弧顶等，大阴线下破 20 日均线，必须清仓。下破颈线位或者均线黏合，见发散线下跌，可由多转空，以三线做空、五阳平仓缠空。

2. B 浪反弹阶段交易策略

大势背驰，特别是波段背驰之后下破 5 日均线，短线交易者多单可先平仓；下破 10 日均线，中线交易者多单可先平仓。若之前形成双头、圆弧顶等，20 日均线黏合向下发散，交易方向由多转空，可根据三线做空、五阳平仓缠空，也可守 5 日、10 日均线缠空。

（一）三多区多头陷阱阶段

图 11-10　橡胶主力合约 2010.11.8～2011.3.14 日 K 线图

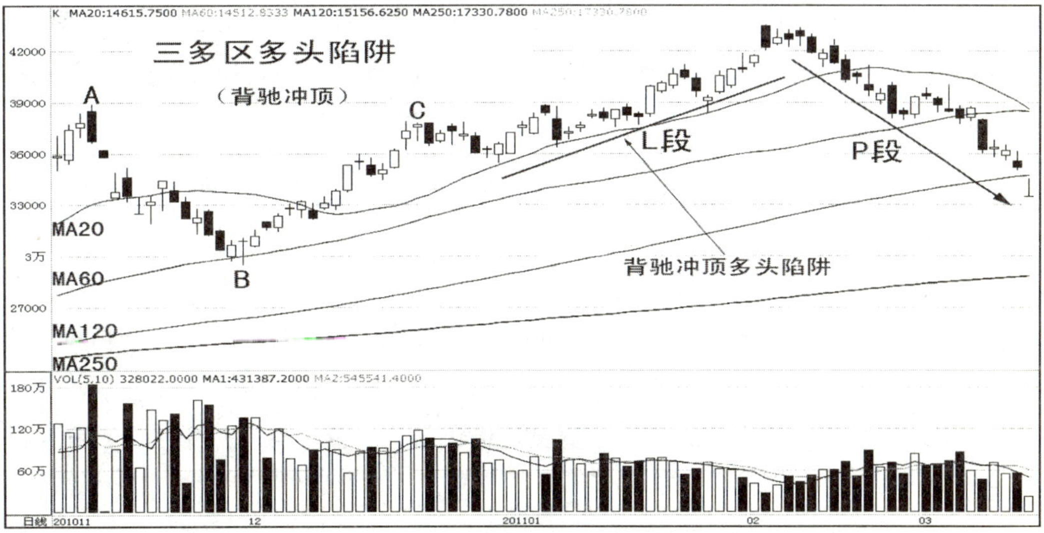

图 11-10

图 11-10 解析：

A 点 ~ B 点：大阴线、跌停板下跌，空方力量强大，图穷匕见。

B 点 ~ C 点：多方反攻成交量渐小，气势相对不足，见顶迹象。

L 段：多头陷阱。阴线增多，阴线实体增大，成交量缩小，波段背驰明显。

P 段：快速下破 20 日、60 日、120 日均线。

（二）三多区 B 浪反弹阶段

图 11-11　沪铜主力合约 2011.1.21 ~ 2011.8.9 日 K 线图

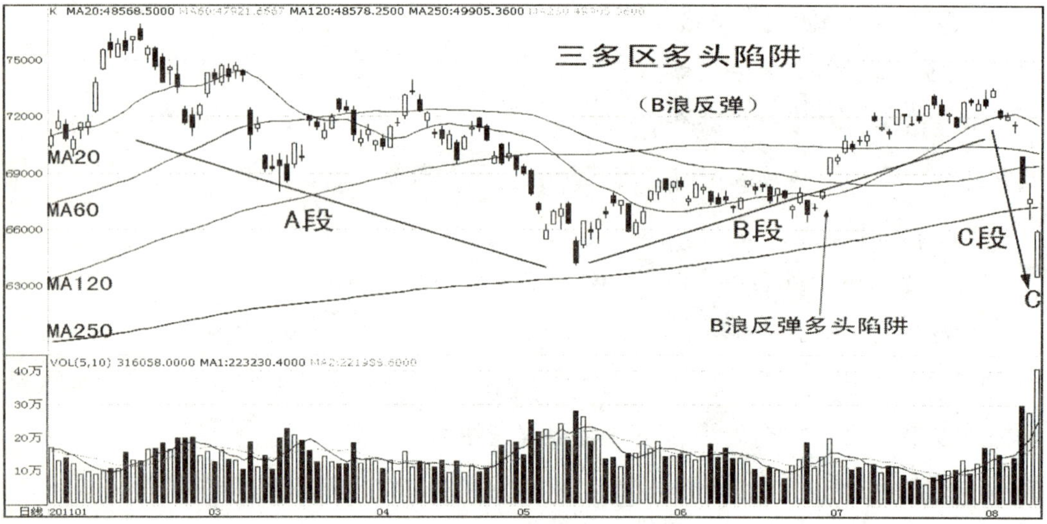

图 11-11

图 11-11 解析：

A 段：A 浪下跌阶段。震荡下破 20 日、60 日、120 日均线，至 250 日均线附近。

B 段：B 浪反弹阶段。于年线附近止跌企稳，上攻时中大阳线明显减少，阴线明显增多，成交量、持仓量明显异动。

C 段：C 浪下跌阶段。再次下破 20 日均线之后，开始快速、加速下跌。

三多区风险评估：

短线有机会，中线风险大。短线可能会出现暴涨，诱多可能性大。一旦向下破位，往往下跌时间长，跌幅大。

三多区只能短线做多，只适合小资金快进快出，大资金均以减仓为主，或仅以小仓位滚动操作。

三多区更注重首多点，一般不抢三多点。

四、首多点五阳做多

三重多区每个多区都有首多点。首多点五阳做多，首多点一般是一波行情的起涨点，是确认开仓买入信号的第一根阳线，首多点由拐点五阳构成。拐点五阳指连阴阳、空倍阳、逼空阳、C浪阳、黄金阳。

起涨点，可能是五阳之一，也可能是其中的两种或多种构成。

首多点买入之后，一般以首多点开盘价或最低价作为止损位。

首多点五阳做多心诀：宁亏数点，不拖半天。

培养对首多点的敏锐性，做等点抢点的捕猎者。

(一) 连阴阳、空倍阳、逼空阳做多

图 11-12 伦镍电 3(LMNDE)2011.11.30～2012.1.26 日 K 线图

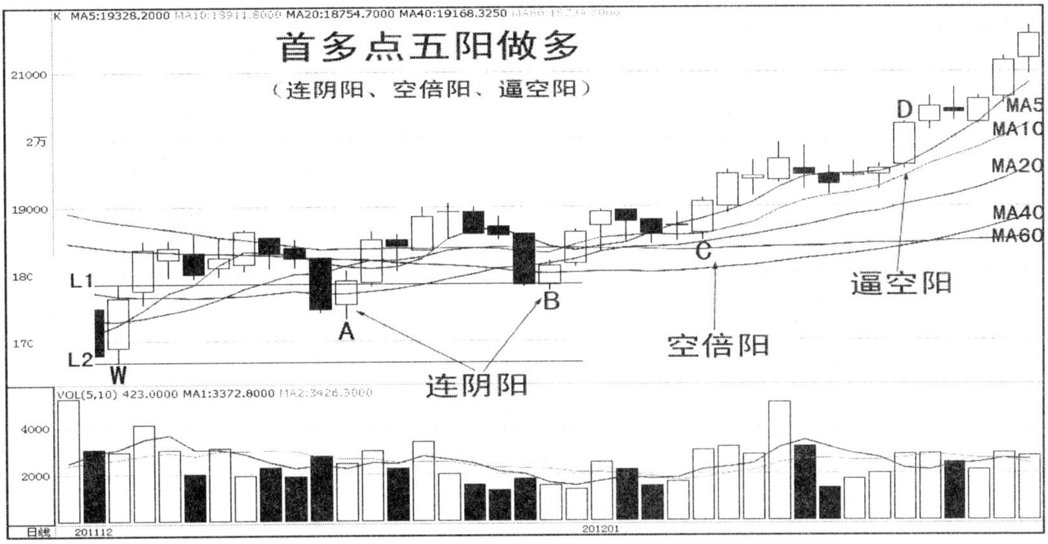

图 11-12

图 11-12 解析：

翻多区确认交易方向：

W 点：大阳线，实体放大几倍，为翻多线。L1 和 L2 构成翻多区，翻多区内见拐点五阳可做多。

A 点：连阴阳，位于翻多区内，可开仓做多，有效下破 A 点开盘价止损。

B 点：连阴阳，位于翻多区内，可开仓做多，有效下破 B 点开盘价止损。

顺势抢点法则：中线走多，五阳做多，三线平仓。

C 点：5 日、10 日、20 日均线黏合，40 日、60 日均线由下行到走平到上翘，中线走多，交易方向为做多。

C 点：空倍阳，均线短黏长翘，可开仓做多，有效下破 C 点开盘价止损。

D 点：逼空阳，均线短黏长翘，可开仓做多，有效下破 D 点开盘价止损。

很显然，A 点、B 点处于震荡筑底阶段，可滚动做多。C 点、D 点突破颈线位，开启主升行情，以持仓不动为好。A 点、B 点、C 点、D 点都可看作首多点。

（二）C 浪阳、黄金阳做多

图 11-13 美黄金连(JLNC)2009.9.10～2009.11.3 日 K 线图

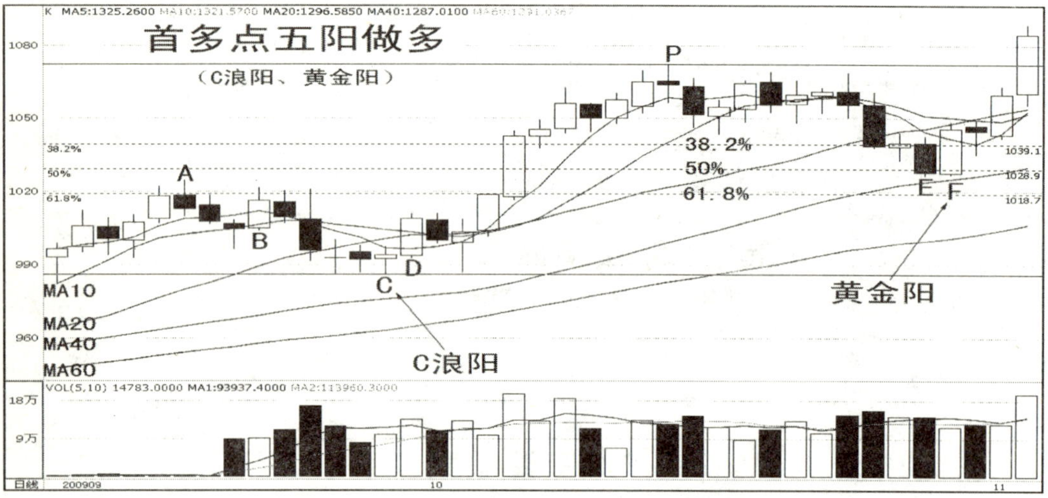

图 11-13

图 11-13 解析：

顺势抢点法则：中线走多，五阳做多，三线平仓。

20 日、40 日、60 日均线多头排列，交易方向可确定为做多。

C 点：典型 C 浪阳。由 A 点 3 连阴，构成小 a 浪下跌，B 点反弹，构成小 b 浪反弹，随后 4 连阴，构成小 c 浪下跌。其中 C 点为连阴阳，D 点为空倍阳。

F 点：典型黄金阳。由起点 C 点上攻至终点 P 点，然后开始回调，至 E 点收盘，回调幅度约 50%，F 点空倍阳反攻，且位于黄金分割线附近，构成典型黄金阳。

首多点五阳做多风险评估：

首多区震荡筑底阶段五阳做多，短线有风险，中线机会大，若于翻多区拐点五阳做多，可靠性更高。

次多区主升行情阶段五阳做多，短线有机会，中线机会大。

三多区五阳做多，短线有机会，中线风险大，只适合小资金快进快出，大资金均以减仓为主，或仅以小仓位滚动操作。

五、次多点平衡不破

首多区、次多区和三多区，每个多区通常都包含次多点。

次多点平衡不破是指 K 线走势保持其原有运行节奏，没有出现暴涨暴跌等异动迹象。次多点是首多点拐点五阳之后的一根或几根 K 线，阳线或阴线均可。

由于首多点只是一根 K 线，有可能因各种原因错过，而次多点一般有几根 K 线，抓住的可能性更大。

从价量变化考虑平衡不破：

(1) 次多点若下跌，不下破首多点的开盘价或者最低价。

(2) 次多点若上攻，若非短黏长翘，不突然拉大阳线或大幅跳空涨。

(3) 次多点无论涨跌，成交量均不得暴天量，或者半量。

(一) 日 K 级别次多点

图 11-14 伦镍电 3(LMNDE)2012.8.12～2012.9.18 日 K 线图

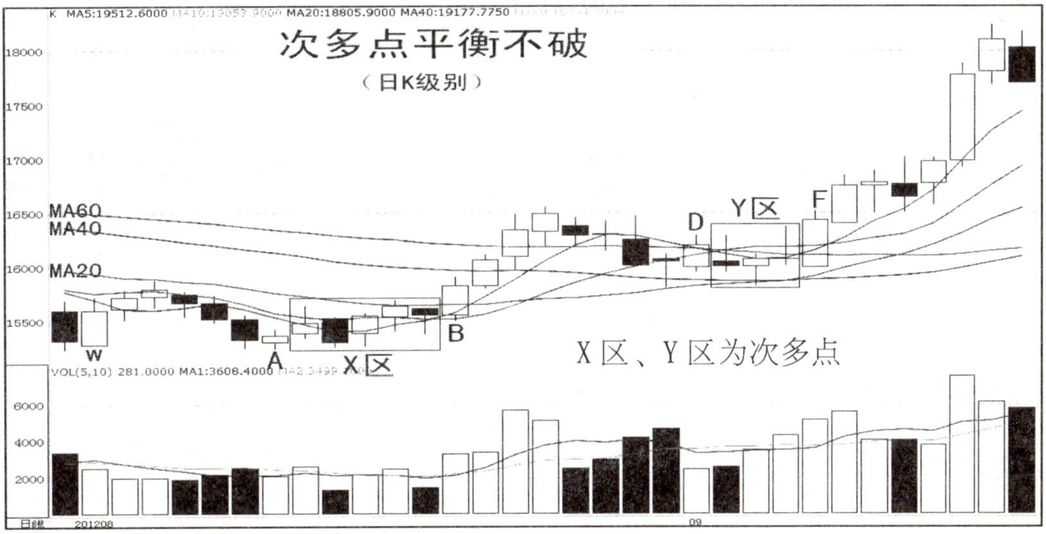

图 11-14

图 11-14 解析：

W 点：大阳线上攻。

A 点：连阴阳，为首多点五阳做多，与 W 点构成小双底。

X 区：为次多点平衡不破，由 5 根 K 线构成，小阳小阴上攻，其间没有出现暴涨暴跌，收盘价始终位于 A 点开盘价之上。

B 点：开始加速上涨，平衡打破。

D 点：连阴阳，为首多点五阳做多。

Y 区：为次多点平衡不破，由 3 根 K 线构成，小阴小阳上攻，其间没有出现暴跌，也没有出现暴涨，维持相对平衡状态。

F 点：开始加速上涨，平衡打破。

X 区、Y 区为每波上攻的次多点。

（二）周 K 级别次多点

图 11-15 橡胶主力合约 2002.7.26～2003.4.11 周 K 线图

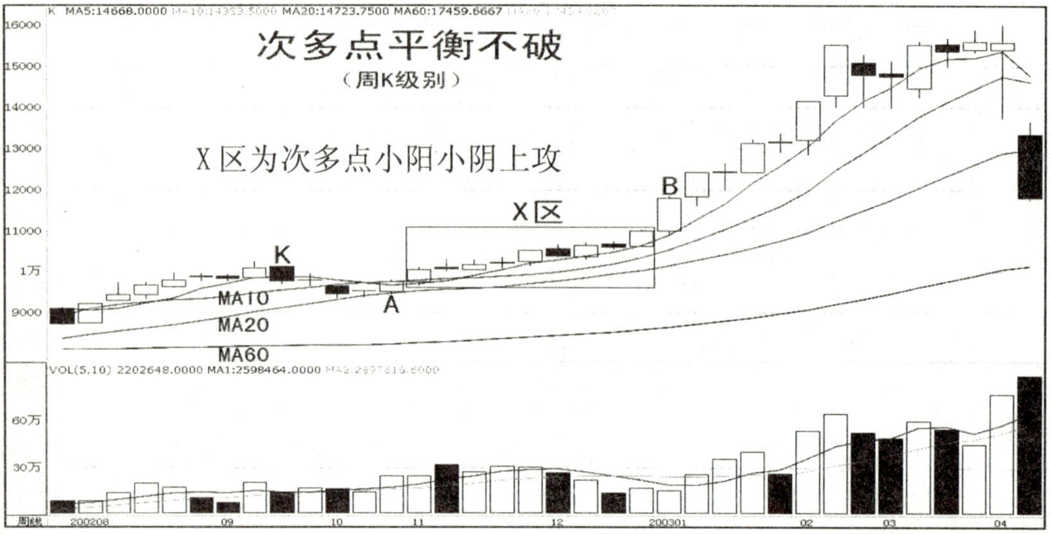

图 11-15

图 11-15 解析：

K 点：下破 5 周均线，回调整理。

A 点：空倍阳，为首多点五阳做多。

X 区：为次多点平衡不破，由 9 根 K 线构成，小阳小阴上攻，其间没有出现暴涨，也没有出现暴跌，沿 5 周均线平稳上涨。

B 点：大阳线加速上攻。

次多点平衡不破风险评估：

首多区震荡筑底阶段做短线最主要是抢首多点，抢次多点风险较大，中线机会大，若于翻多区做多，可靠性更高。

次多区主升行情阶段次多点平衡不破，短线有机会，中线机会大。

三多区次多点平衡不破，短线有机会，中线风险大，只适合小资金快进快出，大资金均以减仓为主，或仅以小仓位滚动操作。

六、三多点大阳起飞

三多点主要发生于次多区主升行情。通过首多点和次多点，进行拐点确认和做多能量的初步释放，开始拉大阳上攻，进入快速上涨或加速上涨阶段。

三多点是一根或几根 K 线。三多点的首根阳线一般为逼空阳，包括 60 逼空阳或 120 逼空阳。

三多点捕捉暴涨，一旦成功短期内收益十分可观。

捕捉三多点心诀：短黏长翘等突破，大阳起飞莫错过。

次多区主升行情三多点大阳起飞是不可错过的做多机会

（一）日 K 级别三多点

图 11-16　IF 当月连续 2010.8.10～2010.10.25 日 K 线图

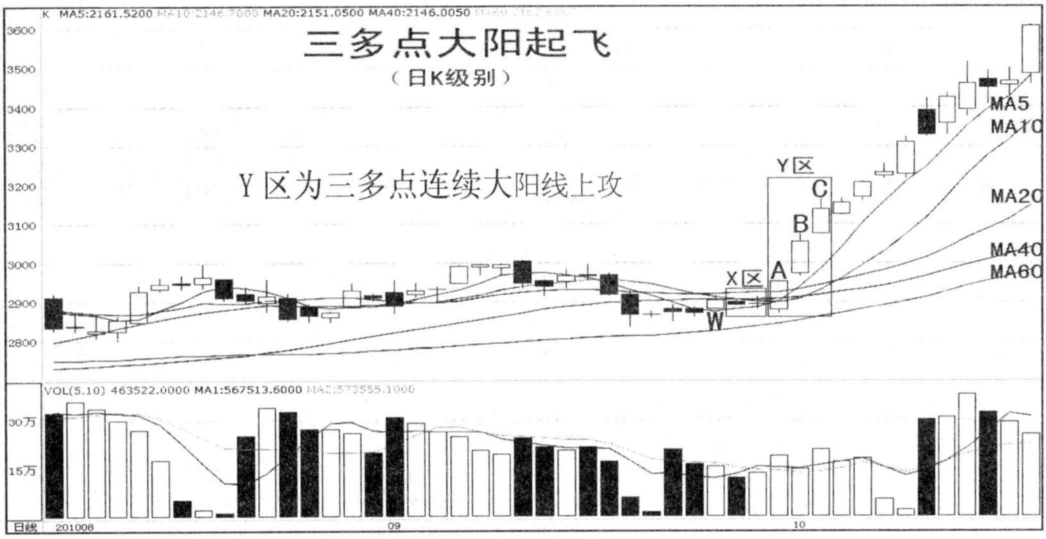

图 11-16

图 11-16 解析：

级别均线定向定律，可以根据日 K 级别和中期均线确定交易方向。

20 日、40 日、60 日均线多头排列，中线走多，交易方向为做多，临盘执行顺势抢点法则即可。

W 点：为连阴阳，也是 C 浪阳，为首多点五阳做多。

X 区：为次多点平衡不破，由 2 根 K 线构成，一阴一阳。

Y 区：为三多区大阳起飞，由 3 根 K 线构成，分别为 A、B、C。

A 点：逼空阳，一阳破四线，蓄势整理充分之后，多方突然发力。

B 点：逼空阳，跳空高开高走，且突破前期高点。

C 点：逼空阳，跳空高开高走，多方完全占据主动。

之前盘整区典型三步转换：破势转换、震荡收窄、黏合突破，其震荡整理时间长，幅度大，蓄势充分，才有此后大阳起飞，短时间快速大幅上涨。

（二）周 K 级别三多点

图 11-17 PTA 主力合约 2008.10.24～2009.7.3 周 K 线图

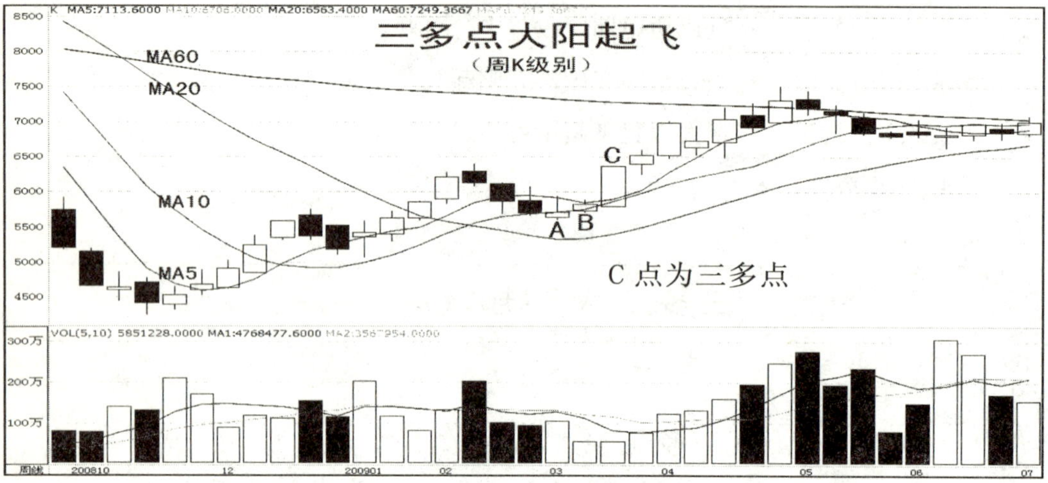

图 11-17

图 11-17 解析：

A 点 5 周、10 周、20 周均线多头排列，根据以大统小法则和级别均线定向定律，可确认交易方向为做多。

A 点：连阴阳，为首多点五阳做多。

B 点：阳线稍放大，走势平稳，为次多点平衡不破。

C 点：为三多点大阳起飞，阳线实体明显放大几倍，突破前期高点，没有见顶迹象，此后持续的时间较长，涨幅较大。

三多点风险评估：

首多区处于震荡筑底阶段，多数情况下仍为弱势行情，拉大阳线之后回调的可能性较大，抢三多点风险较大，但大资金分批建仓，有时会在明显压力位主动买套，是中线多点，则另当别论。

次多区主升行情可抢三多点，特别是短黏长翘形态。

三多区处于多头陷阱阶段，多以大阳线或涨停板诱多，拉大阳线往往是逢高卖出的时机，三多点风险较大，一般不抢三多点。

第三节 五暂不多

五暂不多包括暴涨异动暂不多、背驰冲顶暂不多、黏合不破暂不多、多级暴跌暂不多和多级翻空暂不多。

一、暴涨异动暂不多

（一）简明释义

短期内涨幅过大，K 线出现明显异动，暂时不可开仓做多。

暴涨：一般指短期内涨幅过大，如 3～8 天左右，快速、加速上涨，连续拉中大阳线或者涨停板。异动：指 K 线形态发生较大变化，一般分时波形表现更明显。

（二）发生阶段

（1）震荡筑底阶段：短线有风险，中线机会大。

（2）主升行情阶段：短线有风险，中线机会大。

（3）多头陷阱阶段：短线风险大，中线风险大。

（三）暂不多原因

短期暴涨，做多能量释放过快，之后下跌或者陷入盘整的可能性较大。

图 11-18 橡胶主力合约 2014.5.16～2014.7.2 日 K 线图

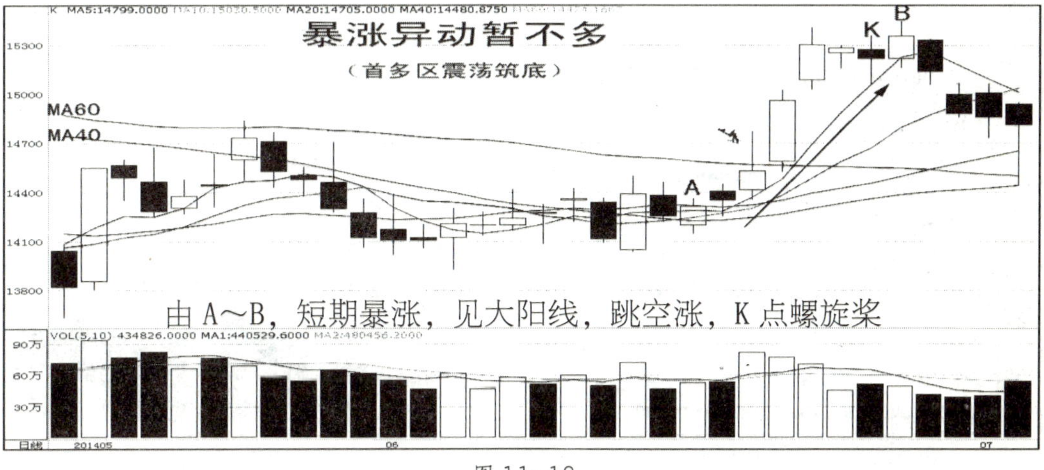

图 11-18

图 11-18 解析：

A 点～B 点，短期涨幅过大，K 点明显异动，B 点背驰冲顶，而 60 日均线仍下行，暂不可再开仓做多。

图 11-19 沪铜主力 2009.3.6～2009.4.22 日 K 线图

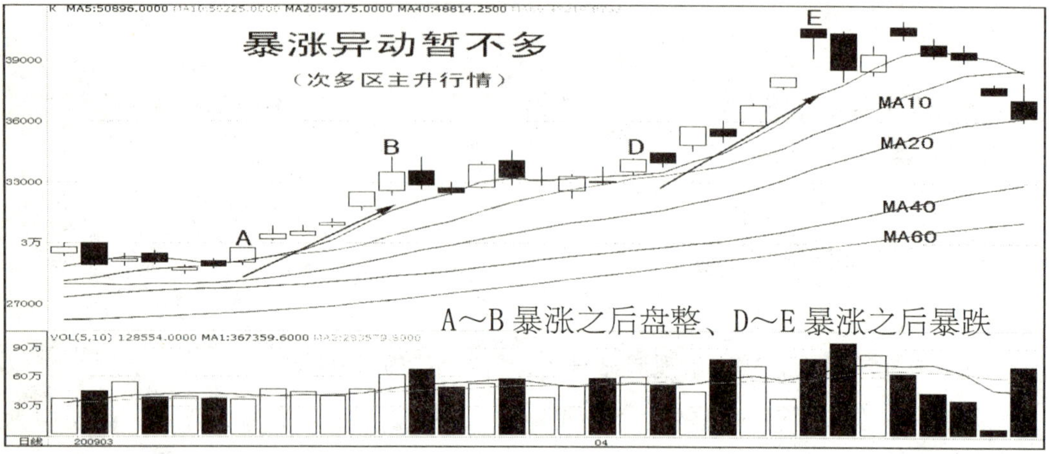

图 11-19

图 11-19 解析：

A～B，短期暴涨，见跳空涨，B 点冲高回落，暂不可开仓做多。D～E，短期暴涨，连续跳空涨，E 点高开吊颈线，冲顶迹象明显，暂不可开仓做多，等突破方向确定后再跟进。

图 11-20 螺纹主力合约 2009.7.6～2009.8.19 日 K 线图

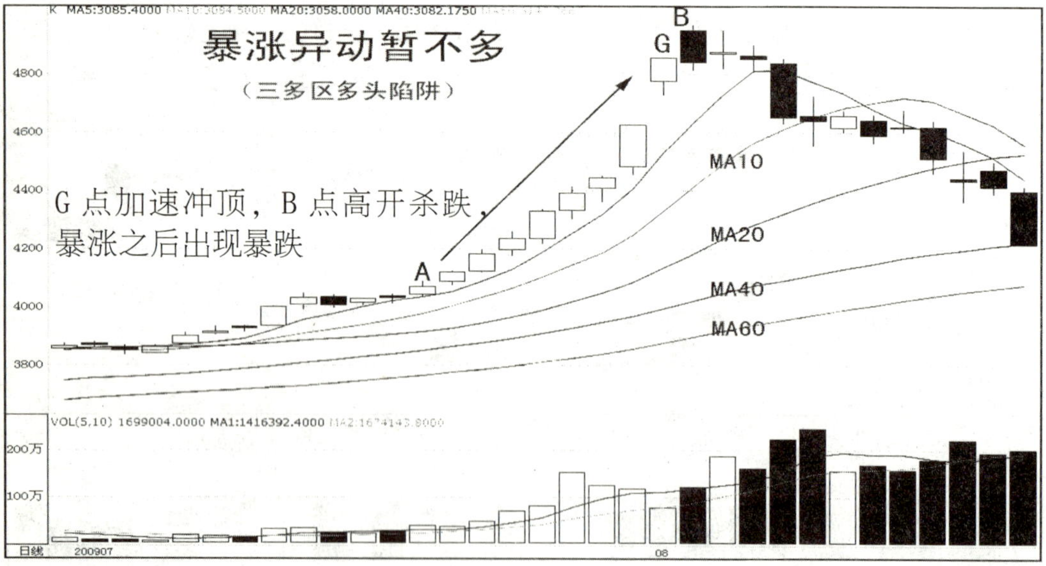

图 11-20

图 11-20 解析：

中长期均线发散大，整体涨幅大，冲顶可能性大。A～B 短期暴涨，见大阳线、跳空涨，高开下跌，有冲顶迹象，G 点之后暂时不可开仓做多。

二、背驰冲顶暂不多

（一）简明释义

10 日、20 日短期均线空头排列，构成短线通道，40 日、60 日中期均线多头排列，构成多空通道，短线通道与多空通道背驰，大阳线、跳空涨上攻，或随后走弱，暂时不可开仓做多。

背驰：指短线通道与多空通道伸展方向相反，一个空头排列，一个多头排列。若 10 日、20 日均线下行越明显，40 日、60 日均线上行越明显，则背驰越强。

冲顶，大阳线或跳空涨，冲击前期重要阻力位。

（二）发生阶段

(1) 主升行情中继阶段：构成阶段顶部，之后会继续上攻。

(2) 震荡筑顶阶段：构成大顶，之后下跌时间长，幅度大。

（三）暂不多原因

整体涨幅较大，回调幅度较深，构成通道背驰，之后可能出现如下走势：

(1) 大阳线、跳空涨之后，若能上攻至前期高点附近，形成小双顶的可能性大，或者陷入较长时间的盘整，然后再继续上攻。

(2) 大阳线、跳空涨之后，经过几天上下搓，随即快速下跌。

(3) 大阳线、跳空涨之后，随后下破多空线，见大顶可能性大。

1. 中继形态背驰冲顶

图 11-21　伦镍电 3(LMNDE)2010.9.28～2010.12.1 日 K 线图

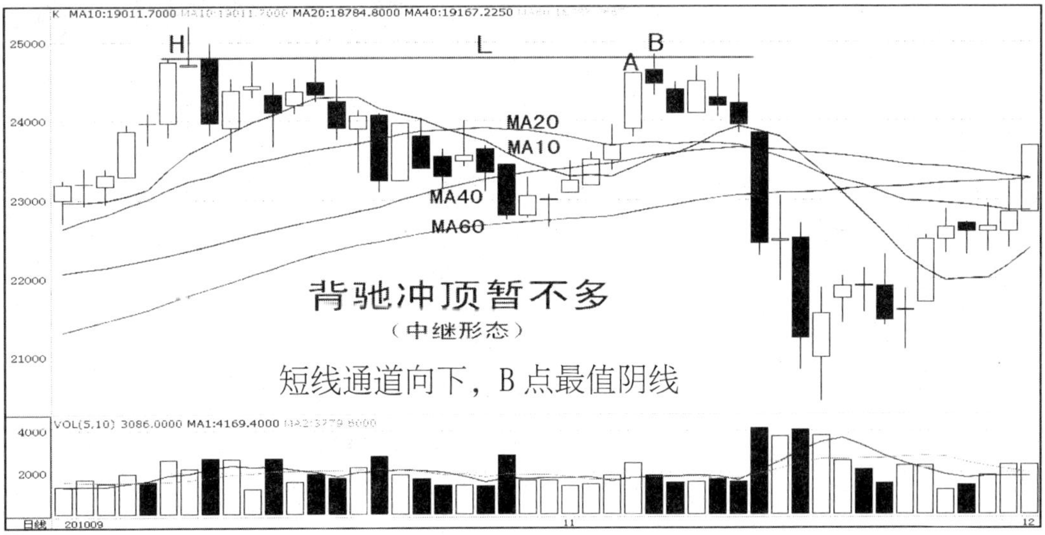

图 11-21

图 11-21 解析：

A 点通道背驰：

10 日、20 日均线空头排列，40 日、60 日均线多头排列，短线通道与多空通道背驰，陷入震荡整理的可能性大。

A 点：提前拉大阳上攻，做多能量过早释放。

B 点：高开高走攻击前期高点 H，随后跳水，震荡下跌，本次攻击受阻。

要突破前期重要阻力位，必须蓄抛整理充分，均线形态以短黏长翘为宜，且攻击起点距前期高点较近，幅度不超过两根中大阳线更好。

2. 震荡筑顶背驰冲顶

图 11-22 棉花主力合约 2011.1.13～2011.4.19 日 K 线图

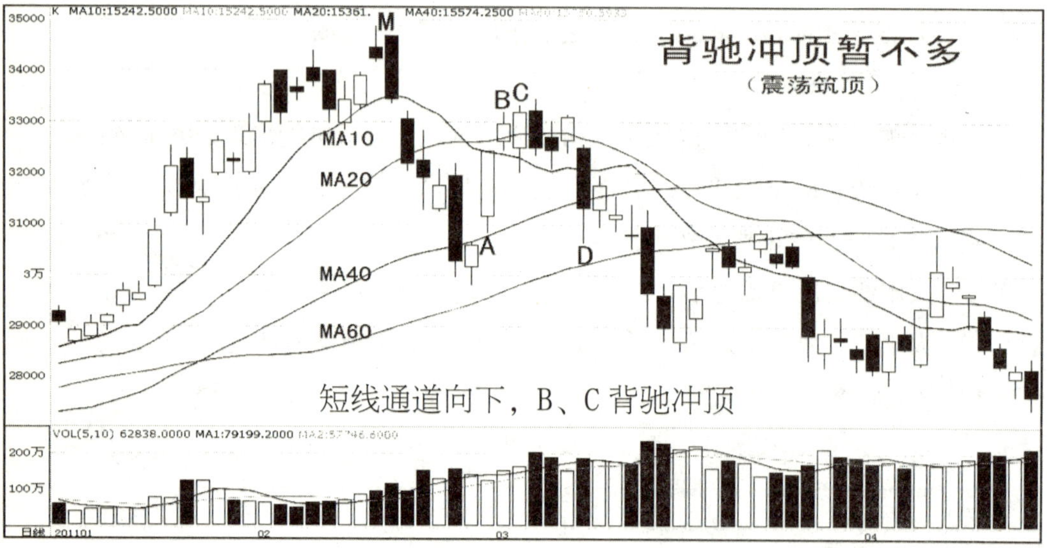

图 11-22

图 11-22 解析：

M 点：之前大势背驰，4 连阴下跌之后再大阴线下跌，空方力量强大。

A 点通道背驰：10 日、20 日均线空头排列，40 日、60 日均线多头排列，短线通道与多空通道形成明显背驰，见顶或大幅回调的可能性大。

A 点：提前大阳线上攻，做多能量释放过早。

B 点：高开上下搓走势，多方攻击力明显减弱，暂不可做多。

C 点：低开上下搓高收，震荡幅度明显加大，暂不可做多。

D 点：低开低走，确认本波做多行情结束。

大势背驰、波段背驰越强烈，冲顶下跌可能性越大。

三、黏合不破暂不多

(一)简明释义

均线空头排列，大阳线或者跳空涨突破 20 日均线，或者 40 日、60 日均线走多，5 日、10 日、20 日均线基本黏合，黏合区暂时不可开仓做多，特别是之前没有向下突破释放做空能量，必须等待上破之后再开仓做多，若介入过早，一旦空方反扑，短时间内损失较大。

黏合：至少 5 日、10 日、20 日均线基本黏合，黏合均线越多蓄势越足。

不破：指没有形成有效上破。

(二)发生阶段

(1) 震荡筑底阶段：防止主升浪之前的 2 浪回调。

(2) 上升中继阶段：震荡整理之后继续上攻。

(3) 震荡筑顶阶阶：阶段顶部或者见大顶，之后下跌时间长。

(三)暂不多原因

(1) 震荡整理时间较长，均线基本黏合，蓄势充分，短期内爆发力强。

(2) 之前没有上冲下探有效试盘，黏合之后突破方向难以判断，特别是中期均线没有明显走强，或者乖离率大。

(3) 若过早做多，一旦均线黏合向下发散，短时间内快速下跌，损失较大。

1. *震荡筑底黏合不破*

图 11-23 螺纹主力合约 2012.8.13~2012.12.14 日 K 线图

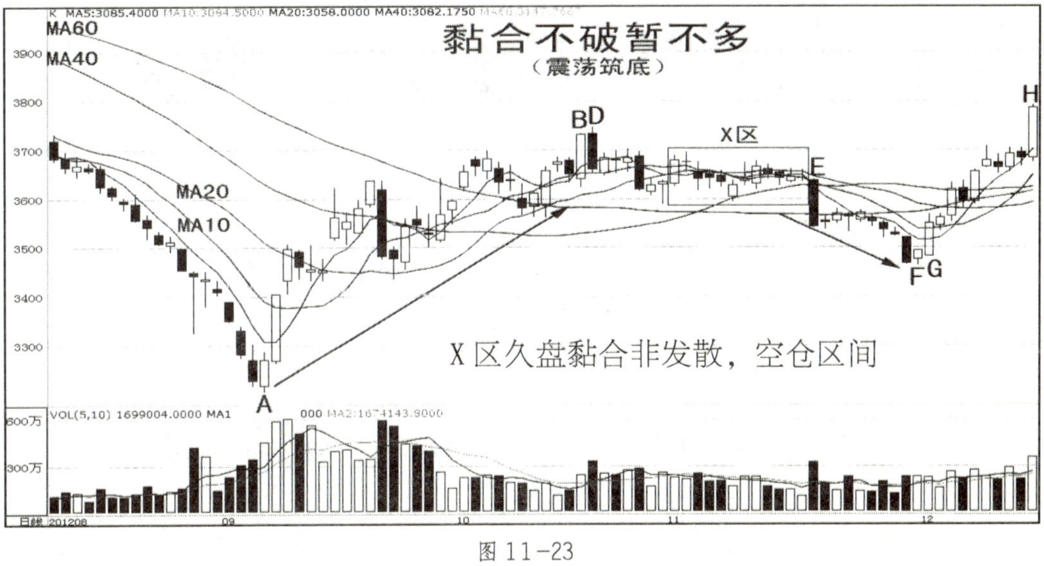

图 11-23

图 11-23 解析：

A 点：为连阴阳，翻多线。之前中线超跌、短线急跌。短期快速上攻之后震荡上行，突破 60 日均线，且使 40 日均线上穿 60 日均线。

B ~ D：突破 60 日均线之后向上试盘，多空双方力量对比测试。

X 区：5 日、10 日、20 日均线黏合，40 日、60 日均线托底，但 60 日均线仍下行，空方力量没有得到进一步释放，此时暂不可开仓做多，以免遭受空方突然打击。

E 点：突然跳空下跌，相当于 2 浪回调。

F ~ G：F 为连阴阳，G 点为空倍阳。

H 点突破前期高点，确认主升浪行情。

2. 中继形态黏合不破

图 11-24 美黄金连(GLNC)2011.4.18～2011.7.13 日 K 线图

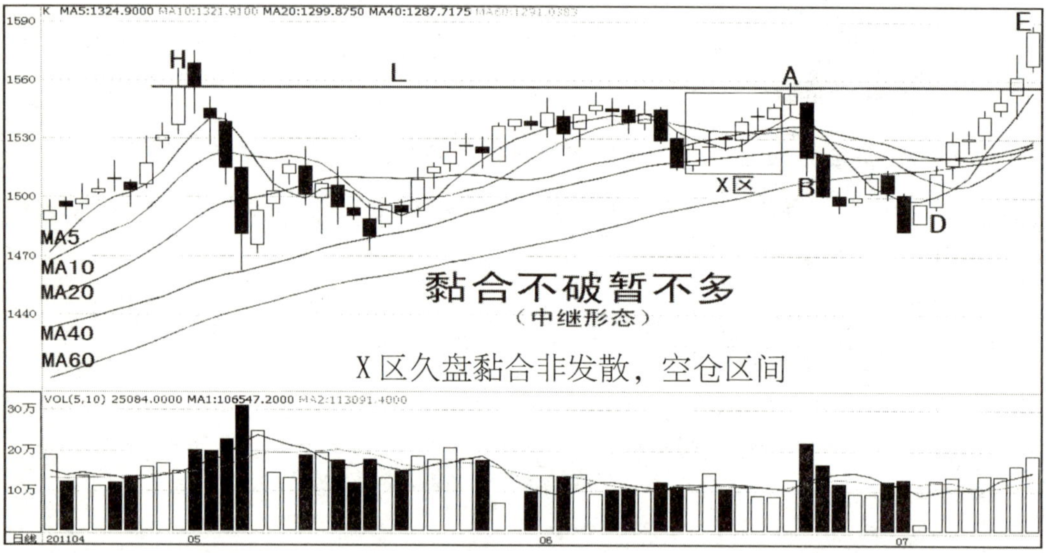

图 11-24

图 11-24 解析：

H 点：之前整体涨幅大，短期内快速上涨，形成阶段高点，均线全多头排列，之后四连阴下跌，空方力量强，随后陷入长时间震荡整理。

X 区：5 日、10 日、20 日均线黏合，蓄势充分，但空方力量没有得到有效释放，突破方向难以确认，此时暂不可开仓做多。

A 点冲击前期高点 H 点受阻，B 点低开大阴线下跌，D 点既是空倍阳又是 C 浪阳，沿 5 日均线上攻。E 点有效突破前期高点。

黏合不破暂不多，符合盲区不入，见信而入法则。

四、多级暴跌暂不多

（一）简明释义

指本级别为多级，出现快速、加速下跌，无论是大阴线还是下跌中继阳线，暂时都不能开仓做多。

暴跌：大阴线下跌，跳空下跌，暴大量下跌，连续阴线下跌。

多级暴跌，在不下破60日均线前提条件下，一般以10日均线上翘、价格站稳20日均线做多为好。

（二）发生阶段

（1）2浪回调：有效上破60日均线之后深幅回调。

（2）中继形态：主升浪调整阶段，可能发生多次。

（3）震荡筑顶：暴跌筑顶，A浪下跌，由多头行情转换为空头行情。

（三）暂不多原因

（1）暴跌之后短期均线形成反压，可能陷入较长时间盘整。

（2）暴跌并不表示做空动能完全释放，暴跌之后仍可能继续下跌，或者盘整之后再下跌。

1. 主升行情暴跌

图11-25 伦铜3(LMCDE)2010.10.7～2010.12.10日K线图

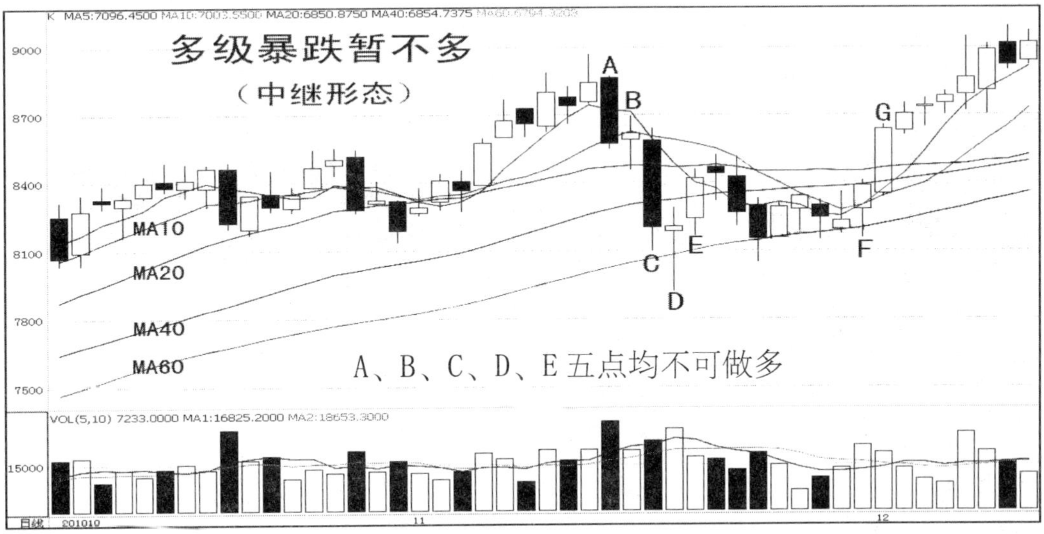

图11-25

图11-25解析：

本级别为多级：20日、40日、60日均线多头排列，收盘价位于60日均线之上，明显见大势背驰。

A点：大阴线下跌，成交量放大明显，空方凶狠反击开始，只可将多单平仓。

B点：螺旋桨，下跌中继，做空动能并没完全释放，切不可做多。

C点：大阴线下跌，且为加速下跌，不可做多。

D点：低开下探上涨，多方反击，但震荡幅度大，变化快，仅为短期超跌反攻，难以掌控，暂不做多。

E点：多方反击，但与之前空方下跌力量相比，较弱，且为背驰冲顶，暂时不可做多。

F点：空倍阳，且同时上穿5日、10日均线，且10日均线上翘，可开仓做多。

G点：大阳线上攻，确认一波涨势。

2. 震荡筑顶暴跌

图 11-26　橡胶主力合约 2011.1.14～2011.3.8 日K线图

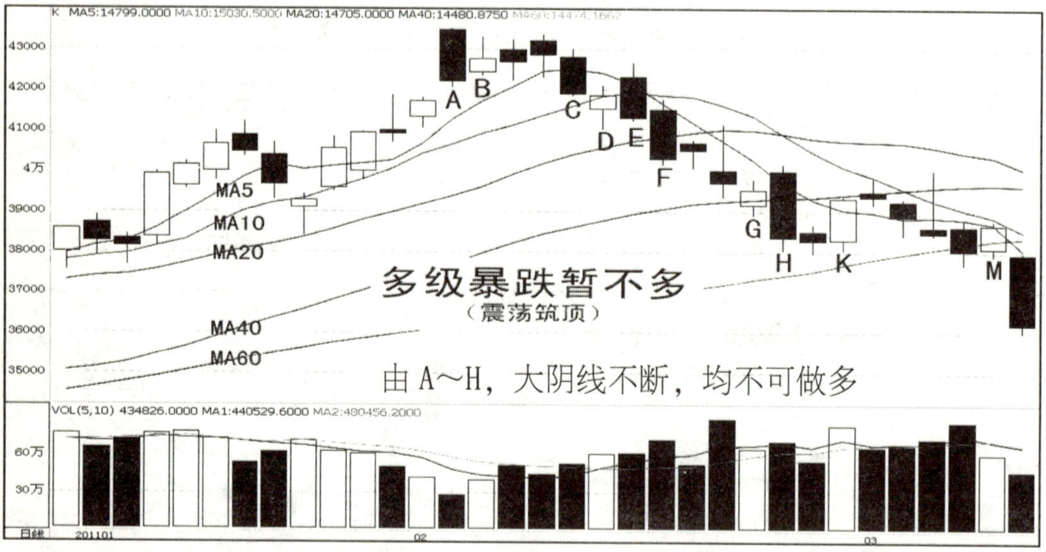

图 11-26

图 11-26 解析：

10日、20日、40日、60日均线多头排列，且发散大。

A点高开下跌，B点冲高回落，调整开始。

C点、E点、F点、H点：大阴线下跌，不可做多。

D点、G点、M点为连阴阳，K点为空倍阳，但由于此前暴跌，10日均线明显走空，为下跌中继，暂不可做多。

M点之后大阴线下破60日均线，确认见大顶。

五、多级翻空暂不多

（一）简明释义

本级别为多级，整体涨幅大，短期内快速、加速上涨，见翻空线，根据翻空线确定翻空区，翻空区内暂时不可开仓做多。

多级：指本级别为多级，即 60 日均线明显上翘，且价格位于 60 日均线之上。

翻空：指翻空线所确认的翻空区。

（二）发生阶段

多级翻空发生在震荡筑顶阶段。

（三）暂不多原因

(1) 整体涨幅大，阶段涨幅大，形成中线超涨、短线超涨。

(2) 翻空线确认空方反击区域，于翻空区再次下跌可能性大。

(3) 翻空区即便上攻，其幅度有限，而一旦下跌，速度快，幅度大，一旦方向做错，短期内损失较大，不符合三七交易法则。

1. 多级翻空实例图解

图 11-27　美原油连(CONC)2008.5.26～2008.7.29 日 K 线图

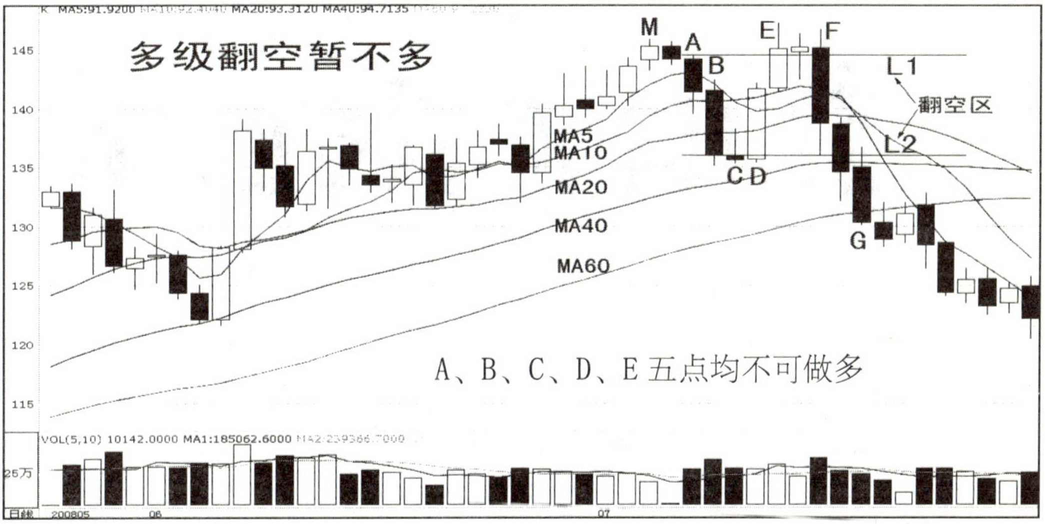

图 11-27

图 11-27 解析：

M 点为多级，20 日、40 日、60 日均线全多头排列，之前出现大势背驰，波段背驰，见冲顶迹象。

A 点、B 点、C 点三根阴线构成翻空线：

（1）A 点为破势阴线，星值下破。

（2）B 点大阴线，同时下破 10 日、20 日均线。

（3）C 点星 K 线，冲高回落。

根据翻空线确定翻空区：L1 由 A 点最高价确定，L2 由 B 点收盘价确定。

D 点连阴阳，E 点冲高回落，均不可做多。F 点破势阴线，且位于翻空区内，可开仓做空。至 G 点下破 60 日均线，确认趋势由多转空。

2. 翻空与回调对比

翻空线与一般的回调阴线有明显区别，现通过一则实例图进行比较。

图 11-28　伦铜 3(LMCDE)2009.5.26～2009.7.22 日 K 线图

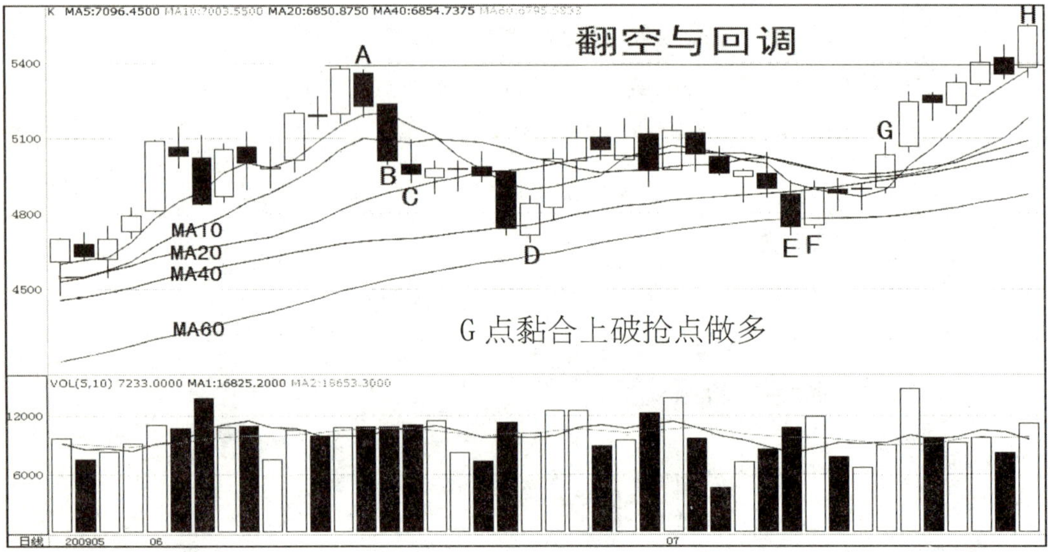

图 11-28

图 11-28 解析：

A 点为多级，20 日、40 日、60 日均线多头排列，且整体涨幅较大，但 A 点并非翻空线，只是上涨中的正常回调。

（1）A 点为下跌首根 K 线，但其跌幅有限，没能下破前根阳线开盘价，空方反击力量较弱。

（2）B 点大阴线下跌，C 点低开高走跳水，没能快速下破 20 日均线，不构成翻空线。下跌至 D 点反弹，形成本波下跌低点。

（3）E 点没能有效下破 D 点，F 点空倍阳上攻。

（4）G 点一阳穿四线，沿 5 日均线上攻，至 H 点突破前期高点，确认长时间回调整理结束，重新开始上涨。

第十二章　做空缠空　空区空点

三重空区：首空区震荡筑顶、次空区主跌行情、三空区空头陷阱。

三重空点：首空点三线做空、次空点平衡不破、三空点加速下跌。

五暂不空：黏合不破暂不空、暴跌异动暂不空、空级暴涨暂不空、背驰探底暂不空、空级翻多暂不空。

第一节 做空缠空

一、做空与缠空

做空：与做多相对，是指预期某种期货合约价格将下跌，从而开仓卖出一定数量合约，准备之后低价买回赚取价差的交易行为。

缠空：与缠多相对，是指某个阶段始终抓住某种信号波段操作，反复做空，直到趋势反转。缠，抓住不放。

1. 做空与缠空相同点

做空与缠空两者都是开仓卖出，都是为了赚取价差，对冲交易等除外。

2. 做空与缠空不同点

(1) 交易过程不同。

做空指交易方向及操作过程，包括卖出开仓及平仓，也可特指某次交易。

缠空是做空的组合手段，包含本阶段的所有交易，都是根据某种信号做空，直到本信号不再出现为止。

(2) 交易次数不同。

做空仅指孤立的一次交易。

缠空指一系列的交易，至少两次或两次以上。

(3) 交易策略不同。

做空指某次交易本身，不包含总体策略。

缠空看的是大趋势，抓的是大机会。通过制定总体交易策略和组合交易手段，进行多次同向无遗漏做空攻击，以捕捉大拐点、大行情，使每一次看似孤立的攻击，成为整个大战役的有机组成部分。

(4) 交易心态不同。

做空指交易本身，没有涉及交易心理。

缠空至少隐含以下信息：

其一，交易者对大趋势坚定的看空。

其二，交易策略为按交易信号波段操作。

其三，交易者对本波行情和预期收益比较乐观，对自己的操作手法比较自信，能够牢牢把握机会。

二、以均线缠空

（一）均线缠空概述

均线缠空原理：均线是跟踪趋势的有效工具。某阶段价格一般依托某根下行均线下跌，反弹时会上破该均线，再次下跌时会下破该均线。该均线即为操盘线。

均线缠空方法：价格下破操盘线，开仓做空。价格只要位于操盘线下，持仓不动。若上破操盘线，平仓。如此循环往复，直到趋势反转。

均线缠空优点：开仓、持仓、平仓简明直观，易于执行，可减少主观臆断，且成功的概率较大。

均线缠空缺点：只适合趋势行情，不适合震荡行情，而且开仓的价格较高，平仓的价格较低。

（二）均线缠多方法

1.快速、加速下跌形均线缠空

一般快速、加速下跌形，连续中大阴线下跌，缠空所选操盘线，以周期较短为宜，如以 5 日均线缠空。

图 12-1　螺纹主力合约 2012.7.5～2012.9.7 日 K 线图

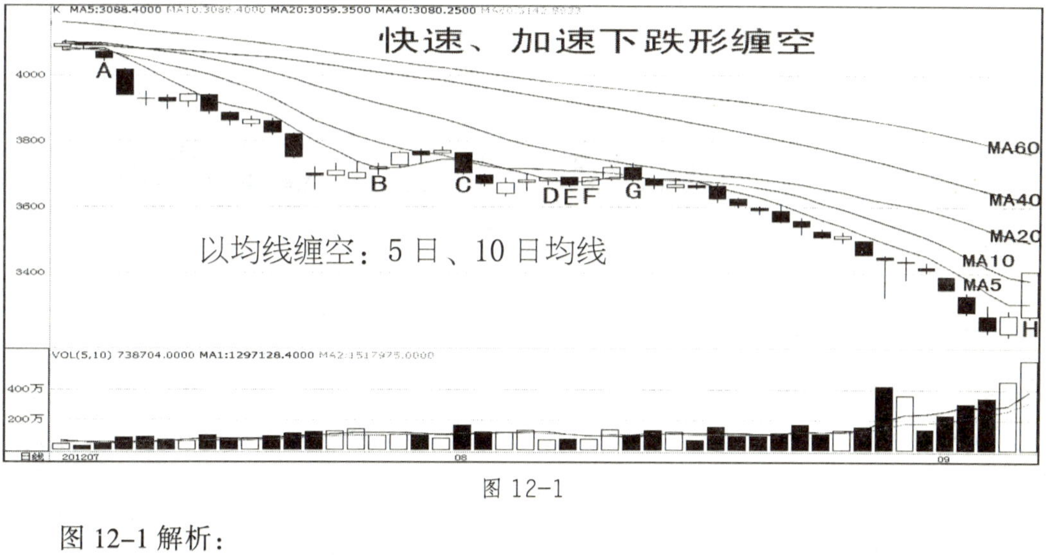

图 12-1

图 12-1 解析：

根据级别均线定向定律，本级别为日 K 级别，且 20 日、40 日、60 日均线空头排列，交易方向为做空。

A 点～B 点：A 点跳空，低开低走，同时下破 5 日和 10 日均线，且中长期均线下压，快速、加速下跌可能性大，可开仓做空，选 5 日均线作操盘线。B 点上破 5

日均线，可先将空单平仓。盈利较大。

C 点～D 点：C 点下破 5 日均线，可开仓做空；D 点上破 5 日均线，可先将空单平仓。略有盈利。

E 点～F 点：E 点下破 5 日均线，可开仓做空；F 点上破 5 日均线，可先将空单平仓。略有亏损。

G 点～H 点：G 点下破 5 日均线，可开仓做空；H 点上破 5 日均线，可先将空单平仓。盈利较大。

4 次缠空，大赚小赔，只要空头趋势不变，仍可继续缠空，直到趋势反转。

图 12-2　PTA 主力合约 2013.12.11～2014.3.5 日 K 线图

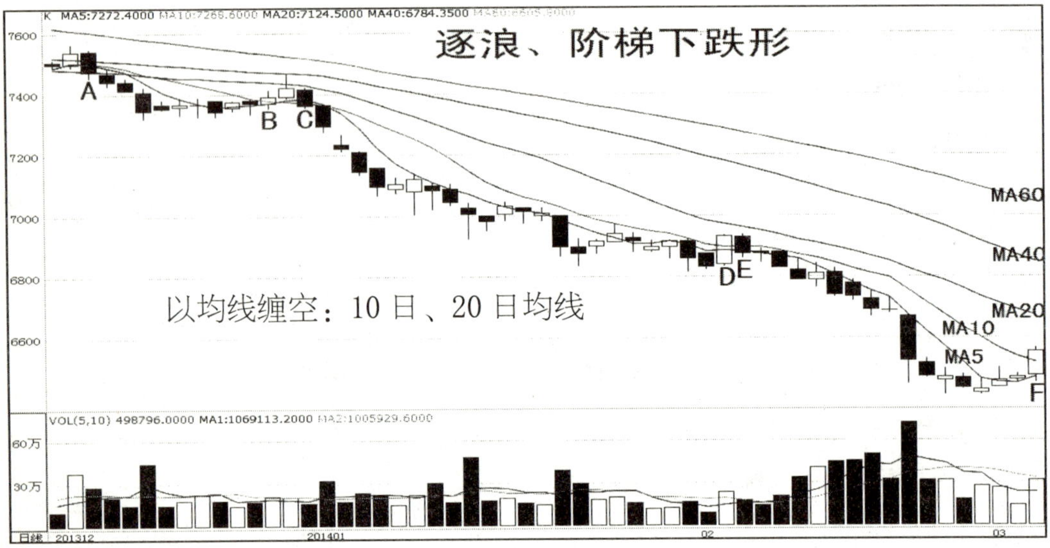

图 12-2

图 12-2 解析：

20 日、40 日、60 日均线空头排列，交易方向为做空。震荡幅度大，可选 10 日均线作操盘线。

A 点～B 点：A 点同时下破 5 日、10 日、20 日、40 日均线，可开仓做空；B 点上破 10 日均线，可先平仓。

C 点～D 点：C 点下破 10 日均线，可开仓做空；下跌幅度较大，D 点上破 10 日均线，可先平仓。

E 点～F 点：E 点下破 10 日均线，可开仓做空；下跌幅度较大，F 点上破 10 日均线，可先平仓。

3 次缠空，大赚小赔，只要多头趋势没变，仍可继续缠空，直到趋势反转。

三、以K线缠空

（一）K线缠空概述

K线缠空原理：涨跌方向的变化总是以某根K线形成拐点，而每次由涨到跌，一般是由某根阴线确认，因此拐点阴线可作为缠空依据。

K线缠空方法：翻空区和空头行情，以拐点三线缠空，直到趋势反转。

K线缠空优点：以K线缠空，开仓价格更高，平仓价格更低。

K线缠空缺点：K线反应过于灵敏，稳定性稍差。

（二）K线缠空方法

1. 翻空区拐点三线缠空

翻空线确定翻空区，若价格反弹至翻空区内，可通过拐点三线和其顺位线缠空，或者以分时级别缠空。

图12-3 伦铜电3(LMCDE)2012.2.2～2012.5.16日K线图

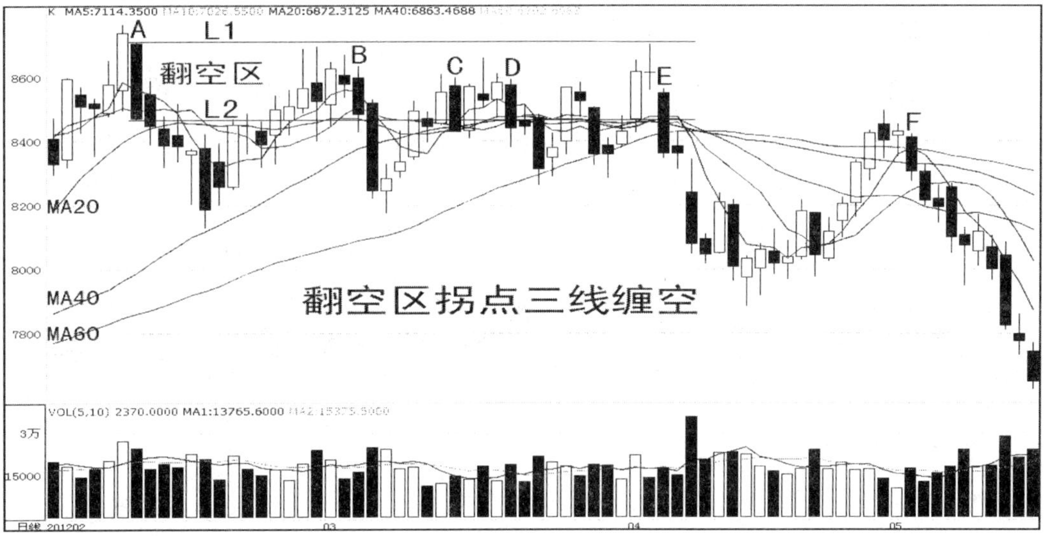

图12-3

图12-3解析：

A点：翻空线。之前20日、40日、60日均线多头排列，且明显上行，上涨时间长，上涨幅度大，A点一阴吞吃数根K线，之后连续阴线下跌，构成翻空线。A点确认翻空区L1和L2。

A点为大阴线，但大阴线不一定是翻空线。

B点：破势阴线，且位于翻空区内，可开仓做空。

C点：破势阴线，且位于翻空区内，可开仓做空。

D 点：破势阴线，且位于翻空区内，可开仓做空。

E 点：破势阴线，一阴破五线，且位于翻空区内，是不可错过的做空机会。

F 点：归顺阴线，一阴破三线，空头行情反弹之后破位下跌。

B 点、C 点和 D 点位置，均线为多头排列，虽然均为破位线，但如果不位于翻空区，一般只能将多单平仓，不可反向做空，这正是翻空线与翻空区的特殊应用。

2. 趋势区拐点三线缠空

一轮空头行情，一般会有多波下跌，必须以做空为主，反弹震荡期间空仓等待，以拐点三线缠空，直到趋势反转。拐点三线缠空，一般以破势阴线和归顺阴线常见。

图 12-4　美黄金连(GLNC)2013.10.7～2013.11.25 日 K 线图

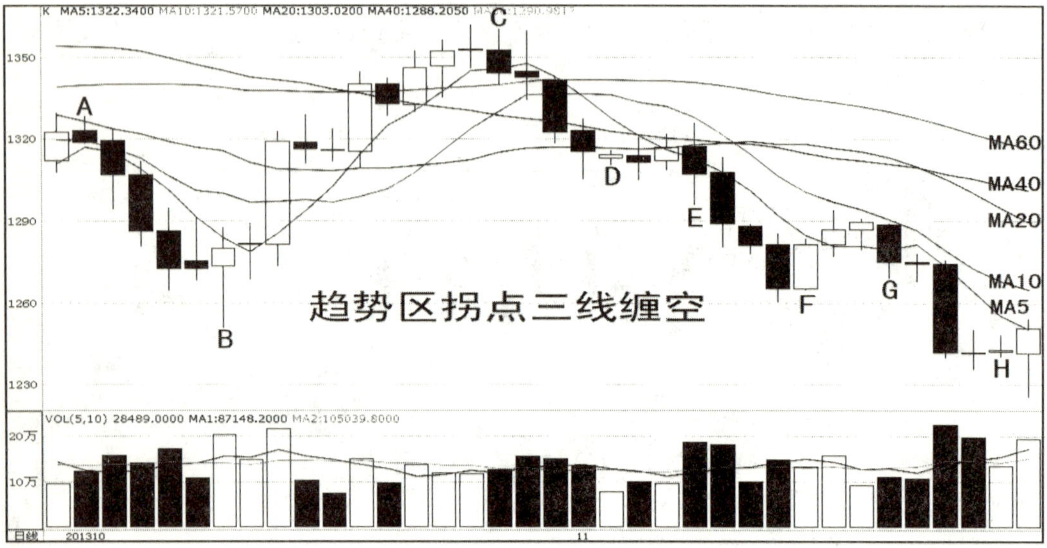

图 12-4

图 12-4 解析：

A 点～B 点：A 点为归顺阴线，且均线短黏长压，可开仓做空；B 点为连阴阳，空单可先平仓。

C 点～D 点：C 点为归顺阴线，可开仓做空；D 点为连阴阳，空单可先平仓。

E 点～F 点：E 点为归顺阴线，可开仓做空；F 点为连阴阳，空单可先平仓。

G 点～H 点：G 点为归顺阴线，可开仓做空；H 点为连阴阳，空单可先平仓。

开仓做空均为归顺阴线，但所处位置不同，其均线排列形态不同，蓄势能量不同，之后的跌幅相差较大。

4 次缠空，开仓、平仓信号明确，实盘顺势而为，均有盈利，只要空头趋势没变，仍可继续缠空，直到趋势反转。

四、转区换线缠空

（一）转区换线缠空法则

盘整区等突破K线，趋势区守操盘线。即区间转换，交易指令也在K线、均线之间转换。转区换线缠空是K线缠空和均线缠空的组合应用。

盘整区转突破区：开仓做空。盘整区空仓以待，等待盘整区下破K线。

突破区转趋势区：持仓守线。以均线为操盘线，定线定心。

趋势区转盘整区：平仓待机。平仓K线为拐点五阳，五阳即连阴阳、空倍阳、逼空阳、C浪阳和黄金阳。没见拐点五阳，必须守操盘线。

（二）转区换线缠空优点

转区换线缠空，利用三区转换的特性，通过K线的即时性弥补均线的滞后性，又通过均线的稳定性弥补K线的随机性。

图12-5　PTA主力合约2011.8.29～2011.10.20日K线图

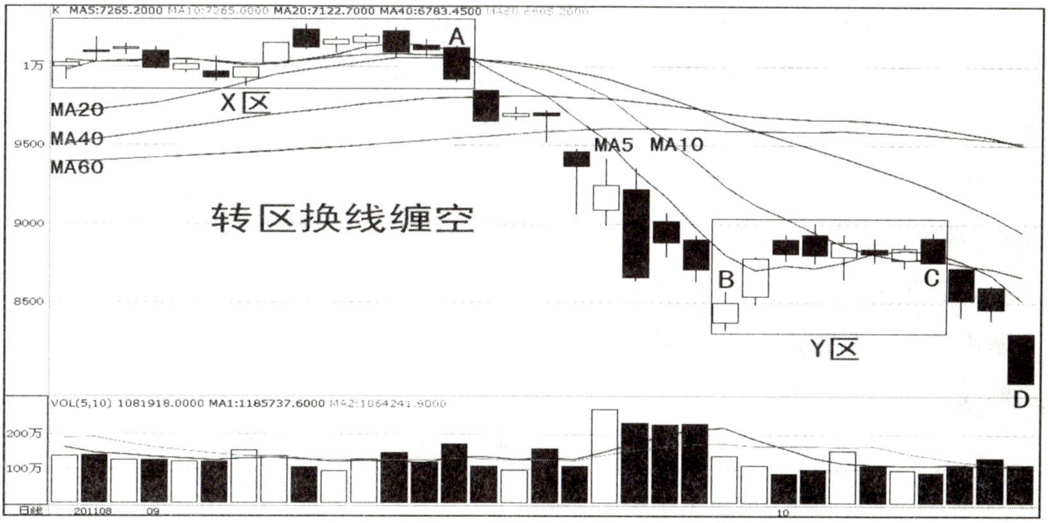

图12-5

图12-5解析：

X区～AB区：盘整区转趋势区。A点破势阴线，可选5日均线缠空。

AB区～Y区：趋势区转盘整区。B点连阴阳，空单平仓。

Y区～CD区：盘整区转趋势区。C点星值下破，归顺阴线，可开仓做空，可选5日均线缠空。

盘整区，以K线组合形态破位作为指令；趋势区，以均线定线定心；由盘整区转换为趋势区，以拐点K线作为K线与均线互换的指令。

第二节　空区空点

战略做空：三下缠空，定心下破。

三下缠空，定心下破，直观定向与定位，是均线、K线、成交量的三三五缠。

战略做空，必须熟练掌握三重空区与三重空点。

空区与空点：与多区、多点类似，空区指空头占优、必须顺势做空的区间。空点，指空头占优，必须抢点做空的点位。空区是具有共同特征的空点集合，空点只是空区的一个元素。

三重空区：空区是符合做空法则处于做空形态的区间，根据空区相对位置的不同，分为三重空区：首空区、次空区、三空区。

首空区震荡筑顶：指震荡筑顶阶段。短线有风险，中线机会大。

次空区主跌行情：指C浪下跌阶段。短线有机会，中线机会大。

三空区空头陷阱：指空头陷阱阶段。短线有机会，中线风险大。

三重空点：空点是符合做空法则和处于做空形态的点，根据空点在本波下跌先后位置和K线形态的不同，可分为三重空点：首空点、次空点、三空点。

首空点三线做空：三线指最值阴线、破势阴线和归顺阴线。首空点一般是一波做空行情的启动点，是确认开仓做空的第一根阴线。

次空点平衡不破：K线与之前的拐点三线，走势保持其原有运行节奏，没有出现暴涨暴跌、天量星量。次空点是首空点拐点三线之后的一根或几根K线，既可以是阴线，也可以是阳线。

三空点加速下跌：经过充分的蓄势整理，通过对首空点和次空点之后的做空趋势的确认，大阴线或跌停板下跌。三空点是确认跌势的一根或几根K线。

三空区与三空点：首空区震荡筑顶：震荡筑顶初期，一般大阴线之后反弹的可能性较大，只有震荡筑顶末期，大阴线破位，三空点才成立。震荡筑顶阶段，一般只抢首空点。

次空区主跌行情：下跌时间长、幅度大，是不可错过的做空阶段，包含首空点、次空点和三空点。

三空区空头陷阱：一般沿5日均线下跌，下跌速度快，包含首空点、次空点和三空点，但三空点风险难以把握。

一、首空区震荡筑顶

首空区震荡筑顶阶段特征：均线乖离率大，成交量和持仓量变化较明显等，其K线走势可分为见顶三步走：暴跌预警、均线下拐、破势确认。

暴跌预警：一般先有多头陷阱，后有暴跌预警。大阴线下跌或连续阴线下跌，下破重要支撑线，见顶的可能性大，必须引起高度警惕。

均线下拐：一般A浪下跌引起均线下拐。由于下跌时间长、幅度大，使多空均线由上翘转为下行。

破势确认：下破重要均线或者颈线位，之后继续下跌，或者反弹之后再次破位下跌，确认震荡筑顶成功。

首空区震荡筑顶交易策略：

（1）一般见翻空线或者中期均线下拐之前不可逆势做空。

（2）见翻空线，于翻空区见拐点三线可开仓做空。中长线交易者一般可分批建仓，短线资金可行缠术之缠空。

（3）以某根均线为操盘线，空单可持仓不动，定线定心。

（一）周K线图震荡筑顶

图12-6　PTA主力合约2010.11.26～2011.7.8周K线图

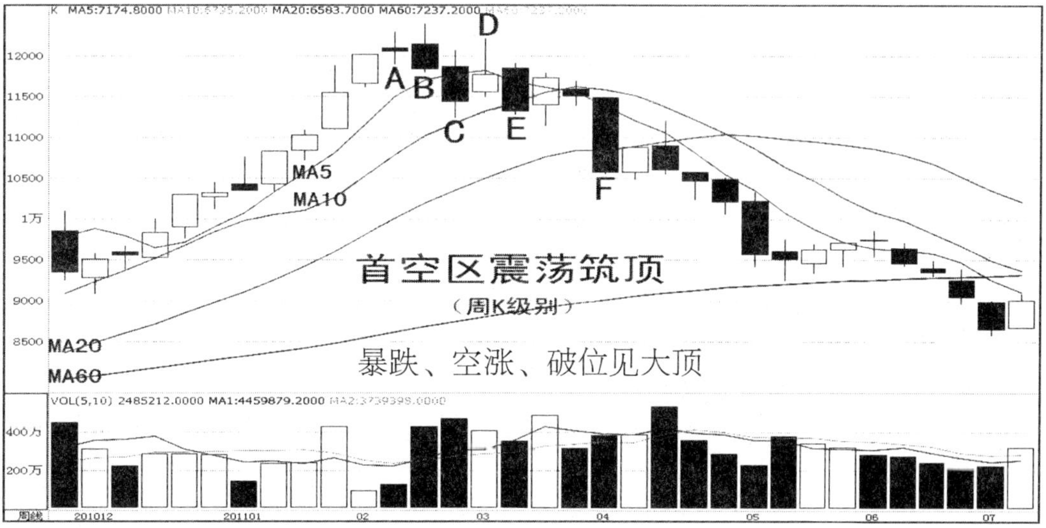

图12-6

图12-6解析：

牛市形态：A点之前5周、10周、20周、60周均线多头排列，且发散较大。

暴跌预警：A点～C点：三连阴下跌，下破5周均线，警惕见顶。

均线下拐：D点连阴阳反弹无力，E点大阴线下跌，使5周均线明显下拐。

破势确认：E点同时下破5周、10周均线，为断头铡刀。F点大阴线下跌，使10周均线下行，确认周K线见顶。

（二）日K线图震荡筑顶

图12-7 棕榈主力合约2010.12.13～2011.3.16日K线图

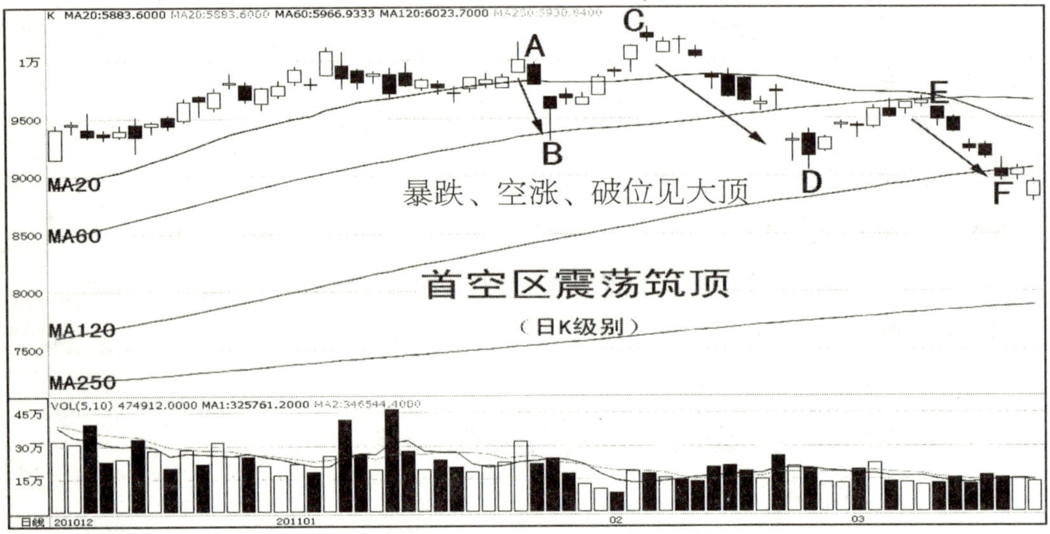

图12-7

图12-7解析：

牛市形态：A点之前20日、60日、120日、250日均线多头排列，且发散较大。

暴跌预警：A点～B点，低开大阴线下破20日均线，B点跳空，低开低走，盘中下破60日均线，长下影线，警惕阶段见顶引起见大顶。A点下破20日均线，是短期强弱的分水岭。

均线下拐：C点～D点，相当于A浪下跌。C点之后见5连阴下跌，至D点先后下破20日均线和60日均线，且使20日均线明显下拐。

破势确认：D点有效下破60日均线，确认日K线图见顶。由D反弹至E点，随即5连阴至F下破120日均线。

首空区震荡筑顶风险评估：

首空区做空，短线有风险，中线机会极大。短线可能因B浪反弹踏错节奏而亏损，中线等待主跌行情。首空区短线进出一般更注重首空点和次空点，不抢三空点，大资金战略做空，可抢三空点，滚动操作。

二、次空区主跌行情

次空区指下破牛熊线 C 浪下跌阶段。

开始阶段：一般将 B 浪反弹结束作为 C 浪下跌开始，下破牛熊线确认 C 浪下跌。多空线月 K 线图为 5 月均线，周 K 线图为 10 周均线，日 K 线图为 60 日均线。多空线由上翘转为下行。

持续阶段：多空线、牛熊线形成空头排列。反弹一般不上破多空线，或者短期上破，随即再次下跌，其间破位时间短，不使多空线转为上行。

结束阶段：其确认多空行情转化相当于 1 浪尖。1 浪确认即价格上破多空线，并使多空线由下行转为上翘，确认 1 浪。

次空区主跌行情交易策略：

(1) 主跌行情，一般一年或几年才有一次，是不可错过的做空机会。一般以空单持仓为主。短线快进快出，一旦节奏踏错，往往会错失大行情。

(2) 若反弹，可将空单减仓或者平仓，一般不可反向做多，逆势而行。空单回补，一般以下破操盘线回补，也可以拐点三线回补。根据波动幅度和稳定性，操盘线可选 5 日、10 日、20 日均线。

(3) 主跌行情不要妄猜底部，一般以操盘线持仓守线为主，或者拐点五阳平仓、拐点三线回补缠空，直到多空趋势转换。

(一) 周 K 线图主跌行情

图 12-8　豆油主力合约 2008.5.30～2009.1.16 周 K 线图

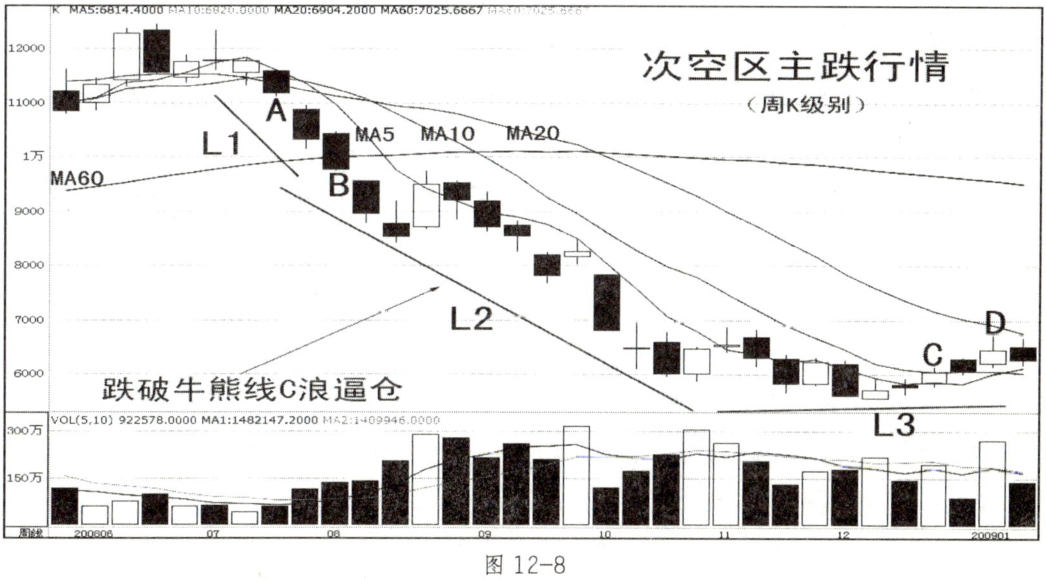

图 12-8

图 12-8 解析：

L1 段：开始阶段。A 点一阴破三线，同时下破 5 周、10 周、20 周均线，B 点大阴线下破 60 周均线，确认主跌行情。

L2 段：持续阶段。震荡下跌，5 周、10 周、20 周、60 周均线空头排列。

L3 段：结束阶段。C 点上破 5 周、10 周均线，D 点 5 周均线上翘。

（二）日 K 线图主跌行情

图 12-9　沪铜主力 2008.7.1～2009.2.25 日 K 线图

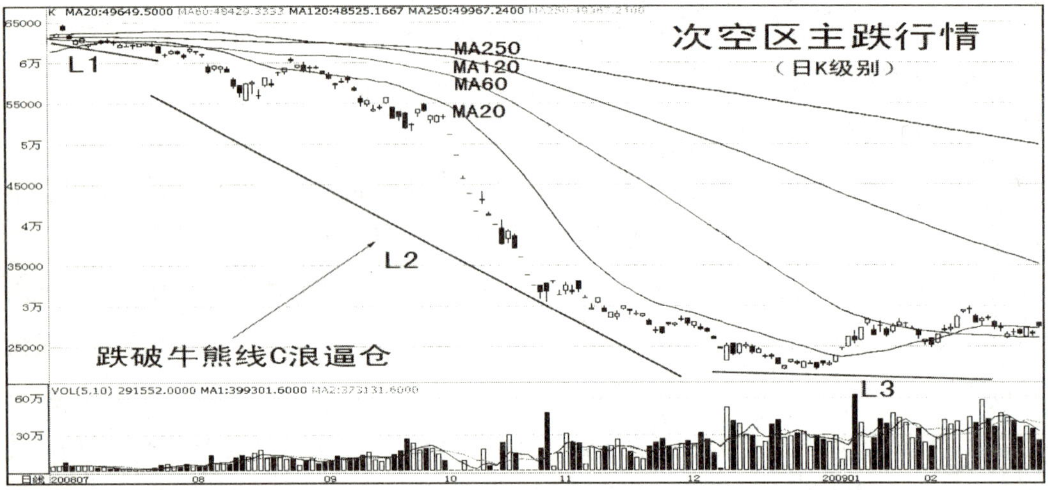

图 12-9

图 12-9 解析：

L1：开始阶段：20 日、60 日均线形成空头排列，下破半年线和年线，反弹不破 60 日均线。

L2：持续阶段：下破年线，20 日、60 日、120 日、250 日均线空头排列，反弹一般不破 60 日均线。

L3：结束阶段：成交量、持仓量明显异动，阳线明显增多，实体增大。大阳线上破多空线，且使均线上行。

次空区风险评估：

次空区做空，短线机会多，中线机会大。短线有可能因踏错节奏而暂时吃套，但一般会很快解套。主跌行情，以持仓为主。

次空区可中线做空，本阶段最大风险是踏空大段行情。

次空区首空点、次空点、三空点均可积极做空。

三、三空区空头陷阱

三空区指空头陷阱阶段。空头陷阱实际上是主跌行情（C 浪下跌）的末期，是相对特殊的阶段。

空头陷阱特征：中线超跌，短线急跌，5 周、10 周、20 周和 60 周均线空头排列，均线乖离率大。成交量和持仓量变化较大，K 线见大阴线或者连续大阴线，诱空迹象明显，是加速赶底阶段。

三空区空头陷阱交易策略：

(1) 空头陷阱阶段，小资金仍以顺势做空为主，不可逆势做多。

(2) 大资金持仓量大，进出不方便，当价格加速下跌，成交量、持仓量出现明显异动，空单可分批减仓。

(3) 小资金持仓量小，进出快捷，选择 MA5 作操盘线，或者以拐点三线做空、拐点五阳平仓。

(一) 周 K 线图空头陷阱

图 12-10 沪铝主力合约 2008.6.27～2009.1.9 周 K 线图

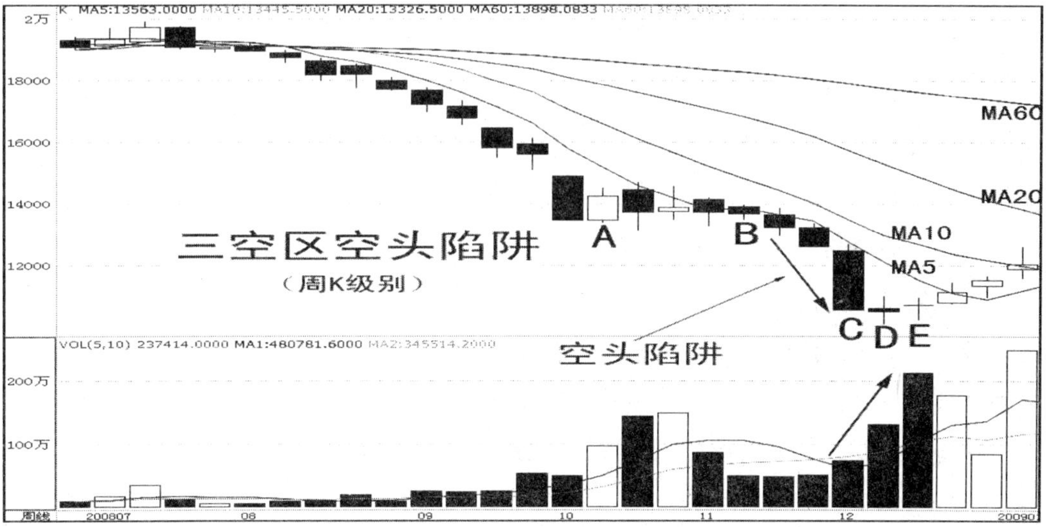

图 12-10

图 12-10 解析：

中线超跌：5 周、10 周、20 周、60 周均线空头排列，且均线发散大。

平台抵抗：A 点反弹，横向整理，成交量明显异动。一般不可反向开多单，大势依然是空方强势，不可逆势而行。

短线急跌：B 点之后，破位加速下跌，短线交易者仍可开空单。成交量放大显著，多空双方分歧大。D 点、E 点成交量放大几倍，大资金中线交易者可分批开多单，滚动操作。

（二）日 K 线图空头陷阱

图 12-11　螺纹主力合约 2012.6.25～2012.9.18 日 K 线图

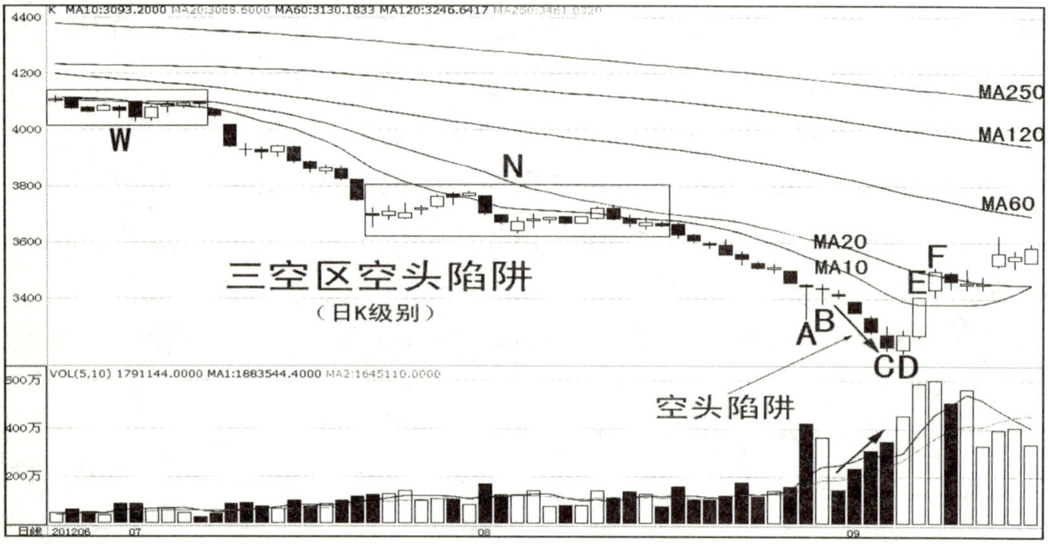

图 12-11

图 12-11 解析：

中线超跌：10 日、20 日、60 日、120 日、250 日均线空头排列，均线发散大。

平台抵抗：W 区、N 区横向整理，且上破 10 日均线。一般不可反向开多单，大势依然是空方强势，不可逆势而动。

短线急跌：A 点低开低走后 V 形反转，暴天量，B 点窄幅震荡放天量，4 连阴加速下跌，加速初期短线交易者仍可开空单。成交量放大显著，且为步步高。C 点低开宽幅震荡，D 点连阴阳，短线交易者空单可先平仓。

D 点、E 点、F 点三根 K 线构成翻多线：D 点穿头破脚，E 点大阳线，F 点突破 20 日均线。D 点符合翻多线条件，后势看多。

三空区风险评估：

三空区做空，短线机会大，中线风险大。短线可能快速下跌，但中线反转可能性较大，做空可选操盘线，定线定心，过线兑线。

三空区做空，最大风险是 V 形反转。

三空区做空，一般只抢首空点、次空点，不抢三空点。

四、首空点三线做空

三空区每个空区都有首空点。首空点三线做空，做空方向的确认，必须根据级别均线定向定律和顺势抢点法则，拐点三线做空，仅是确定做空的具体点位。

首空点一般是一波下跌行情的开始，是确认开仓做空的第一根阴线，首空点由拐点三线构成。拐点三线指最值阴线、破势阴线、归顺阴线。

首空点开仓做空之后，短线一般以首空点开盘价或最高价作为止损位。

首空点三线做空心诀：宁亏数点，不拖半天。

（一）最值阴线做空

图 12-12 伦镍电 3(LMNDE)2008.5.21～2008.9.18 日 K 线图

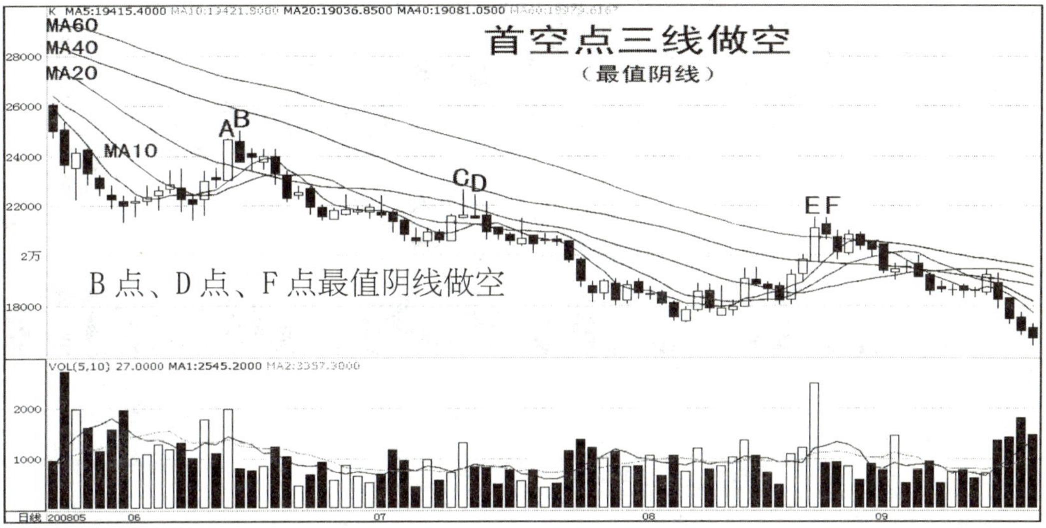

图 12-12

图 12-12 解析：

确定交易方向：20 日、40 日、60 日均线空头排列，根据级别均线定向定律和顺势抢点法则，交易方向为做空。

A 点为最 K 线：K 线实体和成交量均显著放大，但总体上仍处于空头行情，且均线强力下压，有大阳冲顶迹象。

B 点为最值阴线：A 点为最 K 线，B 点冲高回落收阴线，可开仓做空。价格上破 B 点开盘价或者最高价止损。

C 点为最 K 线：平开冲高回落，向上攻击 40 日均线无果，收长上影线，形成短黏长压形态。

D 点为最值阴线：平开冲高回落，长上影阴线，可开仓做空。价格上破 D 点最高价止损。

E 点为最 K 线：K 线实体突然放大几倍，成交量显著放大，向上攻击 60 日均线，但 60 日、40 日均线强力下行，有大阳冲顶迹象。

F 点为最值阴线：高开冲高回落，向上攻击受阻，可开仓做空。价格上破 F 点开盘价或最高价止损。

（二）破势阴线、归顺阴线做空

图 12-13 螺纹主力 2012.12.31～2013.4.23 日 K 线图

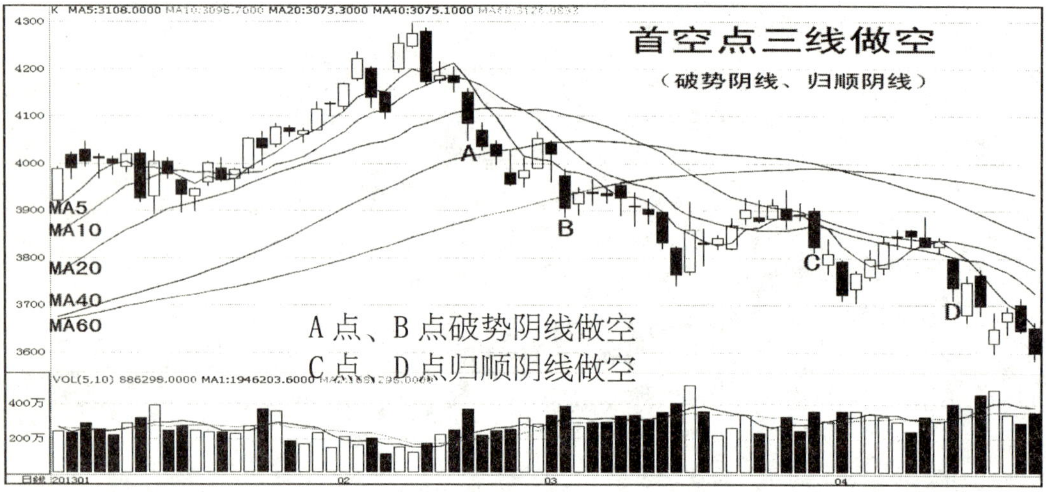

图 12-13

图 12-13 解析：

A 点、B 点、C 点、D 点可开仓做空。

A 点：破势阴线，大阴线下破 20 日均线，之前大势背驰、波段背驰。

B 点：破势阴线，大阴线下破 60 日均线，之前大势背驰、波段背驰。

C 点：归顺阴线，大阴线下破 10 日均线，且一阴破三线。

D 点：归顺阴线，大阴线下破 10 日均线。

首空点三线做空风险评估：

首空区震荡筑顶阶段，破势阴线做空，之前见双头和翻空区，成功概率更大。

次空区主跌行情阶段，最值阴线做空，以短期均线发散为好。归顺阴线做空，以短期均线黏合为好。

三空区空头陷阱阶段，只适合小资金快进快出，大资金均以空单减仓为主，或仅以小仓位滚动操作。

五、次空点平衡不破

首空区、次空区和三空区，每个空区通常都包含次空点。

次空点平衡不破是指 K 线走势保持其原有运行节奏，没有出现暴涨暴跌等异动迹象。次空点是首空点拐点三线之后的一根或几根 K 线，阳线或阴线均可。

由于首空点只一根 K 线，有可能因各种原因而错过，而次空点一般有几根 K 线，抓住的可能性更大，且有首空点作依托，次空点往往更可靠，做空信心更足。

从价量变化考虑平衡不破：

次空点若上涨，不上破首空点的开盘价或者最高价。

次空点若下跌，若非短黏长压，不突然拉大阴线或跳空跌。

次空点无论涨跌，成交量不暴天量或者星量为宜。

(一) 日 K 级别次空点

图 12-14　PTA 主力合约 2013.1.30～2013.4.1 日 K 线图

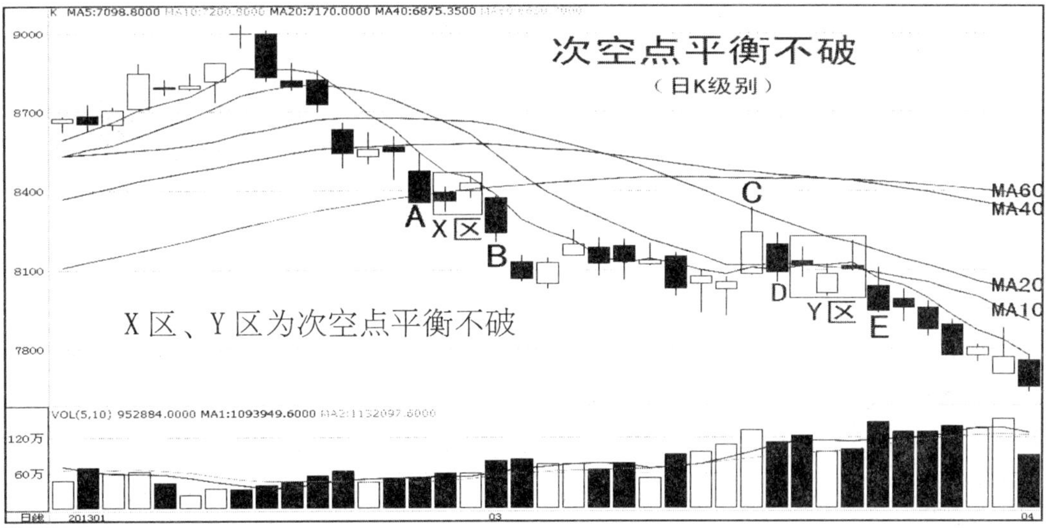

图 12-14

图 12-14 解析：

A 点：破势阴线，下破多空线 60 日均线，为首空点三线做空。

X 区：为次空点平衡不破，由两根 K 线构成，小阴小阳整理，走势平稳，收盘价始终位于 A 点开盘价之下。

B 点：开始加速下跌，平衡打破。

C 点：K 线实体突然放大几倍，受 20 日均线强力下压，有大阳冲顶迹象。

D 点：同时下破 10 日和 5 日均线，既是最值阴线，也是归顺阴线。

Y 区：为次空点平衡不破，由 3 根 K 线构成，小阴小阳整理，没有出现暴涨暴跌，维持相对平衡状态。

E 点：开始加速下跌，平衡打破。

X 区、Y 区均构成波段下跌的次空点。

（二）周 K 级别次空点

图 12-15　美黄金连 2012.8.24～2013.4.26 周 K 线图

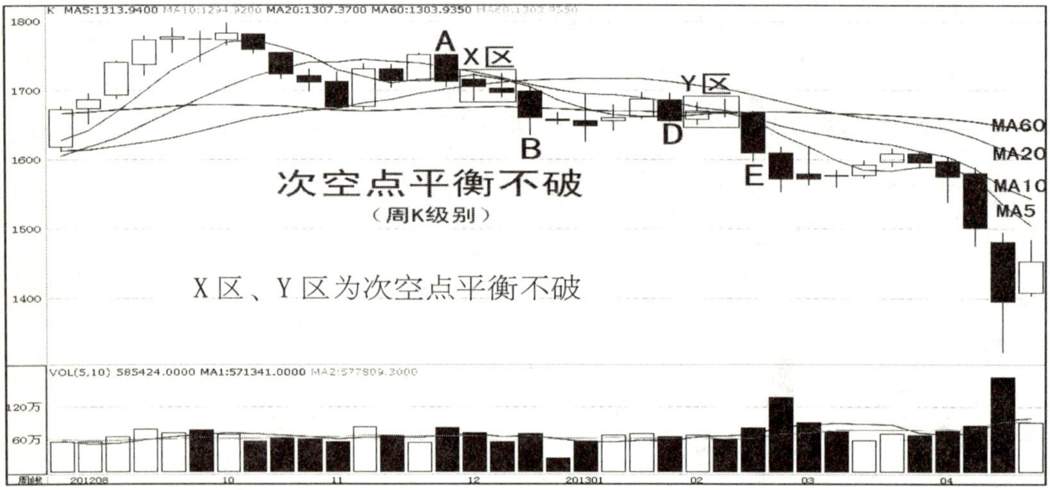

图 12-15

图 12-15 解析：

A 点：破势阴线，为首空点三线做空。

X 区：为次空点平衡不破，由两根小阴线构成，没有出现暴涨暴跌。

B 点：开始加速下跌，平衡打破。

D 点：归顺阴线，且同时下破 5 周、10 周、60 周均线。

Y 区：为次空点平衡不破，由小阳小阴两根 K 线构成，维持相对平衡状态。

E 点：开始加速下跌，平衡打破。

X 区、Y 区均构成波段下跌的次空点。

次空点平衡不破风险评估：

首空区震荡筑顶阶段，次空点短线有风险，中线机会大。

次空区主跌行情阶段，次空点短线机会大，中线机会大。

三空区空头陷阱阶段，只适合小资金快进快出，大资金均以空单减仓为主，或仅以小仓位滚动操作。

六、三空点加速下跌

三空点主要发生于次空区主跌行情。通过首空点和次空点，进行拐点确认和做空能量的初步释放，开始中大阴线下跌，进入快速下跌或加速下跌阶段。

三空点是一根或几根 K 线。一般日 K 级别三空点可以有几根 K 线，周 K 级别三空点以抢第一根加速下跌阴线为宜。

三空点捕捉暴跌，一旦成功短期内收益十分可观。

捕捉三空点心诀：短黏长压，必抢下砸。

三空点心诀简析：经过较长时间的盘整，短期均线黏合，中长期均线明显下行，一旦中大阴线下跌或跳空下跌，必须第一时间抢进。

(一) 日 K 级别三空点

图 12-16 伦镍电 3(LMNDE)2008.4.11～2008.5.29 日 K 线图

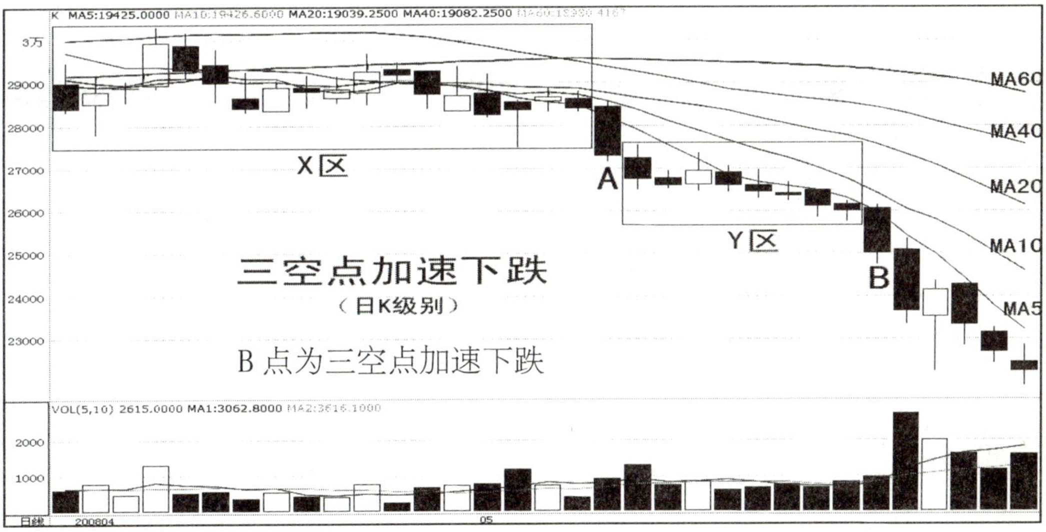

图 12-16

图 12-16 解析：

级别均线定向定律，可以根据日 K 级别和中期均线确定交易方向。

20 日、40 日、60 日均线空头排列，中线走空，交易方向为做空，临盘执行顺势抢点法则即可。

X 区：盘整区，中继整理平台，至均线短黏长压，见星 K 线。

A 点：破势阴线。短黏长压，必抢下砸。

Y 区：为次空点平衡不破，小阳小阴下跌，没有出现暴涨暴跌。

B 点：为三空点加速下跌。一般来说，出现加速下跌，以 5 日均线作操盘线，定线定心。

（二）周 K 级别三空点

图 12-17 PTA 主力合约 2011.10.21～2012.6.8 日 K 线图

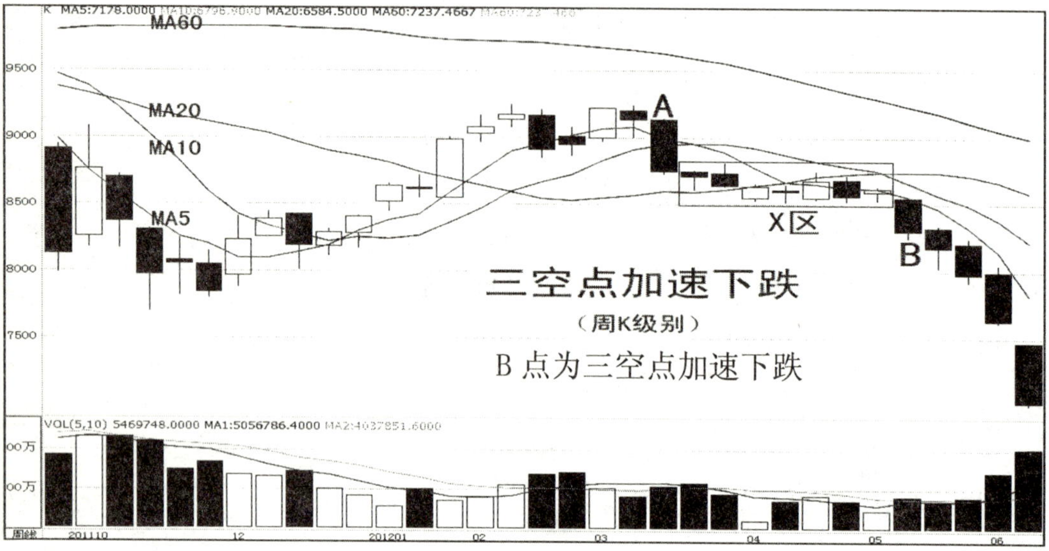

图 12-17

图 12-17 解析：

A 点：破势阴线，为首空点三线做空。同时下破 5 周、10 周均线，且使 5 周均线下行，10 周均线由上翘开始走平，60 周均线下行。

X 区：为次多点平衡不破，小阳小阴，没有出现暴涨暴跌。

B 点：为三空点加速下跌，做空能量快速释放，符合短黏长压，必抢下砸。临盘第一时间抢点做空。

三空点加速下跌风险评估：

首空区震荡筑顶阶段：最主要是抢首空点、次空点，若抢三空点加速下跌，必须之前见小双头或者翻空线。

次空区主跌行情阶段：下跌时间长，下跌幅度大，抢三空点加速下跌，特别是开始阶段和持续阶段，成功概率较大。

三空区多头陷阱阶段：主要是抢首空点三线做空、次空点平衡不破。适合小资金快进快出，大资金以空单减仓为主，或仅以小仓位滚动操作。三空区空头陷阱阶段加速下跌，随即出现强势反弹的可能性较大，若在加速下跌之后再做空，一旦 V 形反转，短期内可能损失较大。

第三节　五暂不空

五暂不空包括黏合不破暂不空、暴跌异动暂不空、空级暴涨暂不空、背驰探底暂不空、空级翻多暂不空。

一、黏合不破暂不空

(一)简明释义

40 日、60 日均线走多，下破 20 日均线之后，震荡整理至均线黏合，或者 40 日、60 日均线走空，超跌反弹之后，震荡整理至均线黏合，不见发散线，暂时不可开仓做空。黏合：至少 5 日、10 日、20 日均线基本黏合，黏合均线越多蓄势越足。

(二)发生阶段

(1) 震荡筑顶阶段：防范 A 浪下跌之前的多头陷阱。

(2) 下跌中继阶段：防范震荡整理之后继续上攻。

(3) 震荡筑底阶阶：防范大幅反弹或翻多。

(三)暂不空原因

若过早做空，一旦均线黏合向上发散，短时间内快速上涨，会造成较大损失。

1. *震荡筑顶黏合不破*

图 12-18　菜粕主力合约 2014.4.21 ~2014.2.9 日 K 线图

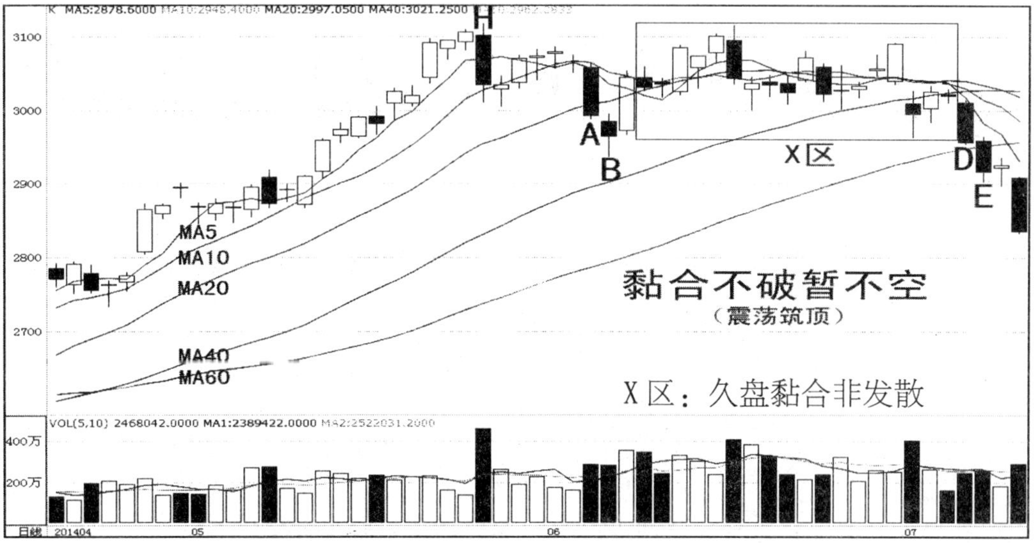

图 12-18

图 12-18 解析：

A 点～B 点：A 点大阴线下破 20 日均线，短线通道走弱。B 点低开震荡下跌之后，短线超跌反弹。由于之前 10 日、20 日、40 日、60 日均线发散大，见趋势背驰和波段背驰，必须防范见顶风险。

X 区：震荡整理至 5 日、10 日、20 日均线黏合，既没有上破前期高点 H，也没有下破前期低点 B 点，之后突破方向难以确定，执行四区决策之盲区不入、见信而入法则，可暂时空仓观望。

D 点：发散线，同时下破颈线位和 40 日均线，是不可错过的做空机会。

E 点：破势阴线，下破 60 日均线，带动均线向下发散。

2. 中继形态黏合不破

图 12-19 螺纹主力 2012.5.8～2012.7.24 日 K 线图

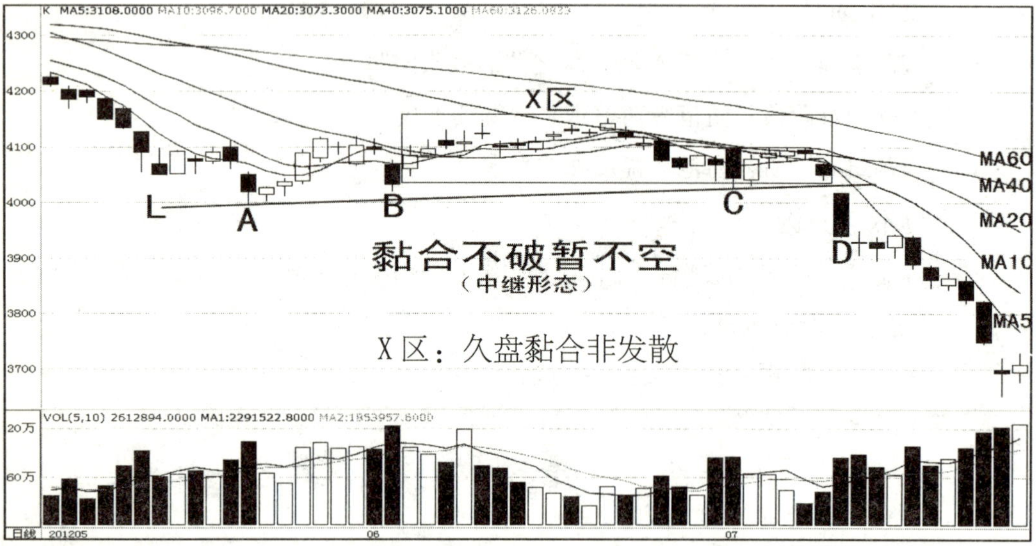

图 12-19

图 12-19 解析：

A 点～B 点：20 日、40 日、60 日均线空头排列，中线走空。A 点之后 6 连阳反弹，之后下跌至 B 点再上攻，开始区间震荡。

X 区：5 日、10 日、20 日均线黏合，蓄势充分。虽然 B 点、C 点两次下探前期低点 A 点，但由于均线黏合之后没有上攻释放做多能量，突破方向难以确定，暂时不可开仓做空。

D 点：发散线，带动均线向下发散，之后快速、加速下跌可能性大，是不可错过的做空机会。

二、暴跌异动暂不空

（一）简明释义

短期跌幅过大，K线出现明显异动，之后反弹或者盘整的可能性较大，暂时不可开仓做空，应密切关注随后走势再做决定。

暴跌一般指短期内如3～8天左右快速、加速下跌，连续中大阴线或者跌停板。异动一般指K线见如最K线、连阴阳等，一般当日分时波形表现更明显。

（二）发生阶段

（1）震荡筑顶阶段：短线有风险，中线机会大。

（2）主跌行情阶段：短线有风险，中线机会大。

（3）空头陷阱阶段：短线风险大，中线风险大。

（三）暂不空原因

短期暴跌，做空能量释放过快，之后走势有三种可能：

（1）短期暴跌之后出现暴涨，上破重要压力位。

（2）短期暴跌之后连续几天上下搓，然后开始下跌。

（3）短期暴跌之后继续下跌。

图12-20　IF当月连续2013.1.24～2013.3.29日K线图

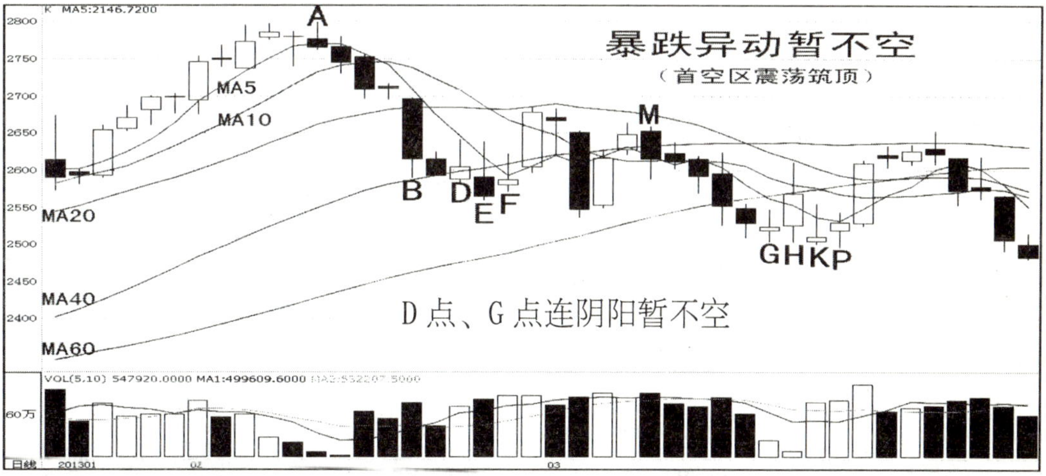

图12-20

图12-20解析：

A点破位，至B点大阴线下破20日均线，D点连阴阳，E点、F点上下搓，短期超跌反弹可能性大，暂时不可做空。M点一阴破三线后快速下跌，G点连阴阳，H点、K点、P点上下搓，阶段见底反弹可能性大，暂时不可做空。

图 12-21　螺纹主力合约 2014.1.13～2014.3.13 日 K 线图

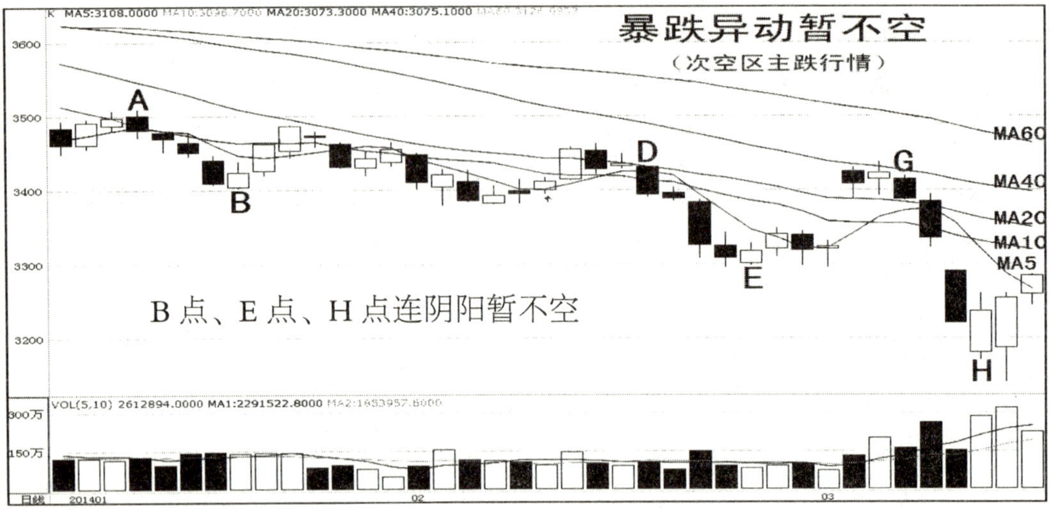

图 12-21

图 12-21 解析：

A 点 4 连阴下跌，B 点连阴阳，空单可先平仓。D 点 4 连阴下跌，E 点连阴阳，空单可先平仓。G 点 3 连阴下跌，且跳空大阴线，H 点连阴阳，空单可先平仓。

图 12-22　沪铝主力 2014.2.7～2014.3.28 日 K 线图

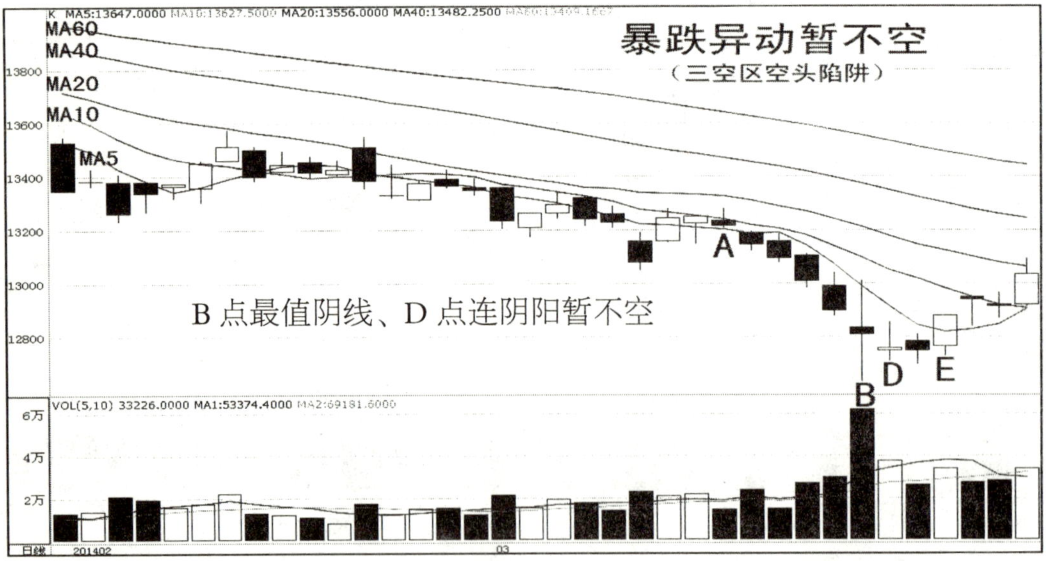

图 12-22

图 12-22 解析：

10 日、20 日、40 日、60 日均线空头排列，且发散大，A 点开始 6 连阴下跌，B 点为最 K 线，D 点为连阴阳，E 点空倍阳，空单可先平仓。

三、空级暴涨暂不空

（一）简明释义

指本级别为空级，若出现特定形态的快速、加速上涨，不见拐点三线，暂时不可开仓做空。

暴涨：中大阳线、跳空阳线，连续上涨两天或两天以上，快速上破至少 20 日均线，起涨点为阶段最低点或者接近前期最低点。

（二）发生阶段

（1）下跌中继：下破 60 日均线之后，中线超跌、短线急跌之后的强力反弹。

（2）震荡筑底：上破 20 日、60 日均线之前，相当于 1 浪上攻。

（3）3 浪初期：2 浪若深幅回调（从 60 日均线之上下跌），级别重新由多级转为空级，2 浪结束之后 3 浪上攻。

（三）暂不空原因

空头行情里暴涨，无论是反弹还是反转，都必须等本波上攻做多能量充分释放后再做决定，一般暂时不可做空。若震荡整理之后重新走空或下破前期低点，可开仓做空；若震荡整理之后有效突破前期高点，行情反转，则转而开仓做多。

1. 下跌中继形态

图 12-23 橡胶主力合约 2014.2.13～2014.4.21 日 K 线图

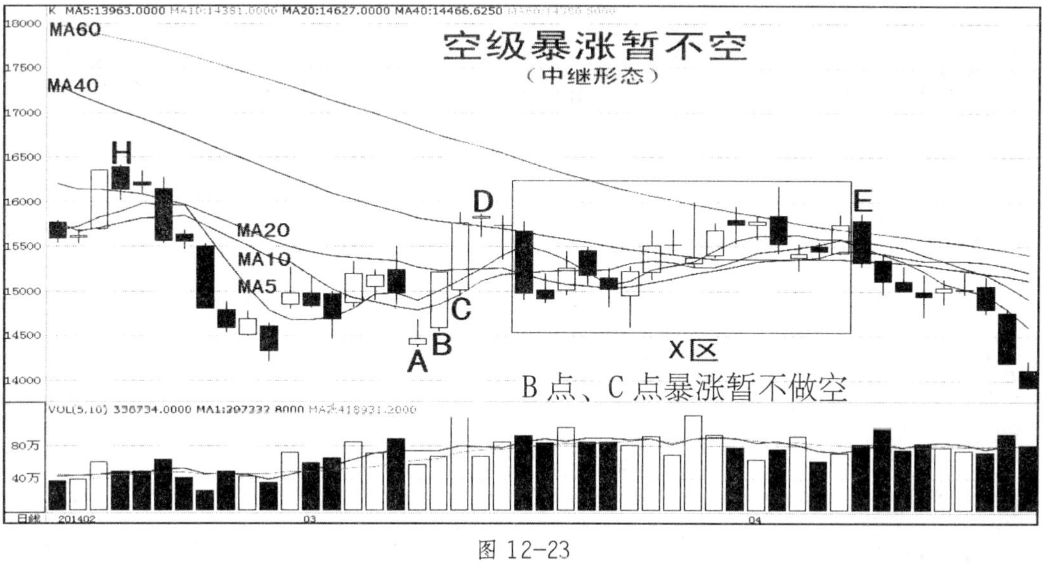

图 12-23

图 12-23 解析：

本级别为空级：40 日、60 日均线多头排列，收盘价始终位于 60 日均线之下。

暴涨：A 点至前期低点附近企稳，开始 5 连阳上攻。B 点、C 点大阳线上攻，K 线实体放大几倍，且快速突破 20 日和 40 日均线。暴涨当下不可逆势开仓做空。B 点、C 点必须避其锋芒，切不可做空。

D 点：星 K 线，之后走势难以确定，不可再习惯性的逢高做空。

X 区：长时间窄幅震荡，节奏难以把握，至均线黏合，突破方向难以确定，暂不可做空。

E 点：大阴线下跌，且一阴破五线，是不可错过的做空机会。

2. 震荡筑底暴涨

图 12-24　螺纹主力合约 2009.8.27～2009.11.9 日 K 线图

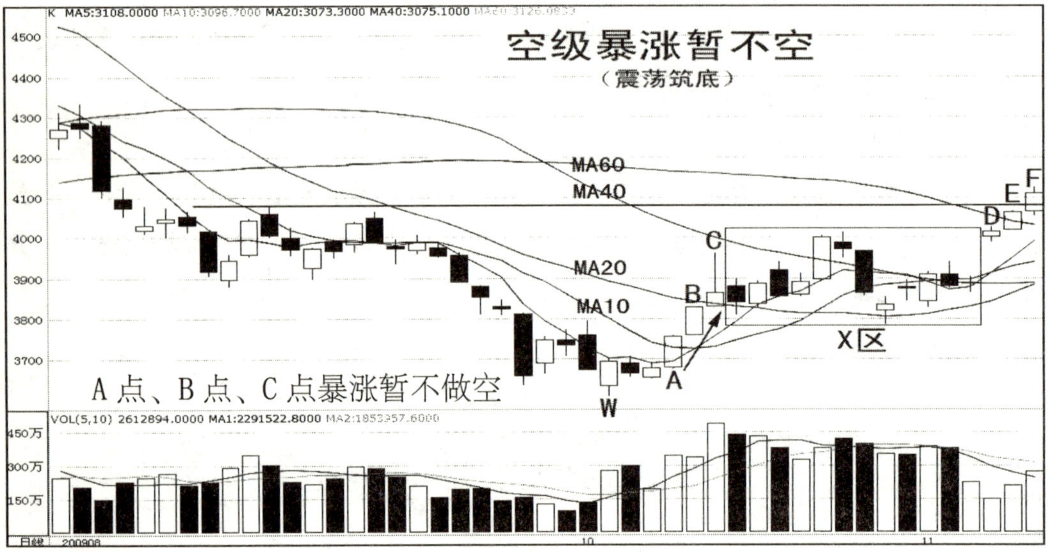

图 12-24

图 12-24 解析：

W 点：10 日、20 日、40 日、60 日均线空头排列，本级别为空级。

暴涨：4 连阳上攻，A 点、B 点连续大阳线上攻，C 点冲高回落，快速突破 20 日均线。暴涨当下不可逆势做空。

中线超跌、短线急跌之后，连续三大阳上攻，是多方走强的明显信号。

X 区：长时间窄幅震荡，无论做空做多，节奏都难以把握，至均线黏合，待突破方向确认后再做决定，不可习惯性地逢高做空。

D 点跳空高开，E 点平开高走，突破 60 日均线，F 点突破前期高点，构成头肩底形态。

见底是一个逐渐确认的过程，交易方向的多空转换也必须随形就势。

四、背驰探底暂不空

（一）简明释义

10 日、20 日短期均线多头排列，构成短线通道，40 日、60 日中期均线空头排列，构成多空通道，短线通道与多空通道背驰，大阴线、跳空跌探底，或随后上拐，暂时不可开仓做空。

背驰：指短线通道与多空通道伸展方向相反，即一个多头排列，一个空头排列。若 10 日、20 日均线上翘越明显，40 日、60 日均线下行越明显，则背驰越强。

探底，大阴线或跳空跌，冲击前期相邻低点。

（二）发生阶段

（1）主跌行情中继阶段：构成阶段底部，之后会继续下跌。

（2）震荡筑底阶段：构成大底，之后多空转换，由熊走牛。

（三）暂不空原因

整体跌幅较大，反弹幅度大，构成通道背驰，之后可能出现的走势有：

（1）大阴线、跳空跌之后，若能回探至前期低点附近，形成小双底的可能性大，或者陷入较长时间的盘整，然后再继续上攻。

（2）大阴线、跳空跌之后，经过几天上下搓，随即快速下跌。

（3）大阴线、跳空跌之后，随即突破多空线，见大底的可能性大。

1. 中继形态背驰探底

图 12-25 沪铜主力合约 2013.5.22～2013.8.12 日 K 线图

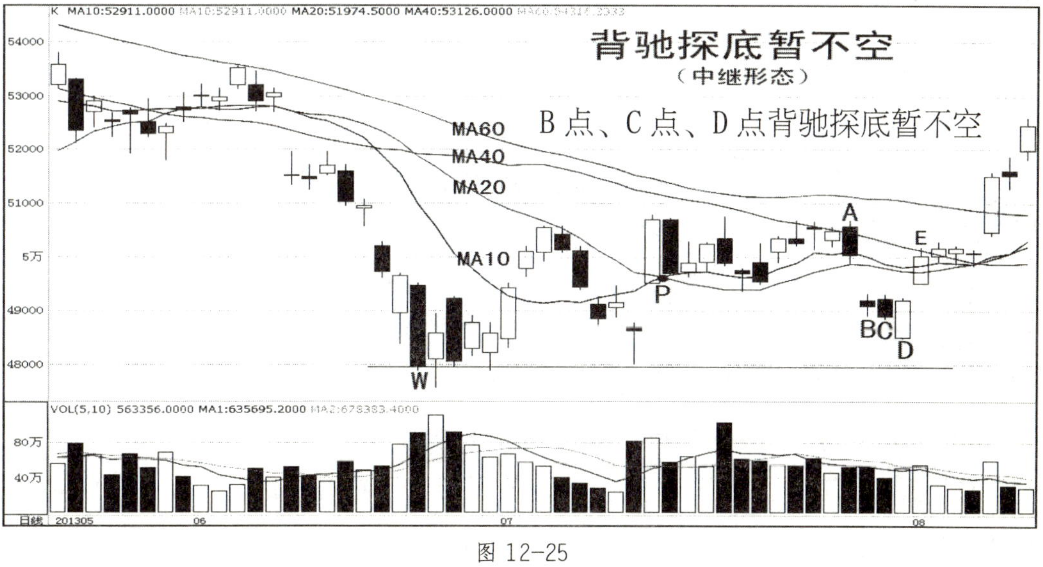

图 12-25

P 点：之前五连阳上破 10 日均线，使 10 日均线上翘。至 P 点 10 日均线上穿 20 日均线，构成短线通道。

10 日、20 日均线多头排列，40 日、60 日均线空头排列，短线通道与多空通道背驰，陷入震荡整理的可能性大。

A 点：归顺阴线，随即三连阴下跌。

B 点 ~ C 点：B 点跳空低开上下搓，C 点高开冲高跳水。

D 点：低开高走，下探前期低点 W 无果，为连阴阳，暂不可开空单。

2. 震荡筑底背驰探底

图 12-26 美玉米连(CRCC)2009.6.25～2009.10.21 日 K 线图

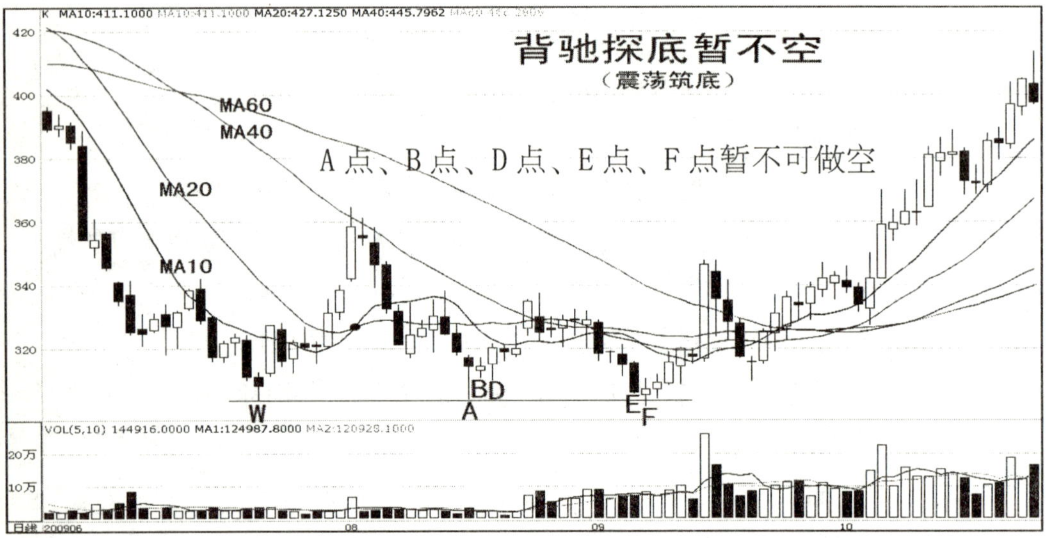

图 12-26

图 12-26 解析：

W 点：震荡上攻，之后 3 连阳，使 10 日均线上穿 20 日均线。

10 日、20 日均线多头排列，40 日、60 日均线空头排列，短线通道与多空通道形成强烈背驰，见底或之后大幅反弹的可能性大。

A 点：低开低走下探前期低点 W，之后强力反弹，收长下影线。A 点低开低走时，切不可做空。

B 点 ~ D 点：B 点连阴阳，D 点空倍阳。

E 点 ~ F 点：E 点下探前期低点，切不可开空单。F 点连阴阳，不可开空单。

暴跌探底暂不空，之后若有效下破前期低点 W，可开仓做空。若上破多空线，可开仓做多。

五、空级翻多暂不空

（一）简明释义

本级别为空级，整体跌幅大，短期内快速、加速下跌，见翻多线，根据翻多线确定翻多区，则翻多区内暂时不可开仓做空。

空级：指本级别为空级，即60日均线明显下行，且价格位于60日均线之下。

翻多：指翻多线所确认的翻多区。

（二）发生阶段

空级翻多发生在震荡筑底阶段。

（三）暂不空原因

（1）整体跌幅大，阶段跌幅大，形成中线超跌、短线急跌。

（2）翻多线确认多方反击区域，于翻多区再次上攻的可能性大。

（3）翻多区内即便下跌，其幅度有限，而一旦上攻，速度快，幅度大，因此翻多区内做空不符合三七交易法则。

1. 空级翻多实例图解

图 12-27 美棉花连(CTNC)2009.12.1～2010.2.19 日 K 线图

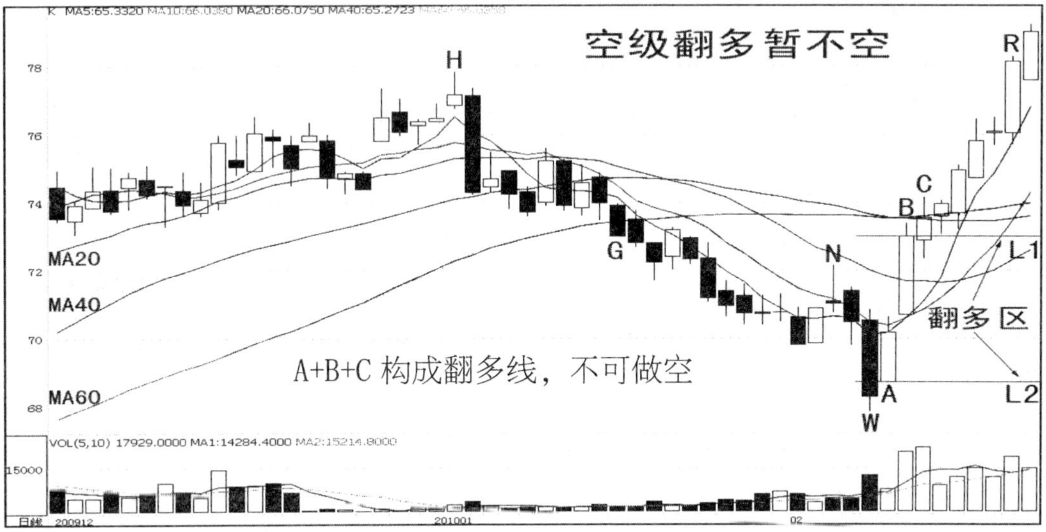

图 12-27

图 12-27 解析：

A、B、C 三根 K 线构成翻多线，同时上破 40 日均线，构成翻多形。

（1）由 H 点～W 点中线超跌，由 N 点～W 点短线急跌，5 日、10 日、20 日均线空头排列，W 点为大阴线。首根阳线 A 高开高走，为中阳线。

（2）B 点跳空高开同时上破 10 日和 20 日均线，实体放大几倍。

（3）C 点平开高走收阳线，且站稳 60 日均线，构成翻多线。

见翻多线之后，交易策略：

（1）若 K 线沿 5 日均线上攻，可开仓做多，破 5 日均线多单平仓。

（2）若回调，见归顺阴线可开仓做空。

（3）若回调至翻多区内不可做空。

2. 翻多与反弹对比

图 12-28 橡胶主力合约 2011.4.28～2011.9.23 日 K 线图

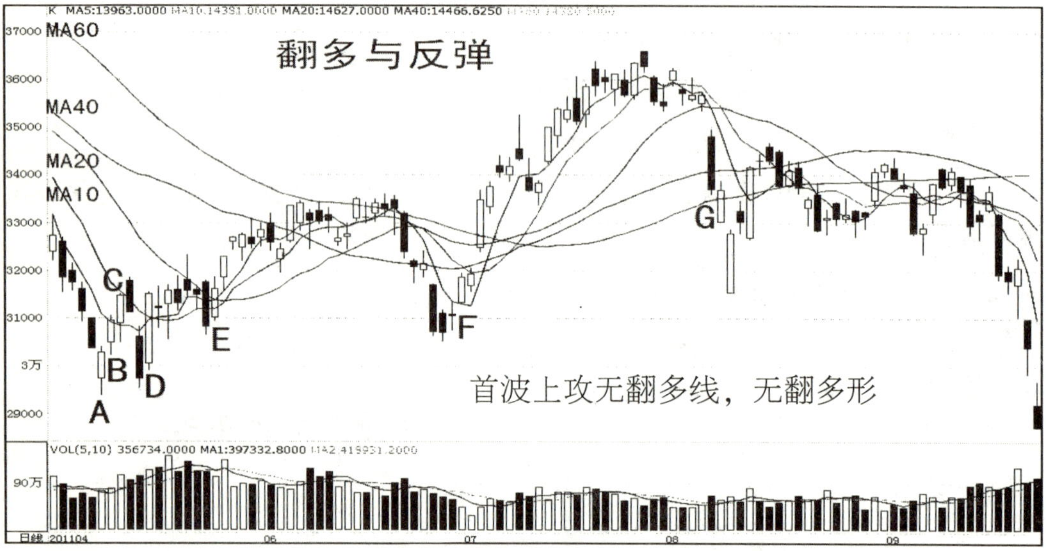

图 12-28

图 2-28 解析：

A 点为空级，5 日、10 日、20 日、40 日、60 日均线空头排列，之前出现加速下跌，A 点开始 3 连阳上攻，并非翻多线，只是超跌反弹。

（1）A 点为首根 K 线，没能突破前期 K 线开盘价。

（2）B 点上攻力度较弱，也没能突破前根阴线开盘价。

（3）C 点没有上破 10 日均线，此后下跌，更没有一鼓作气上破 20 日均线。A 点、B 点、C 点组合 K 线，反弹力量有限。

（4）D 点大阳线，但没有出现连续上攻。E 点仅为连阴阳上攻。F 点连阴阳，次根 K 线为星 K 线，没有连续上攻。

G 点跳空大阴线下跌，同时下破 20 日和 40 日均线，宣告本轮反弹结束，重新开始震荡下跌。

第十三章　战略为本　战术为缠

确定战略区间和战术组合的方法；理解和掌握必由之路、必设之伏；必破之形、必缠之术；定基准点，守必由点，抢或由点。

第一节 战略一统 战术三维

交易战略是在洞察价格发展趋势、分析自身资源的基础上制定的具有统领性、全局性的交易谋略。战术是指为达到战略目标所采取的具体行动。走势总有三种可能，交易总有三种对策，是制定战术的基准。

一、战略区间，战略目标

下面我们通过一幅实例图讲解交易战略区间与战略目标。

图 13-1 橡胶主力合约 2012.12.28～2013.8.16 周 K 线图

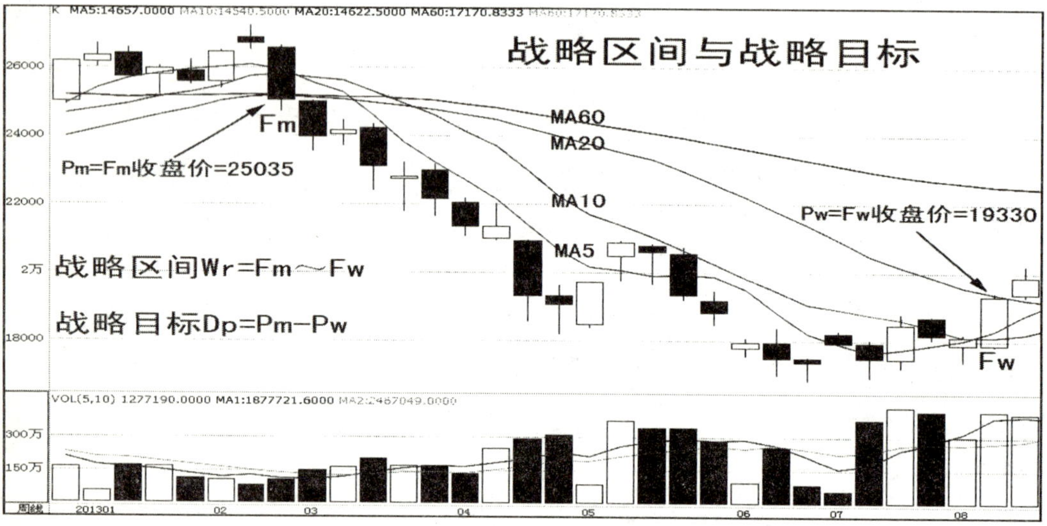

图 13-1 （对应日 K 线图见图 13-2）

图 13-1 解析：

Fm：发散线开。一阴破四线，且下破 60 周均线，随即 5 周均线下穿 10 周均线。周 K 线大阴线破位下跌，是打开下行通道的典型形态，是进行战略做空的有利时机。

持仓守线：价格基本沿 5 周均线下行，突破 5 周均线次数很少，没有突破 10 周均线。

Fw：收敛线平。一阳破双线，且 5 周均线上穿 10 周均线，做空通道关闭。

由 M 点～W 点之间，为战略做空区间，不可反向做多。

M 点收盘价为 25035，W 点收盘价为 19330，其间价差为 5705，为战略目标，即 M 点开仓做空，其间简单持有即可，至 W 点平仓，其理论价差收益为 5705。假设之前开仓做空 10 手，其理论盈利为 5705 × 10 × 10=570500。

（一）战略区间

战略区间是指战略交易从开始到结束的整个范围，包括做多战略区间和做空战略区间。战略区间是根据顺势而为法则制定的，一般经历的时间较长，涨跌的幅度较大。战略区间内一般只进行单向交易。

制定战略区间主要通过周 K 级别和月 K 级别，很少通过日 K 级别和分时级别。

周 K 级别和月 K 级别运行稳定性更好，能更准确地把握趋势的强弱和拐点的转换。日 K 级别周期太短，灵敏性过高，信号过于频繁，稳定性较差，所以一般只作为制定交易战略的参考。

1. 做多战略区间

做多战略区间的开始点为 Fw，结束点为 Fm，则战略区间 Wr=Fw～Fm

以周 K 线为例，做多战略区间开始点 Fw 确定方式一般有：

（1）周 K 线图见大底。整体跌幅大、短线急跌之后，大阳线上破 10 周均线，且 5 周均线上穿 10 周均线。

（2）盘整时间长，5 周、10 周、20 周均线基本黏合，大阳线上破 60 周均线，带动均线向上发散。

（3）整体涨幅较大，20 周、60 周均线托底或多头排列，深幅回调之后大阳线上破 5 周、10 周均线。

以周 K 线为例，做多战略区间结束点 Fm 确定方式一般有：

（1）逐浪、阶梯上涨形，价格有效下破 10 周均线。

（2）快速、加速上涨形，价格有效下破 5 周均线。

（3）由趋势转入盘整，转区换线，价格有效下破区间下边线。

2. 做空战略区间

做空战略区间的开始点为 Fm，结束点为 Fw,则战略区间 Wr=Fm～Fw

以周 K 线为例，做空战略区间开始点 Fm 确定方式一般有：

（1）周 K 线图见大顶。整体涨幅大、短线急涨之后，大阴线下破 10 周均线，且 5 周均线下穿 10 周均线。

（2）盘整时间长，5 周、10 周、20 周均线基本黏合，大阴线下破 60 周均线，带动均线向下发散。

（3）前期跌幅较大，60 周均线下压，阶段盘整时间长，5 周、10 周、20 周均线基本黏合，大阴线跳空下跌，带动均线向下发散。

以周 K 线为例，做空战略区间结束点 Fw 确定方式一般有：

（1）价格上破 10 周均线。

（2）由趋势转入盘整，价格上破盘整区上边线。

（二）战略目标

战略目标是指战略区间内所要捕捉的理论价差收益。理论价差收益为基准收益，等于战略区间结束点与开始点价格差值的绝对值，用 Dp 表示。

做多战略目标：

做多战略区间开始点收盘价为 Pw，结束点为 Pm，则战略目标 Dp=Pm－Pw。

做空战略目标：

做空战略区间开始点收盘价为 Pm，结束点为 Pw，则战略目标 Dp=Pm－Pw。

两者可合并为同一公式即：战略目标 Dp=Pm－Pw。

二、战术组合，战术效益

下面我们通过一幅实例图讲解战术组合与战术效益。

图 13-2　橡胶主力合约 2013.1.29～2013.8.16 日 K 线图

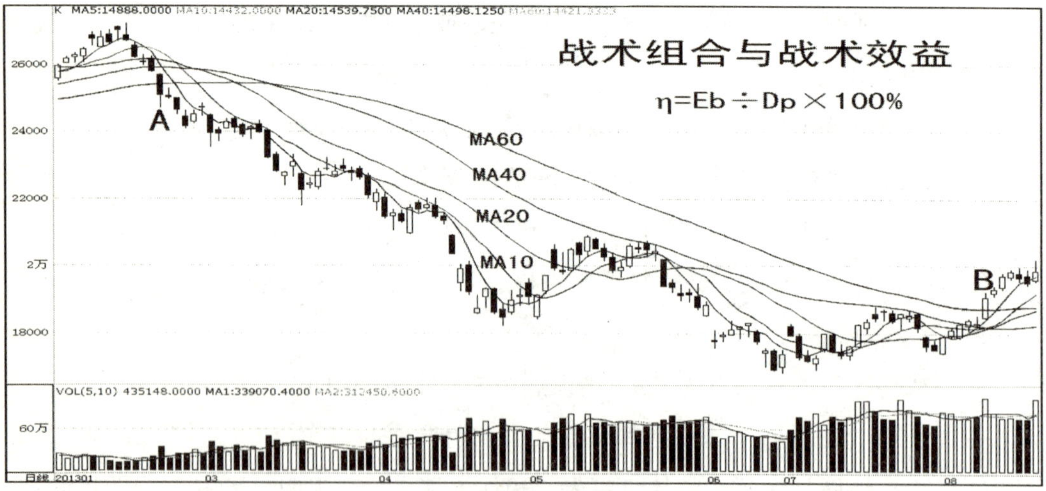

图 13-2　（对应周 K 线图见图 13-1）

图 13-2 解析：

图 13-2 与图 13-1 对应关系，A 点次根 K 线收盘价对应 Fm 收盘价，B 点次根 K 线收盘价对应 Fw 收盘价。

A 点：大阴线下破 60 日均线，打开战略做空区间（与周 K 线图一致），应开仓做空，即发散线开。

B点：大阳线上破60日均线，关闭战略做空区间（与周K线图一致），若之前空单没有平仓，必须将空单平仓。

由A点～B点之间的交易战术，可以采用以下几种方式：

(1) 从A点开仓做空，一直持有空单，直到B点突破60日均线再平仓（期间合约到期进行移仓）。该方法最简单，但只有重大势，不计较小波动，方能守住。

(2) 按做空操盘线进行交易：可以5日、10日、20日均线作操盘线。操盘线周期越短，操作次数越多。

(3) 按顺势抢点法则做空：中线走空，三线做空，五阳平仓。本方法最复杂。

(一) 战术组合

战术组合是指战略区间内为实现战略目标多种交易方法配合使用。一般包括按操盘线交易、按五阳三线交易、按转区换线交易等。

(1) 按操盘线交易：操盘线周期太小，交易过于频繁；操盘线周期太大，市值回撤过大。所以，操盘线一般选择10日、20日均线。对于频繁跳空的品种，一般选择周期较大的均线，如20日均线作操盘线更好。

(2) 按五阳三线交易：中线走多，五阳做多，三线平仓；中线走空，三线做空，五阳平仓。该方法只适合走势连续性较好、节奏较强的品种。

(3) 按转区换线交易：战略区间内的盘整与趋势转换，按不同区间操作。

(二)战术效益

战术效益是指通过战术组合所获得的实际价差收益Eb与理论价差收益Dp的百分比，是评估战术组合优劣的参考指标。

战术效益 $\eta = Eb \div Dp \times 100\%$。

η 大小讨论：

(1) 若 $\eta \approx 100\% \pm 10\%$，实际收益接近战略目标，与开仓持有策略效果相同。开仓持有策略即开仓之后一路持有，直到最后平仓（忽略移仓）。

(2) 若 $\eta < 80\%$，实际价差收益与战略目标相差较大，战术组合有待改进。

(3) 若 $\eta > 120\%$，实际价差收益远大于战略目标，战术组合好，但承受了很大的踏空风险和心理煎熬。

一般来说，战术效益≥80%即算成功。

只有战略区间正确，战略目标明确，才能制定适合的战术组合。η 既是评价战术组合的工具，也是促进交易者自我提高的有效手段。

第二节　必由之路　必设之伏

如果我们守在多方或者空方开始走强的道路上，等点抢点，顺势顺线，不仅交易更轻松，收益也会更丰厚，且不必总为摸顶抄底而烦躁不安。

一、多空转换，必由之路

多空转换：指行情由多头行情转为空头行情，或者空头行情转为多头行情。

必由之路：指价格运行由一种状态转为另一种状态必然经过的关键位置。

多空转换，必由之路，至少隐含两层意思：

其一，该位置是多空转换必然经过的地方，不经过就没有趋势的改变。

其二，价格很少经过该地方，一旦价格经过该地方，多空转换的概率很高。

下面我们通过一幅实例图简述多空转换。

图 13-3　橡胶主力合约 2008.6.30～2011.11.30 月 K 线图

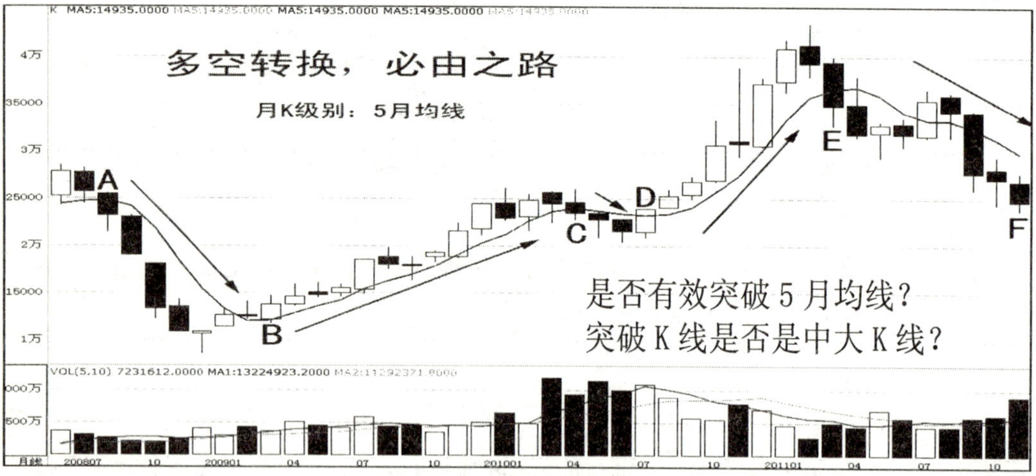

图 13-3

图 13-3 解析：

A 点：中阴线下破 5 月均线，同时使 5 月均线下行，多头行情转空头行情。

B 点：中阳线上破 5 月均线，同时使 5 月均线上翘，空头行情转多头行情。

C 点：下破 5 月均线，5 月均线下行，但下破阴线实体较小，要进一步确认。

D 点：中阳线上破 5 月均线，构成月 K 线连阴阳，空头行情转多头行情。

E 点：大阴线下破 5 月均线，为最值阴线，多头行情转空头行情。

熟悉多空转换的必由之路，做等点抢点的猎手。

（一）转多转牛

转多：由空头行情转为多头行情。转牛：由空头行情转多头行情，再转牛市。

图 13-4　棉花主力合约 2008.8.29～2009.4.24 周 K 线图

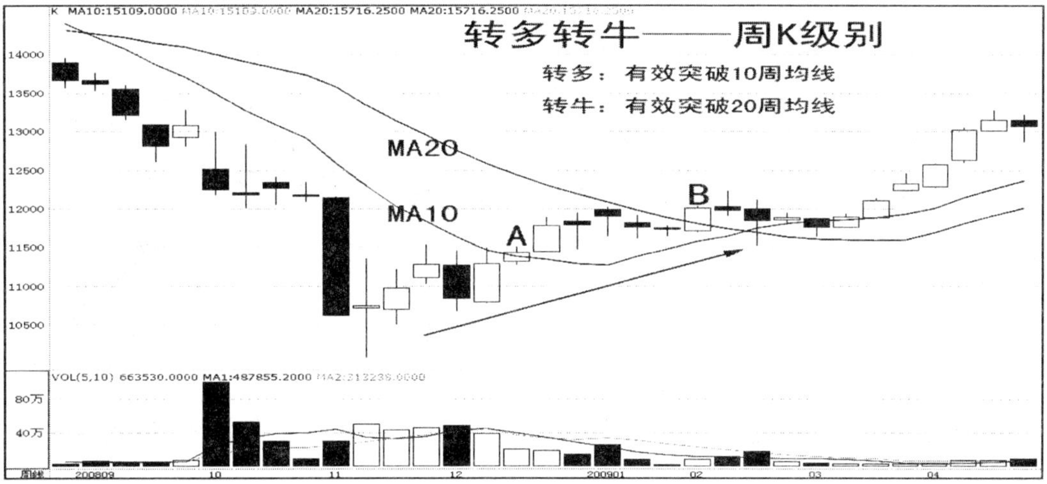

图 13-4

图 13-4 解析：

有效突破 10 周均线，由空头行情转多头行情。有效突破 20 周均线，转牛市。多头行情、牛市，为做多战略区间，交易方向以做多为主。

图 13-5 沪铜主力合约 2008.11.25～2009.4.30 日 K 线图

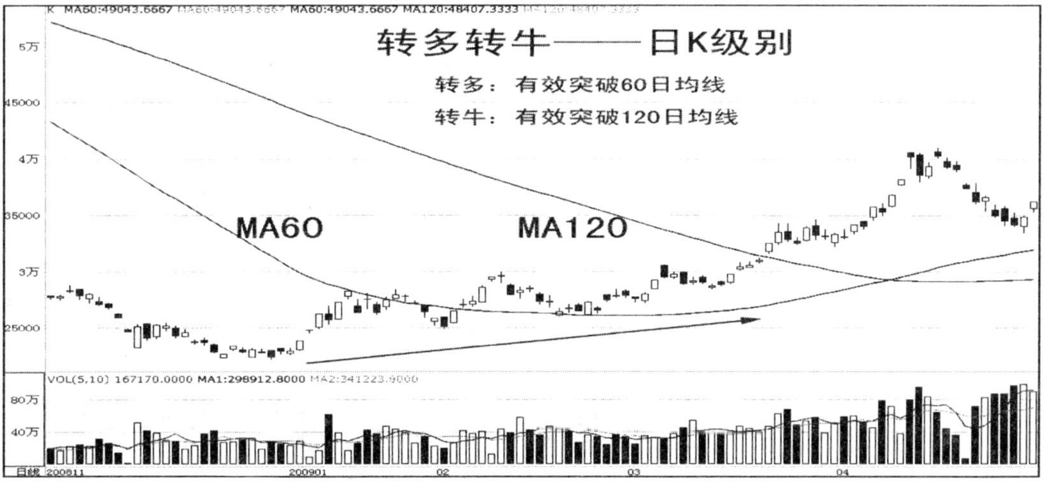

图 13-5

图 13-5 解析：

有效突破 60 日均线，由空头行情转多头行情。有效突破 120 日均线，转牛市。多头行情、牛市，为做多战略区间，交易方向以做多为主。

（二）转空转熊

转空：由多头行情转为空头行情。转熊：由多头行情转空头行情，再转熊市。

图 13-6　橡胶主力合约 2010.12.17～2010.11.11 周 K 线图

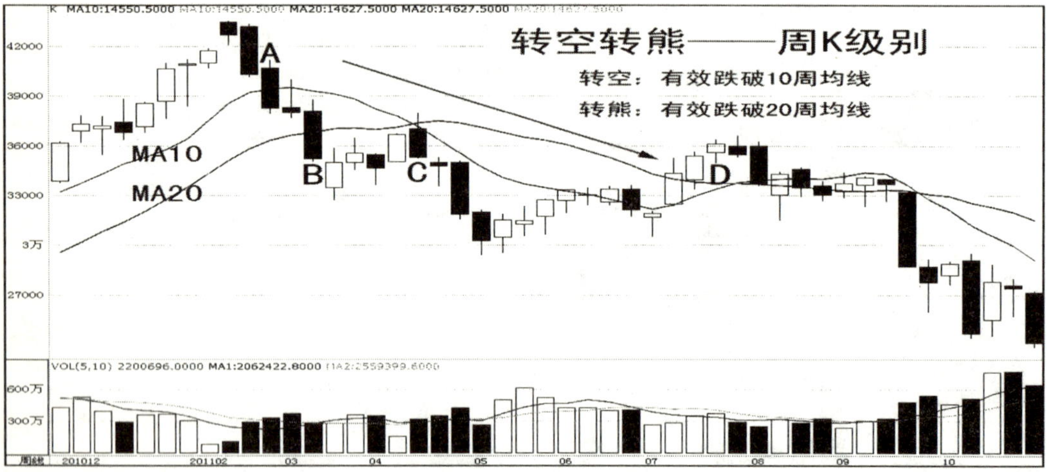

图 13-6

图 13-6 解析：

有效下破 10 周均线，由多头行情转空头行情。有效下破 20 周均线，转熊市。空头行情、熊市，为做空战略区间，交易方向以做空为主。

图 13-7　棉花主力合约 2011.1.14～2011.5.5 日 K 线图

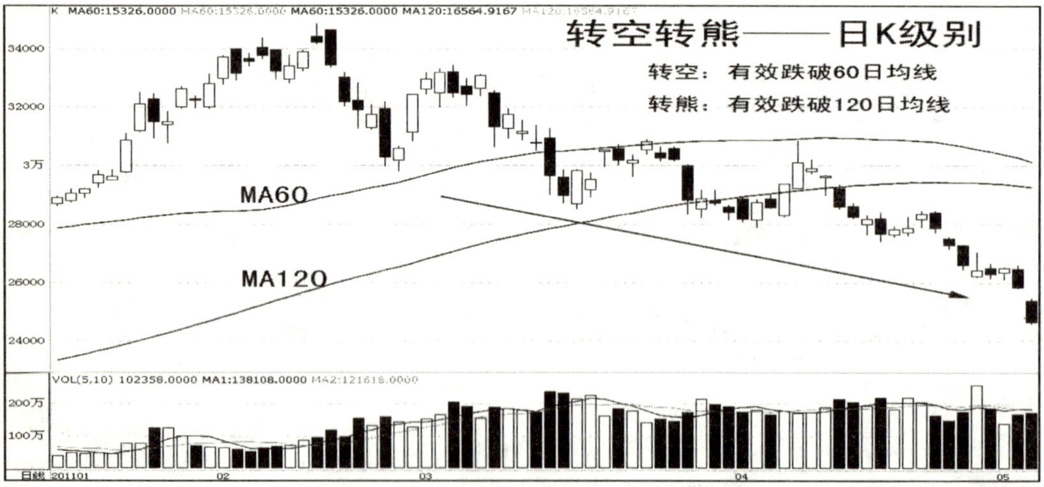

图 13-7

图 13-7 解析：

有效下破 60 日均线，由多头行情转空头行情。有效下破 120 日均线，转熊市。空头行情、熊市，为做空战略区间，交易方向以做空为主。

二、黏合发散，必设之伏

黏合发散：价格的运行是均线黏合到均线发散的循环过程。

均线黏合：至少短期均线 MA5、MA10、MA20 黏合，或者 MA5、MA10 和另外至少一条周期更长均线如 MA60、MA120 黏合。

均线发散：由于价格快速上涨或者下跌，MA5、MA10、MA20 等价格变化快慢不同，均线之间乖离率变大。

必设之伏：由黏合到发散，是由盘整区到趋势区，一般会出现较大的涨幅或者跌幅。大多数情况下由一根中大 K 线启动，确认发散的开始，此根 K 线即为发散线，是绝不可错过的伏击位置。

下面我们通过一幅实例图讲简述黏合发散过程。

图 13-8　沪铜主力合约 2010.6.4～2011.10.21 周 K 线图

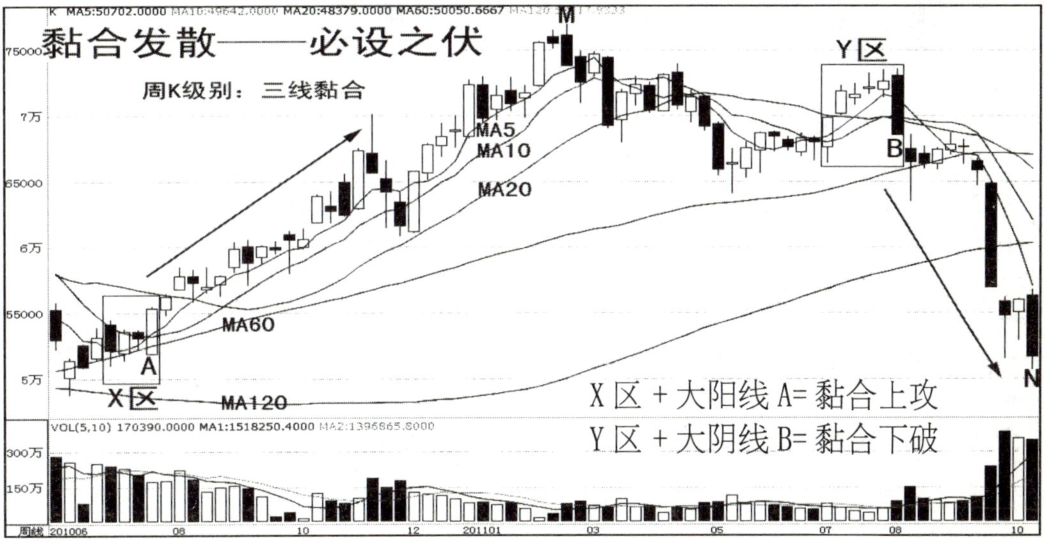

图 13-8

图 13-8 解析：

X 区：5 周、10 周、60 周 3 条均线黏合，120 周均线托底。

A 点：大阳线，一阳穿三线，且实体大，为向上发散线，是不可错过的做多时机，至 M 点整体涨幅大。

Y 区：5 周、10 周、20 周 3 条均线黏合。

B 点：大阴线，一阴破三线，且实体大，为向下发散线，是不可错过的做空机会，至 N 点整体跌幅大。

黏合发散线，无论是向上还是向下，实体越大，力度越大，趋势越明显。

（一）黏合做多

黏合做多：均线黏合向上发散，可抢发散线做多。

图 13-9　白糖主力合约 2010.5.7～2011.2.18 周 K 线图

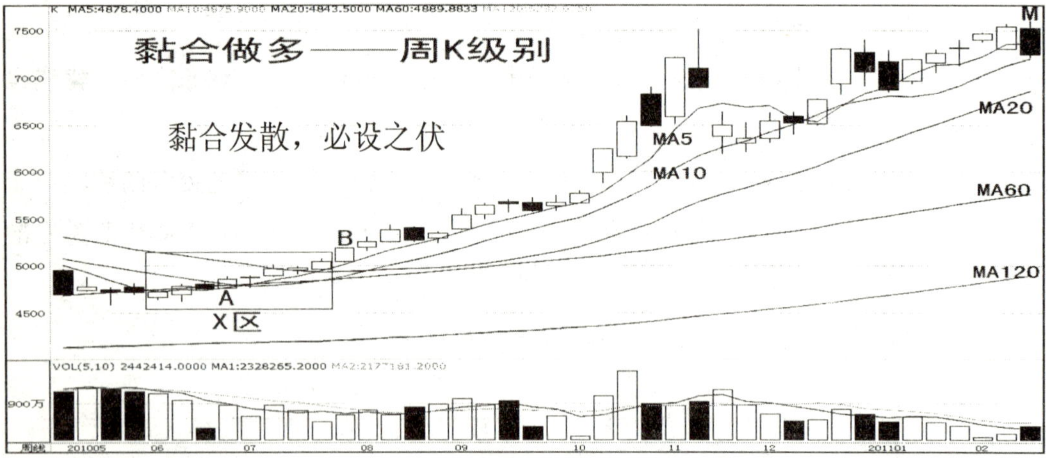

图 13-9

图 13-9 解析：

X 区均线黏合。A 点上破 5 周、10 周、60 周均线，实体较小。B 点突破前期高点，实体较大，开始加速上涨，至 M 点，整体涨幅较大。

图 13-10　伦镍电 3(LMNDE)2006.3.10～2006.5.30 日 K 线图

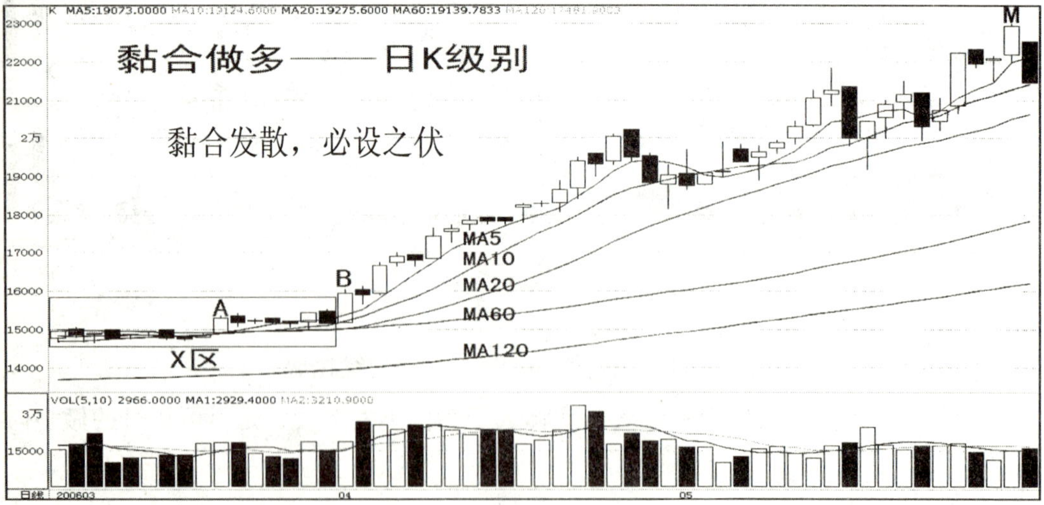

图 13-10

图 13-10 解析：

X 区均线黏合。A 点一阳穿四线，B 点突破前期高点，实体较大，开始加速上涨，至 M 点，整体涨幅可观。

（二）黏合做空

黏合做空：均线黏合向下发散，可抢发散线做空。

图 13-11 沪铝主力合约 2008.5.9～2008.12.26 周 K 线图

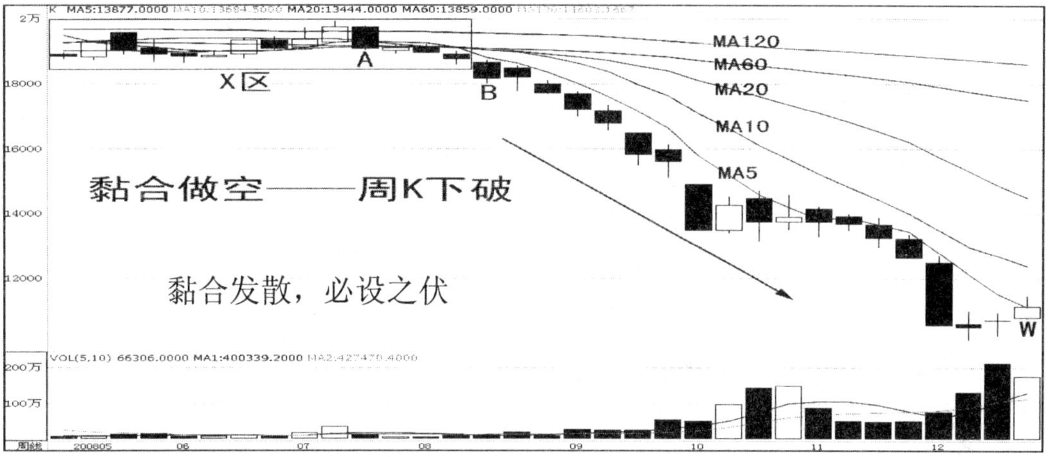

图 13-11

图 13-11 解析：

X 区为盘整区，均线黏合。A 点一阴破五线，且实体较大。B 点下破盘整区下边线，开始加速下跌，至 W 点整体跌幅大。

图 13-12 螺纹主力 2011.8.18～2011.10.24 日 K 线图

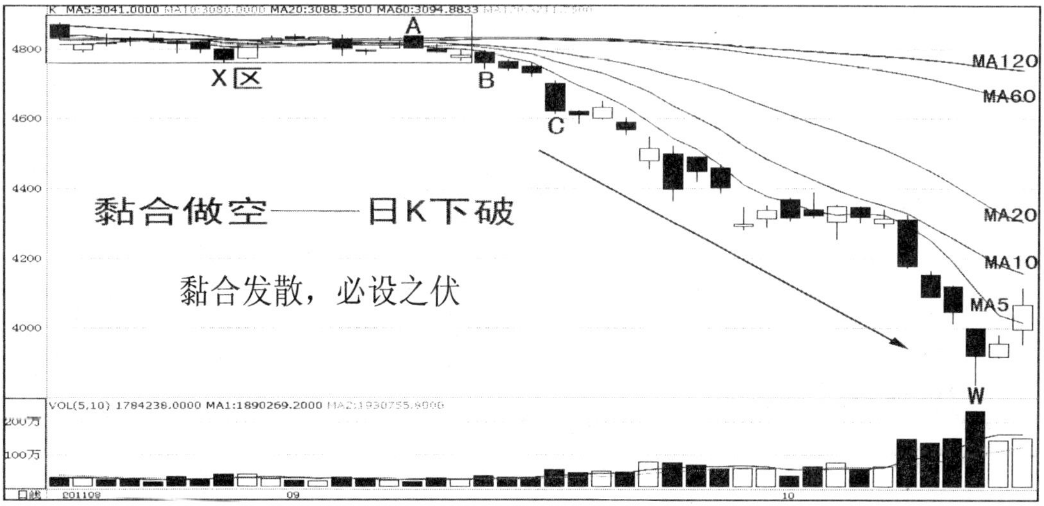

图 13-12

图 13-12 解析：

X 区均线黏合。A 点一阴破五线，且实体较大。B 点下破盘整区下边线，C 点开始加速下跌，至 W 点整体跌幅大。

第三节　必破之形　必缠之术

任何一种走势，必然会被打破。任何一波大行情，必有法可缠。

一、三种区间，必破之形

价格的运行大多表现为盘整区、突破区、趋势区三种区间的循环，只不过突破区有时仅由一根大阳线或大阴线构成。

必破之形：指当区间持续运行到一定阶段，蓄势到一定程度，必然向上或者向下突破。超涨必破、超跌必破、久盘必破。

不破不立，旧的区间不被打破，新的区间就不可能产生。很显然，由一种区间到另一种区间，是能量转换的必然结果。

做多三区必破：指战略做多区间里盘整区、突破区、趋势区交替循环上升。战略做多区间里，盘整区上破转为趋势区，是开仓做多的好时机。趋势区下破转换为盘整区，可平多单，一般不可反向做空。

做空三区必破：指战略做空区间里盘整区、突破区、趋势区交替循环下跌。战略做空区间里，盘整区下破转为趋势区，是开仓做空的好时机。趋势区上破转换为盘整区，可平空单，一般不可反向做多。

（一）做多三区必破

图 13-13　美黄金连(GLNC)2006.3.10～2006.5.30 周 K 线图

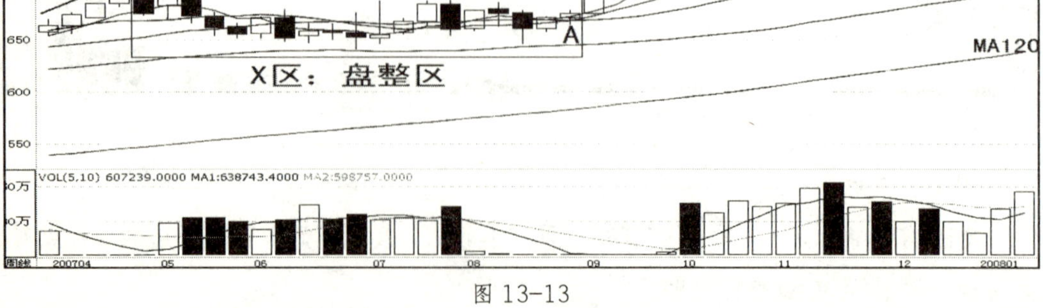

图 13-13

图 13–13 解析：

战略做多区间：20 周、60 周、120 周均线多头排列。

X 区：盘整区，至 A 点一阳穿三线，均线黏合，蓄势充分。

B 点：大阳线，突破前期高点，由盘整区转为趋势区 BC。

D 点：大阴线，下破 5 周均线，由趋势区转为盘整区 Y 区。

E 点：震荡收窄星 K 线，静极生动。

F 点：大阳线，突破前期高点，由盘整区转为趋势区。

做多三区必破，必守必破点。

（二）做空三区必破

图 13–14　豆油主力合约 2012.8.10～2013.4.26 周 K 线图

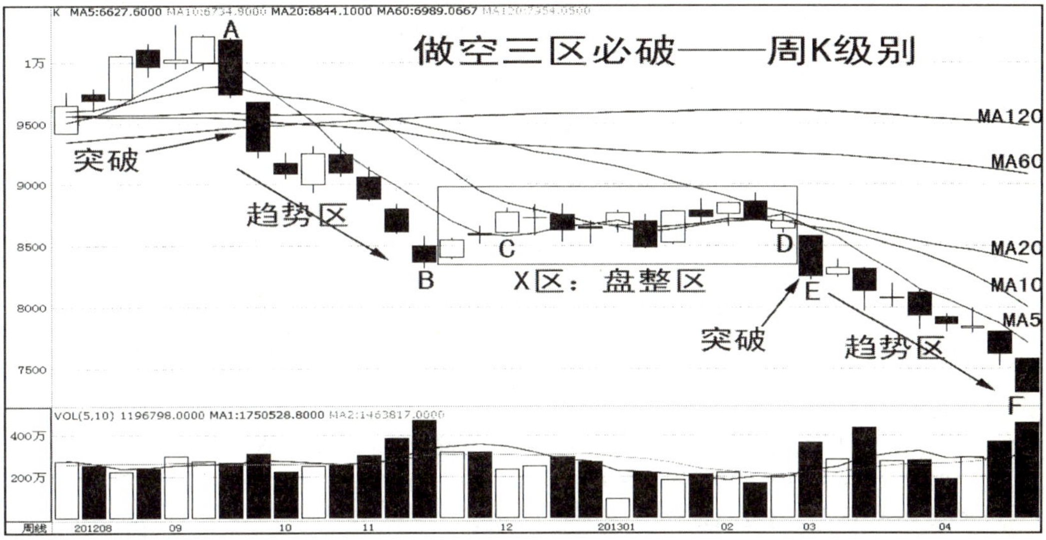

图 13–14

图 13–14 解析：

战略做空区间：20 周、60 周、120 周均线空头排列。

AB：趋势区。A 点大阴线下破 5 周、10 周均线，随即大阴线下破 20 周、60 周、120 周均线，打开战略做空区间。

C 点：中阳线突破 5 周均线，由趋势区转为盘整区 X 区。D 点星 K 线，均线黏合，形成短黏长压形态。

E 点：大阴线，下破盘整区下边线，由盘整区转为趋势区 EF。

做空三区必破，必守必破点。

无论是做多还是做空，区间转换的必破点即必守点。

二、两类抢点，必缠之术

任何一种走势的具体轨迹，都是无法精确预测的，但每一种走势，无论是走多还是走空，只要继续原趋势，必然要突破前期高点或者下破前期低点，只是突破之前的整理方式不得而知，但有可能出现典型形态和拐点。

两类抢点：指战略区间里为捕捉大行情同时回避深幅调整所采取的两类介入点，即必由点与或由点。必由点与或由点都以基准点为参考。

基准点是由反向波动确认的阶段高点或低点。如果原趋势再度走强，必然要突破基准点，若不能再度走强，则趋势反转。

必由点：当价格按原趋势走强，必然突破基准点的中大K线，为顺势突破点。

或由点：当价格由调整回归原趋势，可能出现的典型拐点K线，为调整归顺点。

必缠之术：指战略区间里必然能抓住大行情的组合战术。

两点必缠：守必由点，抢或由点。可分为两点缠多和两点缠空。

守必由点：指战略区间里，当价格破位反向波动时，为防备资金回撤过大，可先平仓，空仓等待，见必由点再顺势开仓。

抢或由点：指战略区间里，当价格反向波动时，若出现典型回调归顺K线，即见或由点，可提前开仓，不必等必由点再开仓。

或由点与必由点价差越大，突破必由点之后，再次陷入盘整的可能性越大。

(一) 两点缠多

图 13-15 伦镍电 3(LMNDE)2003.10.24～2003.12.9 日 K 线图

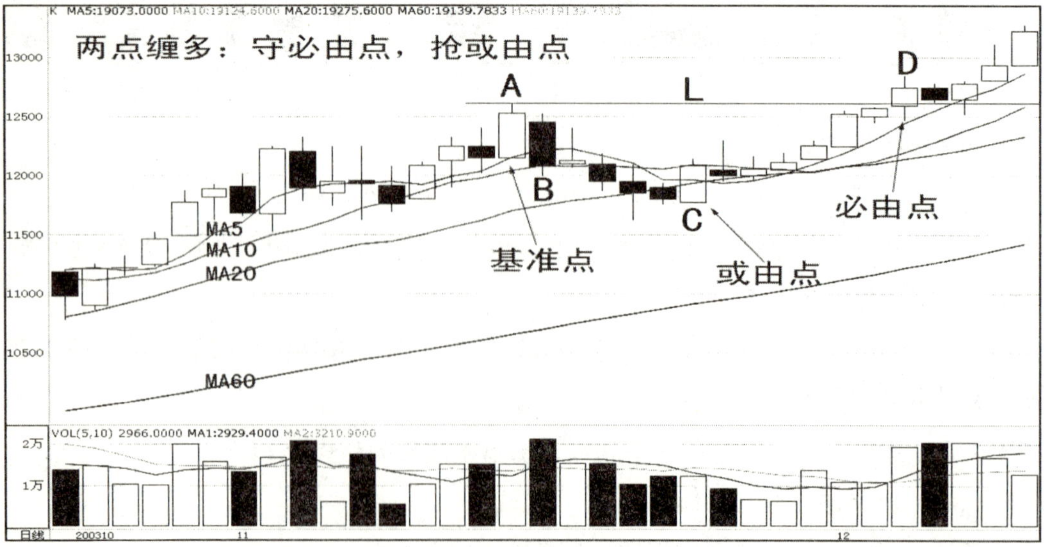

图 13-15

图 13-15 解析：

战略做多区间：20 日、60 日均线多头排列。

定基准点：B 点大阴线，下破 5 日均线，则确定 A 点为基准点，多单可先平仓。

守必由点：若多方再次走强，则价格必须上破基准点。如果价格始终不能突破基准点，则趋势必然发生改变，B 点平仓不会遭受重大损失。

抢或由点：价格由 B 点开始下跌，C 点为连阴阳、空倍阳，且一阳穿三线，符合五阳做多，C 点构成或由点，可提前开仓做多，此时不必再等到必由点开仓做多。

D 点：构成必由点。或由点 C 点之后，价格平稳上攻，至 D 点上破基准点 A 点继续上攻。

（二）两点缠空

图 13-16　橡胶主力合约 2013.11.8～2013.12.24 日 K 线图

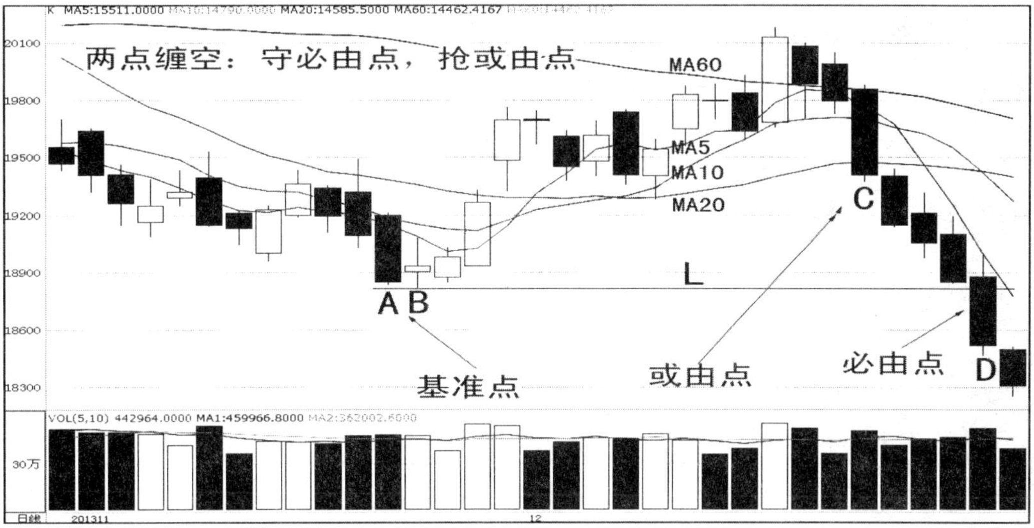

图 13-16

图 13-16 解析：

定基准点：B 点为阶段低点。

A 点 3 连阴，B 点连阴阳，之后大阳线上破 5 日、10 日均线，空单可先平仓。

守必由点：如果价格始终不能下破基准点，则趋势必然发生改变，空仓不会因趋势转变而遭受损失。

抢或由点：价格由 B 点开始上攻，C 点为归顺阴线，且一阴破三线，符合拐点三线做空，C 点构成或由点，可提前开仓做空，此时不必再等到必由点开仓做空。

D 点构成必由点。或由点之后快速下跌，至 D 点突破基准点 B 点。

第十四章　沙盘推演　实盘应变

交易计划，如期必行；应急手段，合规则用。定区定向，不破不变；突变突击，转势转向。两点缠多，翻空为止；两点缠空，翻多为止。开平区间，早盘抢点；上冲下砸，中盘伏击；盈亏强弱，尾盘布局。

第一节　交易计划　应急手段

制订和执行交易计划是成熟交易者的习惯，应急手段是成功交易者的护身符。预期走势按交易计划从容执行，突变走势按应急手段紧急避险。

一、交易计划，如期必行

交易计划是指交易者为完成一定时间内的交易目标，根据对走势的预判所制定的包含交易战略、战术以及具体执行步骤的总体方案。

如期必行是指实际走势与预期走势一致时，必须严格按交易计划执行。

交易计划一般至少包括以下五个方面：交易目标的确定、交易品种的选择、交易方向的确定、交易点位的确定、仓位大小的控制。

1. 交易目标的确定

交易目标指一定时间内交易要完成的交易任务。交易目标既可以是盈利指标，也可以是捕捉某段大行情。阶段交易目标是全年交易目标的组成部分，某年的交易目标是几年交易目标的组成部分。没有明确的交易目标，则战略战术的制定失去依据，交易容易成为随机性交易。

2. 交易品种的选择

交易品种的选择必须根据交易者资金实力以及交易策略来决定，并且遵守不熟不选的原则。头寸规模较大的，不可选择市场容量小的品种。顺势交易者，不可选择处于震荡行情的品种。交易品种以相对固定为宜，以免精力分散。

3. 交易方向的确定

交易方向指在某段时间或某种行情是做多还是做空，可根据级别均线定向定律和四级定向法则确定。交易方向与战略区间保持一致，一般由周 K 线、月 K 线确定。交易方向一旦确定，在一段时间内保持不变，直到趋势改变。交易方向经常变来变去的，就像林间扑腾的麻雀，看似热闹，其实不会有大的收获。

4. 交易点位的确定

交易点位指开仓、加仓、减仓、平仓的位置，是基于牢固的、合乎大数概率的信号指令，要求简明直观，绝不模棱两可。可根据操盘线入场和出场，也可根据五阳三线入场和出场。交易方向确定之后，选择合适的位置入场，减少因价格的反向波动而触发止损，同时尽量避免入场之后陷入长时间盘整而使风险倍增。

5. 仓位大小的控制

每笔交易所能承受的最大风险决定交易者仓位大小。控制仓位是控制心态的最好手段，也只有控制好心态才能更好地控制交易。因此任何一次交易前，交易者都要明确自己在这笔交易中，能够承受多大的风险，将要投入多大的资金，也就是说，如果判断失误，按正常手法止损，预期亏损超过自身承受能力，就必须减少仓位。

二、应急手段，合规则用

应急手段指价格出现非预期走势，如剧烈震荡、暴涨暴跌、翻空翻多等，造成风险无法控制或大势发生改变，从而改变交易计划，进行紧急处理。

合规则用指实际走势的突然变化符合应急手段的避险规定，即可启用。

（一）应急手段的前提条件

应急手段的滥用会导致交易计划形同虚设，因此采用应急手段必须至少满足以下三个条件：

第一，价格可能出现剧烈反向波动，止损无法按预期执行，危及账户安全，采取紧急避险，大幅减仓或者平仓。

第二，多空趋势突然改变，如出现 V 形反转或者倒 V 形反转、一根周线级别的大阳线或者大阴线等，改变原来交易方向。

第三，无法控制心态按信号指令交易，自我感觉与信号指令强烈抵触，心态失衡，短期内无法恢复自信，必须无条件停止交易。

（二）应急手段的触发走势

1. 盘整逾期

按交易计划开仓之后，价格没有按预期运行，盘整时间较长，之后出现剧烈反向波动的可能性越大，为防止风险无法控制，可暂时退场，但必须做好回补的准备。

2. 剧烈震荡

开仓之后，价格按预期方向运行一般时间之后，震荡加剧，忽涨忽跌，为防止账户市值大幅缩水，可提前止盈。

3. 翻多翻空

之前趋势为跌势，见翻多线，至少翻多区内不可再做空。之前趋势为涨势，见翻空线，至少翻空区内不可再做多。

交易计划和应急手段，互为补充。交易计划越周详，应急手段用得越少。

第二节 定区定向 突变突击

战略区间一旦确定，交易方向也随之确定，短期内不会轻易改变。或者说，正是因为交易方向在一段时间内相对固定，才有战略区间。

一、定区定向，不破不变

定区定向：战略区间一旦确定，交易方向也随之确定。

不破不变：只要价格位于战略区间内，不突破区间，则不可改变交易方向。

不破不变强调的是顺势交易和空仓避险，做多战略区间里不可抢回调做空，做空战略区间里不可抢反弹做多。

定区定向一般通过周K、月K级别判定，日K级别作为参考。

下面我们通过一幅实例图简述不破不变法则。

图 14-1 伦镍电 3(LMNDE)2003.6.6～2004.2.27 周 K 线图

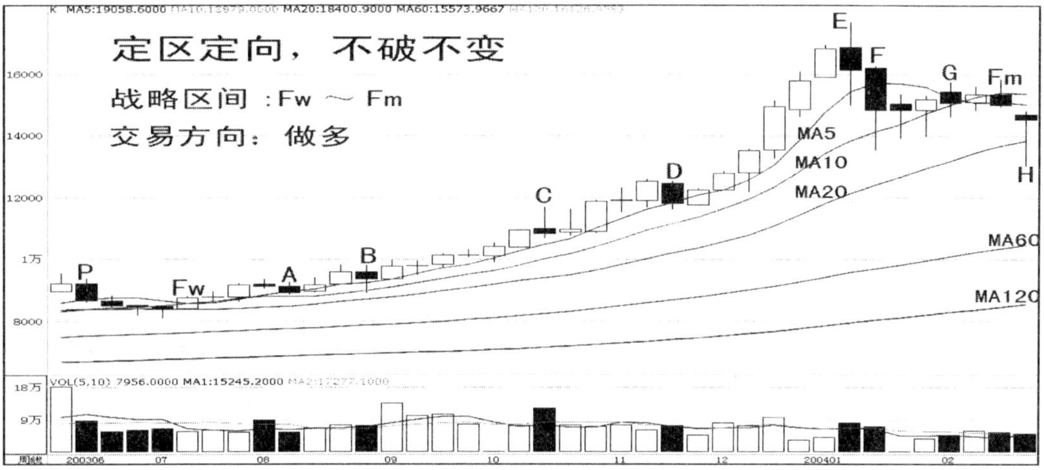

图 14-1

图 14-1 解析：

做多战略区间：Fw～Fm。10 周、20 周、60 周均线多头排列。Fw：有效上破 10 周均线。Fm：有效下破 10 周均线。本区间内交易方向为做多。

若交易者利用战略区间内回调做空，则在 A 点、B 点、C 点、D 点 4 处若不及时平仓(止损或止盈)，则很可能遭受重大损失。只有在最值阴线 E 点、破势阴线 F 点、G 点做空，才有盈利。

不破不变，是去杂念，坐等趋势自然发展，坐等利润日积月累。

二、突变突击，转势转向

突变突击：突变一般指突然出现暴涨或者暴跌，上破重要压力位或者下破重要支撑位，至少短期走势转为震荡或者反向波动的可能性较大。突击指走势出现突变后，必须迅速出击，果断处理。

转势转向：趋势发生改变，交易方向随之发生改变。

突变之后，突击更多的是平仓避险，切不可仅凭一时的剧烈反向波动，而冲动地反手开仓。只有确认转势之后，才可在合适的位置跟势开仓。

若趋势没有发生改变，则交易方向不可改变。

下面我们通过一幅实例图讲解一下走势突变的应对方法。

图 14-2 PTA 主力合约 2009.7.10～2009.9.14 日 K 线图

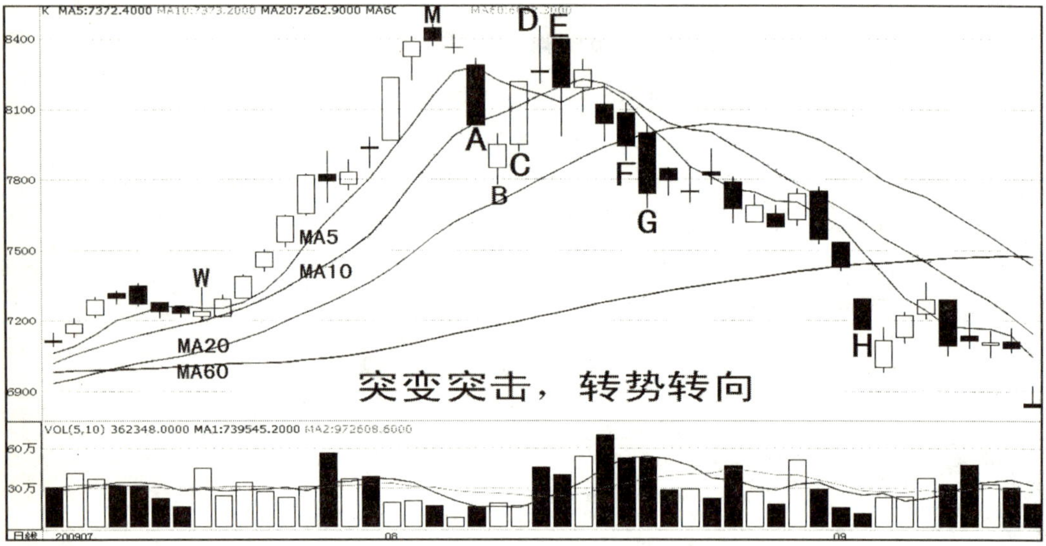

图 14-2

图 14-2 解析：

交易方向的确定：

W 点：连阴阳，且 10 日、20 日、60 日均线多头排列，交易方向做多。

突变突击：至 M 点开始下跌，A 点大阴线跳空下跌，同时下破 5 日、10 日均线，为最 K 线，必须果断将多单平仓，但不可反向做空。

B 点继续下探，C 点大阳线同时上破 5 日和 10 日均线，D 点、E 点冲击前期高点，可空仓待机。

转势转向：F 点、G 点加速大阴线下破 20 日均线，为破势阴线，构成小双头，且 10 日均线下行，可抢点做空。

第三节 守必由点 抢或由点

守必由点，抢或由点，两点必缠是捕捉大行情的有效手段。

一、两点缠多，翻空为止

两点缠多：上升趋势缠多以线，既可以通过操盘线缠多，又可以通过 K 线缠多。K 线缠多可通过两点缠多，即守必由点，抢或由点。

翻空为止：在多头走势里，通过两点缠多，直到走势翻空，则不再缠多。

下面我们通过一幅实例图简述两点缠多。

图 14-3 伦镍电 3(LMNDE)2010.2.5～2010.5.6 日 K 线图

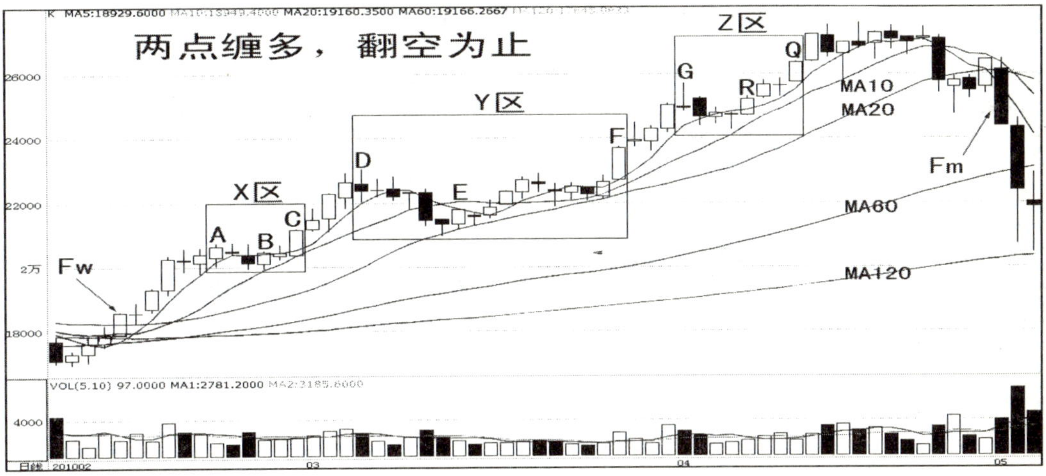

图 14-3

图 14-3 解析：

交易方向的确定：

Fw 点：大阳线，均线黏合向上发散，交易方向做多。

X 区、Y 区、Z 区：均可执行两点缠多策略。

X 区：A 点为基准点、B 点为或由点、C 点为必由点。

Y 区：D 点为基准点、E 点为或由点、F 点为必由点。

Z 区：G 点为基准点、R 点为或由点、Q 点为必由点。

Fm 点：破势阴线，下破 20 日均线，且 10 日均线明显下行。均线黏合向下发散，走势由多翻空，至此不再缠多。

多头行情里，以做多为主，间或空仓，不要抢回调做空。

二、两点缠空，翻多为止

两点缠空：下跌趋势缠空以线，既可以通过操盘线缠空，又可以通过 K 线缠空。K 线缠空可通过两点缠空，即守必由点，抢或由点。

翻多为止：在空头走势里，通过两点缠空，直到走势翻多，则不再缠空。

下面我们通过一幅实例图简述两点缠空。

图 14-4　棕榈主力合约 2013.11.22～2014.2.14 日 K 线图

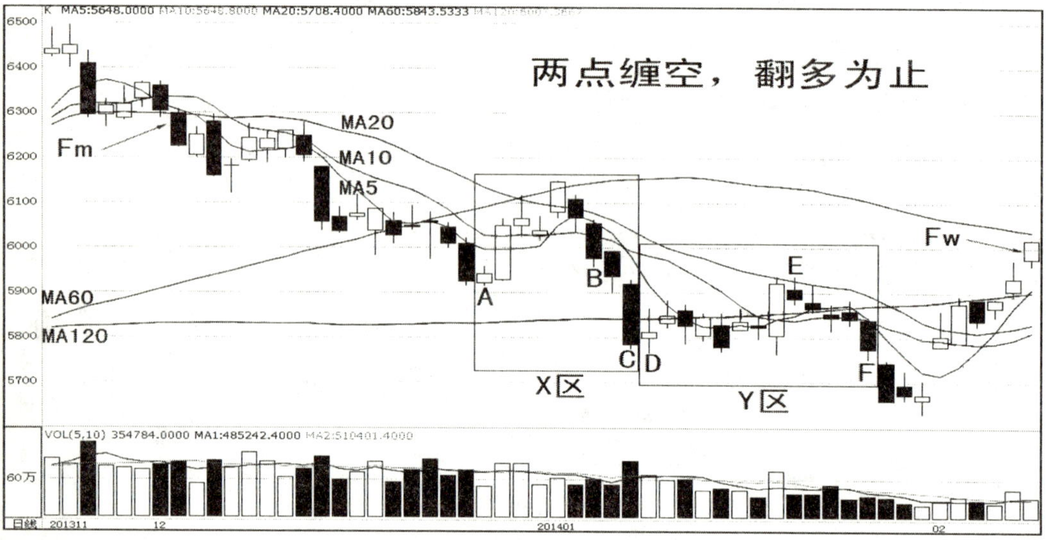

图 14-4

图 14-4 解析：

交易方向的确定：

Fm 点：中阴线，下破 20 日均线，均线黏合向下发散，交易方向做空。

X 区、Y 区：可执行两点缠空策略。

X 区：A 点为连阴阳，为基准点，B 点为归顺阴线，为或由点，C 点为必由点。

Y 区：D 点为连阴阳，为基准点，E 点为或由点，F 点为必由点。

Fw 点：构成翻多形，均线黏合向上发散，走势由空翻多，至此不再缠空。

空头行情里，一般以做空为主，不要抢反弹做多。

大势不可能几天一变甚至一天数变。战略区间和交易方向是根据顺势而为法则制定的，做多战略区间里缠多，做空战略区间里缠空，是捕捉大行情的最有效手段。无论是缠多还是缠空，必须顺大势而行，不必过于纠结于小波动。频繁地进进出出，手忙脚乱，心神不宁，往往得不偿失。

一波大的行情，从开始到结束，两点必缠两三次即可。

第四节　早盘抢点　尾盘布局

交易计划最终通过开仓和平仓实现。交易日早盘、中盘、尾盘，时段不同，策略不同。交易技法、心法、手法的差别直接影响当日交易能否顺利完成。

一、开平区间，早盘抢点

开平区间指价格运行至开仓区间或者平仓区间。开仓区间包括开仓做多区间和开仓做空区间。开仓做多区间指三重多区，开仓做空区间指三重空区。

早盘突击指价格运行至开平区间，早盘分时图很可能出现很好的开仓价位或者平仓价位，机会稍纵即逝，必须果断出击。

开仓区间：包括做多三区和做空三区。

(1) 若早盘高开：是立即开仓还是等信号确认？若高开高走？若高开低走？

(2) 若早盘平开：是立即开仓还是等信号确认？若平开高走？若平开低走？

(3) 若早盘低开：是立即开仓还是等信号确认？若低开高走？若低开低走？

平仓区间：包括多单平仓区间和空单平仓区间。

(1) 若早盘高开：是立即平仓还是等信号确认？若高开高走？若高开低走？

(2) 若早盘平开：是立即平仓还是等信号确认？若平开高走？若平开低走？

(3) 若早盘低开：是立即平仓还是等信号确认？若低开高走？若低开低走？

(一) 开仓做多实例

图 14-5　沪铜 1408 合约 2014.3.3～2014.5.9 日 K 线图

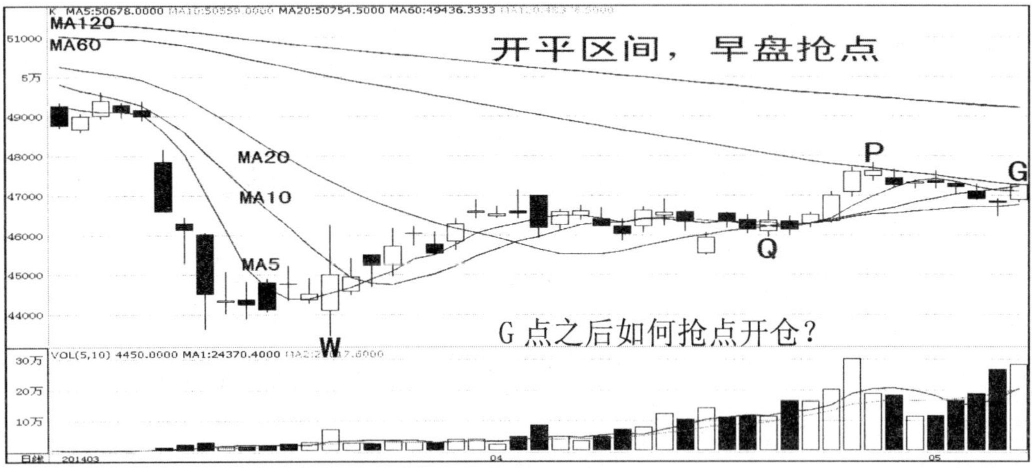

图 14-5 (后续走势见图 14-6)

图 14-5 解析：

W 点：为最 K 线，开始震荡上攻。10 日、20 日、60 日、120 日均线空头排列，且乖离率大，超跌反攻。

Q 点：均线黏合，一阳穿三线，上攻 60 日均线。

P 点：盘中一度突破 60 日均线，开始回调。

G 点：连阴阳，是开仓做多的好时机。

若 G 点没有开仓做多，则下个交易日应如何操作？

G 点之后的交易策略：次多点平衡不破，即可开仓做多。

早盘抢点策略：

(1) 若早盘平开，开盘即抢点做多。平开指价格小幅高开或者低开。

(2) 若早盘低开，不低于 G 点中位线，开盘即抢点做多，若低于 G 点中位线，或等上攻时再开仓做多。

(3) 若早盘高开，特别是高开幅度较大，可按 5 分 K，按信号做多。

图 14-6　沪铜 1408 合约 2014.5.12 日分时图

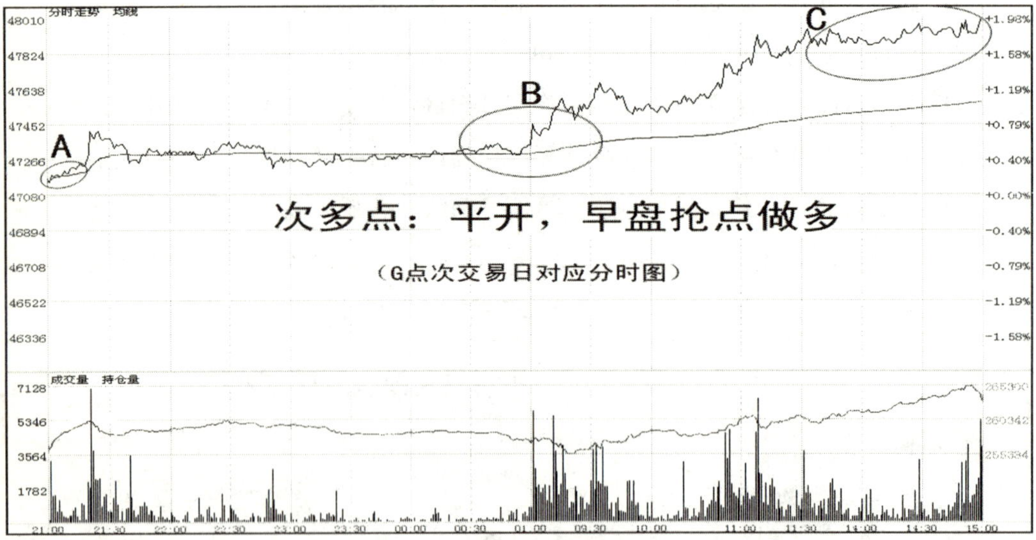

图 14-6 （图 14-5 后续走势图）

图 14-6 解析：

G 点之后开盘：A 点平开，可立即抢点做多。

A ~ B：分时图上下搓。A 点开仓做多之后，持仓不动为好。此种走势，一般不可做日内短炒，不可贪小利而失大势。

B ~ C：分时图步步高。B 点中盘开始发力上攻，至 C 点高收，继续持仓不动。

（二）开仓做空实例

图 14-7　IF1501 合约 2013.11.19～2014.1.3 日 K 线图

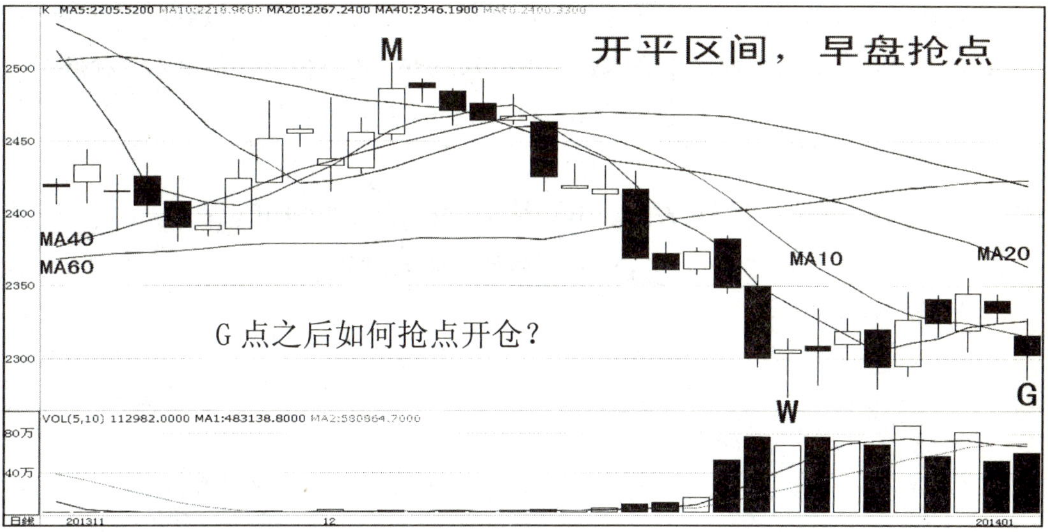

图 14-7

图 14-7 解析：

首先确定交易方向：

G 点位于 60 日均线之下，10 日、20 日、40 日均线空头排列，且均线明显下行。根据级别均线定向定律，交易方向为做空。

空头行情没有转为多头行情，或者空头行情见翻多线之前，一般不可逆势做多。

其次确定介入点位：

G 点之后的交易策略：根据两点必缠制定交易策略，抢首空点三线做空。

1. 定基准点

G 点最低价作为基准点。W 点开始横盘整理，至 G 点形成整理平台。整理平台既可能是反弹的支撑点，也可能是加速下跌的启动点。

2. 守必由点

若价格继续走空，必然下破基准点（G 点最低价）。只要守好必由点，则不会错过此波做空行情，同时也不会因介入过早，陷入盘整或因反弹而遭受损失。

3. 抢或由点

若价格并没有立即下破基准点，而是上攻，此时不可逆大势开仓做多，必须等到价格重新下跌，见最值阴线或归顺阴线抢点做空。

顺势而为法则、级别均线定向定律、顺势抢点法则是制定交易策略的依据，而具体介入点位，可执行两点必缠，一般先定基准点，守必由点，抢或由点。

早盘抢点策略：只要价格下破基准点，就抢点做空。

(1) 若早盘开盘高走，不管低开、平开、高开，不可立即开仓做空。

(2) 若早盘低开低走或者平开低走，下破基准点，抢点做空，临盘不可犹豫。

图 14-8 IF1501 合约 2014.1.6 日分时图

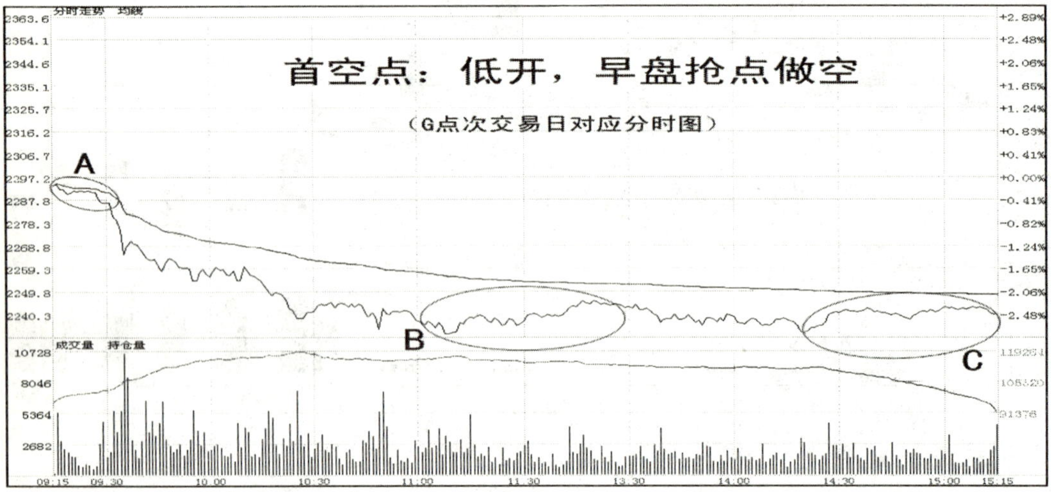

图 14-8

图 14-8 解析：

G 点之后开盘：A 点平开低走，下破基准点，可立即抢点做空。

A～B：分时图步步低。A 点抢点做空之后，持仓不动为好。B 区中盘见当天最低价，使之前看空的人，更加不敢开仓做空。

B～C：分时图窄幅上下搓。不少交易者喜欢于此种走势做日内短炒，但一般收获有限。有的交易者错过了开盘抢点做空的好时机，心情懊恼，反而于中盘和尾盘开仓做多，逆势而动，因怒致败。

早盘抢点程序：

(1) 确定交易方向。交易方向根据顺势而为法则和级别均线定向定律确定。没有明确的交易方向，就容易逆势而动。

(2) 确定抢点走势。确定好早盘能够抢点的一种或几种走势，并进行三三攻防，心手预演，做到等点抢点。

(3) 做好三向风控。对当下之后的每种走势，包括可以抢点开仓的走势及之后的可能走势，必须有明确的应对策略。

二、上冲下砸，中盘伏击

上冲下砸指开盘之后，没有出现明显的开仓或平仓信号指令。经过早盘蓄势之后，进入中盘，价格开始快速上冲或者快速下跌，形成有效突破（上破或者下破）。

中盘伏击指中盘期间，价格形成有效突破时，立即抢点开仓或者平仓。

开仓：顺势突破开仓，可分为做多开仓、做空开仓。

（1）分时图上冲：若交易方向为做多，则抢点做多。

（2）分时图下砸：若交易方向为做空，则抢点做空。

（3）分时图无论上冲还是下砸，均不可逆势开仓。

平仓：逆势突破平仓，可分为多单平仓、空单平仓。

（1）分时图上冲：若交易方向为做空，所持空单平仓。

（2）分时图下砸：若交易方向为做多，所持多单平仓。

（3）分时图无论上冲还是下砸，没有破位均不可平仓。

（一）开仓做多实例

图 14-9 IF1409 合约 2014.5.15～2014.7.21 日 K 线图

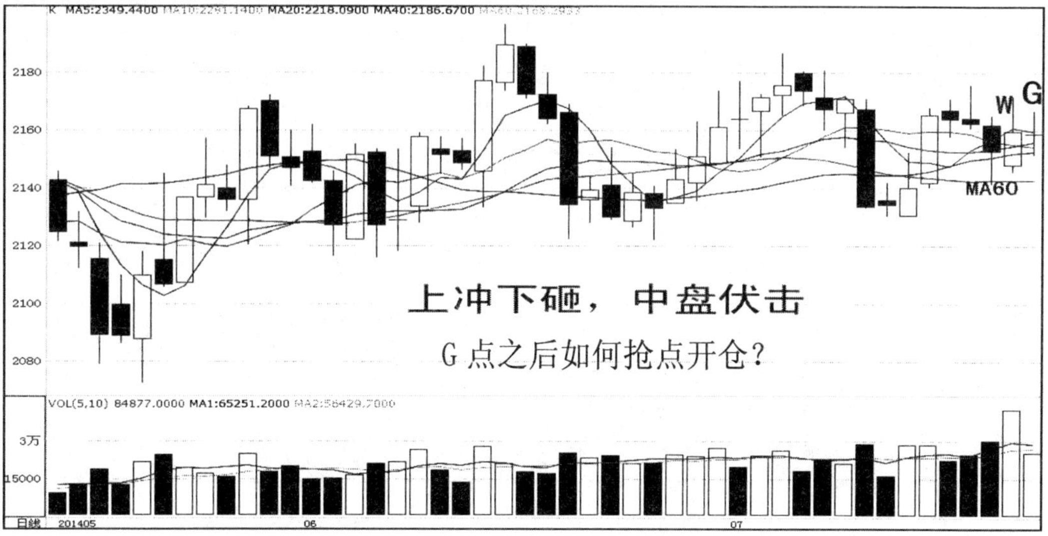

图 14-9

图 14-9 解析：

W 点：构成短黏长翘，40 日、60 日均线托底，短期均线基本黏合，横盘整理时间充分，蓄势足。

根据四区决策之雷区不逆法则，均线黏合托底不做空，均线黏合压顶不做多。W 点、G 点均不可开仓做空。

W 点一阳穿五线，且为连阴阳，G 点十字星，均可开仓做多，但易陷入盘整。等突破方向确认之后再开仓，风险可控。

首先确定交易方向：

均线黏合托底，若中大阳线上破，行情启动可能性大，必须开仓做多。若区间内继续盘整，则可空仓等待。

其次确定介入点位：

价格上破 W 最高价，即可开仓做多。

中盘伏击策略：

(1) 若早盘直接高开突破，且突破有效，则早盘抢点。但此种可能性不大，主要是多空力量相对平衡，趋势不十分明显。

(2) 若早盘不能突破，则等中盘上冲突破，即可开仓做多。

(3) 若中盘突破做多，只要尾盘平稳收盘，都可持仓不动。

图 14-10 IF1409 合约 2014.7.22 日分时图

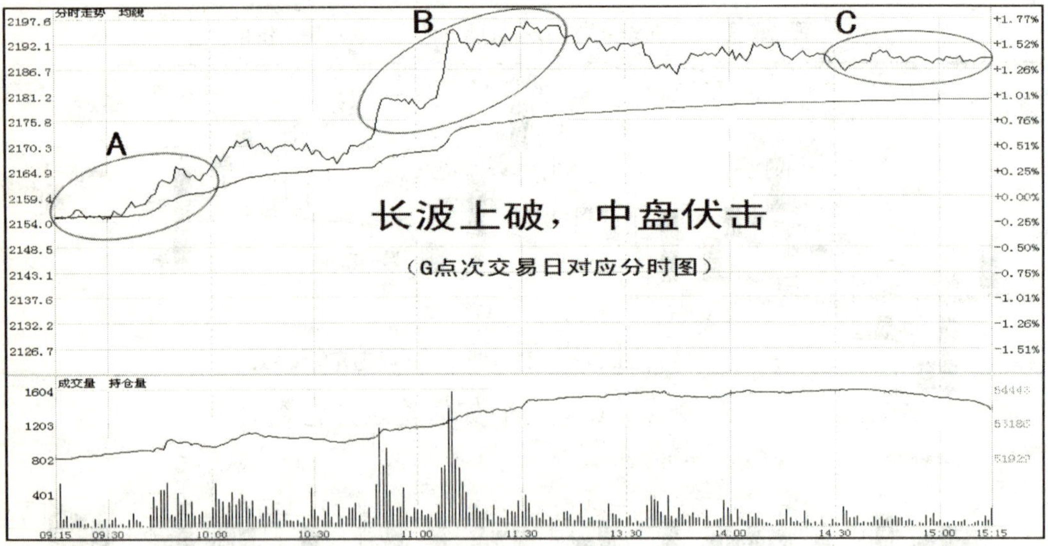

图 14-10

图 14-10 解析：

G 点之后开盘：A 区平开高走，尚没形成有效突破，不可开仓做多。

A ~ B：分时图步步高，多方攻击力量强。

B 区：分时图突破前期高点，可开仓做多，临盘不可犹豫。

C 区：平稳收盘，继续持仓不动。

于 A 点开仓做多，看似开仓点位更有利，但由于没有形成有效突破，易反复。

（二）多单平仓实例

图 14-11　沪铜 1503 合约 2013.11.11～2014.1.2 日 K 线图

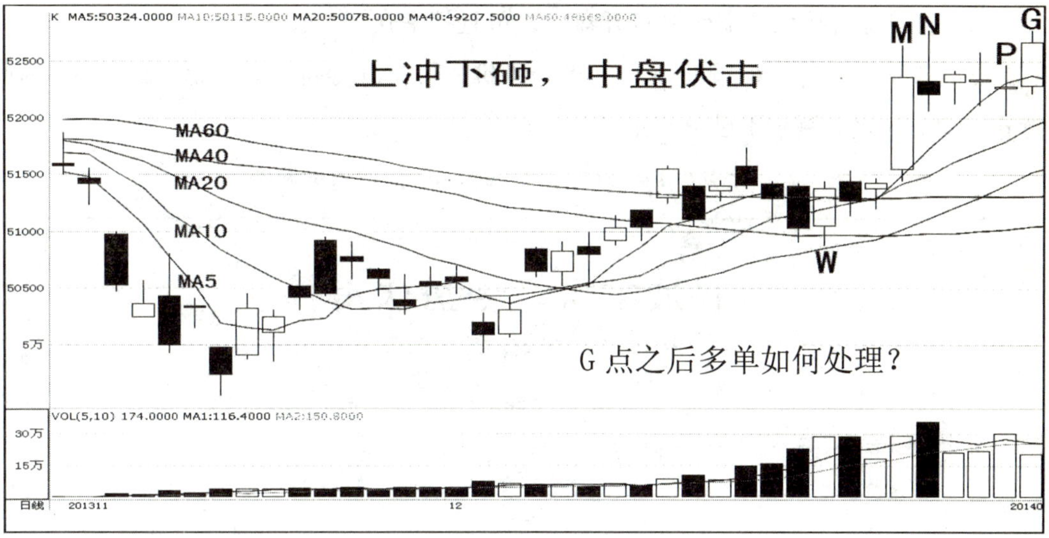

图 14-11

图 14-11 解析：

W 点：5 日、10 日、20 日均线多头排列，40 日均线托底，W 点为连阴阳，为首多点五阳做多，可开仓做多。

W 点之后连续两天，K 线小阴小阳，为次多点平衡不破。

M 点大阳起飞，为三多点。但此时 60 日均线仍下行，受 60 日均线下行引带作用，回调可能性较大，故一般不在 M 处开仓做多。

N 点长上影阴线，与 M 构成最值阴线，之后陷入盘整。

G 点上攻，但并没突破 N 点最高价。之后再次陷入盘整或者回调的可能性较大。

1. G 点之后的平仓策略

（1）定基准点。

可确定 P 点最低价作为基准点，也是盘整区下边线。一旦下破，很可能陷入长时间盘整或者连续下跌。

（2）守必由点。

下破基准点为走空必由点，可直接将多单平仓。

（3）抢或由点。

若 G 点之后继续上攻，之后见最值阴线或者下破 5 日均线平仓，但此种走势不一定出现。

2. 中盘伏击策略

(1) 若早盘平开高走或者高开高走，可持仓等待。

(2) 若早盘直接低开下破 P 点开盘价，可直接平仓。

(3) 若早盘低开，但没有下破 P 点开盘价，可持仓等待。若之后继续上涨，则持仓不动。若之后跳水下破 P 点最低价，可平仓。

图 14-12 沪铜 1503 合约 2014.1.3 日分时图

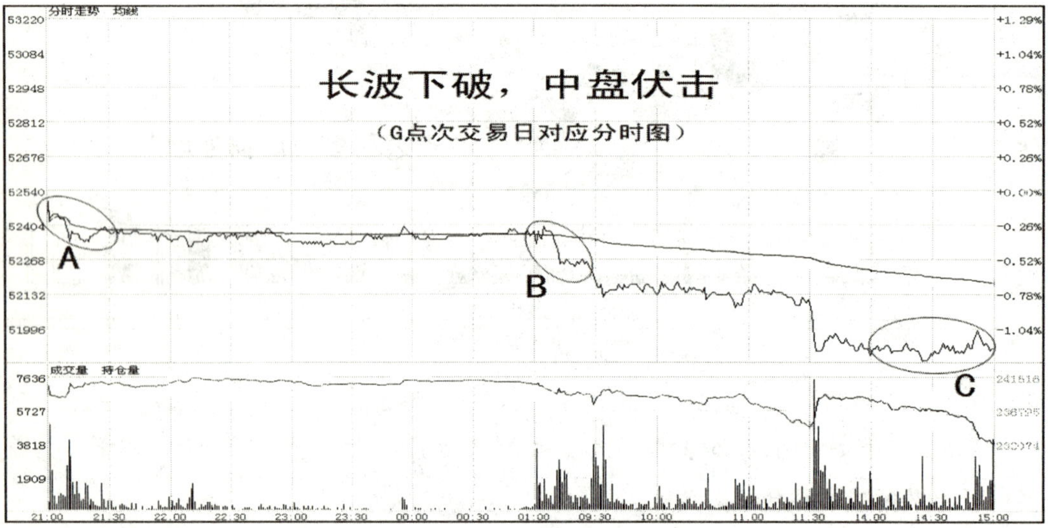

图 14-12

图 14-12 解析：

G 点之后开盘：A 区平开低走，尚没下破基准点，暂不可平仓。

A ~ B：分时图窄幅盘整，多方上攻力量较弱。

B 区：分时图下破基准点，必须将多单平仓，临盘不可犹豫。

C 区：尾盘低收，下跌走势形成。

中盘伏击程序：

(1) 若价格运行至开仓或者平仓区间，早盘没有形成有效突破（上破或者下破），则必须做好中盘伏击准备。

(2) 确定抢点走势。中盘可能的走势有很多种，确定好抢点平仓或者抢点开仓的走势，做到等点抢点。

(3) 若中盘有效突破，之前空仓的，顺势突破则开仓，逆势突破则观望。若之前持仓，顺势突破则持仓，逆势突破则平仓。

三、盈亏强弱，尾盘布局

账户盈亏与走势强弱决定尾盘是开仓、平仓、持仓还是继续空仓观望。

既要保证资金安全，又要提高资金效率，资金管理就是要做到两者之间的动态平衡。交易账户的盈亏状态，决定了哪些走势我们必须作壁上观。

根据账户盈亏、走势强弱决定是否保留隔夜仓，是为了更好地控制风险。

账户盈亏与走势强弱分类：

此处盈利指收益风险比达到 2∶1，亏损指账面浮亏但还没有达到止损位。

(1) 账户盈利，形态走强：持仓。好的开仓使交易者快速盈利，同时增强交易者持仓的信心。

(2) 账户盈利，形态走弱：不见信号不平仓。有利仓位不要轻易平仓，只要趋势仍没走坏，短暂的反向波动不应动摇持仓的信心。

(3) 账户亏损，形态走强：持仓。开仓之后的短暂亏损是常有的事，只要形态是顺势走强，持仓是理所当然的事。

(4) 账户亏损，形态走弱：头寸规模小的，一般不留隔夜仓。头寸规模大的，不留隔周仓。小幅亏损不可怕，可怕的是形态走弱，之后的亏损不可控。

正确的交易：账户很快就用持续地盈利证明交易者的正确；错误的交易：账户会用不断地亏损提醒交易者的错误。

（一）亏损走弱平仓实例

图 14-13　IF1410 合约 2012.9.28～2013.9.24 日 K 线图

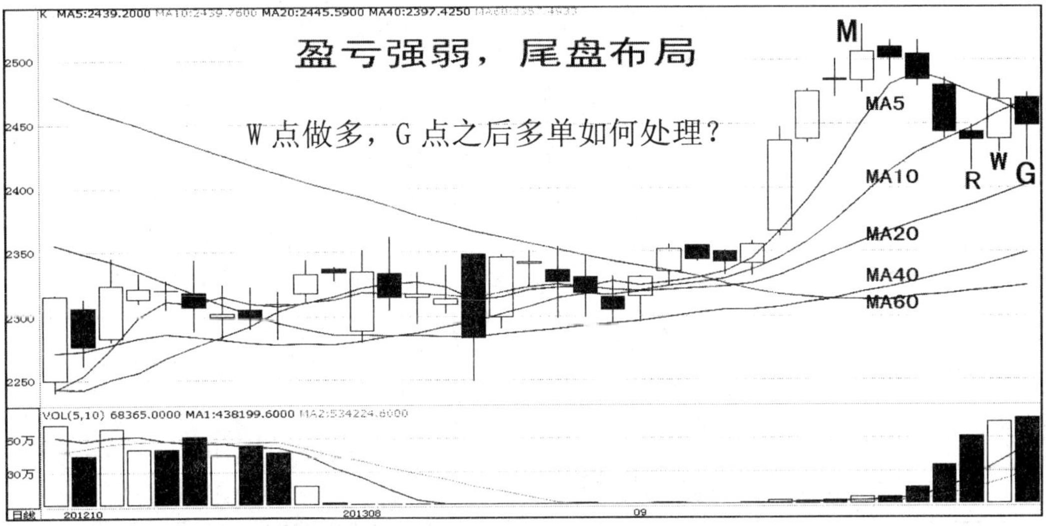

图 14-13（后续走势见图 14-14）

图 14-13 解析：

1. 首先确定交易方向

W 点：10 日、20 日、40 日、60 日均线多头排列，交易方向为做多。

2. 其次确定介入点位

M 点构成阶段顶部，R 点 4 连阴。W 点为连阴阳，为首多点开仓做多。

两种止损设置：开仓做多之后没按预期上涨。

价格止损：价格下破 W 点开盘价止损。

时间止损：盘整至均线黏合托底放量不涨，必须止损。

两种止盈设置：开仓做多之后按预期上涨。

最值阴线止盈：止盈价格较高，但要注意回补。

破势阴线止盈：短期趋势走坏，一般会陷入盘整或继续下跌。

3. 尾盘布局策略

(1) 若早盘、中盘出现强势上攻，则本波上涨确定。

(2) 若早盘、中盘没有上攻，也没有出现破位走势，尾盘必须注意抢点。

(3) 若尾盘高收走强，可持仓不动；若尾盘跳水，且账户亏损，必须果断平仓。账户亏损，且形态走弱，若次日低开低走，快速下破止损位，则亏损进一步加大，使整个风险不可控。

W 一线定心：只要价格不下破 W 点开盘价，不必过于紧张和担心。

图 14-14 IF1410 合约 2013.9.25 日分时图

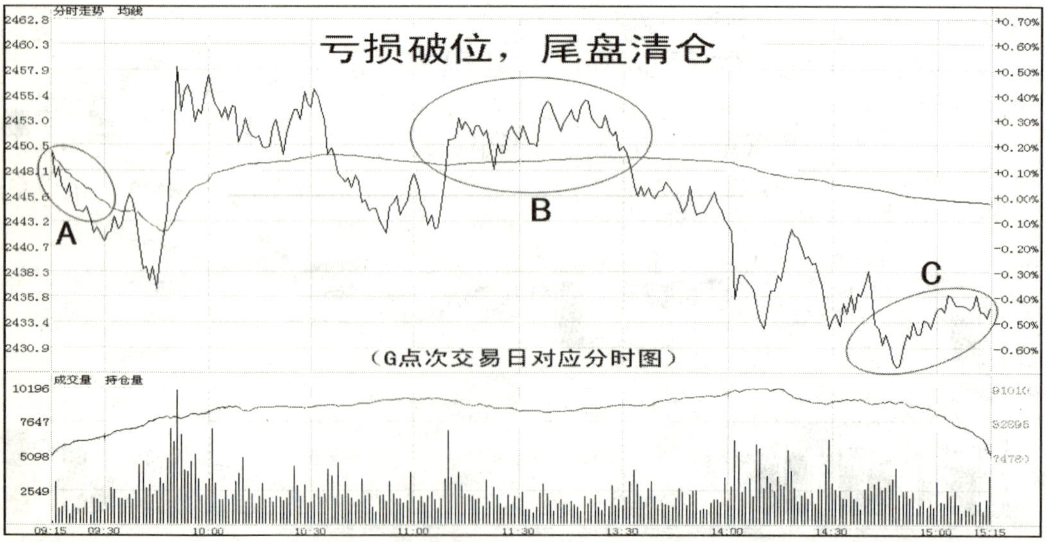

图 14-14 （图 14-13 后续走势图）

图 14-14 解析：

G 点之后开盘：A 区平开低走上下搓，早盘、中盘仍不能有效上破，也没有下破止损位。

B 区：中盘之后，开始快速跳水。

C 区：尾盘下破止损位，必须果断平仓。

（二）盈利走强持仓实例

图 14-15　橡胶 1409 合约 2014.4.17～2014.6.18 日 K 线图

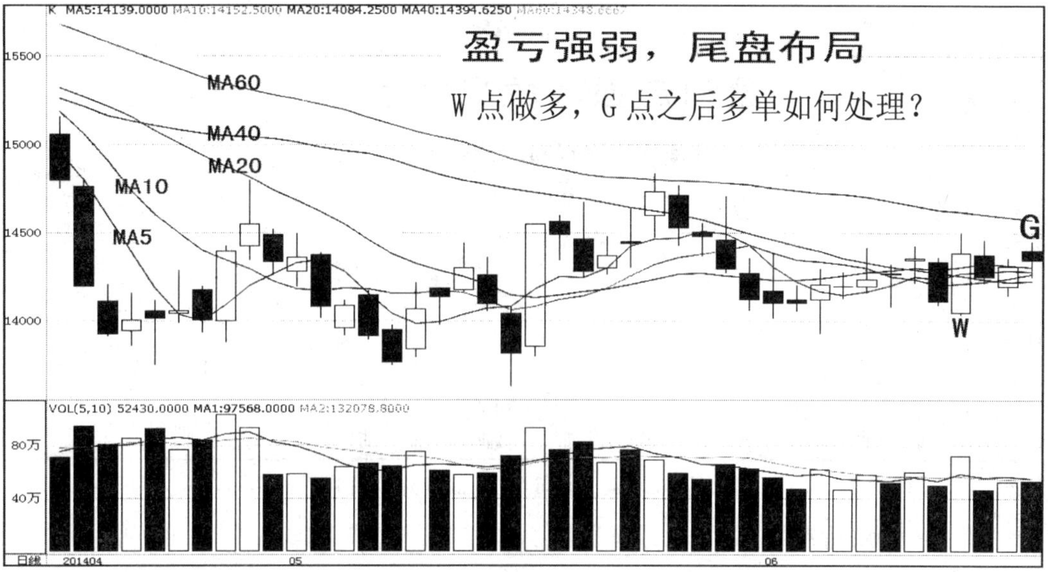

图 14-15 （后续走势见图 14-16）

图 14-15 解析：

1. 确定交易方向

W 点大阳线，一阳穿四线，交易方向为做多。

2. 确定介入点位

W 点空倍阳，为首多点开仓做多，随后小阴小阳为次多点开仓做多。稳健的交易者也可等上破再开仓做多。

两种止损设置：开仓做多之后没按预期上涨。

价格止损：价格下破 W 点开盘价止损。

时间止损：盘整至均线黏合托底，放量不涨，必须止损。

简明止盈设置：价格上攻，只要价格位于 5 日均线之上，一直持仓不动。若价格下破 5 日均线，可平仓。

3. 尾盘布局策略

(1) 若早盘、中盘强势上攻，且平稳收盘，则本波涨势确定，可持仓不动。

(2) 若早盘、中盘没有上攻，也没有出现破位走势，尾盘必须注意抢点。

(3) 若尾盘高收走强，可持仓不动；若尾盘破位，必须果断平仓。

图 14-16　橡胶 1409 合约 2014.6.19 日分时图

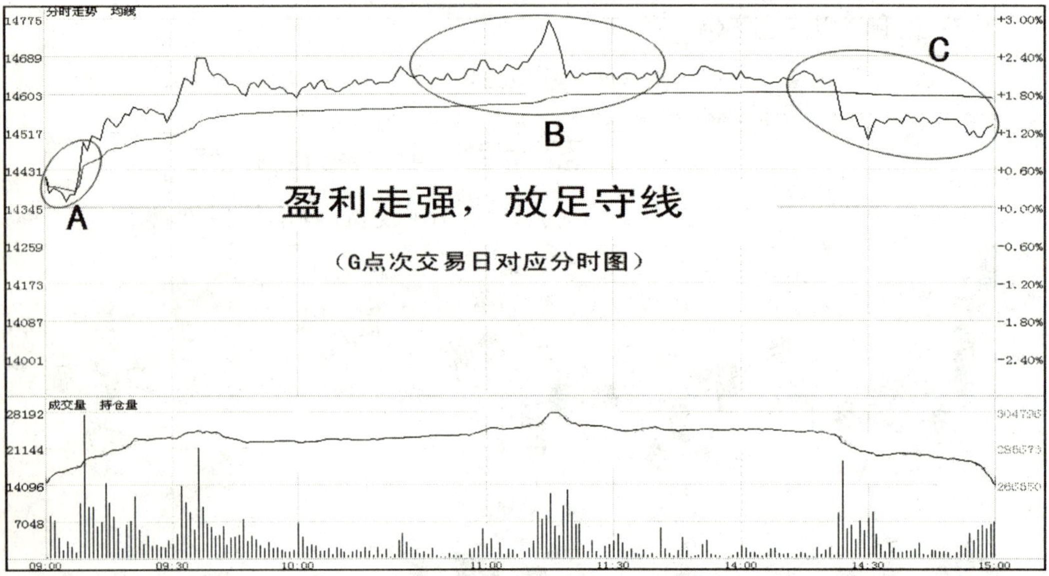

图 14-16 （图 14-15 后续走势图）

图 14-16 解析：

G 点之后：当日形成有效突破，上涨行情确立。

A ~ B：步步高走势，多头明显较强。

B 区：中盘，冲高回落。

C 区：尾盘低收，但仍形成有效突破，做多交易者应持仓不动。

尾盘布局，必须从大局出发，从长远出发，根据账户盈亏和形态走势，以风险是否可控为标准，进行仓位的调整。特别是对于亏损账户和形态走弱的情形，必须通盘考虑是否隔夜、是否会大幅跳空和快速反向波动，以避免短期内遭受较大损失。

第十五章　品种习性　交易格局

日内交易，最值星值；短线交易，看长做短；中长交易，以小缠大。日内交易品种选择、操作规程、进阶修炼。短线交易保留隔夜单五条件，隔日补救应急手段，短线交易进阶修炼。轻仓顺势中长线，不吝亏损缠大势，不重浮盈重指令。

第一节　日内交易　最值星值

日内交易是期货交易者从一个新手到成熟交易者的必修之课，也是人性的紧张、慌乱、恐惧和贪婪淋漓尽致的表现。

一、日内交易品种选择

选择日内交易品种，执行三选三不选原则。

“三选”即选择波动性大、流动性好、节奏感强的品种。

1. 波动性大

一般来说，日内交易品种的平均日内波动较大为好。日内波动定义为当日最高价与最低价之差与开盘价的比值。波动过小即使进出点位正确所获收益也有限。

2. 流动性好

一般成交量大的品种流动性好，交易者开仓、平仓才能顺利进行。根据成交量和持仓量选择品种，确认主力合约。

3. 节奏感强

价格的波动具有一定的规律性，包括均线的黏合与发散、K 线的最值与星值、成交量空洞与堆量等。

“三不选”即频繁跳空的不选、窄幅震荡的不选、忽涨忽跌的不选。

1. 窄幅震荡的品种不选

窄幅震荡的品种，不适合做日内交易。即使之前波动性大的品种，陷入区间窄幅震荡，也必须放弃。

2. 频繁跳空的品种不选

跳空频率和跳空强度大的品种不选。开盘跳空，一般使当日实际波动幅度明显减小，日内交易可操作空间不大。

3. 忽涨忽跌的品种不选

忽涨忽跌的品种，节奏性差，交易信号紊乱，进出点位难以把握，止损更是难以有效控制，不适合做日内交易。

比较适合日内交易的品种有股指期货、橡胶、铜、铝、豆油、糖、PTA 等。一般专注两三个日内活跃的品种，交易相对轻松，成功的可能性更大。

二、日内交易操作规程

（一）日内交易盈利要点

第一是止损果断。坚决止损并且坦然接受损失，是交易成功的前提。把每次的损失控制在既定范围之内，避免出现三次赚钱抵不了一次亏损的情况出现。

第二是做对概率达到70%左右。日内交易也必须坚持顺势交易。日内交易一般不满足三倍的收益风险比，只能以概率取胜。

第三是合理的交易次数。交易次数是按信号交易的自然结果，并不是人为的多做少做。一般选择5分K或者15分K作为交易级别。

日内交易必须沉着冷静而且眼疾手快，精准出击。交易者只有经过高强度训练，并具有丰富实战经验，形成条件反射交易，才有可能取得成功。

（二）日内交易抢点做多

交易方向：由日K级别确定交易方向。

抢点开仓：等待星值，上破抢点。抢首多点拐点五阳做多，K线见星K线，做好抢点做多准备，见星值上破，必须果断抢点做多。

止损果断：若开仓之后不涨反跌，下破开仓K线开盘价或最低价止损。

抢点平仓：最K线平仓，最值阴线平仓，破势阴线平仓。

最K线平仓，非级别共振且非发散线上攻，赚1～N根大阳线或者见最K线平仓；最值阴线平仓，见明显反向波动平仓；破势阴线平仓，一般下破MA5平仓。

图15-1　IF1408合约2014.7.22日(5分钟)K线图

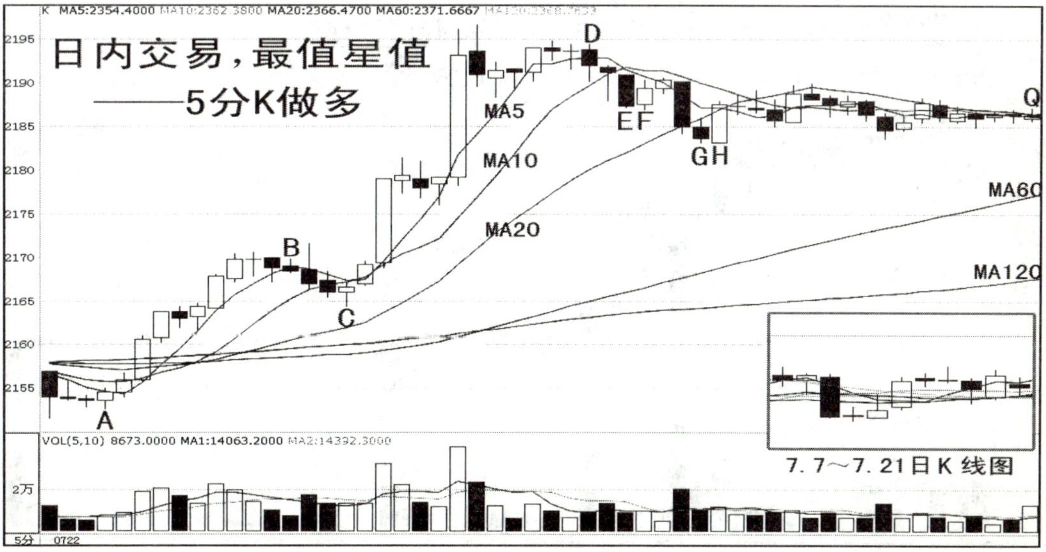

图15-1

图 15-1 解析：

交易方向：根据之前日 K 线走势，均线黏合托底，确定交易方向为做多。

日内交易选 5 分 K 作为操作依据。

A 点开仓～B 点平仓：A 点连阴阳开仓做多。A 点之前为星 K 线，A 点星值上破，下破 A 点最低价即止损。B 点下破 MA5 平仓。本次交易盈利。

C 点开仓～D 点平仓：C 点连阴阳开仓做多，C 点之前为星 K 线，下破 C 点最低价即止损。D 点下破 MA5 平仓。本次交易盈利。

E 点实体较大，不是星 K 线。F 点不可开仓做多。

H 点开仓～Q 点平仓：H 点空倍阳开仓做多。G 点为星 K 线。下破 H 点最低价即止损。Q 点当日收盘前平仓。本次交易不赚不亏。

（三）日内交易抢点做空

交易方向：由日 K 线图确定交易方向。

抢点开仓：等待星值，下破抢点。抢首空点拐点三线开仓，K 线见星 K 线，作好抢点做空准备，见星值下破，必须果断抢点做空。

止损果断：若开仓之后不跌反涨，上破开仓 K 线开盘价或最高价止损。

抢点平仓：最 K 线平仓，拐点五阳平仓。

最 K 线平仓，非级别共振且非发散线下跌，赚 1～N 根大阴线或者见最 K 线平仓；拐点五阳平仓，见连阴阳、空倍阳平仓，或者上破 MA5 平仓。

图 15-2 橡胶 1409 合约 2014.7.4 日（5 分钟）K 线图

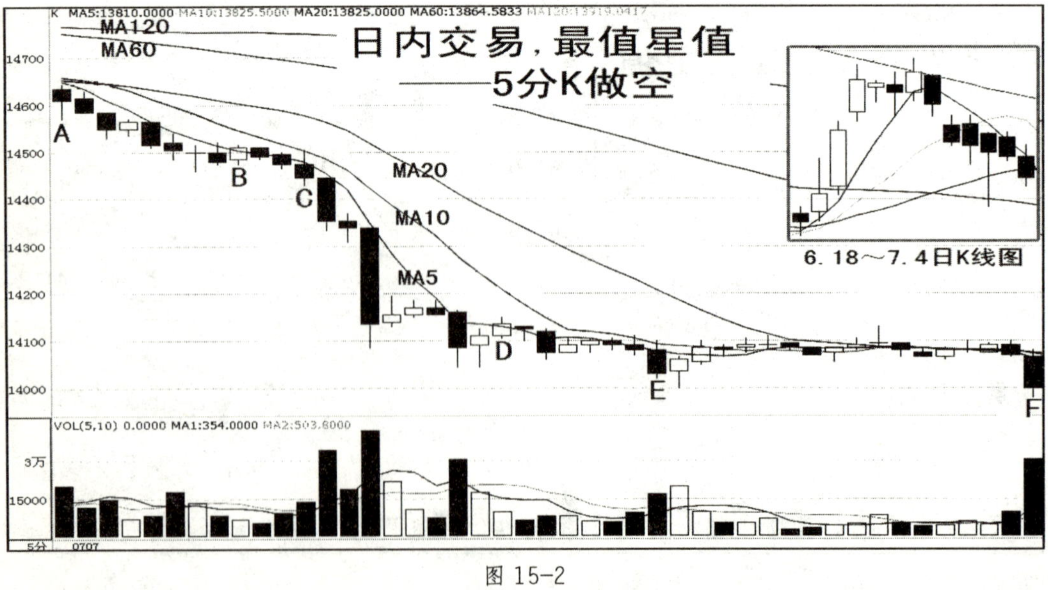

图 15-2

图 15-2 解析：

交易方向：根据之前日 K 线走势，均线短黏长压，确定交易方向为做空。

前根日 K 线下破 20 日均线，为破势阴线，是顺势做空的好时机。

日内交易选 5 分 K 作为操作依据。

A 点～B 点：A 点跳空低开抢点做空，上破 A 点最高价即止损。B 点上破 MA5 平仓。A 点黏合向下发散，一般不上破 MA5 不平仓。

C 点～D 点：C 点下破小平台下边线，破势阴线开仓做空，上破 C 点最高价即止损。D 点上破 MA5 平仓。

E 点～F 点：E 点下破小平台下边线开仓做空，上破 E 点最高价即止损。F 点当日收盘前平仓。

三、日内交易进阶修炼

1. 日内交易开仓修炼

日内交易开仓一般以星值突破开仓，级别共振、顺势顺线更好。日内交易一般不要做双向交易。

每日总有一个最高点和最低点，一般不要在暴跌之后再做空，也不要在暴涨之后再做多，特别是中盘过后，不仅波动空间有限，波动时间也有限。

2. 日内交易止损修炼

实盘亏损一根 K 线平仓，简明直观，易于执行。而以亏损多少点止损，还要经过计算、记忆等，相对麻烦。但亏损一根 K 线止损，此根 K 线不能是最 K 线。

日内交易能否盈利，更多决定于止损是否果断。不能让小亏变成大亏，以致一次亏损，三次盈利也难以补回。

3. 日内交易止盈修炼

日内交易止盈一种是当价格快速波动见中大 K 线即止盈，一种是当价格反向波动并破位再止盈。

日内交易盈利，更多的是靠胜率，但也必须控制收益风险比。如果止损是亏损一根 K 线平仓，那么操作正确则最好能赚两到三根 K 线，以中大 K 线更好。

日内交易市场容量小，噪音多，不容易做大。

日内交易，博利空间有限，交易越频繁，空间越狭小，盈利越困难，精神越紧张，而且长此下去，巨大的精神压力和体力消耗会使交易者心力交瘁，对市场失去敏感，对交易逐渐失去热情和信心。

第二节 短线交易 看长做短

短线交易一般是指持仓时间 3 ~ 5 天的波段交易。从日内交易过渡到短线交易，不仅是交易技术、交易周期的变化，也是交易心理、交易境界的突破。

一、保留隔夜单五条件

短线交易最重要的是尾盘布局，根据盈亏大小与走势强弱决定尾盘是平仓还是留仓过夜。保留隔夜单一般要满足五个条件。

1. 中级顺势单

中级顺势单，指顺应中级趋势所开的多单或者空单。一般可用 10 日、20 日均线所构成的短线通道跟踪中级趋势。

只有为了捕捉大行情才留隔夜单，不可为蝇头小利留隔夜单，而大行情必须顺应中级趋势。

2. 日 K 线走强

日 K 线走强，形成单边走势的可能性较大。如果交易方向为做多，则日 K 线多头走强，包括启动和加速，但没有冲顶迹象。如果交易方向为做空，则日 K 线空头强势，包括启动和加速，但没有探底迹象。

3. 多级别共振

多级别共振，指日 K 线顺交易方向走强的前提下，60 分钟 K 也顺势走强，没有出现冲顶探底 K 线，15 分钟 K 没有出现典型拐点 K 线。

4. 仓位相对轻

相比日内交易，隔夜仓必须相对较轻。若仓位过重，心理压力过大，一般很难按交易信号进行处理。

5. 有应急预案

没有应急预案，不留隔夜仓。

应急预案指下个交易日若开盘大幅反向跳空，或者快速反向波动的紧急处理方案。无应急预案，遇突破情况，很可能忙中出错，造成重大损失。

保留隔夜单的主要依据是日 K 线是否顺势走强。只将满足隔夜单五条件的盈利单保留，而将亏损单平仓，是风险控制的稳健方法。

尾盘布局，必须能熟练处理隔夜单，才可能做好短线波段交易。

二、隔日补救应急手段

1. 应急手段使用原则

应急手段是针对突发情况，为防范风险而采取的紧急处理措施。应急手段一般处理两类风险，即为防范重大亏损果断平仓或者大幅减仓、为防范踏空风险抢点开仓或者大幅加仓。

防范重大亏损：突发重大事件，明显利空或者重大不确定性；盘面走势突变，大幅高开或者低开，突然暴涨暴跌。第一时间平仓或者大幅减仓。

防范踏空风险：一般指战略做多或者战略做空行情，突然出现快速突破走势，必须控制好仓位果断介入。

应急手段违背按信号交易的原则，是紧急情况特殊处理。如果没出现突发紧急情况，则必须按信号交易。

2. 多头行情应急手段

多头行情交易方向为做多，首先是防范暴跌风险，保住盈利或者防止大幅亏损。其次是防止踏空，顺势做多和多单回补，直到趋势转换。

图 15-3　沪锌主力合约 2014.6.5～2014.8.8 日 K 线图

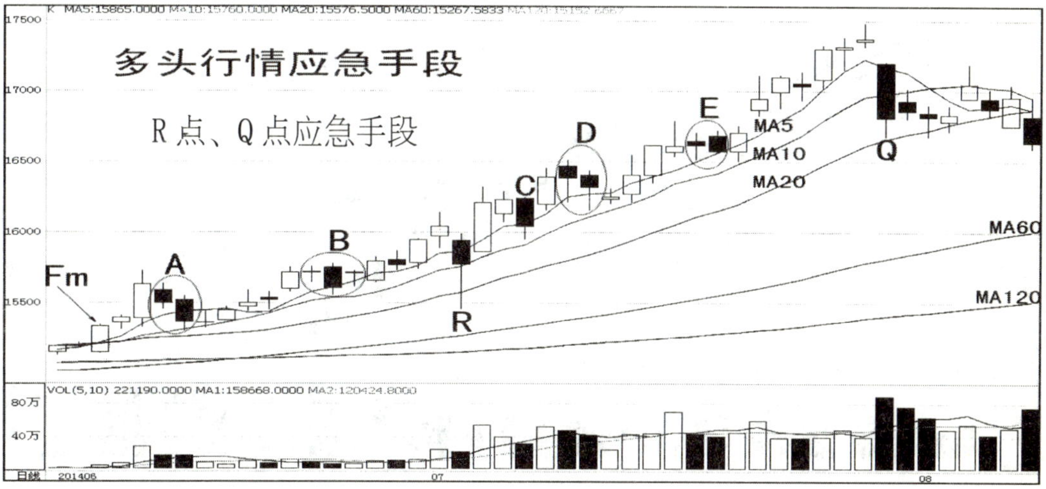

图 15-3

图 15-3 解析：

Fm：短黏长翘，一阳穿三线，60 日、120 日均线托底，是不可错过的做多机会。

A 处、B 处、C 处、D 处、E 处：走势平稳，没有出现暴涨暴跌，必须按交易指令正常处理，不存在使用应急手段的情况。

R 处：大幅低开，可以小级别避险。日内暴跌之后又大幅反弹，盘中出现一阴破三线，可先平仓观望，防范连续暴跌风险，待走稳之后见信号指令再回补不迟。

Q 处：大幅低开，可以小级别避险。对于暴涨之后的大幅跳空低开，可第一时间平仓锁定盈利，一般不要等反弹之后再平仓。日内低开低走，空方强大。

适合采用应急处理的只有 R 处和 Q 处。

从多头行情应急手段看交易格局：

很显然，从 Fm 处开始上攻，若是持仓守线，则操作相对简单。如果执迷日内交易的迷茫小势，任何一处较大的快速回调，都会让交易者手忙脚乱。

如果从日内交易过渡到短线交易，以 5 日均线作操盘线做多，则之前让人高度紧张的盘中下跌，都无关大势。若以 10 日均线作操盘线做多，则只有 R 点盘中下破操盘线，而只有 Q 点有效下破操盘线，均可从容应对。

3. 空头行情应急手段

空头行情交易方向为做空，首先是防范暴涨风险，保住盈利或者防止大幅亏损。其次是防备踏空，顺势做空和空单回补，直到趋势转换。

图 15-4　橡胶主力合约 2013.2.20～2013.5.23 日 K 线图

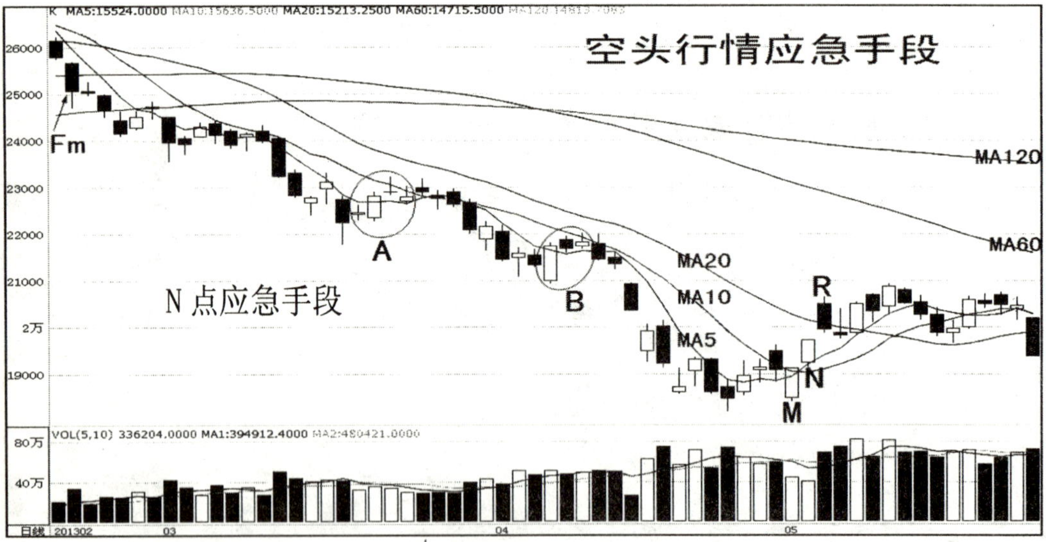

图 15-4

图 15-4 解析：

Fm：为破势阴线，大阴线下破 60 日均线，带动均线向下发散，是不可错过的做空机会，为发散线开。

A 处、B 处没有出现暴涨，必须按交易指令正常处理。

M 处大幅低开上攻，N 处跳空涨停，R 高开回落，可先平仓观望，防范连续暴涨风险，待走稳之后见信号指令再做空不迟。

适合采用应急处理的只有N处，之前整体跌幅大，短期又出现急跌。M处大幅低开上攻，且突破10日均线，反弹力度大。N处大幅跳空高开，可第一时间平仓锁定盈利。

从空头行情应急手段看交易格局：

从Fm下跌，经常出现大幅的跳空，仅每天的开盘和收盘如何处理就会让日内交易者无所适从。

如果跳出日内交易的迷你小势，分别以5日、10日、20日均线作操盘线做空，就会发现操作越来越简单，需要应急处理的地方很少。

无论是做多还是做空，捕捉的波段越小，操作的周期越短，交易信号越不稳定，应急处理的地方越多，不仅会使交易者高度紧张，疲于应付，而且会逐渐失去信心，陷入烦躁和焦虑之中。

三、短线交易进阶修炼

1. 短线交易周期选择

短线交易主要以赔率致胜，处理好隔夜单是关键，至于持仓多少天为好，没有明确规定，只要顺势而为，按信号指令交易即可。常见的短线交易周期一般以3~5天较多。首要原因是一般价格上涨或者下跌3~5天之后，开始回调或者整理的概率较大。其次是短线交易为防范风险，隔周交易的不太多。

2. 短线交易开仓抢点

短线交易按信号建仓，强调抢首根拐点K线。如果当日走势出现开仓信号，必须保证当日建仓完成，不可过于追求精确而影响正常建仓。开仓之后也不要热衷于倒差价，除非出现极端走势，但尾盘必须补回。

3. 短线交易止损止盈

短线交易强调的是按信号建仓，止损主要是以信号指令止损。短线交易止盈也必须按信号止盈。

由日内交易到隔夜交易，更加注重交易的收益风险比，是交易境界的自然提升。对日内价格波动，主要是分析走势是否异动，及之后走势可能的变化。

日内交易，如大海泛舟，总觉得波涛汹涌。隔夜交易，若登山观海，原来却是微波荡漾。海还是原来的海，只因所处位置不同，心境相去甚远。

第三节 中长交易 以小缠大

轻仓、顺势、中长线，交易正道。耐心地等待一个相对确认的势，通过多次的试错牢牢地抓住，持仓不动，淡看浮盈起起落落，只待信号才会平仓。

一、轻仓顺势中长线

做中长线，必须技术面与基本面相结合。基本面重在供求关系的研究，而供求关系对价格走势的影响相当复杂，一般不能作为直接的操作依据。实盘开仓、加仓、减仓、平仓必须按交易指令执行。

当基本面与技术面共振时，可适当加大仓位，止损幅度可相对大一些。

当基本面与技术面背驰时，可作壁上观，离场观望，也可按技术面进行小单交易，但入市点必须更加谨慎，止损幅度也相对小一些。

中长线捕捉的是大行情，一般通过周 K 线、月 K 线确定入场区间，再通过日 K 线寻找更合适的开仓点位。

图 15-5 沪铜主力 2008.6.20～2009.2.13 周 K 线图

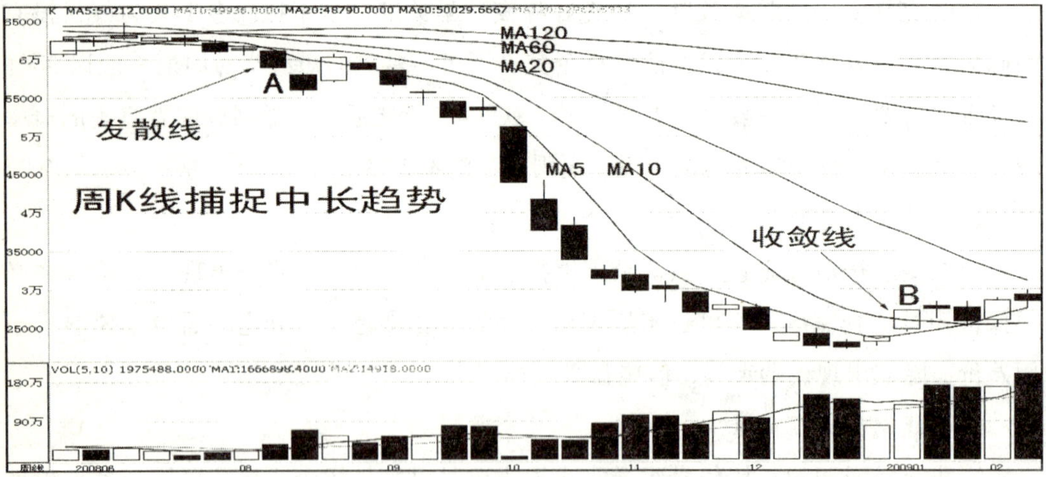

图 15-5

图 15-5 解析：

A 点：发散线开仓做空。周均线短黏长压，中阴线加速下跌。价格向上突破 A 点开盘价止损。

B 点：收敛线平仓。下跌时间长，均线充分发散，见收敛线后陷入盘整或转势的可能性较大。

二、不吝亏损缠大势

趋势行情特别是大趋势行情一般一年甚至几年才有一次，是不可放过的交易机会。捕捉大趋势行情，必须有基本面的大力支持、技术面的充分印证、经历阅历的信心堆积和实盘应对的沉着冷静。

捕捉大行情，首先是确定交易方向。大趋势不可能一会儿做多一会儿做空，交易方向一旦确定，在很长一段时间内是不会改变的。

其次是确定开仓区间。开仓区间一般选周线或者月线的突破区间。

最后一般按日 K 线抢点开仓。开仓并非一次就能成功。狙击大势启动点，有时要经过多次开仓、止损、再开仓、再止损、再开仓……才能缠住大趋势。

每次开仓，必须控制好仓位，重仓是经不起反复止损的。

每次止损，必须坚决果断。大行情的启动，是由突破阻力位开始的，但具体哪一次是真突破无法预知，只能坚守，顺大避小，两点必缠。

止损如鱼饵，只有不惜鱼饵，才能钓到大鱼。

图 15-6　沪铜主力合约 2007.12.28～2008.9.19 周 K 线图

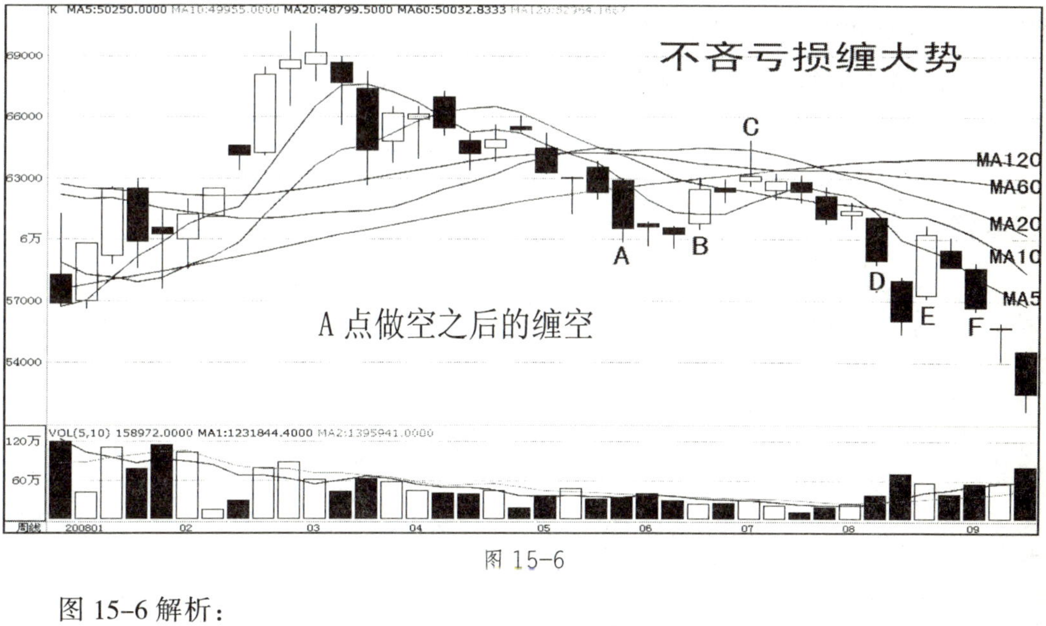

图 15-6

图 15-6 解析：

A 点见发散线抢点做空。B 点连阴阳反弹，C 点最 K 线触发止损。D 点见发散线再次开仓做空。E 点上攻没触发止损。F 点再次破位下跌。

缠大趋势，包括缠多、缠空，技术的应用纯熟只是缠的一个方面，而缠的信心及沉稳，来自于长期的修炼与积淀。

三、不重浮盈重指令

通过周 K 线、月 K 线缠住大行情启动阶段，这仅仅是开始。最先搭上大行情专列的人不少，中途下车的人很多，能到点下车的人很少。

1. 不要因几根日 K 线心生疑惑

做中长线的，注重的是大趋势的不可逆转性。趋势总是震荡推进的，其间的回调整理是常见形态，不可因几根探底冲顶的日 K 线而动摇持仓的信心，轻易改变交易策略。

2. 不要因短期日均线轻易出局

大趋势会有大大小小的调整，有时会击穿短期日均线，但并不表示趋势的反转。不见趋势结束信号，交易者不可轻易平仓走人。当然，交易者也可减仓甚至平仓之后再适时回补。

3. 不要因短期浮盈而落袋为安

大趋势开始一段时间之后，交易者账户中总会出现快速浮盈，有时盈利颇为丰厚，交易者便见好就收，导致错过之后的大段行情。与行情大小相比，其实所得有限。是否落袋为安，一般以交易信号为准。

由日内交易到短线交易再到中长线交易，势在必然，功到自然成。

第十六章　从心所欲　而不逾矩

唯有执行，才能前行；唯有坚信，才会坚守；唯有放下，才可放飞。

专注专业，自信自律；不拘定式，不违法则；放下焦虑，享受交易。

第一节 唯有执行 才能前行

把复杂的事情简单化，是大智慧。把简单的事情重复做，是执行力。交易法则并不复杂，却不是简简单单就能领悟的，也不是简简单单就能做到的。

纸上得来终觉浅，绝知此事要躬行。躬行，持戒，由静入定，由定发慧。

一、空谈空泛，实盘实效

1. 仓位与心态

仓位，是战略层面的。仓位决定心态，心态影响仓位。合理的仓位，必须能抵御日 K 趋势的正常波动，否则，任何技术、策略都是空谈，都是陷阱。

仓位大小代表的是交易者的容错能力和抗击打能力。重仓决定了交易者容错能力很小，抗击打能力很弱。一次常见的快速反向波动，打翻的多数是重仓交易者。

仓位大小决定容错气度，也决定了交易者的格局。

看对趋势亏了钱，开仓正确亏了钱，持仓守线亏了钱……

仓位过重，哪怕神一样的技术水准，都无法保持从容镇定，以致最后失控崩溃。贪婪所带来的必定是失败。

没有大量的实盘交易，夸夸其谈，这些都无法深切理解，也无法执行。

交易是一种生活，要想过正常的生活，先从轻仓开始吧。

2. 趋势与级别

趋势强弱与级别大小密不可分。周 K、日 K 级别与 5 分钟 K、15 分钟 K 级别确认的势，操作价值差别极大，甚至完全相反。

如果用 5 分钟 K、15 分钟 K 去分析，势几乎天天存在，天天可交易。

如果用日 K、周 K 分析，趋势存在的时间远少于盘整时间，应空仓的天数很多。

势，是以级别存在的，不能离开级别谈势。

日 K 和中长期均线，确认相对稳定的大势，辅以周 K 确认。

陷入分时级的迷你小势，5 分钟 K、3 分钟 K，甚至 1 分钟 K，神经质般的 K 线与九曲回肠的均线，是狂躁之车与欲望街市吗？

回归日 K 级别，回归周 K 甚至月 K 级别，去理解大势的浩浩荡荡吧。

理解自 60 日、120 日、250 日均线处发散线所开启的浩浩荡荡的日 K 大势吗？

理解自 60 周、120 周均线处发散线所开启的浩浩荡荡的周 K 大势吗？

理解顺一根20日均线无论风吹浪打我自闲庭信步的轻松与安然吗?

交易是一种生活，想过正常的生活，那就以日K、周K确定趋势吧。

3. 止损与拐点

止损的价值由拐点级别确认。

拐点级别决定风险与机会，趋势的强弱只是风险与机会的兑现。

从止损的大小，可以看出一个人的功力。

止损，设得太小，既输比率又输概率，不仅难以执行，而且让人神经过敏，反复割肉，看对趋势做错单。

止损，设得太大，不但盈亏比难以满足，一旦两三次看错，就会造成较大亏损，使之后的交易大受影响。

为捕捉日K、周K级别的大势，止损才具有相当的价值。为捕捉5分钟K、15分钟K的小势，止损只是一种无谓的资源消耗。

止损，必然是由某级别拐点造成的。止损大都以大势观的反转或者典型的日K反转为信号。

选择一个大数概率的势，选择标志性的拐点，如拐点五阳三线、发散线和收敛线等，明确直观的止损，一个可能并不会出现的止损。

不要做随机性介入，不要止损之后还是止损。如果止损只是延缓亏损的速度，那么远离市场是最明智的选择。

二、专注专业，自信自律

专注即摄心，就是集中精力、全神贯注、专心致志。摄心为戒，因戒生定，因定发慧。不能发慧，就不能提高专业水平。

专注的交易者，能够把自己的时间、精力和智慧凝聚到交易上，从而最大限度地发挥积极性、主动性和创造性，努力实现自己的目标。特别是在遇到诱惑、遭受挫折的时候，能够不为所动，直到最后成功。

专业水平低，不可能自信。只有通过实战业绩堆积起来的自信，才经得起实战检验。只有在逆境中，仍能保持自信、仍能从容应对的人，才能成功。自信的交易者不但敢冒风险，还会接纳与拥抱风险。

自律是专注、专业、自信的必然结果，是按信号交易的保证。自信的交易者不会因交易环境的变化而丧失自律，不会因一连串的获利或者亏损之后违背交易法则而鲁莽行事。

第二节 唯有坚信 才会坚守

成功的交易者大多数是因一次大战役棒喝而顿悟，其交易理念、交易法则、交易策略、交易技术，因此扬弃，才有了淡定，才有了坚守。

一、为学日益，为道日损

1. 均线论成败

均线首先是定趋势，其次是定区间，最后才是作操盘线。若反其道而行之，则是舍本逐末。

均线定趋势。确定中长期趋势，必须是中长期均线。以 60 日、120 日均线所确认的趋势，远非 5 日、10 日均线所能比拟。稳定的中长期趋势，带给交易者开阔的视野和更多的止盈，而短期均线所确认的势，带来的是手忙脚乱和更多的止损。一个对中长期均线没有深刻理解的人，必然是一个大势迷失的人，一个转圈子的人。

均线定区间。通过中长期均线定区间，无论是做空区间还是做多区间，都能更好地满足赔率要求，即盈亏比超过 3∶1，当然越大越好。当短期均线黏合，由 60 日均线推动均线发散，所开启的行情，浩浩荡荡。当短期均线黏合，由 120 日均线推动均线发散，所开启的行情，波澜壮阔。它们的盈亏比远远超过 3∶1，这样的行情，一年或几年捉住一次就够了，是天天超短线能比得了的吗?

必由之路，必设之伏。静静地守候中长期均线，成就中长期稳定业绩。

均线作操盘线。许多品种频繁跳空，操作似乎无规律可循。但只要选一根周期稍长的均线作操盘线，问题就简明多了。比如，见发散线开，选一根 10 日甚至 20 日均线作操盘线，只要不破操盘线，无论价格怎样跳来跳去，都不必在意，耐心持仓就行了。均线作操盘线，注重的是趋势，去除的是浮躁。

中长期均线的实际应用水平，基本决定一个人的大势观。

2. K 线论成败

单根 K 线欺骗性大，但 K 线组合，特别是日 K、周 K、月 K 等组合，却具有神奇效果。均线重在趋势的研判，而 K 线组合，重在捕捉拐点。

最 K 线与星 K 线、破位线与顺位线、发散线与收敛线、翻多线与翻空线、拐点五阳三线，看似单根 K 线，其实都是 K 线组合的典型形态。

最 K 线是某阶段所有 K 线中的最值 K 线，必然形成某种拐点。星 K 线是某阶段的星值 K 线，是静极生动的先兆。最 K 线与星 K 线，是从一个极点到另一个极点。

破位线是趋势转换的必然 K 线，顺位线是趋势延伸的必然 K 线，空阴空阳是顺位线破解上下搓的有效手段。不破不立，不顺不行，是价格运行必然的规律。

发散线是使之前黏合的均线开始发散的中大 K 线，收敛线是使之前分散的均线开始收敛的中大 K 线。均线黏合，是 K 线震荡整理的必然结果，均线发散，是 K 线单向运动的必然结果。发散线和收敛线必然是破位线。

翻多线是趋势由空转多的中大 K 线，翻空线是趋势由多转空的中大 K 线，是大势异动的直观反应，是引领中期均线多空转换的带路者。

双最双破，双棍双桩，是 K 线实战的直观应用。双最：均线至少见最低程度发散或者黏合，K 线见最 K 线或者星 K 线；双破：顶底双破，中继归顺，即中大 K 线破 MA5 和 MA10 以及邻近 K 线。双桩：双桩做多，即高级别见地桩、低级别见地桩；双棍：双棍做空，即高级别见天棍、低级别见天棍。

定心线是把握趋势和拐点的均线和中大 K 线，定心线的顶底平行线和中位线，是研判走势强弱的定心三线，常见定心线有翻多线、翻空线、天棍、地桩、上破线、下破线等。

三上缠多，定心上破；三下缠空，定心下破。对定心线的应用熟练程度，基本决定了一个交易者操作的专业程度。

二、不拘定式，不违法则

直效交易注重按信号指令交易，而且任何一种指令都是按某种形态结构的技术参数设计而成，成为实盘交易的定式。实际走势千变万化，但万变不离其宗。交易者必须透过现象看本质，从防范风险、把握大势的原则出发，灵活应用定式。

灵活应用定式，不等于可以违背交易法则。任何定式的应用都必须符合顺势而为法则，包括三大法则、四维定律，四区决策法则、四级定向法则等，都是必须严格遵守的法则。

1. 转向律与操作元

交易方向的改变必须遵守转向律，开仓、平仓必须执行操作元。转向律和操作元是避免凭臆测变向、凭感觉开平的基本要求。

转向律：改变交易方向必须以确定的形态结构为根据，严格遵守双向定级纪律。转向律是避免忽多忽空的有效手段。

操作元：指进行稳定有效操作的基本级别、基本形态以及与之配套的止损止盈基本操作程序。操作元是以小缠大的基本方法。

资金规模和风控级别不同，转向律和操作元不同。熟练应用转向律和操作元，可以有效减少交易次数，提高交易的成功率和收益风险比。

2. 小技术与大智慧

小技术必须熟能生巧，巧能生精，但总是有限度的，不可能做到极致。比如止损大小，像股指期货短线交易能做到1%的有效止损，就很不错了，如果总想精确地控制在0.5%以下，反而出错的概率更大，会使交易者神经兮兮。

技术并不能解决技术本身的固有残缺，只能通过智慧去完善，通过战略去实现。

通过提高交易的成功率，可以在一定程度上提高盈利水平，但成功率的提高也是有限度的。交易的成功率达到70%左右已经相当不错，再提高不仅难度极大，反而会让交易者变得畏手畏脚，制约交易的灵活性，得不偿失。因此，通过提高盈亏比，提高盈利水平才是更好的途经。

通过日K、周K研判大趋势，捕捉大行情，可以大幅度地提高盈亏比。

大行情并不是由交易者决定的，而是由走势决定的，交易者所要做的，就是按信号交易，做次数赚钱，使大行情的捕捉成为执行交易信号的必然结果。

因此，小技术只有与大战略相结合，才能大幅提升其实用价值。

3. 缠信号与缠法则

交易必须执行交易信号，而交易信号必须符合交易法则。实际的走势总在变化，没有任何一种机械的交易指令能长期符合实际走势、符合交易法则。

机械交易系统所发出的交易信号，可能在某一时间格外有效，但在其他时段则可能错误百出。交易者必须清楚地认识到，交易信号不等于交易法则。交易者必须经常审视自己的交易指令，是否违背交易法则。

交易法则是普遍规律、交易之道的量化，是交易者必须执行的基本法则。

缠法则，一步一缠，即交易的每一步，都必须符合交易法则。仓位的大小是否符合资金管理法则和倍数步数定量定律，交易方向的确定是否符合以大统小法则和级别均线定向定律等、开仓是否符合四区决策法则和顺势抢点法则等。

三三五缠，即战略做多或者战略做空，可简述为：三指标，三把刀，五必缠，大波段。

三三五缠，是战略战术与短兵相接的统一，是定心之后的淡定从容。

交易是一种生活，不拘定式，才能放得开；不违法则，才能统得住。

第三节 唯有放下 才可放飞

贪婪可以暂时控制，恐惧可以暂时减轻，但都无法长期克服，因为交易者是人，是人就有人性的弱点。所以任何一种交易策略，都要考虑人性的贪婪和恐惧对交易本身的影响，考虑能否被有效执行。

虽然人性的弱点无法克服，但人的注意力却可转移。制定切实可行的策略，把注意力转移到策略的执行上和操作是否合规上。

一、放下暴利，享受复利

(一) 暴利，放不下就得不到

1. 暴利是投身交易的原始动力

获取暴利是期货交易者的当然想法，只是愿望的强弱不同而已。没有暴利的诱惑，期货交易必然冷冷清清，甚至难以为继。获取暴利的欲望可能暂时被压制，但永不泯灭。

2. 暴利是交易系统的天然猎物

暴利是由走势决定的，不是由交易者决定的。只有大行情才能产生暴利，没有大行情时交易者只能耐心等待。

长期的震荡是暴利的温床，是能量的蓄积，而能量的有效释放催生暴利。

要想获取暴利，交易者必须使自己的交易系统成为捕捉大行情的利器。只要有大行情，必然能被捕捉到。

3. 暴利是长期坚守的必然结果

没有大行情就没有暴利，而大行情并不总是存在，有时几个月甚至几年才有一次。具备自适性的交易系统之后，所要做的就是按信号交易，做次数赚钱。一天天，一月月，一年年，做孤独的捕猎者。花开花谢，潮涨潮落。大行情领着暴利，自动地找上门来。

放下急功近利之心，专注地按系统交易，反而是捕捉暴利最有效的方法。

(二) 复利，守得住就拿得到

稳健的交易风格，长期的淡定坚守，看似平平淡淡，却是获取复利的简明手段，而复利，却能不动声色地创造财富奇迹。复利效应劝慰交易者，暴利可遇不可求，而按信号交易，做次数赚钱，才是交易的正途。

1. 稳健是复利的引擎

稳健是复利的首要条件。交易者的交易理念、交易法则、交易策略与交易技术基本成熟，交易系统相对固定，具有良好的交易习惯和交易心态，是正确操作的根本保证。

2. 时间是复利的跑道

财富增长的秘诀，不在于一两年的暴富，而在于持续稳定的复利增长。时间能够把原本似乎最没有吸引力的投资，变得极有魅力。只有具备足够的耐力、定力和眼力，才能真正驾驭时间的复利。

二、放下焦虑，享受交易

没有底线策略、不能坦然接受市场风险的人，必定陷入焦虑。

做不到三向风控，一线定心的人，必定陷入焦虑。

没有积淀，总想短期暴富的人，必定陷入焦虑。

不能以概率赔率思考问题、制定策略的人，必定陷入焦虑。

投机的本质是用确定性代价赌不确定性收益。期货交易的冷酷现实是每笔交易结果都具有不确定性。

不确定性存在，确定性也必然存在。

用大数法则思考问题，用概率赔率思考问题，不计较一时之得失，去追求长期的整体成功。

大级别，大趋势，大 K 线，大拐点，大利润。

深远的大势观，交易的大格局。不畏浮云遮望眼，只缘身在最高层。

轻仓，顺势，日 K 级别，一向一心，三等三抢，稳定地、稳健地一次次信手交易，一次次止盈刷钱……

直观，直效。

五十上下不悖，天地之间双缠……

参考文献

1. 小罗伯特 R.普莱切特、阿尔弗雷德 J.佛罗斯特：《艾略特波浪理论　市场行为的关键》，北京，机械工业出版社，2010。

2. 罗伯特·雷亚：《道氏理论》，北京，地震出版社，2008。

3. 威廉·D·江恩：《江恩华尔街 45 年》，北京，机械工业出版社，2003。

4. 史蒂夫·尼森：《日本蜡烛图技术》，北京，地震出版社，1998。

5. 约翰·墨菲：《期货市场技术分析》，北京，地震出版社，1994。

6. Jack D.Schwager：《期货交易技术分析》，北京，清华大学出版社，1999。

7. 爱德温·李费佛：《股票大作手回忆录》，北京，地震出版社，2007。

8. 柯蒂斯·费思：《海龟交易心法》，北京，中国人民大学出版社，2010。

9. 迈克尔·S·萧普谢尔：《交易赢家的心理优势》，太原，山西人民出版社，2010。

10. 道格拉斯(Douglas,M.)：《交易心理分析》，北京，电子工业出版社，2011。

11. 斯坦利·克罗：《期货交易策略》，太原，山西人民出版社，2013。

12. 马丁·舒华兹：《交易冠军》，北京，中国青年出版社，2012。

13. 布伦特·奔富：《交易圣经》，北京，机械工业出版社，2013。

14. 常清：《期货交易之道》，北京，地震出版社，2012。

15. 黄圣根：《期货投资的艺术》，北京，机械工业出版社，2013。

16. 黄根：《系统化交易——A 交易系统久赢真经》，北京，中国宇航出版社，2012。

后 记

本书比较系统地介绍了笔者的直效交易理论，其内容主要以笔者的课件为基础，增补了大量实盘交易的案例，为读者提供了直观的对比研究资料。

书中定义了大量的专用名词，构建了相对完整的量化模型，提出了许多全新的交易理念。全书多角度、多层次地讨论了期货交易长期稳定盈利的必要条件和修炼方法，与实战能更好地对接。希望能为读者构建自适性盈利模型提供多种选择。

片言只语风云过，千年万里寸心间。

文字总是片面的，也许不留文字更好。

感谢闵水波先生承担了本书繁重的配图工作，并对大部分章节进行了细致的修改和创造性的增补。

深深地感谢我的父母和家人，由于他们的默默奉献，我才能顺利完成书稿。

最后，特别感谢地震出版社的工作人员，是他们辛勤的努力才使本书得以出版。

郑浪涛

2014 年 10 月